U0660359

赛迪顾问战略性新兴产业系列丛书之六

新一代信息技术

在两化深度融合中的应用

中国电子信息产业发展研究院
北京赛迪信息工程设计有限公司 著

電子工業出版社
Publishing House of Electronics Industry
北京 · BEIJING

未经许可，不得以任何方式复制或抄袭本书之部分或全部内容。
版权所有，侵权必究。

图书在版编目（CIP）数据

新一代信息技术在两化深度融合中的应用/中国电子信息产业发展研究院，北京赛迪信息工程设计有限公司著. —北京：电子工业出版社，2014.1
（赛迪顾问战略性新兴产业系列丛书）

ISBN 978-7-121-21634-3

Ⅰ.①新… Ⅱ.①中… ②北… Ⅲ.①信息技术－应用－工业化－研究 Ⅳ.①F403

中国版本图书馆CIP数据核字（2013）第238721号

责任编辑：徐蕾薇
特约编辑：劳嫦娟
印　　刷：北京市大天乐投资管理有限公司
装　　订：北京市大天乐投资管理有限公司
出版发行：电子工业出版社
　　　　　北京市海淀区万寿路173信箱　邮编：100036
开　　本：787×1092　1/16　印张：16.75　字数：400千字
印　　次：2014年1月第1次印刷
印　　数：5000册　　定　　价：168.00元

凡所购买电子工业出版社图书有缺损问题，请向购买书店调换。若书店售缺，请与本社发行部联系，联系及邮购电话：（010）88254888。

质量投诉请发邮件至zlts@phei.com.cn，盗版侵权举报请发邮件至dbqq@phei.com.cn。

服务热线：（010）88258888。

《新一代信息技术在两化深度融合中的应用》指导委员会

邬贺铨　中国工程院院士
朱宏任　工业和信息化部党组成员、总工程师
张　峰　工业和信息化部总工程师
周子学　工业和信息化部总经济师

莫　玮　工业和信息化部办公厅主任
陶少华　工业和信息化部办公厅副主任
肖　华　工业和信息化部规划司司长
郑立新　工业和信息化部产业政策司司长
陈　因　工业和信息化部科技司司长
肖春泉　工业和信息化部运行监测协调局局长
郑　昕　工业和信息化部中小企业司司长
周长益　工业和信息化部节能与综合利用司司长
陈燕海　工业和信息化部原材料工业司司长
张相木　工业和信息化部装备工业司司长
王黎明　工业和信息化部消费品工业司司长
丁文武　工业和信息化部电子信息司司长
陈　伟　工业和信息化部软件服务业司司长
闻　库　工业和信息化部通信发展司司长
谢飞波　工业和信息化部无线电管理局局长
徐　愈　工业和信息化部信息化推进司司长
秦　海　工业和信息化部信息化推进司副司长
赵泽良　工业和信息化部信息安全协调司司长
衣雪青　工业和信息化部人事教育司司长
高素梅　工业和信息化部运行监测协调局副局长

《新一代信息技术在两化深度融合中的应用》研究委员会

主　任

罗　文　工业和信息化部中国电子信息产业发展研究院院长

宋显珠　工业和信息化部中国电子信息产业发展研究院党委书记

副主任

吴晓军　江西省工业和信息化委员会主任

岳跃升　云南省工业和信息化委员会主任

张建明　云南省工业和信息化委员会副主任

朱　鹏　山西省经济和信息化委员会副主任

项阳青　青岛市经济和信息化委员会主任

靳国卫　大连市经济和信息化委员会主任

智大勇　哈尔滨市工业和信息化委员会主任

康克岩　贵阳市工业和信息化委员会主任

唐　华　成都市科学技术局局长

徐小田　中国半导体行业协会执行理事长

成　员

侯建仁　工业和信息化部电子信息司信息通信产品处处长

孙文龙　工业和信息化部软件服务业司软件产业处处长

王少朋　工业和信息化部软件服务业司软件应用处处长

尹洪涛　工业和信息化部软件服务业司信息服务业处处长

张　望　工业和信息化部信息化推进司综合处处长

王建伟　工业和信息化部信息化推进司产业信息化处处长

乔跃山　工业和信息化部电子信息司信息通信产品处副处长

任爱光　工业和信息化部电子信息司集成电路处副调研员

池　宇　江苏省经济和信息化委员会软件与信息服务业处处长

李树翀　赛迪顾问股份有限公司总裁

赫建营　赛迪顾问股份有限公司副总裁、北京赛迪信息工程设计有限公司总裁

文　芳　中国电子信息产业发展研究院工业经济研究所所长、
北京赛迪方略城市经济顾问有限公司总裁

孙会峰　赛迪顾问股份有限公司副总裁、北京赛迪经略企业管理顾问有限公司总裁

李　珂　赛迪顾问股份有限公司副总裁

付长文　赛迪顾问股份有限公司董事会秘书、北京赛迪经智投资顾问有限公司总裁

《新一代信息技术在两化深度融合中的应用》
撰文部

主　　任	李树翀				
常务副主任	赫建营				
副 主 任	朱　蕾	陈　静	闪承东	丁雪峰	
成　　员	柳　絮	侯祥松	辛　华	郭慧鹏	刘　昊
	杨红鹏	游延东	郑　欣	赵大航	李钧辉
	路　远	王建峰	刘艳敏	张　月	李志鹏
	陈明辉	何素刚			
总　　务	马　欣	张渝若	梅景珍	李　梦	张福汉
	张庆丰				

FOREWORD 推荐序一

2010年10月，《国务院关于加快培育和发展战略性新兴产业的决定》颁布，提出我国现阶段将重点培育和发展节能环保、新一代信息技术、生物、高端装备制造、新能源、新材料、新能源汽车等七大产业。2012年7月，《“十二五”国家战略性新兴产业发展规划》发布，提出“十二五”时期是我国战略性新兴产业夯实发展基础、提升核心竞争力的关键时期。我们必须加强对战略性新兴产业的宏观引导和统筹规划，明确发展目标、重点方向和主要任务，采取有力措施，强化政策支持，完善体制机制，促进战略性新兴产业快速健康发展。

新一代信息技术作为战略性新兴产业的重要组成部分，是引领中国未来经济结构战略转型的重要推动力量。中国共产党第十八次全国代表大会明确提出“坚持走中国特色新型工业化、信息化、城镇化、农业现代化道路，推动信息化和工业化深度融合、工业化和城镇化良性互动、城镇化和农业现代化相互协调，促进工业化、信息化、城镇化、农业现代化同步发展”，需要我们深刻认识物联网、云计算、移动互联网等新技术在转变经济发展方式、增强创新发展动力、构建现代产业体系方面的作用，加大对共性技术开发、公共服务平台和试点示范项目支持力度，支持企业加强新一代信息技术在研发设计、生产制造、经营管理、市场营销等环节深化应用，提高企业数字化、网络化和智能化水平；加快应用电子产品的开发和产业化，加强以网络化操作系统、海量数据处理软件等为代表的基础软件、云计算软件、工业软件、智能终端软件、信息安全软件等关键软件的开发；大力发展研发设计及工程分析软件、工业控制系统、大型管理软件等应用软件和行业解决方案，为“两化”深度融合提供技术和产业支撑。通过重点工程、重大项目、重要领域的信息化建设，带动具有自主知识产权的软硬件发展，增强信息产业的自主发展能力。创新企业信息化推进机制，实施行业信息化服务工程，建立健全企业信息化推进服务体系。

在此背景下，中国电子信息产业发展研究院和北京赛迪信息工程设计有限公司出版的《新一代信息技术在两化深度融合中的应用》一书，对新一代信息技术在各行业、领域和区域的应用现状、趋势和信息化架构等做了详细的分析，对各级政府、企业在新形势下推进新一代信息技术应用给出了典型应用场景和应用案例。本书有三大特点：

第一，作者阵容强大，研究有高度。本书的作者汇集了新一代信息技术发展和应用相关政府主管部门、企事业单位、研究机构的从业人员，业界的专家学者，对新一代信息技术应用现状和趋势的总结准确深入，对新一代信息技术应用架构和场景的研究科学实用。

第二，内容视野开阔，范围有广度。本书从行业应用、综合应用、智慧城市等方面分析了新一代信息技术在各领域的应用现状、应用趋势、信息化架构，研究范围全面、覆盖广泛。

第三，案例实际具体，分析有深度。本书针对新一代信息技术在各领域的应用实践给出了大量具体的典型应用场景和应用案例，在创新特点与借鉴价值方面的案例剖析对于相关的政府部门和企业单位有较强的借鉴意义，为实际工作的开展提供了宝贵的经验参考。

苏　波
工业和信息化部副部长
2013年11月

FOREWORD 推荐序二

新一代信息技术是战略性新兴产业的重要组成部分，按照国务院《关于加快培育发展战略性新兴产业的决定》和《“十二五” 国家战略性新兴产业发展规划》的文件，新一代信息技术产业可概括为三大领域：一是宽带、泛在、融合、安全的信息网络基础设施，包括宽带接入、新一代移动通信、下一代互联网、物联网、数字电视网、云计算、高性能计算机、新型网络设备和智能终端等；二是电子核心基础产业，包括高性能集成电路、新型元器件、智能终端、新型显示、半导体照明、智能传感器和新型电力电子器件及系统；三是高端软件与新兴信息服务产业，包括基础软件、云计算软件、工业软件、智能终端软件、信息安全软件、云计算服务、电子商务服务、信息系统集成服务、网络信息服务、数字内容产业和文化创意产业。

2012年我国电子信息产业销售收入突破11万亿元，增幅超过15%，规模以上电子工业增加值增长12.1%，软件业实现收入增长28.5%，我国手机、计算机和彩电产量占全球出货量的比重均超过50%，电子信息产业出口占全国外贸总额的30.7% 。电子工业和电信运营业增加值分别占GDP的4.75%和 1.27%，即电子信息产业占GDP的6%，已经成为我国的支柱产业。其中，新一代信息技术对电子信息产业做出了重要的贡献。

信息技术作为通用技术其更重要的贡献是对各行各业产业的带动以及对社会管理和民生的影响。通用技术具有目的的通用性和创新的互补性，它会通过通用目的技术和应用产业之间以及不同的应用产业之间的外部性对经济产生广泛深远的放大影响。新一代信息技术的创新性更为明显，新一代信息技术在工业化的应用相对其他产业领域其外部性作用更大。

最近国外一些学者讨论第三次工业革命，尽管对第三次工业革命还有不同的看法，但普遍认为新一轮的技术和产业变革正在孕育，新一代信息技术特别是互联网的创新是重要驱动力，它与生物技术、能源技术、新材料技术和先进制造技术等的结合将对经济和社会发展产生深远的影响，尤其反映在制造业上。

新一代信息技术应用下的信息化和工业化融合发展将表现出日益鲜明的时代特征。信息技术的持续创新和应用深度渗透为国际金融危机后各国寻求新的经济增长点带来了希望，发达国家纷纷加大了对新一代信息技术的开发和推进与工业化融合的力度。我国处在调整产业结构和转变经济发展方式的关键时期，信息化与工业化融合将不断优化资源配置、创新发展模式，为破解日益凸显的资源能源瓶颈提供了新途径。利用新一代信息技术促进信息化与工业化的融合是重要机遇，两化融合的进程与深度也是国际竞争力的反映，能否把握好新一代信息技术发展的契机并在新一轮国际竞争中争得主动权对我国将是严峻的挑战。

党的十八大报告指出“坚持走中国特色新型工业化、信息化、城镇化、农业现代化道路，推动信息化和工业化深度融合、工业化和城镇化良性互动、城镇化和农业现代化相互协调，促进工业化、信息化、城镇化、农业现代化同步发展”。

《新一代信息技术在两化深度融合中的应用》一书从新一代信息技术的行业应用典型案例入手，分析了具有中国特色的信息化与工业化融合的特点与前景，总结了新一代信息技术应用的先进经验，提出了行业应用的信息化架构，探讨了新一代信息技术在两化融合中的应用路径。本书兼具理论和实践价值，对各地产业转型升级具有积极意义。

邬贺铨
中国工程院院士
2013年11月

PREFACE 前 言

2012年7月，国务院印发《“十二五”国家战略性新兴产业发展规划》（以下简称《规划》），对于新一代信息技术产业发展，《规划》提出要“推进信息技术创新、新兴应用拓展和网络建设的互动结合”。新一代信息技术不仅强调产业发展，也强调创新应用，形成应用带动产业发展、产业发展促进特色应用的良性循环。特别是党的十八大进一步明确要推动信息化和工业化深度融合，在融合过程中新一代信息技术如何发挥作用，如何推动工业转型升级，成为信息化领域非常关心的问题和热议的话题。

在下一代信息网络、物联网、云计算、数字虚拟、新型显示等新一代信息技术由理念转入应用的新阶段，深入研究和探讨新技术如何在各行业、各领域和区域的应用问题，具有十分重要的理论意义和实践价值。为此，在工业和信息化部有关领导的指导下，中国电子信息产业发展研究院、北京赛迪信息工程设计有限公司依托对两化融合以及对新下一代信息技术应用的丰富积累，策划并组织撰写了《新一代信息技术在两化深度融合中的应用》。

本书着重展示了新一代信息技术应用的最新研究成果，以行业应用、综合应用、领域应用和典型案例为主线，按照综述篇、行业应用篇、综合应用篇、智慧城市篇和案例篇依次展开。

综述篇着重分析信息化与工业化融合的最新观点，以及新一代信息技术在信息化与工业化融合中的应用路径。其中，信息化与工业化融合概述首先研究了国外信息化促进工业转型升级的实践情况，然后分析了信息化与工业化融合理念提出的过程，并梳理了目前对信息化与工业化融合内涵的权威理解，在此基础上提出了信息化与工业化融合推动工业转型升级的五条路径。新一代信息技术在信息化与工业化融合中的应用路径，首先简要分析了新一代信息技术如何在采集、传输、存储、处理等环节渗透和影响信息化，然后选取物联网、云计算和移动互联网三个具有典型代表性的新一代信息技术，深入研究它们在信息化与工业化融合中的具体应用。

行业应用篇着重分析新一代信息技术在一些典型行业中的应用。本篇选取了建筑工程、电力、石油石化、冶金矿山、电子商务等行业，从各行业信息化的现状与趋势入手，提出了基于新一代信息技术的行业信息化架构，并详细阐述了新一代信息技术如何对行业信息化架构各个层面带来改变。在每章的最后一节，选取了两个典型应用场景，进行更为形象的描述，以期为读者深入理解提供参考。

综合应用篇和智慧城市篇分别着重分析新一代信息技术在典型领域的应用。综合应用篇选取节能减排、安全生产和中小企业发展三个信息化促进工业转型升级的典型领域，智慧城市篇选取智慧环保、智慧医疗、智慧城市管理和智慧园区四个方面。这两篇同样从领域信息化现状与趋势、基于新一代信息技术的信息化架构和典型应用场景三个方面进行阐述。

案例篇从企业案例和区域案例两个方面，选取了应用实践的典型案例，从案例概况、创新特点和借鉴价值等方面进行归纳总结。其中，企业案例选取了国家电网公司、中国医药集团总公司、中石油集团海洋工程有限公司、中国国电平庄煤业（集团）有限责任公司和去哪儿网等企业应用新一代信息技术的实践，区域案例选取扬州、贵阳、张家港、青岛、北京和宁波等地应用新一代信息技术的实践，以期为企业和地方政府提供经验参考。

本书的撰写工作历时半年，经过总体策划、内部论证、专家研讨、稿件征集、体系编排、审核校对、专家评审等多个阶段，最终成稿。在编撰过程中得到了工业和信息化部、行业企业、地方政府和相关各界的鼎力支持和无私帮助。在此，谨向支持和帮助本书成功出版发行的工业和信息化部、各省区市经信委（工信委）、中央和地方国资企业、各类园区、相关行业协会，向参加本书研究和编撰工作的专家学者，以及所有在本书编写过程中付出辛勤劳动与汗水的各界朋友表示诚挚的感谢！

限于时间、条件与水平，本书中还存在需要进一步完善、提高的地方，衷心希望广大读者与各界人士给予批评指正。

CONTENTS 目 录

行 业 应 用 篇

智 慧 城 市 篇

案　例　篇

综·述·篇

第一章 CHAPTER 1

信息化与工业化融合概述

第一节　信息化与工业化深度融合的提出与内涵

从英国工业革命开始，全球开始了工业化的进程。在过去300多年的时间里，全球工业化取得了较快的发展。随着发达国家进入后工业化时期，商品生产经济的领先地位逐渐被服务经济、专业和技术经济取代。

随着信息化不断发展，世界一些发达国家认识到了信息技术的重要性，纷纷加大力度促进信息技术创新与其科研成果的转化，加强信息技术在工业化过程中的应用。特别是国际金融危机爆发后，工业发展下行压力加大，各国都希望通过信息技术应用，促进工业企业管理精细化、成本集约化，调整产业结构，从而促进现代工业的发展。美国前总统克林顿早在1993年就发表了AMT计划（先进制造技术计划），之后连续出台了多项发展先进制造业技术的计划，包括1996年提出的美国先进制造技术发展重点计划、2006年美国竞争力计划等，都旨在推动美国信息产业的发展，并促进信息化在工业和社会经济中的应用。2008年法国发布了《2012年数字法国5年计划》和《信息社会行动计划》，希望在当前全球经济萎缩的情况下推动数字化社会，促进法国工业经济发展。德国的21世纪信息社会计划等，也推动了德国信息技术在工业中的融合。随着这些计划的实施，各国的信息技术已经广泛渗透到各个工业门类中，对转型升级发展起到了重要作用。

“十二五”时期是我国加快推进工业发展方式转变的关键时期，我国正面临着推进工业化和信息化的双重任务，这使得我们不可能再走西方工业化国家先工业化、后信息化的老路，而必然是将信息化的时代特征与工业化的历史进程紧密结合起来。信息化与工业化融合是推动工业转型升级的迫切需要，也是信息化发展的必然要求，更顺应了经济全球化的发展趋势。

一、“信息化与工业化深度融合”的提出

我国对于信息化建设一直予以高度关注，1995年，党的十四届五中全会通过《中共中央关于制定国民经济和社会发展“九五”计划和2010年远景目标的建议》，提出了“加快国民经济信息化进程”的号召；1997年9月，党的十五大报告提出：“改造和提高传统产业，发展新兴产业和高技术产业，推进国民经济信息化。”2000年，在党的十五届五中全会上，指出“信息化是当今世界经济和社会发展的大趋势，也是我国产业优化升级和实现工业化、现代化的关键环节，把推进国民经济和社会信息化放在优化位置”，明确了信息化的战略地位，同时指出“信息化是覆盖现代化建设全局的战略举措”。

随着时代的发展，在工业化、信息化、城镇化、市场化、国际化深入发展的新形势和前述讨论的大背景之下，从我国信息化、工业化发展现状以及国家战略层面考虑，党的十六大报告提出，“要坚持以信息化带动工业化，以工业化促进信息化，走出一条科技含量高、经济效益好、资源消耗低、环境污染少、人力资源优势得到充分发挥的新型工业化道路”，党的十七大报告强调了信息化与工业化应该双向互动。2007年10月，党的十七大报告又进一步强调，“必须全面认识工业化、信息化、城镇化、市场化、国际化深入发展的新形势、新任务”，同时首次明确提出，“发展现代产业体系，大力推进信息化与工业化融合发展”。这是信息化首次列入“五化”之中，并位于“工业化”之后。至此，信息化与工业化融合战略正式提出，强调了工业与信息化应该融合发展，它体现了在新的历史条件下中国共产党的高瞻远瞩，是落实科学发展观的重要举措。2010年10月，党的十七届五中全会进一步提出“推动信息化和工业化深度融合，加快经济社会各领域信息化”。2012年11月，党的十八大报告再次强调了我国应坚持走中国特色新型工业化、信息化、城镇化、农业现代化道路，推动信息化和工业化深度融合，促进工业化、信息化、城镇化、农业现代化同步发展。

信息化与工业化深度融合的提出，充分反映出党和国家对信息化和工业化认识的进一步深化、重视程度的进一步提高、融合发展方向的再明确，必将对我国的新型工业化进程和信息社会建设产生巨大影响。

二、“信息化与工业化深度融合”的内涵

信息化与工业化融合是指电子信息技术广泛应用到工业生产的各个环节，信息化成为工业企业经营管理的常规手段。信息化进程和工业化进程不再相互独立进行，不再是单方的带动和促进关系，而是两者在技术、产品、管理等各个层面相互交融，彼此不可分割，并催生工业电子、工业软件、工业信息服务业等新的产业。

信息化与工业化融合是人类社会两个重要发展历史进程的交汇，其所引发的生产方式变革与生活方式调整正在构建信息社会发展的蓝图，其所推动的资源配置方式优化与发展方式转变正在构建现代产业体系的新格局，其所形成的智能化基础设施、协同化创新体系、柔性化生产

方式、集约化资源利用、精准化管理模式正在重塑全球化时代国家竞争的新优势。我国正处于信息化与工业化加速融合发展的历史时期，工业化发展已经离不开信息化的大背景。信息化正在深刻地改变人类的生产和生活方式，将对我国工业化进程产生极其重要的影响。

推动信息化和工业化深度融合，就是要推动新一代信息技术在工业产品、制造装备、业务流程、生产要素等产业体系中的全面渗透、广泛应用和深度集成，建立更具有竞争力的新型生产模式、组织体系和产业形态，不断增强信息化带动工业化发展的内在动力，加快建立新型工业化体系。

“深度融合”意味着“信息化”与“工业化”将通过互相渗透、相互促进，实现信息技术从单项业务应用向多业务综合集成转变，从单一企业应用向产业链协同应用转变，从局部流程优化向全业务流程再造转变，从传统的生产方式向柔性、智能的生产方式转变，从提供单一产品向提供一体化的产品服务组合转变。信息化和工业化深度融合的影响主要体现在四个方面。

一是工业产品的智能化不断提升。随着信息技术与产品自身的创新，以及在工业产品中应用方式的创新，工业产品智能化的程度将不断提升。从计算机技术、软件技术、通信技术、传感技术到物联网技术、移动互联网技术，新的信息技术、产品不断以新的方式“嵌入”传统工业产品中，使原有产品的技术含量、知识含量、性能大大提升。

二是信息技术的集成化水平不断提高。信息技术的应用经历了从简单到复杂、从局部到整体、从单一到集成的过程。集成应用带来了更大范围生产流程、组织管理、战略理念的变革，产生了单项应用所难以达到的应用效果。集成应用正在经历一个集成范围不断扩展的过程。

三是信息化对业务与管理方式变革影响日益加深。主要表现为三个方面：其一是形成现代生产体系。推动生产装备数字化和生产过程自动化，加快推动制造过程柔性化、网络化、智能化、绿色化和服务化，建立个性化制造与规模化协同制造新型生产方式。其二是组织结构变革。企业的生产组织日益扁平化，围绕企业产品设计、人力资源、财务管理、设备维护等业务的外包服务全面普及，基于产业链的协同研发设计、协同电子商务、协同供应链管理正成为产业发展的一种常态。其三是带来新的商业模式。制造与服务的整合、业务流程的外包正在形成新的价值模式，企业都在寻求新的商业模式，以掌控产业价值链的关键环节。

四是信息产业支撑融合发展的能力不断增强。信息化与工业化的深度融合需要信息技术、软件与硬件信息产品的支撑，这需要我国建立自主可控、日益强大的信息产业体系。在硬件方面，不断完善信息技术与传统工业技术间的协同创新机制，持续增强汽车电子、航空电子、船舶电子等产品的开发和产业化能力，不断提升信息技术支撑产品智能化转型的能力和水平。在软件方面，初步完善各类工业软件的开发能力，健全工业软件研发、生产和服务体系，壮大一批行业信息技术服务企业。

第二节　信息化与工业化深度融合政策演进

一、两化深度融合政策演进

十七大以来，两化深度融合政策不断完善，经历了由点到面，由试验到推广的过程，逐渐形成较完整体系，以下列举说明了这一历程。

（一）起步阶段

- 2007年11月，七项信息安全国家标准正式实施，包括《信息安全风险评估规范》、《虹膜识别系统技术要求》、《网上银行系统信息安全保障评估准则》等。
- 2008年3月，国家发改委、国务院信息化工作办公室等八部门联合发布《关于强化服务促进中小企业信息化的意见》，要求各地加强对中小企业信息化的服务，提高我国中小企业应用信息技术的水平和能力，促进中小企业创新发展。

（二）试验摸底阶段

- 2009年3月，工业和信息化部主导的国家级两化融合试验区工作正式启动，确定上海市等首批八个国家级两化融合试验区，要求各试验区把编制发展规划、出台政策措施、开展试点示范、搭建公共平台、推进项目建设等作为推进两化融合的抓手，推动两化融合工作有序开展。
- 2010年6月，工业和信息化部主持的七个重点行业两化融合发展水平评估报告完成。评估报告发布了钢铁、化肥、重型机械、轿车、造纸、棉纺织、肉制品加工七个行业的两化融合水平情况，指出我国企业两化融合整体上仍处于以局部应用为主的阶段，不同行业融合水平差异较大。
- 2011年4月，工业和信息化部主导的第二批国家级两化融合试验区工作启动，试验区包括湖南省长株潭城市群、广西壮族自治区（柳州市、桂林市）、辽宁省沈阳市、安徽省合肥市、陕西省西安和咸阳、甘肃省兰州市、云南省昆明市、河南省郑州市。

（三）全面推进阶段

- 2011年4月，工业和信息化部、科技部、财政部、商务部、国资委等部门联合印发了《关于加快推进信息化与工业化深度融合的若干意见》（以下简称《意见》），提出了我国推进两化融合的发展目标、主要原则、重点任务以及保障措施。
- 2012年5月，国务院常务会议讨论通过《关于大力推进信息化发展和切实保障信息安全的若干意见》，确定了实施“宽带中国”工程、推动信息化和工业化深度融合、加快社会领域信息化、推进农业农村信息化、健全安全防护和管理、加快安全能力建设等重点工作。首次在《意见》题目中将信息安全与信息化并列提出，表示了国家对信息安全的高度重视。

- 2012年5月，工业和信息化部印发《2012年信息化和工业化深度融合专项资金项目指南》，说明了专项资金采用项目补助方式，对项目的补助金额原则上不超过项目投资总额的30%，原则上补助额度不超过500万元，支持的项目集中于信息化综合集成创新、产品信息化和服务型制造及面向产业服务与行业管理的信息化服务三个方向。
- 2012年5月，国资委发布《关于加强“十二五”时期中央企业信息化工作的指导意见》，提出到2015年年底中央企业信息化的总体目标是“信息系统要实现所有层级和主要业务的全覆盖；系统集成、信息共享和业务协同能力进一步提高；信息化与战略决策、经营管理、生产过程、风险管控深度融合；组织体系、基础设施、安全保障、运维能力进一步增强；信息化应用水平全面提高；大多数中央企业信息化水平达到A级，达到或接近国际同行业先进水平”。
- 2012年7月，科技部推出《“十二五”制造业信息化科技工程规划》，提出着力突破一批具有引领性、创新性的制造业信息化关键技术；着力打造一批数字企业、服务型制造企业和产业服务平台；着力培育发展生产型服务业和制造业信息化软件产业及相关服务业，促进制造业核心竞争力显著提升，支持地方支柱与特色产业快速发展，加速我国从制造大国向制造强国转变。
- 2012年9月，工业和信息化部发布《加强2012年信息化和工业化深度融合重点推进项目组织实施工作的通知》，提出了12个重点项目方向，包括研发设计信息化、生产制造信息化、经营管理信息化、节能减排信息化、安全生产信息化、电子商务、物流信息化、信息化综合集成创新、服务型制造、装备信息化、产品信息化、产业服务及行业管理信息化，要求地方围绕重点方向，加强分类推进；利用各自资源，加大支持力度；加强项目的汇总和分析工作。
- 2012年10月，工业和信息化部发布《关于组织开展国家级信息化和工业化深度融合示范企业评定工作的通知》，确定了在覆盖钢铁、有色金属、稀土、石化等27个行业（领域）选择不超过270家示范企业。
- 2012年10月，工业和信息化部发布《关于协助开展工业企业两化融合评估工作的通知》，明确了评估工作的目的与要求，并指定了18个开展评估的行业和承担单位。
- 2012年10月，工业和信息化部发布《关于开展区域“两化”融合发展水平评估工作的通知》，发布了区域“两化”融合发展水平评估指标体系及评估方法、区域“两化”融合发展水平评估指标体系解释说明、区域“两化”融合发展水平评估指标统计表。

二、两化深度融合政策解读

从时间角度看，党的十七大报告正式提出信息化与工业化融合战略以来，以工业和信息化部为主的相关部委开始更加重视两化融合相关政策研究。而真正的两化融合实践应以2009年“国家级两化融合试验区”正式启动为标志。经过对试验区和重点行业两化融合的深入研究，

2011年4月，工业和信息化部正式提出了全国性两化融合工作指导意见——《关于加快推进信息化与工业化深度融合的若干意见》，在此基础上，2012年成为十七大以来两化融合相关政策发布最多的一年，也标志我国两化深度融合工作将迈入全面推进和深入开展的新时期。

从政策分类角度看，两化融合政策已经形成了比较完整的体系，包括《关于加快推进信息化与工业化深度融合的若干意见》、《国务院关于大力推进信息化发展和切实保障信息安全的若干意见》等总领性政策；两化融合试验区相关政策；行业与区域两化融合评估要求；重点项目推进、示范企业评定工作要求；专项资金使用指南；央企、制造业、中小企业等重点领域信息化政策。

从两化深度融合范围和重点来看，按照《关于加快推进信息化与工业化深度融合的若干意见》、《加强2012年信息化和工业化深度融合重点推进项目组织实施工作的通知》和《关于组织开展国家级信息化和工业化深度融合示范企业评定工作的通知》等政策要求，仍应坚持把促进信息技术在工业领域的深化应用、提升信息产业创新发展能力和服务水平作为两化深度融合推进工作的两个基本点；同时结合本地特色，把研发设计信息化、生产制造信息化、经营管理信息化、节能减排信息化、安全生产信息化、电子商务、物流信息化、信息化综合集成创新、服务型制造、装备信息化、产品信息化、产业服务及行业管理信息化12个重点方向及铁、有色金属、稀土、石化等27个行业作为推进两化深度融合的重心。

从地方推进策略来看，全国两化融合试验区建设起到了良好的试点示范作用，比如上海市发布了《上海市信息化与工业化深度融合发展“十二五”规划》，广东省发布了《珠江三角洲地区国家级信息化和工业化融合试验区实施方案》。地方政府应积极学习全国两化融合试验区经验，结合自身特色编制两化深度融合发展规划、出台政策措施、开展试点示范、搭建公共平台、推进项目建设，推动本地两化深度融合工作有序开展。

可以预见，在国家政策的指导下，未来我国两化深度融合将在全国范围内更加深入和更加系统地开展，两化融合评估工作和地方推进政策制定将在一段时期内成为重点。省以下区域两化融合水平评估将逐渐展开，区域、行业与企业两化融合评估有望成为年度行为并逐步在全国范围展开。两化融合评估服务平台及认定评估实施组织体系将在各地逐步建立，政策研究等第三方服务机构相关业务也将随之得到更快速的发展。

第三节 两化深度融合推动工业转型升级的路径与实践

我国与世界各国的工业化和信息化进程都有所不同，决定了我们既要积极吸收先进经验，又要有符合自身特点的发展路径。工业和信息化部部长苗圩指出，推动信息化和工业化深度融合，就是要实现信息技术从单项业务应用向多业务综合集成转变，从单一企业应用向产业链协同应用转变，从局部流程优化向全业务流程再造转变，从传统生产方式向柔性智能的生产方式转变，从提供单一产品向提供一体化的产品服务组合转变。

一、从单项业务应用向多业务综合集成转变，优化企业经营管理方式

企业信息化开展初期，往往以工具软件、局部应用、部门级应用的形式开展，比如CAD等研发辅助软件、财务电算化、人力资源管理系统等管理信息系统的应用。随着企业信息化的深入开展，单项业务应用逐渐走向多业务综合集成应用。一方面是为了解决信息孤岛、重复建设的问题；另一方面是为了更有效地综合利用企业管理过程中的各类信息资源，整合各类业务活动，提升效率，比如物料需求计划系统（MRP）发展到MRPII，进而发展到企业资源计划（ERP）系统，其功能逐渐从物料管理扩展到包含订单、生产计划、财务、人力资源等方方面面。在SOA、云计算等新型信息化技术逐渐成熟的情况下，应用集成变得更加容易，业务应用集成正向着多业务、跨企业运营管理多个环节，甚至跨企业、跨国界的方向发展。

在系统集成方面，以国家电网为例，该公司“十一五”期间全面实施了信息化SG186工程，建成了覆盖总部、网省、地市县公司，纵向贯通、横向集成的一体化信息平台，八大业务应用，六个信息化保障体系，完成了该公司主营业务应用的全面推广，实现了信息化从条块分割的部门级向横向集成、纵向贯通的企业级的转变。“十二五”期间该公司提出建设一体化集团企业资源计划系统（SG-ERP），优化整合信息资源，增强一体化信息平台承载能力，深化业务应用建设与集成，全面提升分析决策水平，实现生产过程自动化、业务处理互动化、经营管理信息化、战略决策科学化，推进电力流、业务流、信息流三流合一，助力信息化与工业化融合发展。基于一体化企业信息集成平台的SG186工程概念框架如图1-1所示。

二、从单一企业应用向产业链协同应用转变，提升产业链整体竞争力

信息化正由企业内部事务逐渐变为企业间协作的平台。大型企业和重点行业正在向产业链协同应用演进，并且已经积累了很多成功经验。许多企业利用信息技术，加快产业链上下游企业间的供应链协同应用，通过信息共享推动企业内部及产业链上下游之间的生产制造、采购销售等环节的高效协同，进而实现企业间系统无缝对接。

在产业链协同应用方面，汽车行业走在了前面，汽车企业普遍开发各种信息系统来提高企业管理效率，比如东风商用车公司采用供应链协同交互平台全面提升产业链协同水平，各项采购业务在协同平台上进行，取消了纸面信息交互件，极大地提高了订单周转效率、节约了企业成本。该平台使供应商与制造商无缝集成，加强了与供应商的联动协作能力，降低了通信和交流成本，增强了透明性，减少了争议，提高了工作效率。东风商用车公司通过该平台优化、扩展、加强与供应商的关系，与供应商建立战略合作关系，共享计划、产品设计、要货收货等信息，改变了企业运作方式。东风商用车公司供应链协同交互平台结构如图1-2所示。

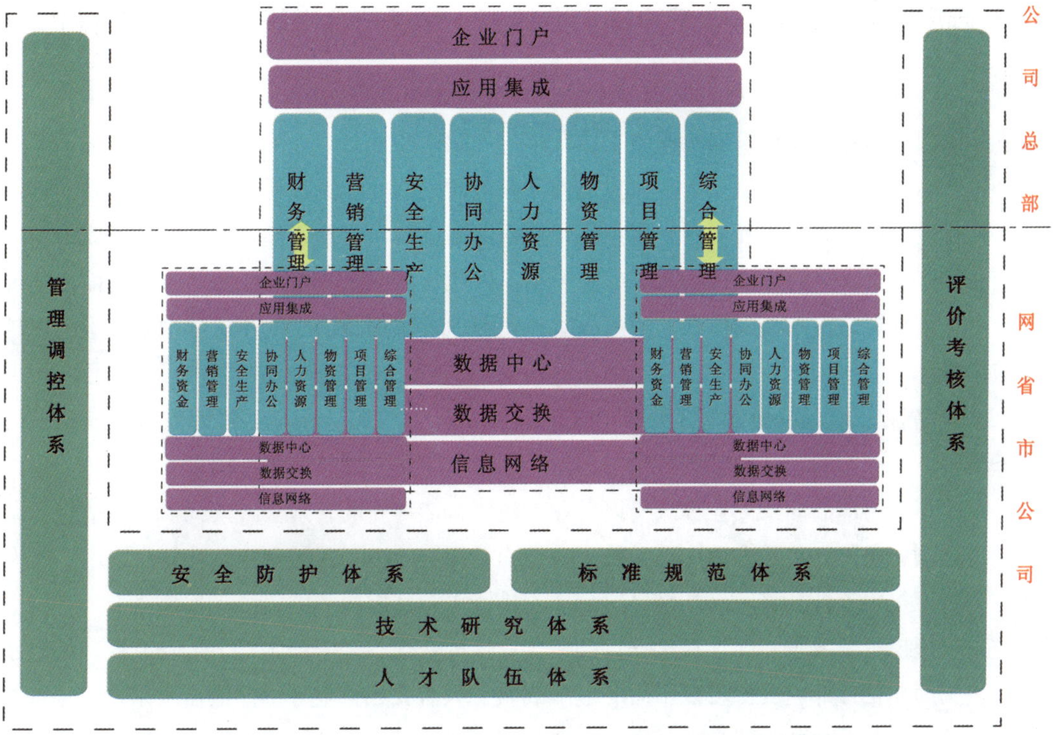

企业门户
应用集成
财务管理
营销管理
安全生产
协同办公
人力资源
物资管理
项目管理
综合管理
数据中心
数据交换
信息网络
公司总部
网省市公司
管理调控体系
评价考核体系
企业门户
应用集成
财务资金
营销管理
安全生产
协同办公
人力资源
物资管理
项目管理
综合管理
数据中心
数据交换
信息网络
安全防护体系
标准规范体系
技术研究体系
人才队伍体系

图1-1　基于一体化企业信息集成平台的SG186工程概念框架

资料来源：赛迪设计，2013-07.

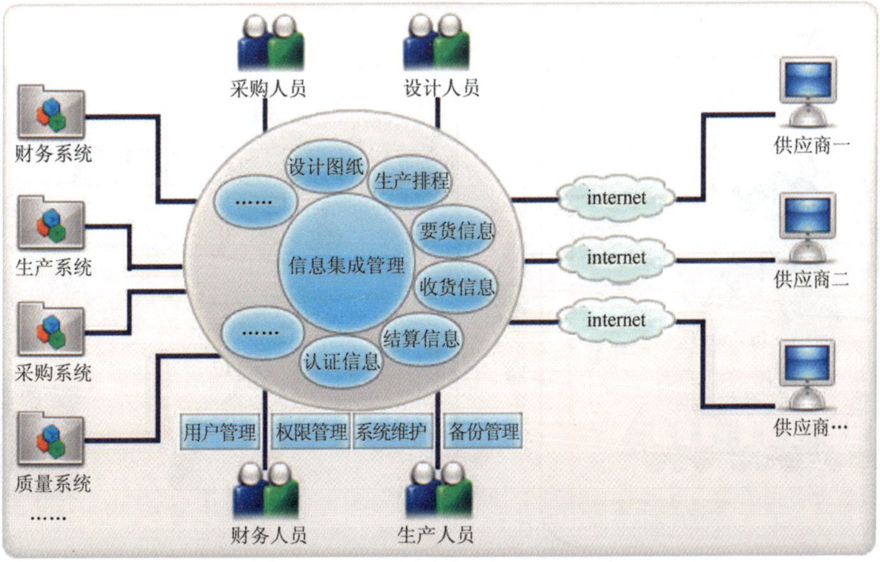

采购人员
设计人员
财务系统
生产系统
采购系统
质量系统
……
设计图纸
生产排程
……
要货信息
信息集成管理
收货信息
……
结算信息
认证信息
internet
internet
internet
供应商一
供应商二
供应商…
用户管理
权限管理
系统维护
备份管理
财务人员
生产人员

图1-2　东风商用车公司供应链协同交互平台结构

资料来源：赛迪设计，2013-07.

三、从局部流程优化向全业务流程再造转变，构建符合市场需求的组织模式

随着信息技术应用从单项走向集成，信息技术对业务流程的影响也从单个业务环节发展到全业务流程。信息技术持续向工业研发设计、生产制造、经营管理等各业务环节渗透，大大提高了生产运营各环节的智能化水平，也迫使各环节的内部处理流程得到了优化。同时，各环节的信息化也为环节间信息互通提供了条件，使得业务运营与管理各环节的高效互通成为新形势下提高生产效率，灵活应变市场需求的新重点。因此，面向企业整体业务与管理的信息化规划与全业务流程再造逐渐受到重视，信息技术在企业运营管理及组织变革过程中起到了越来越重要的作用。

在全业务流程再造方面，海尔集团在信息技术支撑下按照零库存下的即需即供模式重建了业务流程。在探索新管理模式的过程中，海尔结合互联网发展趋势，推出了“倒三角”组织结构、零库存下的即需即供商业模式，以及业务流程再造等新的管理实践模式。海尔的组织结构转变为“倒三角”，员工在第一层，员工直接面对用户，由一线经理去创造用户需求，所有领导在为员工提供支持。将原来的高层决策、安排资源、基层执行的传统管理模式变为基层根据客户要求提出资源要求，高层提供支持的模式。这种变化改变了海尔整个运营流程和信息系统。过去，海尔的IT部门员工可以不需要理解战略，只需要根据业务部门的需求来执行；IT部门关注的重点只是项目的上线点，其实这样和公司的战略是割裂的。现在则需要端到端地来理解公司为什么要进行零库存下即需即供，为什么要做零距离下的虚实融合。海尔现在的IT已经不是简简单单的IT部门，而是流程系统创新部（PSI）。信息技术支撑下的海尔集团新管理模式如图1-3所示。

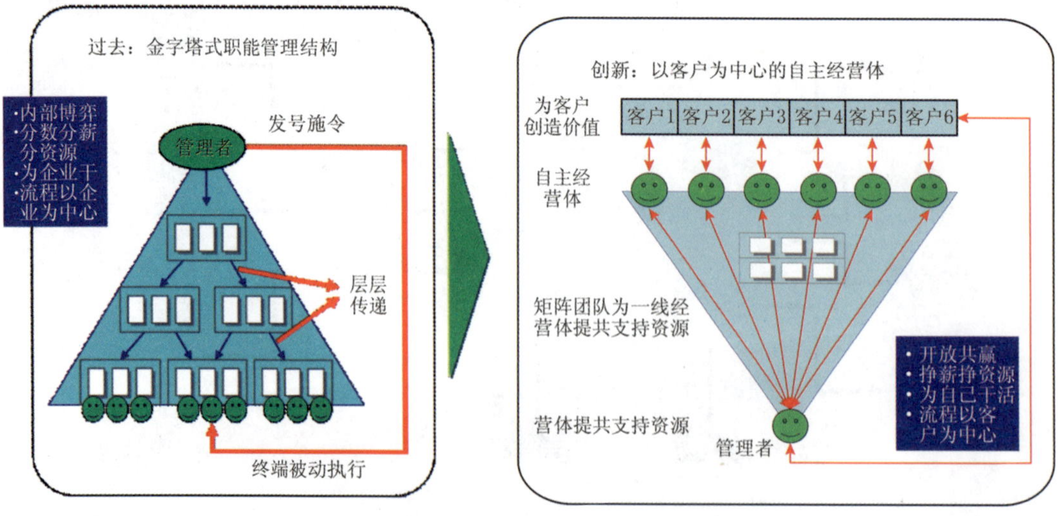
过去：金字塔式职能管理结构
·内部博弈
·分数分薪
分资源
·为企业干
·流程以企业为中心
发号施令
管理者
层层传递
终端被动执行
创新：以客户为中心的自主经营体
为客户创造价值
客户1
客户2
客户3
客户4
客户5
客户6
自主经营体
矩阵团队为一线经营体提共支持资源
营体提共支持资源
管理者
·开放共赢
·挣薪挣资源
·为自己干活
·流程以客户为中心

图1-3　信息技术支撑下的海尔集团新管理模式

资料来源：赛迪设计，2013-07.

四、从传统生产方式向柔性智能的生产方式转变，增强企业智能制造能力

信息技术在工业研发设计、生产制造、经营管理等各业务环节渗透，改变了传统的生产方式，大大提高了工业智能化制造水平。信息技术向研发设计环节渗透，实现了模块化、数字化、协同化设计模式；向生产环节渗透，实现了自动化生产线、数控装备、柔性制造、准时生产和远程监控；向经营管理环节渗透，实现了企业资源计划及供应链管理。

例如，武昌船舶重工有限责任公司借助信息化手段打造柔性智能的产品生产线，构建了面向设计制造的三维数字样船虚拟制造系统（见图1-4），实现了对生产设计数据的快速转换和过程的实时、并行、可视化监控。通过建立舰船全三维数字产品的虚拟制造过程，与现实产品的精益制造过程的映射关系，形成数字化产品生产线与现实产品生产线并行协同的工作模式，将现代造船模式的研究成果直接应用到数字产品虚拟制造过程中，通过现实产品生产线和数字产品生产线的融合度分析，建立壳舾涂一体化并行协同的系统工作环境，形成数字产品柔性生产线。

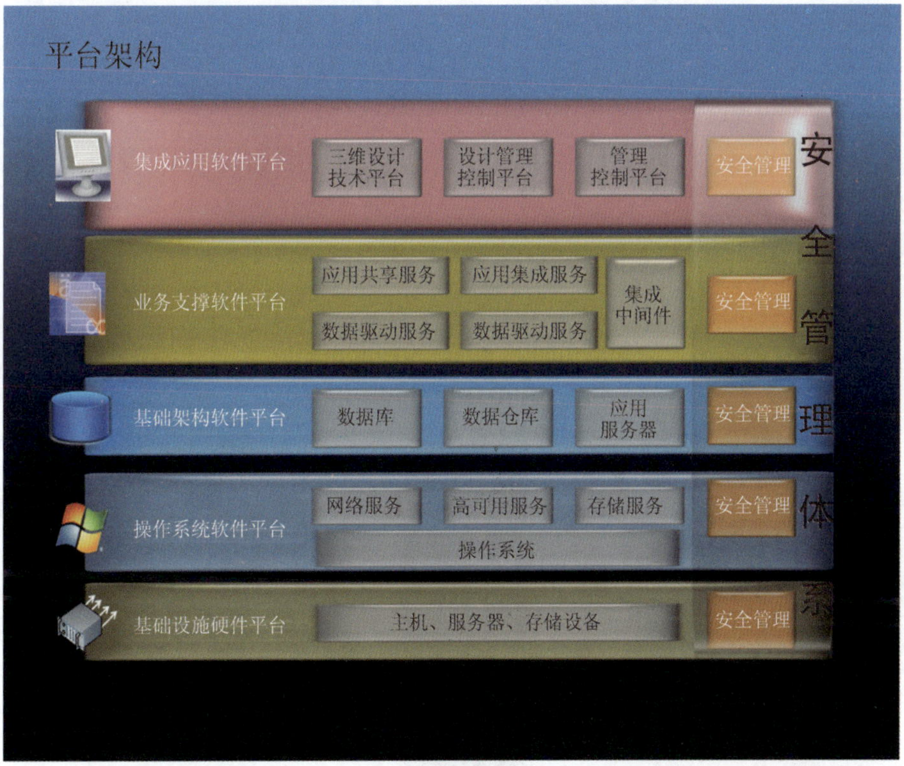
平台架构
集成应用软件平台
三维设计技术平台
设计管理控制平台
管理控制平台
安全管理
业务支撑软件平台
应用共享服务
应用集成服务
数据驱动服务
数据驱动服务
集成中间件
安全管理
基础架构软件平台
数据库
数据仓库
应用服务器
安全管理
操作系统软件平台
网络服务
高可用服务
存储服务
操作系统
安全管理
基础设施硬件平台
主机、服务器、存储设备
安全管理
安全管理体系

图1-4　武昌船舶重工三维数字样船虚拟制造系统框架

资料来源：赛迪设计，2013-07.

五、从提供单一产品向提供一体化的产品服务组合转变，延伸产品价值链条

信息通信技术不断融入工业装备中，推动着工业产品向数字化、智能化方向发展，使产

品结构不断优化升级。随着后工业化时期的来临，传统的制造价值链不断扩展和延长，提供单一产品的商业模式将向提供一体化的产品服务组合转变。工业产品附加值构成中，纯粹制造环节所占的比例越来越低，研发、物流、营销、电子商务、金融、咨询、维护支持等专业化服务所占的比例越来越高。在消费品领域，电子产品可以通过捆绑优秀的音/视频服务、地图服务和电子邮件服务，延伸产品本身的功能。在工业自动化领域，根据顾客的具体需求定制服务，对自动化设备提供全生命周期服务，正成为企业获得部分优势的新思路，而物联网技术和移动互联网技术已经使这一服务模式在数控注塑机制造等行业落地。电子商务、基于信息平台的现代物流业、信息服务业等产业也将得到快速、深入的发展，信息化正推动着制造业加速向服务业转型。

苹果公司的巨大成功说明了产品服务组合对于企业转型的重要作用。在经历了几年低谷之后，2001年苹果公司推出了一种捆绑式的销售模式，即“高容量数字娱乐产品iPad+播放器iTunes+在线音乐等内容”。这种方式颠覆了传统的音乐制作、母盘灌录、CD生产、广告宣传、市场发行、销售推广的音乐生产销售运营模式，这种模式使iPad很快成为热销产品，同时使iTunes成为在线音乐商店的代名词。苹果在移动通信市场复制了这种捆绑销售模式，2007年，苹果公司推出了iPhone，iPhone比iPad更进一步，在集成了iTunes及其承载的在线影音、娱乐、图书等资源外，又开发了基于云服务模式的AppStore，AppStore为成千上万的程序员提供开发平台，开发的程序通过iPad、iPhone等苹果产品提供给用户在线下载、使用。通过这种模式，苹果创造了一个庞大的生态系统，使苹果产品始终保持在创新的前沿，赚取着丰厚的利润。苹果公司产品服务组合生态系统如图1-5所示。

500 million apps downloaded.
And counting.
There are more than 15,000 apps on the App Store, and so far iPhone users have downloaded an incredible 500 million, in every category from games to business.
ebay
amazon
smule
urbanspoon
ORACLE
yelp
iPhone
www.1fong.com

图1-5 苹果公司产品服务组合生态系统

资料来源：赛迪设计，2013-07.

CHAPTER 2 第二章

新一代信息技术在两化深度融合中的应用路径

新一代信息技术涉及信息采集、存储、传输、处理等环节，衍生出诸多新产品、新概念和新应用场景，也激发了无数新的或潜在的需求，带动了整个产业链不断革新。在信息采集环节，广泛应用物联网技术，提高对客观世界的感知能力；在信息存储环节，广泛应用虚拟化、绿色IT等技术，大力推进云存储技术发展，为经济社会和人民生活提供大容量、高可靠的数据存储服务；在信息传输环节，应用4G等新一代移动通信技术和以IPv6为基础的新一代互联网，为海量感知信息流提供高速、稳定的数据通道；在信息处理环节，推进数控机床、工业机器人等战略性高科技装备的应用深度和广度，转变生产方式，提升工业设备对信息的处理能力和产品智商。通过新一代信息技术在各环节的深化应用，使信息化与工业化在战略、创新、产业、资源、技术、管理等多个层次上，实现全方位、跨领域、一体化的深度融合。

新一代信息技术在两化融合中的应用路径可从整体应用、行业应用和企业应用三个层面来描述。整体应用路径是根据整体上技术应用普及程度进行阶段划分，明确各项关键技术所处的市场阶段与趋势；行业应用路径和企业应用路径是分别针对技术在特定行业、企业内部特定业务领域内的应用情况进行描述，从而揭示新一代信息技术在具体行业以及业务领域的普及程度和应用前景。以上三个层面的应用都可从试点应用、推广应用和普及应用三个阶段来描述。在新一代信息技术刚出现时，主要表现为试用、探索经验阶段，称为试点应用阶段；随着新一代信息技术的不断试点和推广，应用范围不断扩大，应用功能不断深入，称为推广应用阶段；然后在信息技术相对成熟时，在各行业实现大范围应用，称为普及应用阶段。

新一代信息技术各关键技术从整体上看处于快速应用过程中，云计算关键技术普及程度更高，物联网稍逊，移动互联网普及程度最低。云计算作为一种新的服务交付与使用方式，是未来服务模式发展的最新趋势，其中资源虚拟化技术所带来的高效、节约最快被接受，并在企业应用中实现了良好的效益，分布式存储、分布式计算作为云服务模式的核心技术快速向推广应用阶段迈进。在“智慧城市”的带动下，物联网技术率先在感知层面取得突破，信息感知和无线传感技术在八大重点领域得到普遍应用，在体现物物相连的智能性层面，分布式数据融合技术应用前景广阔。轻巧、便捷的特点使移动互联网技术成为一个充满无限创新可能的领域，随时交互的需求使便携移动终端和无线网络接入快速进入普及应用阶段，广阔的个性化服务市场促进位置服务等应用技术爆炸式增长，移动终端和无线接入技术将使未来移动互联网时代更加精彩。新一代信息技术整体应用路径如图2-1所示。

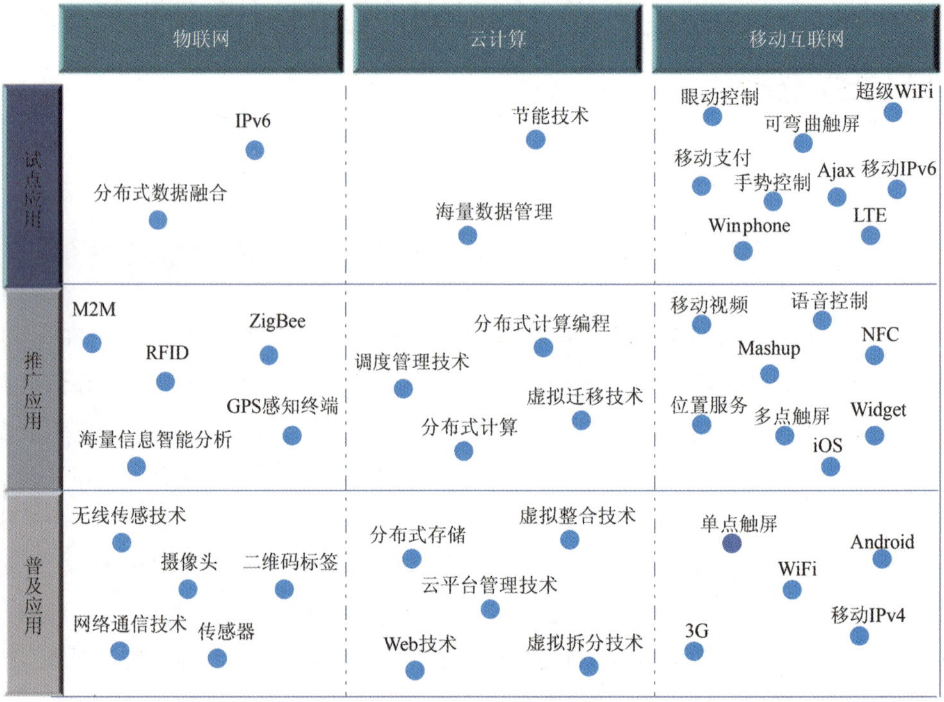
物联网
云计算
移动互联网
试点应用
推广应用
普及应用
IPv6
分布式数据融合
节能技术
海量数据管理
眼动控制
超级WiFi
可弯曲触屏
移动支付
手势控制
Ajax
移动IPv6
LTE
Winphone
M2M
ZigBee
RFID
GPS感知终端
海量信息智能分析
分布式计算编程
调度管理技术
虚拟迁移技术
分布式计算
移动视频
语音控制
NFC
Mashup
位置服务
多点触屏
Widget
iOS
无线传感技术
摄像头
二维码标签
网络通信技术
传感器
分布式存储
虚拟整合技术
云平台管理技术
Web技术
虚拟拆分技术
单点触屏
Android
WiFi
移动IPv4
3G

图2-1　新一代信息技术整体应用路径

资料来源：赛迪设计，2013-07.

新一代信息技术在各行业的应用向纵深发展，已经成为推动产业技术创新、优化发展方式、衍生新产业形态的转换器。在智能电网行业，云计算、物联网技术的应用推动电网不断提高智能化水平，智能分析逐步推广，海量数据管理、传感器应用普遍；新一代信息技术与交通等生产性服务业的结合，拓展了行业发展空间，技术应用使科技成果转化平台、集成创新平台、协同创新平台建设成为可能，RFID和位置服务的普及应用促进了交通服务水平的提高，对移动视频等海量交通数据的利用使交通管理更加智能；在冶金矿山行业，企业更加重视移动互联网与物联网技术的应用，传感器、3G通信、ZigBee短距离通信等技术的应用编织了可上天入地的感知网；石油化工行业对新一代信息技术的应用研究较为领先，虚拟化、云平台、智能分析等新技术应用进一步提升了原有软件、硬件以及信息资源的价值；物联网与云计算技术在传统制造向智能制造转变中发挥了关键作用，数据分析与人性化操作的管理终端相结合，促进了制造行业在转型升级中打造敏捷、柔性应对市场变化的智能制造；在金融、医疗等服务型行业，移动互联网和云计算技术的试点应用颠覆了传统服务模式，移动终端应用拓展了时空界限，线上与线下服务的结合使服务范围和服务能力得到了快速发展，医疗行业大力推广移动视频，移动支付、多点触屏提高了客户服务便利程度，传感器等在医疗中的使用已经普及；金融行业通过海量数据的管理和智能分析，推出更个性化的金融服务，实现金融业务的创新。新一代信息技术行业应用路径如图2-2所示。

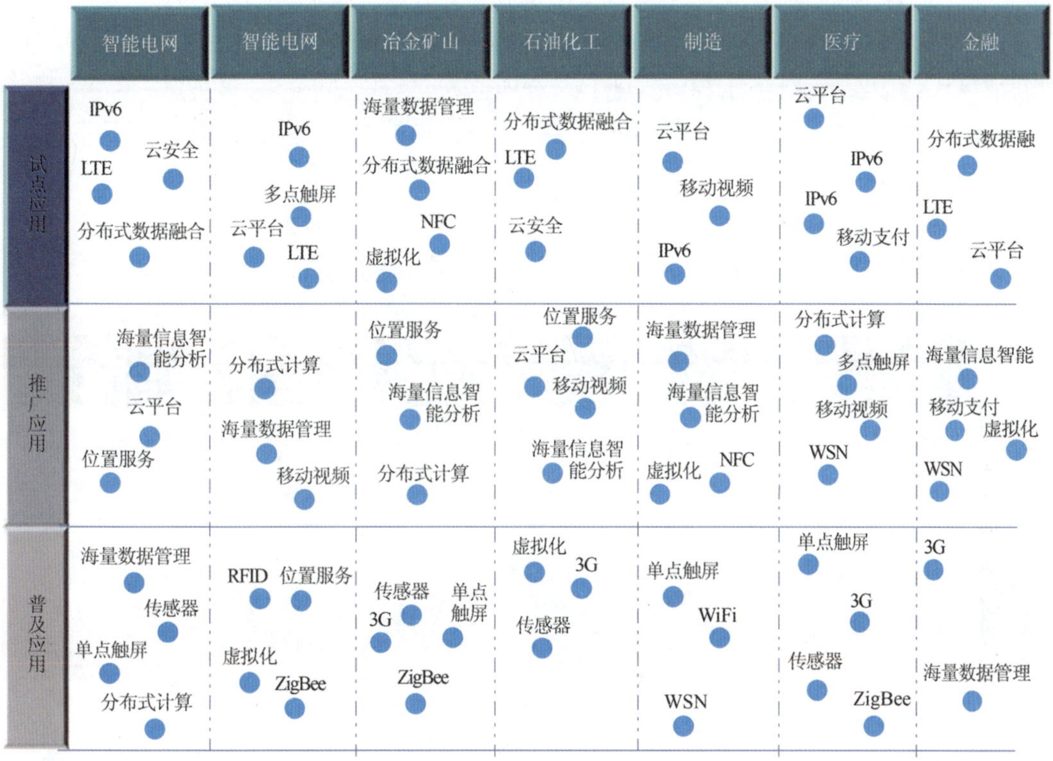
智能电网
智能电网
冶金矿山
石油化工
制造
医疗
金融
试点应用
推广应用
普及应用
IPv6
云安全
LTE
分布式数据融合
IPv6
多点触屏
云平台
LTE
海量数据管理
分布式数据融合
NFC
虚拟化
分布式数据融合
LTE
云安全
云平台
移动视频
IPv6
云平台
IPv6
IPv6
移动支付
分布式数据融
LTE
云平台
海量信息智能分析
云平台
位置服务
分布式计算
海量数据管理
移动视频
位置服务
海量信息智能分析
分布式计算
位置服务
云平台
移动视频
海量信息智能分析
海量数据管理
海量信息智能分析
虚拟化
NFC
分布式计算
多点触屏
移动视频
WSN
海量信息智能
移动支付
虚拟化
WSN
海量数据管理
传感器
单点触屏
分布式计算
RFID
位置服务
虚拟化
ZigBee
传感器
单点触屏
3G
ZigBee
虚拟化
3G
传感器
单点触屏
WiFi
WSN
单点触屏
3G
传感器
ZigBee
3G
海量数据管理

图2-2　新一代信息技术行业应用路径

资料来源：赛迪设计，2013-07.

新一代信息技术与企业各个业务领域的全面融合是企业打造核心竞争力、全面提升管理、深化转型升级的推进器。生产管理领域中物联网技术的应用起步最早，传感器与无线网络的应用推动企业生产自动化向智能化发展，触屏技术的应用大大提升了制造控制的人性化、精细化程度，移动互联网与云计算技术支撑销售业务随时随地提供个性化的服务，灵活、隐性、更加注重资讯提供和服务质量的方式提升了客户服务体验度，及时的市场数据捕捉和分析帮助企业更敏锐地发现市场动态趋向；新一代信息技术在仓储物流领域的作用受到普遍重视，物联网与移动互联网技术的推广应用，使得在企业物料管理中实现唯一的信息编码、丰富的信息采集、无线的数据传输、精准的位置跟踪，从而大幅度提高业务效率，有力支撑日益强调动态、效率的仓储物流管理提升；新一代信息技术有利于企业实现集中、高效的财务管理，物联网与移动互联网技术可以提高企业财务数据与物流信息流的一致性，保障财务数据更加真实、可靠，成本控制的过程性更加突出，云平台的应用使管理者能够随时对跨时空交易进行监管，但是新一代信息技术在企业财务管理领域的应用有待推广；安全环保是新一代信息技术的重点应用领域，通过大量的传感器、无地理和环境限制的无线网络部署、对大数据的分析处理等措施，不仅能显著提高人员安全、设备安全与环境安全，而且能更加全面、实时地监控能源消耗与污染源；基于信息技术产生的电子商务与新一代信息技术有众多契合点，移动支付等移动互联网应用支撑电子商务业务的移动化发展，云平台、海量数据智能分析等云计算应用支撑电子商务的个性化服务，商品跟踪追溯等物联网应用是电子商务普及的物理基础；新一代信息技术改变企业供应链管理的过程、内容和方式，物联网技术优化供应链管理从物–人–物的模式转变为物–物模式，云计算技术整合企业供应链管理的柔性，使业务衔接更加紧密，移动互联网技术促进了企业供应链网络的无缝衔接；云计算与移动互联网技术能提高决策支持的及时性、便利性，云计算在海量数据的管理和智能分析中具备突出优势，智能移动终端使企业决策者可以随时随地获得支持，因此其在企业的应用日渐普及。新一代信息技术企业应用路径如图2-3所示。

生产管理
销售管理
仓储物流
财务管理
安全环保
电子商务
供应链
决策支持
多点触屏
云平台
位置服务
IPv6
移动支付
云安全
LTE
IPv6
多点触屏
云安全
Ajax
云平台
IPv6
LTE
海量信息智能分析
云平台
移动视频
多点触屏
传感器
LTE
IPv6
云安全
LTE
分布式数据
语音控制
推广应用
分布式存储
单点触屏
位置服务
Ajax
云平台
位置服务
NFC
云平台
WSN
海量数据管理
Mashup
Widget
分布式存储
WSN
虚拟化
NFC
移动支付
海量信息智能分析
云平台
WSN
位置服务
WSN
NFC
智能分析
多点触屏
云平台
普及应用
海量数据管理
虚拟化
传感器
WiFi
RFID
ZigBee
3G
虚拟化
RFID
WiFi
虚拟化
3G
位置服务
传感器
WiFi
3G
虚拟化
ZigBee
WiFi
虚拟化
RFID
海量数据管理
虚拟化
3G

图2-3　新一代信息技术企业应用路径

资料来源：赛迪设计，2013-07.

第一节 物联网在两化深度融合中的应用

物联网就是将物体通过各种感知设备按约定的通信协议与互联网连接起来，实现信息的智能化采集、传输与处理，能够对物与物、人与物、人与人形成的网络进行科学管理的一种网络。具体可以理解为，通过射频识别（RFID）装置、红外感应器、全球定位系统、激光扫描器等传感装置与互联网结合成一个全新的网络，实现互联网、通信网、广电网以及各种接入网和专用网的互联互通，实现物与物的智能化识别和管理。从物联网概念的提出到现在，物联网的发展已经历了10多年的历程。从传感网阶段逐步发展为互联网阶段，未来逐步向泛在网阶段发展，特别是最近两年的发展极其迅速，已不再停留在单纯的概念、设想阶段，而是逐渐成为世界各国国家战略、政策扶植的重点（见图2-4）。

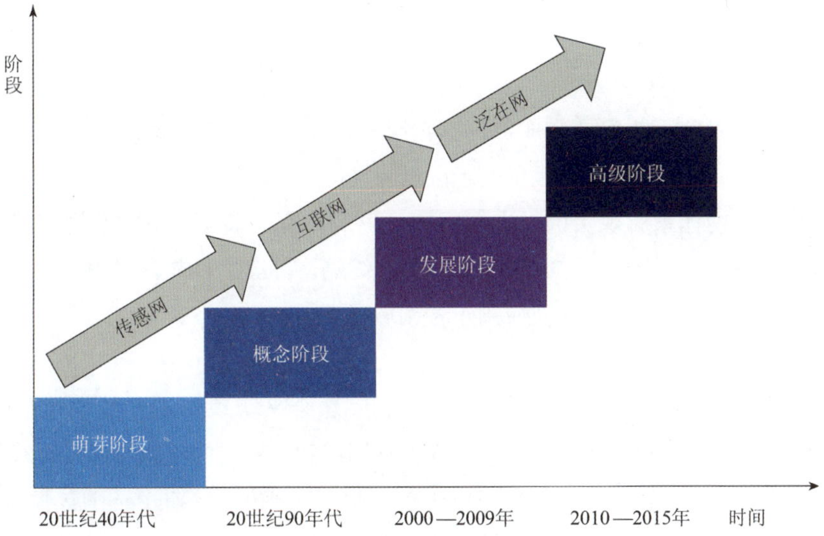
阶段
泛在网
互联网
传感网
高级阶段
发展阶段
概念阶段
萌芽阶段
20世纪40年代
20世纪90年代
2000—2009年
2010—2015年
时间

图2-4 物联网发展历程

资料来源：赛迪设计，2013-07.

2012年2月14日，《物联网“十二五”发展规划》正式发布，对于发展和利用物联网技术，促进经济发展和社会进步具有重要的现实意义。《物联网“十二五”发展规划》根据《国民经济和社会发展第十二个五年规划纲要》和《国务院关于加快培育和发展战略性新兴产业的决定》，明确了2011—2015年中国物联网产业发展的重点和方向，将物联网作为抢占世界新一轮经济和科技发展的战略制高点的重要部署。物联网蕴涵着巨大的经济价值，赋予了两化融合更多智能化内涵，是促进经济发展方式转变和产业结构调整的有效途径。

一、关键技术

在《物联网“十二五”发展规划》中指出，物联网应用中涉及的关键技术包括信息感知技术、信息传输技术、信息处理技术以及信息安全技术，对应到物联网的各层可以分为感知层技术、传输层技术和应用层技术。

感知层技术是指能够用于物联网底层感知信息的技术，它包括RFID与RFID读写技术、传感器与传感器网络、机器人智能感知技术、遥测遥感技术以及IC卡与条形码技术等。

传输层技术是指能够汇聚感知数据，并实现物联网数据传输的技术，它包括无线传感网技术、ZigBee等网络通信技术、卫星通信技术以及信息安全技术等。

应用层技术针对大量的数据通过深层次的数据挖掘，并结合特定行业的知识和前期科学成果，建立针对各种应用的专家系统、预测模型、内容和人机交互服务，它包括分布式数据融合技术、海量信息智能分析与控制技术等。

二、应用路径

（一）整体应用路径

随着物联网技术的不断发展和成熟，感知层和传输层的关键技术已经逐步进入推广应用和普及应用阶段，应用层的关键技术仍处于试点和推广应用阶段。

感知层是物联网体系对现实世界进行感知、识别和信息采集的基础性物理网络，主要技术包括传感器、RFID、摄像头、二维码、GPS感知终端，等等。目前，对于感知层的传感器、二维码标签、摄像头等技术已经普及应用于各领域，而RFID、GPS感知终端等技术也随着企业应用的深化，开始在各行业进行推广应用。

传输层主要依靠传感网与已有通信网络的相互融合来实现，主要技术包括网络通信技术、无线传感技术等。感知层技术的应用实现了感知层和应用层的信息传递，无线传感技术和网络通信技术应用时间比较长，已经普遍应用于企业；信息安全、ZigBee等技术是随着物联网的兴起而被应用的，因此这些技术正在相关应用领域进行推广；此外，为了解决IP地址不足的问题，IPv6技术也逐步在更多企业试点应用。

应用层是物联网的“社会分工”与行业需求结合，实现工业化与信息化相融合，主要应用在智能工业、智能农业、智能交通、智能电网等领域。随着中国物联网产业的逐渐成熟，应用规模将越来越大。而支撑应用层的关键技术——海量信息智能分析技术和分布式数据融合技术也将随着应用的深入逐步走向成熟。

物联网关键技术整体应用路径如图2-5所示。

（二）行业应用路径

物联网技术在智能电网、智能交通、冶金矿山、石油化工、制造、智能家居、医疗、金融、农业、公共安全以及物流等领域得到广泛应用（见图2-6）。

1. 智能电网

传感器网络作为智能电网末梢信息感知不可或缺的基础环节，在电力系统中被广泛应

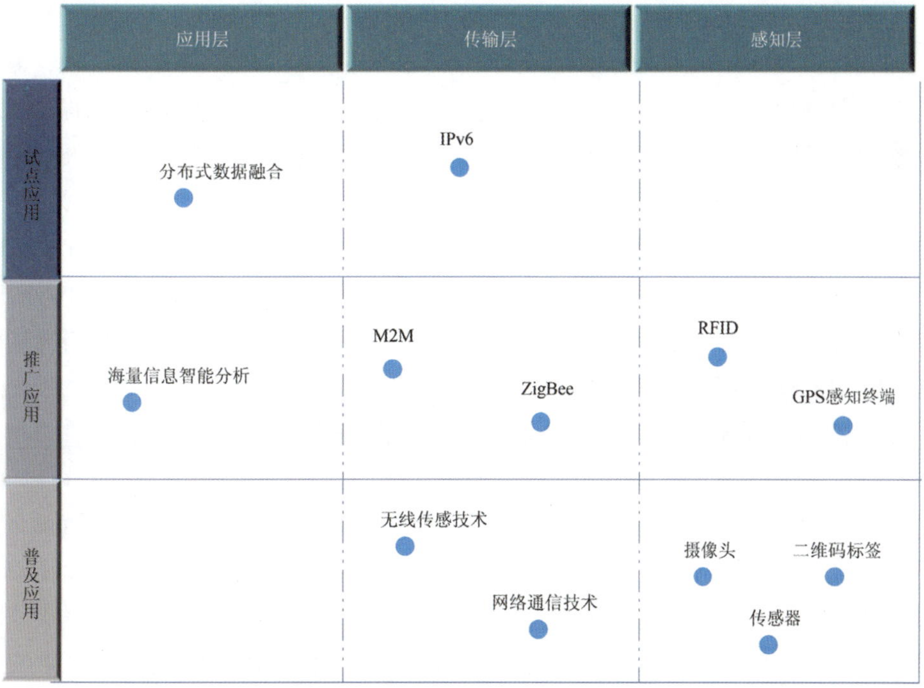
应用层
传输层
感知层
试点应用
推广应用
普及应用
分布式数据融合
IPv6
海量信息智能分析
M2M
ZigBee
RFID
GPS感知终端
无线传感技术
网络通信技术
摄像头
二维码标签
传感器

图2-5　物联网关键技术整体应用路径

资料来源：赛迪设计，2013-07.

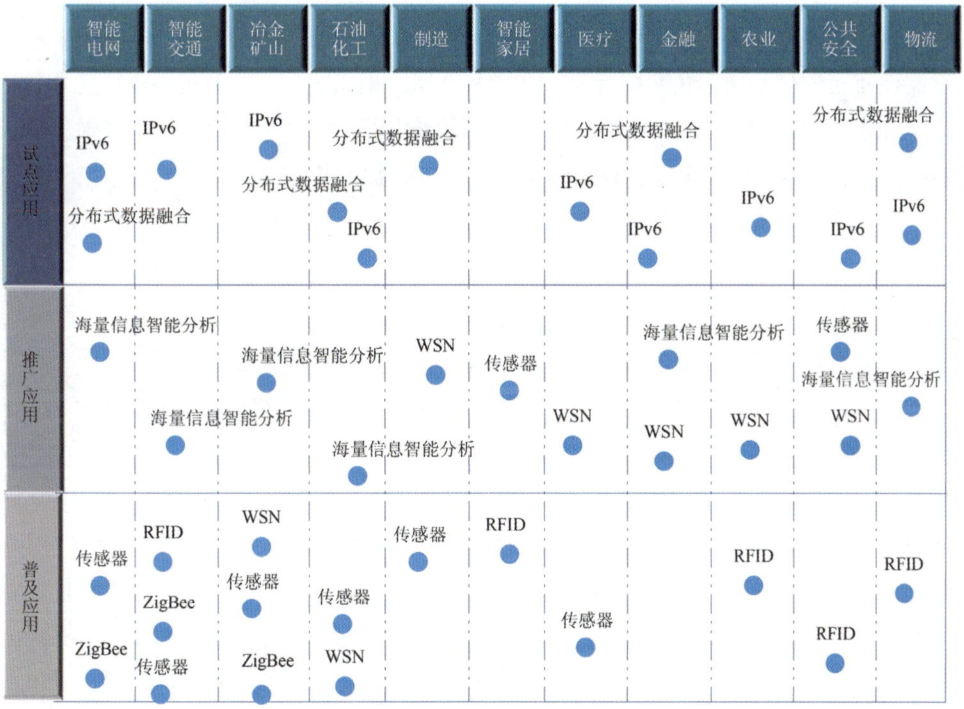
智能电网
智能交通
冶金矿山
石油化工
制造
智能家居
医疗
金融
农业
公共安全
物流
试点应用
推广应用
普及应用
IPv6
分布式数据融合
海量信息智能分析
WSN
传感器
RFID
ZigBee

图2-6　物联网关键技术行业应用路径

资料来源：赛迪设计，2013-07.

用，在电网建设、电网安全生产管理、运行维护、信息采集、安全监控、计量应用及用户交互等方面发挥着巨大作用，可以全方位提高智能电网各个环节的信息感知深度和广度，为实现电力系统的智能化以及信息流、业务量、电力流提供高可用支持。随着业务要求的提高和技术的发展，海量信息智能分析、分布式数据融合以及IPv6也将应用到智能电网的建设和管理中。

2. 智能交通

传感器、ZigBee、RFID等技术已经普遍应用于智能交通领域。利用物联网技术，可以实时监控道路交通状况，减少拥堵，提高社会车辆运行效率；道路自动收费系统可以提升车辆通行效率；智能停车系统可以节约时间和能源，并降低污染排放；实时的车辆跟踪系统能够帮助救助部门迅速、准确地发现并抵达交通事故现场，及时处理事故清理现场，将交通事故的损失降到最低。可以通过监控摄像头、传感器、通信系统、导航系统等手段掌握交通状况，利用海量信息智能分析技术进行流量预测分析，完善交通引导与信息提示，缓解交通拥堵等事件的发生，并快速响应突发状况；利用车辆传感器、移动通信技术、导航系统、集群通信系统等增强对城市公交车辆的身份识别，以及运营信息的感知能力，降低运营成本、降低安全风险和提高管理效率。

3. 冶金矿山

随着RFID技术与传感器网络的普及，物联网技术在冶金矿山企业的生产集控系统、安全监控系统、皮带运输系统、设备管理系统等得到广泛应用。随着海量信息智能分析技术和分布式融合技术的应用，智慧生产与智慧供应链会深度融合，从而为冶金矿山企业实现智慧管理提供保障。

4. 石油化工

石油行业是较早利用物联网的行业，在物联网概念提出之前，石油行业就广泛应用DCS、SCADA、PLC等控制系统，实现信息的感知、传输和处理。物联网在石油行业主要应用于石油石化行业物流、产品及资产跟踪管理、石油钻井监控、抽油井及海上采油平台监控、油田仪表无线抄表、石油管道输送监测及应急管理等方面。

5. 制造

目前，传感器技术已经广泛应用于制造行业，在生产过程中能够实时感知生产过程中设备的状态、参数等，同时自动采集生产相关的各种数据，为智慧制造提供了基础，实现了制造的可视化。随着物联网技术的不断成熟，海量数据分析、WAS等技术不断在制造行业的应用，将实现制造的智慧化。

6. 医疗

为病人监护、远程医疗、残障人员救助提供支撑，是物联网备受关注的先导应用领域之一，且在发达国家得到了重视。在公共卫生突发事件管理、家庭远程控制、远程医疗、安全监控、药品监管等方面，物联网也可以发挥重要的作用，从而提高政府部门的管理水平。

7. 金融

通过物联网实时监测各个网点ATM机的插卡口状态，当发生各种异常情况时及时主动上报，可以最大限度地保护银行和持卡人的利益。通过在现金柜、重要IT设备机柜等物品上加装

RFID电子标签，实现资产全面可视化，能够实时监控资产的使用和流动情况，对资产的可疑移动和非正常运行及时报警，确保资金、资产安全。

8. 农业

通过射频识别建立主要农副产品追溯管理体系，实时跟踪动植物产品生长、加工、销售过程，检测产品质量和安全，以方便进行相关信息查询和行政监管。通过传感技术实现智能监测，可以及时感知土壤成分、水分、肥料的变化情况，动态跟踪植物的生长过程，为实时调整耕作方式提供科学依据。

9. 公共安全

通过传感技术，物联网可以监测环境的不稳定性，根据情况及时发出预警，协助撤离，从而降低天灾对人类生命财产的威胁。可以将物联网技术嵌入城市智能管理系统，实现公共安全事件监控；利用电子标签、视频监控、红外感应等手段，加强对危险物品监控、垃圾监测处理、可燃物排放、有毒气体排放、医疗废物、疾病预防控制等的全流程过程监测和控制；利用公共显示屏幕、感应器等设备，增强对建筑工地、矿山开采、水灾火警等现场的信息采集、分析和处理。

10. 物流

物流业是物联网最早应用的行业之一，很多先进的现代物流系统已经具备了信息化、数字化、网络化、集成化、智能化、柔性化、敏捷化、可视化、自动化等先进技术特征。很多物流系统和网络也采用了最新的红外、激光、无线、编码、认址、自动识别、定位、无接触供电、光纤、数据库、传感器、RFID、卫星定位等高新技术，这种集光、机、电、信息等技术于一体的新技术在物流系统的集成应用就是物联网技术在物流业应用的体现。

（三）企业应用路径

物联网关键技术已经普遍应用于生产、销售、仓储、物流、资产、电子商务、供应链管理等与企业生产和管理相关的重要环节。随着物联网技术不断发展和深入应用，物联网应用正在向智能化方向发展。物联网关键技术企业应用路径如图2-7所示。

1. 生产管理

RFID、ZigBee等关键技术在生产管理中的应用，实现了生产信息的自动采集，提高了生产管理水平。随着传感器技术以及海量信息智能分析技术在生产管理中的应用，生产信息的自动化采集能力不断加强，信息系统对信息的集成能力和分析能力大幅提升，为生产管理的智能化提供了技术保障。

2. 销售管理

物联网技术逐步应用于销售管理，RFID、ZigBee等技术的应用实现了对销售产品的跟踪，从而能够及时了解产品在途和达到信息，为销售合同的执行、销售回款提供支撑。

3. 仓储管理

物联网技术在仓储管理中的应用提高了仓储管理的水平，RFID等技术已经广泛应用于仓

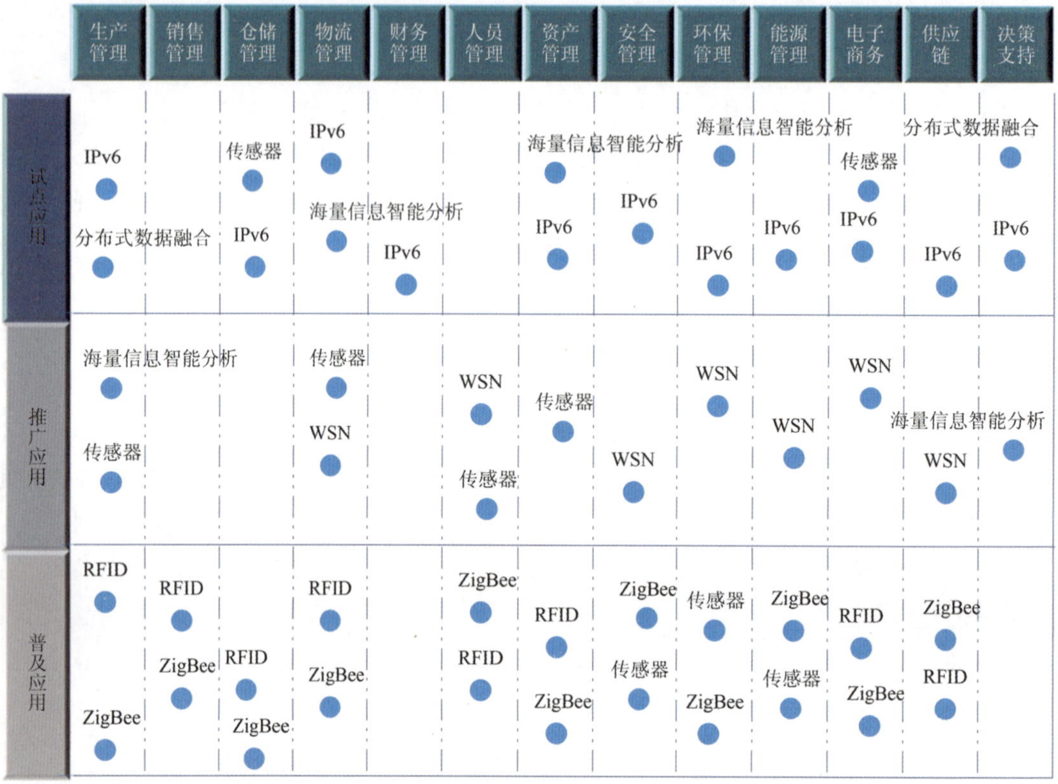
生产管理
销售管理
仓储管理
物流管理
财务管理
人员管理
资产管理
安全管理
环保管理
能源管理
电子商务
供应链
决策支持
试点应用
推广应用
普及应用
IPv6
分布式数据融合
传感器
海量信息智能分析
WSN
RFID
ZigBee

图2-7 物联网关键技术企业应用路径

资料来源：赛迪设计，2013-07.

储管理，对物品的数量、物品的位置、出入库信息等进行自动化处理，减少了人为因素，提高了仓储管理的效率。随着物联网技术的深入应用，仓储管理的智慧化程度将不断提高。

4. 物流管理

物联网的RFID、ZigBee、GIS技术已经广泛应用于物流管理中，实现了物流管理中的车辆定位、物品定位等功能。随着传感器技术、WSN技术在物流管理中的应用，还将实现对物流环境的智能感知，从而实现物流智能管理，提高物流管理能力。

5. 人员管理

目前，RFID、传感器等技术在人员管理中的普遍应用，提高了危险环境下人员管理的能力。例如，矿山企业的人员定位管理、化工企业的人员管理等。物联网在人员管理中的应用提高了突发事件下对人员疏散、救援的能力，可以最大限度地减少突发事件中人员的伤亡。

6. 资产管理

物联网在资产管理中的应用提高了资产全生命周期管理的能力。通过RFID、传感器等技术可以实现对资产购进、维修、报废、出入库等情况的可视化、智能化管理。在资产管理环节中减少人为因素，可提高资产管理能力和水平。

7. 安全管理

将传感器技术、WSN等技术应用在安全检测领域，对安全情况实时检测和分析，从而实现安全检测的实时性，并通过智能分析技术实现安全的主动预警。物联网技术在安全管理领域的应用，将大幅提高企业安全管理的能力。

8. 环保管理

通过传感器技术、WSN技术在环保管理中的应用，提高环境监测的能力。通过物联网技术对化工冶炼企业的废水排放、废气排放、废渣排处理的智能监测，为实现企业的绿色生产、节能减排提供了保障。

9. 能源管理

目前，传感器技术、WSN技术正在逐步应用于企业的能源管理，通过物联网技术实时收集企业运行中的各种能耗并进行智能分析，可对指导企业的节能降耗起到重要作用。

第二节　云计算在两化深度融合中的应用

云计算是一种基于大量网络资源的计算模式，是服务的交付和使用模式，通过网络以按需、易扩展的方式获得所需的服务。在云计算这种模式中，应用、数据以及IT资源以服务的方式通过网络提供给最终用户使用，云计算也是一种基础架构管理的应用模式，大量的计算资源组成IT资源池，用于动态构建高度虚拟化的资源提供用户使用。

从云计算概念的提出，到云计算的发展、云计算的成熟主要经过了四个阶段，这四个阶段依次是大型机时代、微型机时代、互联网时代和云计算时代。大型机时代的主要特征就是主机系统和集中计算；20世纪80年代，随着计算技术的发展，个人计算机开始普及并推动了IT产业发展；到20世纪90年代，互联网技术快速发展，网格计算技术、分布式计算开始应用；进入21世纪后，首先出现了SaaS的应用，随着虚拟化技术、效能计算技术的应用，云计算时代来临（见图2-8）。

为了加快推动我国云计算产业的发展，国务院出台的《国务院关于加快培育和发展战略性新兴产业的决定》，以及工业和信息化部和发改委发布的《关于做好云计算服务创新发展试点示范工作的通知》均提出将加快促进我国云计算服务创新和应用示范。各级政府为抢占新一轮产业发展制高点，均纷纷在财税支持、专项资金、应用推广、基地建设等方面制定地区云计算产业发展和应用创新的政策。同时，为贯彻国务院的重要指示精神，国家发改委、财政部、工业和信息化部以及重点区域地方政府采取了一系列政策措施，以重大应用需求为导向，以试点示范为抓手，积极营造良好环境，加大组织协调力度，促进新兴科技和新兴产业深度融合，着力推动云计算应用创新和产业发展，加快推进社会经济信息化。云计算已经成为世界主要国家抢占新一轮经济和科技发展制高点的重大战略选择，作为新一代信息技术的核心，云计算技术及产业发展对于我国转变经济发展方式、完善社会管理手段、深入推进两化融合具有重要战略作用。

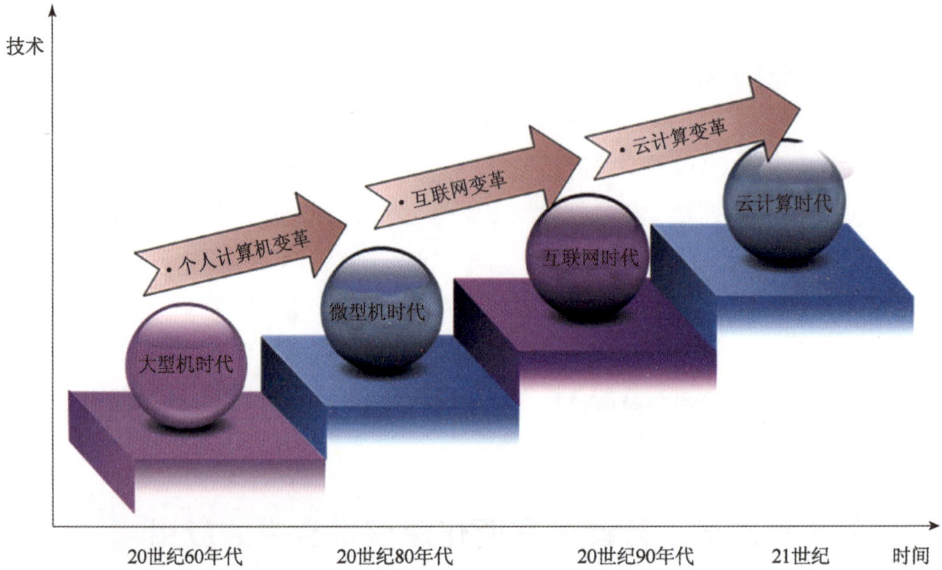
技术
• 云计算变革
• 互联网变革
• 个人计算机变革
云计算时代
互联网时代
微型机时代
大型机时代
20世纪60年代
20世纪80年代
20世纪90年代
21世纪
时间

图2-8 云计算发展历程

资料来源：赛迪设计，2013-07.

一、关键技术

云架构通过虚拟化、标准化和自动化的方式有机地整合了云中的硬件和软件资源，并通过网络将云中的服务交付给用户，典型的企业云分三个层次：基础设施层IaaS、平台层PaaS和应用层SaaS。

基础设施层是经过虚拟化后的硬件资源和相关管理功能的集合，主要包括Web技术、分布式编程技术、分布式存储技术等。

平台层介于基础设施层和应用层之间，它是具有通用性和可复用性的软件资源的集合，为云应用提供开发、运行、管理和监控的环境，主要包括海量数据管理技术、调度管理技术、平台管理技术等。

应用层是应用软件的集合，这些应用构建在基础设施层提供的资源和平台层提供的环境之上，通过网络交付给用户，主要包括虚拟分拆技术、虚拟整合技术、虚拟迁移技术、节能技术等。

二、应用路径

（一）整体应用路径

云计算技术的大部分关键技术现在都已经进入推广或普及应用阶段。

IaaS层提供了基础设施服务，该层的基础技术就是虚拟化技术。随着IaaS在企业中的应用，各项技术不断成熟，虚拟化整合技术、虚拟化拆分技术已经广泛应用于企业数据中心。目前，虚拟化迁移技术还处于推广阶段，绿色数据中心的提出使得节能技术开始尝试应用。

PaaS是指将软件研发的平台作为一种服务，它能够提供企业进行定制化研发的中间件平台，同时涵盖数据库和应用服务器等。同时，它还可以提高在Web平台上利用的资源数量。随着PaaS在企业应用中的部署，相关技术也得到了不同程度的应用，云平台管理技术、调度管理技术、海量数据处理技术分别处于普及应用、推广应用和试点应用的状态。

SaaS是基于互联网提供软件服务的软件应用模式。作为一种在21世纪开始兴起的创新的软件应用模式，SaaS是软件发展的最新趋势。目前，SaaS层普遍应用的技术包括Web技术等；分布式计算、分布式计算编程处于推广应用阶段。

云计算关键技术应用路径如图2-9所示。

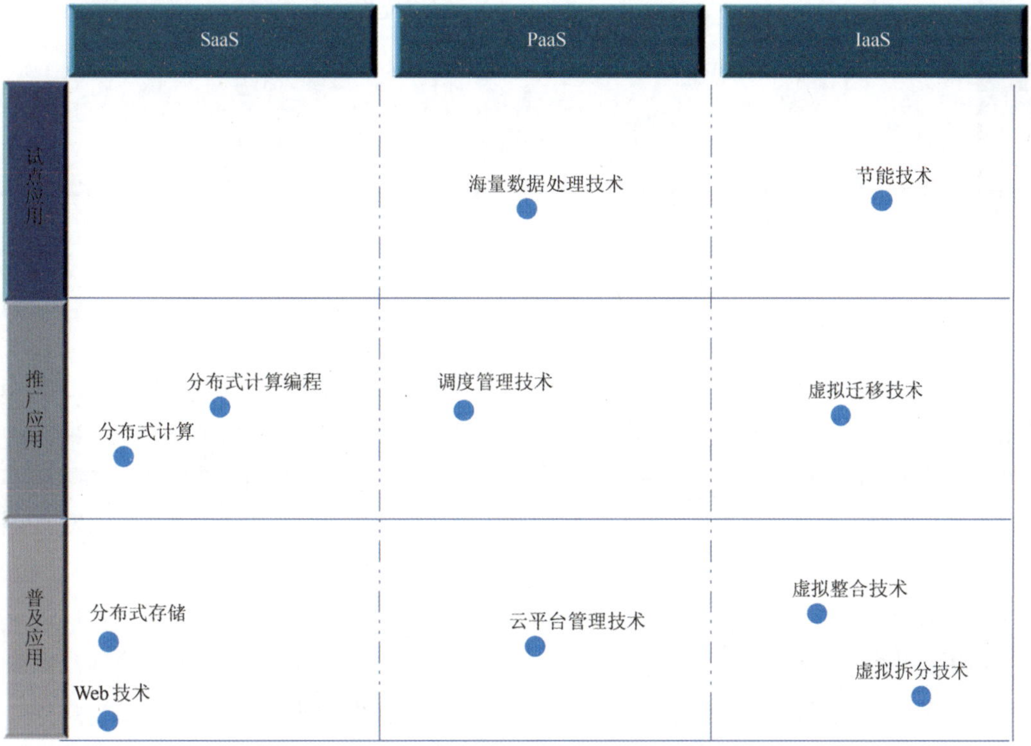
SaaS
PaaS
IaaS
试点应用
推广应用
普及应用
海量数据处理技术
节能技术
分布式计算编程
分布式计算
调度管理技术
虚拟迁移技术
分布式存储
Web技术
云平台管理技术
虚拟整合技术
虚拟拆分技术

图2-9　云计算关键技术应用路径

资料来源：赛迪设计，2013-07.

（二）行业应用路径

云计算技术在智能电网、智能交通、冶金矿山、石油化工、制造、电信、医疗、金融、教育科研、电子政务以及建筑等领域得到广泛应用（见图2-10）。

1. 智能电网

随着智能电网技术的不断发展，未来电力系统中数据和信息将呈现爆炸性的增长，这无

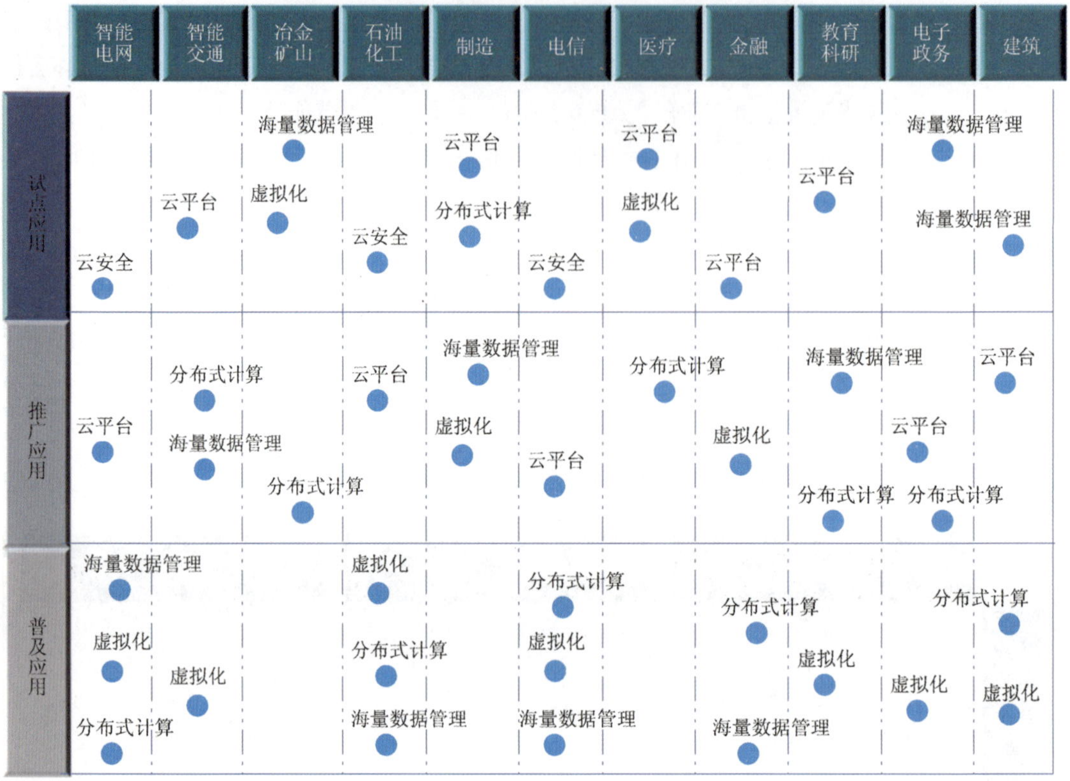
智能电网
智能交通
冶金矿山
石油化工
制造
电信
医疗
金融
教育科研
电子政务
建筑
试点应用
推广应用
普及应用
海量数据管理
云平台
虚拟化
分布式计算
云安全

图2-10 云计算关键技术行业应用路径

资料来源：赛迪设计，2013-07.

疑将为系统的运行和高级分析带来巨大的挑战。电力行业现有的硬件设施和计算能力已难以适应未来电力系统在线分析和实时控制所要求的计算能力和存储要求。在智能电网技术领域引入云计算，在保证现有电力系统硬件基础设施基本不变的情况下，对当前系统的数据资源和处理器资源进行整合，从而大幅提高电网实时控制和高级分析的能力，为智能电网技术的发展提供有效的支持。

2. 智能交通

运用云计算技术整合现有资源，为智能交通建设中的基础设施、交通信息发布、交通企业增值服务、交通指挥决策支持及交通仿真模拟等应用提供动态的支撑。

3. 冶金矿山

将云计算技术应用到冶金矿山行业，实现云主机、云存储、云终端等服务的虚拟化、动态化，为冶金矿山企业生产集控系统、安全监控系统、皮带运输系统、设备管理系统、决策支持管理系统等提供基础设施服务，降低企业基础设施维护的难度和费用。

4. 石油石化

采用云计算技术可有效解决目前石油化工行业所面临的应用系统众多、信息孤岛严重等问题，可以实现数据的有效集成和共享，以及系统应用、基础网络的灵活扩展。此外，采用云计算技术还可以在保护现有系统完整性的前提下，建立高效、安全、稳定、可按需扩展的基础架构，并提升信息系统的可控性、灵活性，从而提高石油化工行业的工作效率、管理能力和决策能力。

5. 制造

在国家提倡大力发展战略性新兴产业的背景下，制造业面临着由传统模式向以服务为核心的新的业务模式的转型。通过云计算技术构建制造云平台，实现对产品开发、生产、销售、售后服务等全生命周期的相关资源的融合，提供标准规范可共享的制造服务的制造模式，从提高企业对市场决策、生产决策、战略决策的能力和水平。

6. 电信

目前，电信运营商都拥有大量的基础设施，如服务器、存储设备、交换网关等，这些设备每天需要消耗大量电能。因此，他们面临着节能降耗、提升服务质量和业务创新的压力，基于高效的虚拟计算资源，可以实现应用的快速扩展和缩减，从而交付高品质服务。

7. 医疗

对于医疗单位来说，使用云计算系统可以共享大型的基础设施平台，使得IT部署和维护费用大为降低；对于医务人员来说，统一的云平台有助于各种医疗资讯的汇总，可以便捷地查阅患者资料、相关病例等资源；对于病人来说，更可以实现病例的联网式取用，增加诊断的准确率。同时，云计算还有利于实现医疗系统的自动化运行。通过云计算平台中提供的系统服务，医疗单位可以省去系统部署时间、人力消耗，提高IT系统对医疗单位需求的反应能力，提高医疗系统的自动化运行效率。

8. 金融

金融行业的IT系统具有海量数据的处理需求，对IT基础设施的开支巨大；同时，大型银行与金融机构都存储了大量数据，从这些数据中挖掘出潜在商业价值是企业高管关注的重要问题。云计算技术正好能够适应金融领域的需求，使用云计算技术可以使IT部署和维护费用大大降低。同时，通过云计算平台可以将数据进行集中处理，提高金融企业智能分析信息的能力，从而挖掘出重要的业务信息。

9. 教育科研

在科研教育方面，云计算将极大加强产学研的合作力度，推动科技成果转化效率。首先，在高校部署云计算平台可以为学生和科研工作者提供良好的科研条件，通过集中式的集群和方便的接入服务，可以使高校享受到以前专业研究所具备的强大的计算和数据处理能力，并实现随时随地无缝介入。其次，云计算平台也提高了科研信息和成果的传递效率，通过一体化的平台，不同机构之间在技术项目上可以实现跨机构共同合作，促成跨行业科研突破，而且可以更大范围地利用科教机构IT资源，实现科教IT资源供应以及服务模式多元化创新。

（三）企业应用路径

目前，虚拟化技术已经普遍应用于企业的数据中心建设，提高了基础设施提供服务的能力。随着云计算技术的不断发展和成熟，分布式存储成为企业云计算建设和应用的趋势。云计算的分布式计算、云安全管理、云平台管理、分布式存储等技术正在部分业务领域进行点应用。比如在生产管理中，分布式计算、云安全、云平台的综合应用，实现了工业领域的云制造，实现了云环境下的产品开发测试过程，使研发部门可以在高效、共享、安全的环境下与各个部门紧密协作，大幅提升研发进度。云计算关键技术企业应用路径如图2-11所示。

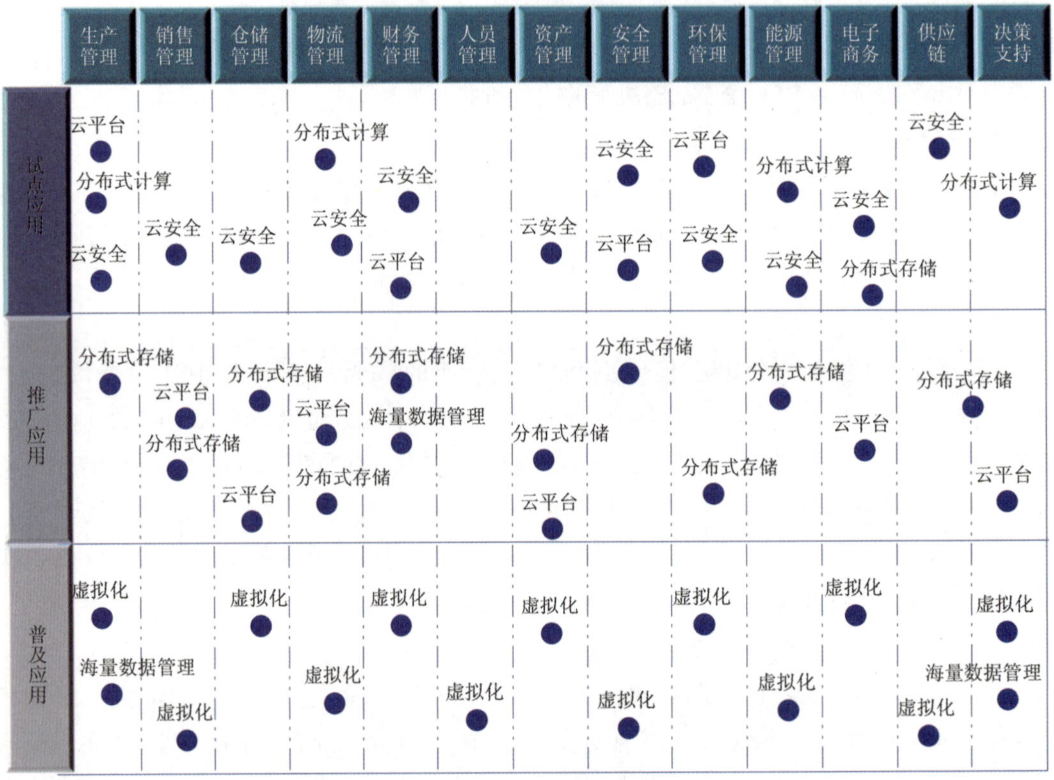

生产管理
销售管理
仓储管理
物流管理
财务管理
人员管理
资产管理
安全管理
环保管理
能源管理
电子商务
供应链
决策支持
试点应用
推广应用
普及应用
云平台
分布式计算
云安全
分布式存储
海量数据管理
虚拟化

图2-11　云计算关键技术企业应用路径

资料来源：赛迪设计，2013-07.

1. 生产管理

生产管理的信息系统可以快速、弹性地部署在云计算平台上，为生产数据的存储、计算提供强大的计算能力，从而提高信息系统响应速度，为企业的生产管理、业务运营、决策支持提供重要支撑。

2. 销售管理

销售管理的信息系统可以快速、弹性地部署在云计算平台上，为销售数据的存储、统计、分析提供强大的计算能力，为企业的销售管理、市场分析、客服服务等提供重要支撑。

3. 仓储管理

仓储管理的信息系统可以快速、弹性地部署在云计算平台上，为仓储数据的存储、分析提供强大的计算能力，通过云计算平台，对物品的数量、物品的位置、出入库信息等进行快速处理，提高仓储管理效率。随着云计算技术的深入应用，仓储管理的智慧化程度将不断提高。

4. 物流管理

物流管理的信息系统可以快速、弹性地部署在云计算平台上，为实现物流管理中的车辆迅速定位、物流环境的智能感知和分析提供快速响应能力，为实现物流的智能管理和提高物流管理能力奠定基础。

5. 资产管理

资产管理的信息系统可以快速、弹性地部署在云计算平台上，为资产数据的存储、计算提供强大的计算能力。通过云计算平台对购进、维修、报废、出入库等情况的数据进行分析，实现资产管理的智能化管理，提高资产管理能力和水平。

6. 安全管理

安全管理的信息需要实时存储和分析，而且数据量巨大。云计算平台可以为安全管理的数据存储、分析提供强大的计算能力，从而提高安全管理系统响应速度。通过对安全情况实时检测和分析，实现安全监测的实时性。因此，云计算平台的应用将大幅提高企业安全管理的能力。

7. 环保管理

环保信息系统采集的信息需要实时存储和分析，而且数据量巨大。云计算平台可以为环保管理的数据存储、分析提供强大的计算能力，从而提高安全管理系统响应速度。通过云计算技术在环保管理中的应用，加强对环保信息分析的能力，从而提高环境监测、环境保护的水平。

8. 能源管理

能源信息系统采集的信息需要实时存储和分析，而且数据量巨大。云计算平台可以为能源管理的数据存储、分析提供强大的计算能力，通过云计算强大的计算能力，实时收集企业运行中的各种能耗并进行智能分析，从而对指导企业的节能降耗起到重要作用。

9. 决策支持

决策支持系统需要强大的数据仓库和计算能力作为后盾，云计算以强大的处理能力、标准的作业流程、灵活的业务覆盖为企业的智能决策支持及深入的信息共享提供基础架构的支撑。

第三节　移动互联网在两化深度融合中的应用

移动互联网是移动通信和互联网二者的结合，是基于一个全国性的、以移动宽带IP为技术核心的，可同时提供语音、传真、数据、图像、多媒体等高品质电信服务的新一代开放电信基础网络，能让用户通过移动设备随时随地地访问Internet， 获取信息、进行商务和娱乐等各种网络服务。移动互联网将移动通信和互联网这两大技术相融合，既继承了互联网开放协作的特征，又继承了移动通信网络实时、隐私、便携、准确、可定位的特点，已经成为当今世界发展最快、市场潜力最大、前景最诱人的业务。

移动互联网的发展经过了萌芽阶段、成长阶段、创新阶段和移动互联网时代（见图2-12）。移动互联网源自互联网，伴随着通信网络快速升级，人们设想在移动终端上便捷地开展数字服务，以智能手机为代表的新一代智能终端的出现标志着两大领域真正融合，市场快速成长；移动互联网的个性化服务特征日益明显，移动互联网的商务模式摆脱了对互联网服务的模仿而创新发展；智能终端的普遍应用使移动互联网深入到社会生活中，移动互联网时代必将来临。

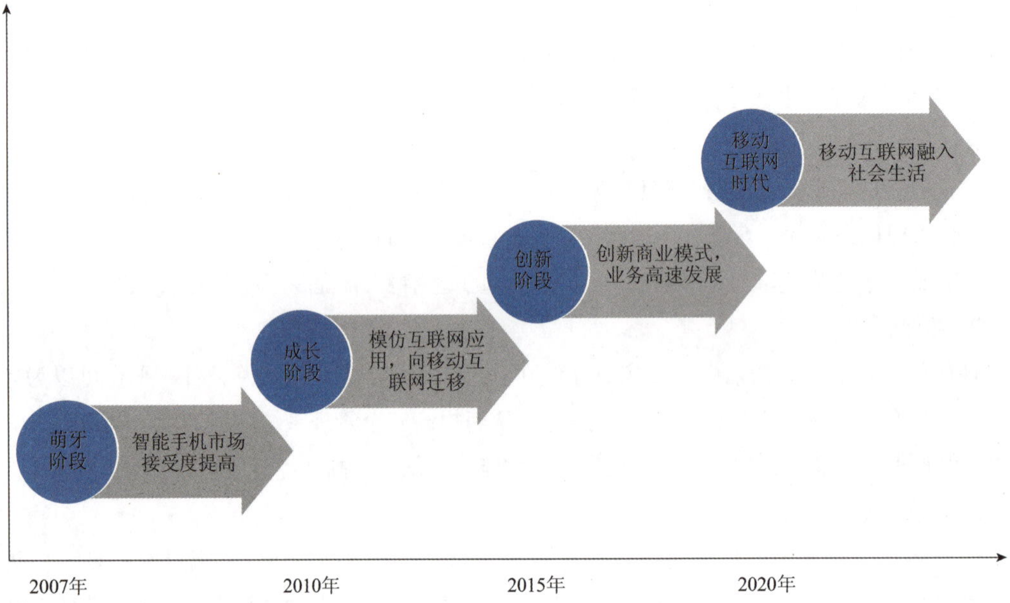
移动
互联网
时代
移动互联网融入
社会生活
创新
阶段
创新商业模式，
业务高速发展
成长
阶段
模仿互联网应
用，向移动互
联网迁移
萌牙
阶段
智能手机市场
接受度提高
2007年
2010年
2015年
2020年

图2-12　移动互联网发展历程

资料来源：赛迪设计，2013-07.

目前，移动互联网产业在中国还处于成长阶段，针对移动互联网产业的扶持政策也在逐步完善。移动互联网产业在全球及中国的高速发展已经引起了中国政府的高度重视，移动互联网作为新一代信息技术的重要组成部分已经被纳了我国战略性新兴产业的范畴之内。2012年4月，工业和信息化部发布了《软件与信息服务业“十二五”规划》，指出应加快突破移动互联环境下跨终端操作系统研发和产业化、加快培育移动互联网的新兴服务业态。2012年5月，《通信业“十二五”规划》和其子规划《宽带网络基础设施“十二五”规划》由工业和信息化部发布，强调应加强宽带网络基础设施建设、启动无线移动宽带网络推进工程，要求要繁荣移动互联网产业，突破移动智能终端和应用平台等关键环节，打造基础设施—应用平台—智能终端的价值链生态体系。当月，工业和信息化部还发布了互联网领域的第一个五年规划——《互联网“十二五”规划》，针对移动互联网，该规划要求满足用户的多种移动应用模式需求，推进新型信息服务推动移动互联网整体突破，积极推动产业链协作，构建移动互联网生态体系，推动移动互联网创新应用示范工程等。

一、关键技术

移动互联网可分为应用服务层、系统开发层、无线接入层和移动终端层。

应用服务层为终端用户提供各种有价值的服务，主要包括包括移动视频技术、位置服务技术、移动支付技术等。

系统服务层为应用程序开发提供了各种有用的框架，以及提供内存管理、文件系统、电源管理的操作系统，可以直接和硬件设备进行交互，主要包括Android、iOS、Windows Phone、Widget/Mashup、Ajax等。

无线接入层提供无线接入通路，主要包括移动IPv4/IPv6技术、3G/LTE技术、NFC、WiFi等。

移动终端层主要是移动互联网终端设备所需相关技术，主要包括触屏技术、语音处理技术、体感动作识别技术等。

二、应用路径

（一）整体应用路径

移动互联网产业不仅使生活方式更加丰富多彩，更直接的影响是带来新一轮的产业革命。移动互联网大部分关键技术处于试点应用和推广应用阶段，无线接入层发展较快，有较多关键技术已经进入普及应用阶段。

应用服务层提供给终端用户各种移动互联网服务。移动互联网发展的长期目标是面向用户提供无缝的移动信息服务，由于移动终端的个人化特点，个性化、精准化的个人娱乐生活和商务服务率先得到市场的认可，移动视频作为个人娱乐的代表起步较早，也最为成熟；位置服务可以被应用于不同的领域，也是移动互联网更大规模应用的重要突破口，技术发展和市场前景得到普遍重视，已进入推广应用阶段；移动支付有效延伸了个人商务活动的范围，金融机构与通信厂商已大力开展试点应用。

系统开发层包括操作系统、中间件、开发工具等。移动操作系统拥有良好的用户界面和很强的应用扩展性，能方便、随意地安装和删除应用程序，Android因其开放性已在智能手机中普及应用，iOS在高端用户群中推广应用也较为普遍。移动互联网的内容分为两种开发方法：面向平台和面向浏览器开发，前者的代表是Android、iOS的软件生态系统建设，面向用户需求提供适合特定平台的功能应用；后者侧重内容开发。在移动应用开发方面，以Widget/Mashup技术为代表的面向平台的功能开发具有响应速度快、安全性较高的特点，更利于建立软件生态系统；以Ajax为代表的面向浏览器进行网页开发具有跨平台的特点，开发、部署成本低于本地应用，虽然仍处于试点应用阶段，但是未来发展前景更为广阔。

无线接入层为移动用户提供无线接入服务。无线接入是指在交换节点到用户终端之间的传输线路上，部分或全部采用了无线传输方式。移动无线接入技术主要指用户终端在较大范围内移动的通信系统的接入技术。中国大规模的3G建设取得了明显成果，LTE已经在部分城市开始试商业运行；WiFi技术发展成熟，超级WiFi具备高速度和对空白频段利用的特点，市场应用仍刚刚起步。

移动互联网终端设备包括智能手机、电纸书/MID、平板电脑等。微处理器、显示屏幕、存储器是终端硬件实现的物理基础，随着高速移动网络的发展，智能终端作为一个全新的媒体形式，技术更新换代更为频繁。多点触屏在个人应用中已经占据主导地位，弯曲触屏在部分场所得到小规模的应用，语音控制可以提高操作的便捷和人性化程度，在智能终端中推广应用，体感动作识别技术仍处于实验验证中，距离大规模商用尚有时日。移动互联网关键技术应用路径如图2-13所示。

应用服务层
系统开发层
无线接入层
移动终端层
试点应用
推广应用
普及应用
移动支付
Ajax
Win phone
移动IPv6
超级WiFi
LTE
眼动控制
可弯曲触屏
手势控制
移动视频
位置服务
Mashup
Widget
iOS
NFC
语音控制
多点触屏
Android
WiFi
移动IPv4
3G
单点触屏

图2-13 移动互联网关键技术应用路径

资料来源：赛迪设计，2013-07.

（二）行业应用路径

移动互联网在行业企业与社会管理、生活服务、个人娱乐领域的应用快速增长。移动互联网关键技术行业应用路径如图2-14所示。

1. 智能电网

通过智能化的移动终端与无线网络，巡检人员对各种输电线路进行检查，管理者可以随

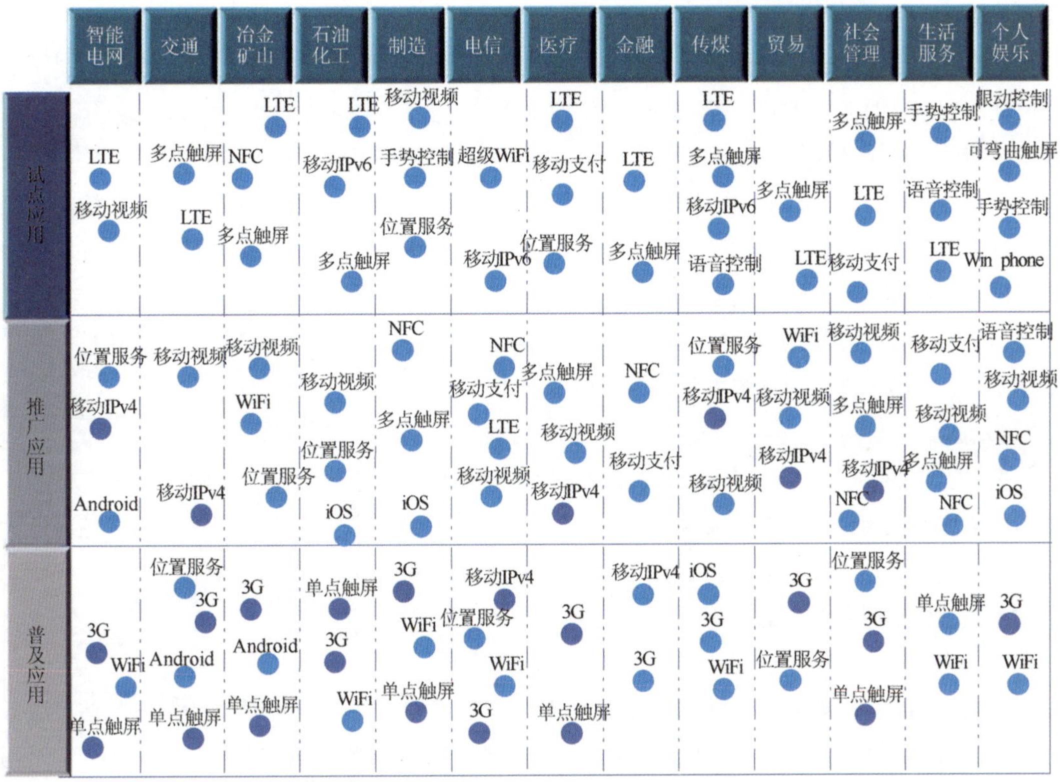
智能电网
交通
冶金矿山
石油化工
制造
电信
医疗
金融
传媒
贸易
社会管理
生活服务
个人娱乐
试点应用
推广应用
普及应用
LTE
移动视频
多点触屏
LTE
NFC
多点触屏
LTE
移动IPv6
多点触屏
移动视频
手势控制
位置服务
超级WiFi
移动IPv6
LTE
移动支付
位置服务
LTE
多点触屏
LTE
多点触屏
移动IPv6
语音控制
多点触屏
LTE
多点触屏
LTE
移动支付
手势控制
语音控制
LTE
眼动控制
可弯曲触屏
手势控制
Win phone
位置服务
移动IPv4
Android
移动视频
移动IPv4
移动视频
WiFi
位置服务
移动视频
位置服务
iOS
NFC
多点触屏
iOS
NFC
移动支付
LTE
移动视频
多点触屏
移动视频
移动IPv4
NFC
移动支付
位置服务
移动IPv4
移动视频
WiFi
移动视频
移动IPv4
移动视频
多点触屏
移动IPv4
NFC
移动支付
移动视频
多点触屏
NFC
语音控制
移动视频
NFC
iOS
3G
WiFi
单点触屏
位置服务
3G
Android
单点触屏
3G
Android
单点触屏
单点触屏
3G
WiFi
3G
WiFi
单点触屏
移动IPv4
位置服务
WiFi
3G
3G
单点触屏
移动IPv4
3G
iOS
3G
WiFi
3G
位置服务
位置服务
3G
单点触屏
单点触屏
WiFi
3G
WiFi

图2-14　移动互联网关键技术行业应用路径

资料来源：赛迪设计，2013-07.

时查看和调整外派人员工作目标和路径，而这些人员可以随时按照接受的任务进行工作或变更工作，与此同时，他们采集的数据信息也可借助移动终端实时上报，准确度和即时度非常高。

2. 交通

结合无线定位技术，实时掌握交通信息并进行交通疏导，大大改善出租车等公共交通的运营效率。市民通过移动终端接入无线城市，可以享受公共事业、交通出行和生活服务等信息服务；结合LBS开展附近停车位定位与导航、公交地铁站定位与导航等服务，也将为人民生活提供更多便利。

3. 冶金矿山

移动互联网能够帮助冶金矿山企业有效应对施工范围广、移动设备多等管理难题。基于无线移动终端的矿山生产调度应用，通过系统的APP应用开发，将电铲、钻机等纳入管理，利用移动平台将开发的应用移植到其他系统，第三方开发的程序也可以下载到终端使用，拓宽了矿山的生产调度系统应用。

4. 石油化工

移动互联网拓展了“数字油田”、“数字化工”的领域，以GPS智能手机、PDA等手持设备为终端的移动互联网应用，在移动GIS等领域得到了越来越多的认可。移动GIS通过在移动终端里安装的GIS程序，工作人员可以使用手持移动终端设备远程实时采集、上传数据到服务器上的数据库，改变了过去外业工作人员使用纸质地图进行现场信息采集的工作方法，提高了数据的使用效率，且工作便捷、准确率高、实时性强。

5. 电信

移动互联网对电信企业的影响表现为两个方面：一是在电信行业的应用促进电信企业经营管理提升，二是电信企业的移动互联网应用将成为企业业务创新的重要途径。移动互联网改变了电信行业的运营规则，促进了电信企业从“管道提供商”向“内容服务提供商”转变。传统运营商通过移动互联网平台向其他行业提供移动应用服务，推出应用商店模式打造核心产业生态系统，并能够在产业系统中占据主导地位。

6. 金融

移动互联网的便捷性在金融领域表现突出。利用移动终端进行个人理财、手机支付等应用，能够更加快速地响应客户需求，提供更便利、全面的信息服务。移动的金融服务蕴藏巨大商机，理财、支付手段的电子化和移动化是不可避免的必然趋势，移动金融业务的发展预示着移动行业与金融行业融合的深入。

7. 传媒

随着人们对随时随地多媒体访问需求的日益迫切，随时随地接收以视频为代表的信息服务随之应运而生，移动互联网通过以流媒体或者下载的方式，将视频等多媒体消息传送到移动用户终端，极大地满足用户的信息需求，从而促进传统媒体向新媒体转变，开拓新的竞争蓝海。

8. 社会管理

社会管理的核心是政府履行管理职责并向公众提供参与渠道、提升公共服务，移动互联网是新型社会管理的重要载体。在城市管理中应用移动终端，市民可以实时进行公共信息查询、举报反馈、应急报警等应用，提高参与社会管理的水平；执法者通过集任务派遣、指挥调度等辅助执法功能于一体的集成智能终端，提高执法能力；管理者利用基于位置服务进行定向信息派送等，提高对社会的管理能力，实现网格化管理。

9. 生活服务

移动互联网已经渗透到人们生活中的点点滴滴，其中手机搜索作为生活服务的整合应用得到重视。手机搜索引擎整合搜索、智能搜索、语义互联网等概念，综合了多种搜索方法，可以提供范围更宽广的垂直和水平搜索体验，更加注重提升用户的使用体验。

10. 个人娱乐

移动互联网在个人娱乐领域率先突破，手机游戏、手机视频、无线音乐、手机阅读等已经是新兴文化产业价值链中创造性最强、生活渗透最直接、产业带动力最强、发展潜力最大的部分。手机网游是其中的典型代表，成为个人娱乐化先锋，随着产业技术的进步，移动设备终端上会发生一些革命性的质变，带来用户体验的移动网游作为移动互联网的杀手级赢利模式，无疑将掀起移动互联网商业模式的全新变革。

（三）企业应用路径

移动互联网的目标是无论在办公室，还是在生产、流通等不同的需求场景下，个人和企业用户都可以高效、便捷和低成本地获取信息服务。移动互联网关键技术企业应用路径如图2-15所示。

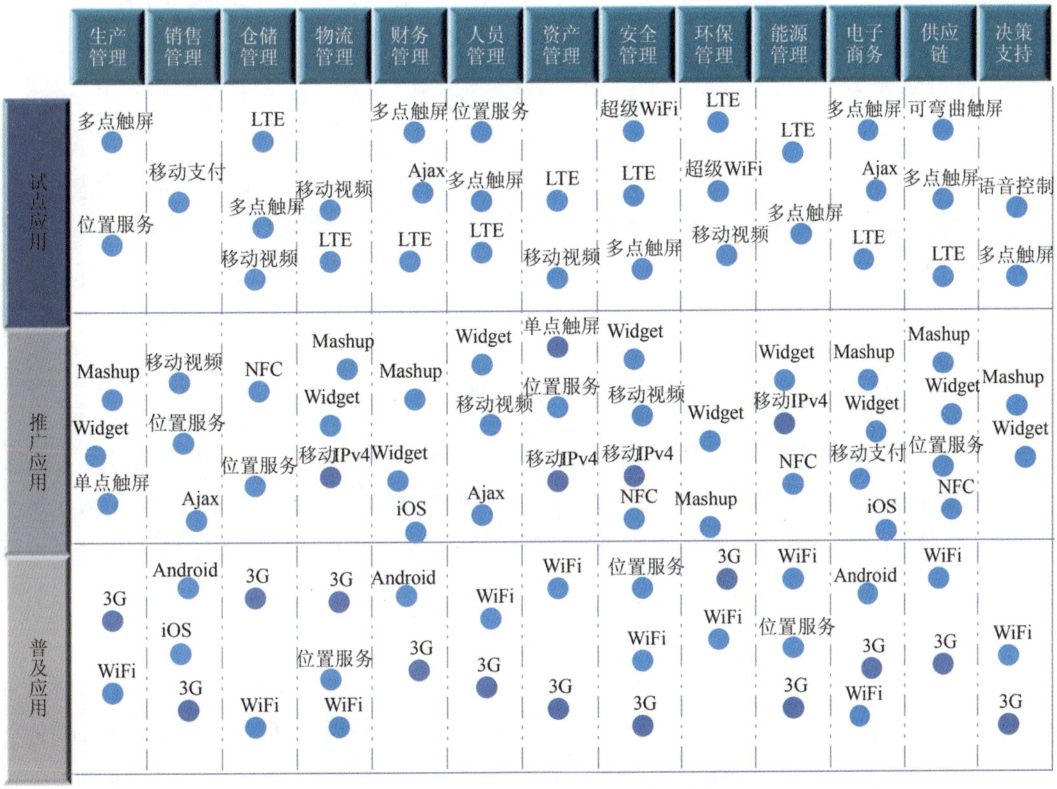
生产管理
销售管理
仓储管理
物流管理
财务管理
人员管理
资产管理
安全管理
环保管理
能源管理
电子商务
供应链
决策支持
试点应用
推广应用
普及应用
多点触屏
位置服务
移动支付
LTE
多点触屏
移动视频
移动视频
LTE
多点触屏
Ajax
LTE
位置服务
多点触屏
LTE
LTE
移动视频
超级WiFi
LTE
多点触屏
LTE
超级WiFi
移动视频
LTE
多点触屏
多点触屏
Ajax
LTE
可弯曲触屏
多点触屏
LTE
语音控制
多点触屏
Mashup
Widget
单点触屏
移动视频
位置服务
Ajax
NFC
位置服务
Mashup
Widget
移动IPv4
Mashup
Widget
iOS
Widget
移动视频
Ajax
单点触屏
位置服务
移动IPv4
Widget
移动视频
移动IPv4
NFC
Widget
Mashup
Widget
移动IPv4
NFC
Mashup
Widget
移动支付
iOS
Mashup
Widget
位置服务
NFC
Mashup
Widget
3G
WiFi
Android
iOS
3G
3G
WiFi
3G
位置服务
WiFi
Android
3G
WiFi
3G
WiFi
3G
位置服务
WiFi
3G
3G
WiFi
WiFi
位置服务
3G
Android
3G
WiFi
WiFi
3G
WiFi
3G

图2-15　移动互联网关键技术企业应用路径

资料来源：赛迪设计，2013-07.

1. 销售管理

销售管理是企业移动互联网应用的重点领域。目标客户的个性化、销售终端的分散性决定了企业营销业务的复杂性，企业需要将注意力从有限的数据上扩散到收集数据的及时、完整、准确上，要充分利用移动技术手段数据提高信息采集的效率和准确程度，使企业的决策更为准确、及时；同时，基于位置的服务可以使营销业务更为贴近目标客户，超市、商城等传统零售业可以在手推车屏幕等移动终端上基于位置发布特价和促销信息；售后服务可以利用移动终端的定位功能，迅速提供近距离的、高质量的售后服务。移动营销在企业的应用逐步深化。

2. 仓储管理

随着超大型仓库的投入使用和企业物资出入库频率的增加，仓储管理的无线化不可避免。仓储数据管理具有周期性、间歇性和低反应时间等特点，应用ZigBee等无线传感网络，对仓库到货检验、入库、出库、调拨、移库移位、库存盘点等各个作业环节的数据进行自动化的无线数据采集、更新，可以确保企业及时、准确地掌握库存的真实数据，掌握所有库存物资的所在位置，合理保持和控制企业库存，提高仓储管理的工作效率。

3. 安全管理

智能终端在安全、环保领域领用较为广泛。移动互联网的定位服务将3G通信、物联网技术相结合，以无线通信、手机远程监控、无线视频检测、移动指挥调度为典型应用，有效地提高了安全、环保领域的工作效率，经济效益和社会效益明显并得到了企业的重视。

4. 人员管理

移动互联网在人员培训方面的应用，已经引起重视基于流媒体技术的远程教育为人们提供了一种新的学习方式，更适合社会发展的需要。目前，远程教育还局限在室内电视或者PC，这大大限制了人们的活动范围。而基于移动视频的移动远程教育将使人们随时随地地接收新知识，将工作、学习、休闲融为一体。教师和家长可通过视频、语音、群组聊天等移动社交应用，对孩子的教育问题进行即时沟通或召开特定范围内的家长会。移动培训的企业应用处于试点阶段。

5. 电子商务

电子商务领域的移动互联网应用逐步深化。企业的移动互联网应用以电子商务起步，移动电子商务能够提供个人信息、移动支付、在线交易等多种服务，电子商务行业已形成了多个行业巨头，大中型企业在政策鼓励下纷纷开展移动电子商务应用，智能终端、企业应用开发逐步成熟，从推广应用向普及应用阶段发展。

6. 供应链

移动供应链管理是供应链管理发展的新趋势。移动供应链管理能够基于现有的信息系统，进行无线整合、完善、替代，从而使企业将管理触角延伸到各个角落，有能力为任何地方的顾客提供所需要的服务，通过基于位置的服务瞄准特定区域的顾客，简化不同企业的业务流程，提高供应链的活动效率。移动供应链管理已经在电子商务行业推广应用。

7. 决策支持

移动互联网的发展大大提高了企业决策者的工作效率。个性化的主动推动服务使决策者获取信息的渠道更加简洁、灵活，应用移动互联网更加便捷地实现根据个人工作角色定制信息服务，由信息服务平台根据用户习惯，定时、主动地把用户想要的信息发送到用户的移动终端，并采用多种方式提醒用户查阅信息，让决策者随时随地做到所需即所得。

行·业·应·用·篇

第三章 CHAPTER 3

新一代信息技术在建筑工程行业的应用

第一节 建筑工程行业信息化现状与发展趋势

一、建筑工程行业信息化现状

近些年，随着《施工总承包企业特级资质标准》、《2011—2015年建筑业信息化发展纲要》等国家政策的颁布和推行，我国建筑工程行业逐渐重视和强化信息化工作，但总体而言，信息化水平不高，仍处于发展阶段。

目前，建筑工程行业信息化应用建设主要集中在建筑ERP、项目管理信息系统、办公自动化系统等领域，取得了初步成效，但由于在关键技术的应用研究上投入不够，导致整个行业缺少成熟的解决方案，很多工程项目仍沿用传统的管理模式进行管理，信息化成为面子工程，只为应付特级资质考评。而且与发达国家相比，我国的建筑工程行业缺少统一的信息化标准规范，不同系统和部门之间的数据信息共享存在困难，许多基础工作需要在各建筑管理环节重复进行，部分数据资源仍以纸制版的形式存放在资料库中或以电子文件格式存放在部门PC中，信息未完全纳入信息系统管理，数据资源相对分散，集中度和完整度较低。

大型建筑企业数据中心建设发展较快，通过数据大集中，已经实现了业务的集中管理，能够在全国范围内提供同等水平的业务服务，提高了客户的满意度。同时，很多企业都意识到了网络在提高企业市场竞争力方面的重要作用，陆续建立起功能强大的企业广域网，但少数单位在一定程度上存在着重应用、轻安全的现象，导致企业缺乏先进、安全的设备和安全技术，信息安全管理滞后，防病毒软件和防火墙仍然是网络安全的主要手段。

IT服务管理体系建设逐渐开始受到重视，很多大型建筑工程企业都积极关注并且初步尝试应用国际上先进的IT服务管理理念，提升自身的IT服务管理能力。例如，中冶南方工程公司借助ITSMS系统应用，很好地构建了ITIL的服务体系，实现了以CMDB为运维核心，全面、高效地管理企业IT资产，并将知识库与FAQ紧密结合，将运维经验的积累转入知识库中，且总结、优化了IT运维流程，在事故的处理过程中，将与对应事故类型相同的知识条目自动调出，给管理员处理问题提供辅助参考。另外，大型建筑工程央企广泛接受IT规划外包服务，部分企业启动了信息化规划项目，明确了信息化战略、组织架构以及未来信息化实施路径。

二、建筑工程行业信息化发展趋势

（一）企业全面数字化的趋势加强，信息利用科学化的趋势加强

伴随着信息技术的高速发展，建筑施工过程的信息化程度也得了进一步提升和发展。在国内建筑施工行业中，全面数字化及网络化已经逐步渗入建设施工的资源配置、财政管理、人员利用、日常安排等各个方面。很多大中型建筑工程企业在由规模优势向技术优势、管理优势转变的转型过程中，更充分地利用企业自身雄厚的资金实力，通过大力发展信息化加强企业技术与管理水平。部分优秀建设施工企业在坚实硬件环境的基础上，更注重企业数字信息的全面性，以及企业经营与工程施工现状的透视性。

在对信息的利用方面，建筑工程企业正以量化预测、决策为标志，向信息利用科学化的趋势发展。建筑施工行业普遍的工程信息可分为生产计划、材料供应、预算等方面。目前大部分建筑施工企业都在整合信息资源以供综合利用，并基于计算机软件技术，引入科学统计分析方法对基础信息进行深加工， 进一步产生支持决策的有效信息。例如，不少建筑施工信息化解决方案可提供工期、质量、成本分析等工具软件，通过分析比较实际工期与计划工期，最优排定下一阶段生产计划，同时发现质量通病并查找原因，最终及时汇总成本，找出节支或浪费发生的主要环节。

上述信息技术的创新应用与部分企业的成功案例标志着建筑工程行业正由孤立信息、分散管理向全面数字化、集中量化管理的趋势发展。

（二）建筑施工产业链条的协同电子商务化呈现普及趋势

电子商务的普及为建筑施工企业提供了有利的机遇。这主要表现在借助于互联网，建筑施工能够得到更便捷的信息数据支撑，而且对于建筑项目的管理来说，网络同样提供了信息处理和存储的有效途径。此外，在信息交换方面，借助于内外部网络则实现了对建筑施工信息数据的无障碍交换和共享，并且通过网络数据库的建立，为便捷地检索相关信息提供了可能性。随着网络化的发展和现代生产经营模式的转变，电子商务也成为建筑施工的重要发展趋势。

网络及电子商务的操作性强、可复制和存档的便捷性也在建设施工企业的企业重组、企业合作中凸显出来。传统的建设施工企业的管理模式很注重“人”的主观地位，人才的流失可能导致整个建设施工企业无法正常运行。而网络及电子商务的运用，加强了信息资源的整合力度，即使没有当事人的参与，整个信息系统由于自身完善的存档工作可以保证企业高效的运转

速度，也能在短时间内综合有效的信息，保障施工的顺利进行，从而也降低了人的主观重要性。与此同时，企业采购电子商务化的实现，节约了建设施工企业出门洽谈业务的经费，节约了企业成本。

（三）在新技术背景下，“云计算”、“绿色IT”、“移动互联网”等理念引领基础设施建设

随着新技术的快速发展，企业IT设施架构，用户信息化应用模式都发生了巨大的变化，建筑工程行业信息化建设也在迅速引入这些新技术理念。“云计算”、“绿色IT”理念在数据中心建设方面的应用，尤其在对现有硬件资源的充分利用和改造工作中，将得到进一步重视。针对建筑工程行业分布广泛的特点，“移动互联网”将会成为更适合的信息化应用模式，从而得到进一步的广泛应用。

（四）集团型企业将充分重视“信息化规划”，信息化由分散性、应急性建设向规划性、有序性建设的趋势发展

建筑工程企业多为特大型、大型企业集团，在信息化建设之初应先做好集团信息化规划。通过聘请专业的信息化规划咨询公司，调研集团现状与发展环境的分析，深刻理解集团的发展战略，并通过关键业务流程梳理、业务与管理体系分析，全面了解集团的业务与管理特点，从集团战略决策、集团管控、业务协同等不同维度分析存在的问题与挑战，总结信息化应用需求，从而为制定适合的集团信息化战略，构建先进的集团信息化架构与实施蓝图奠定基础。

第二节　基于新一代信息技术的建筑工程行业信息化架构

一、总体架构

基于新一代信息技术的建筑工程行业信息化架构总体上可以分为四层，分别是管理决策层、应用层、信息集成层和基础设施层（见图3-1）。

二、管理决策层

管理决策层是基于新一代信息技术的建筑工程信息化体系中管理角色用户的最终用户端，基于基础设施层、信息集成层和应用层，直接面向工程项目或施工企业的管理者。管理决策层为用户提供战略地图、进度分析、成本分析等决策汇总与分析信息（见图3-2）。

针对单一建筑工程项目的项目管理人员和建筑工程企业的企业经营与管理者，管理决策层分别提供不同的信息展示。对于项目管理人员，管理决策层可以动态、清晰地提供当前项目

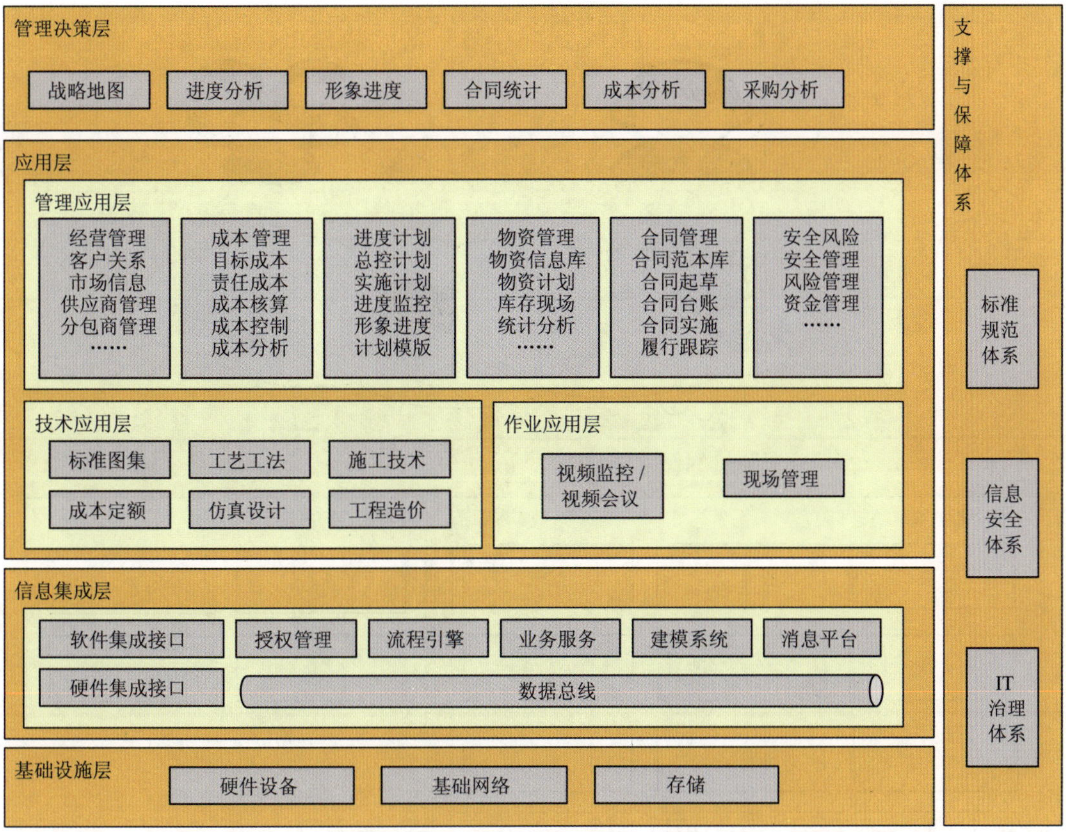
管理决策层
战略地图
进度分析
形象进度
合同统计
成本分析
采购分析
应用层
管理应用层
经营管理 客户关系 市场信息 供应商管理 分包商管理 ……
成本管理 目标成本 责任成本 成本核算 成本控制 成本分析
进度计划 总控计划 实施计划 进度监控 形象进度 计划模版
物资管理 物资信息库 物资计划 库存现场 统计分析 ……
合同管理 合同范本库 合同起草 合同台账 合同实施 履行跟踪
安全风险 安全管理 风险管理 资金管理 ……
技术应用层
标准图集
工艺工法
施工技术
成本定额
仿真设计
工程造价
作业应用层
视频监控 / 视频会议
现场管理
信息集成层
软件集成接口
授权管理
流程引擎
业务服务
建模系统
消息平台
硬件集成接口
数据总线
基础设施层
硬件设备
基础网络
存储
支撑与保障体系
标准规范体系
信息安全体系
IT治理体系

图3-1　基于新一代信息技术的建筑工程行业信息化总体架构图

资料来源：赛迪设计，2013-07.

进度进展情况、项目成本情况，并且对于下一步工程进度给予一定的预测和评估，为现场管理提供科学、量化的信息支持。对于企业管理者，管理决策层可以提供多个项目的信息汇总以及整个企业资源（除工程外的销售、运营、统一采购等）的统计数据，为项目群管理的决策提供分析数据。

基于平板显示设备技术的新型显示技术以及基于3G移动互联网技术开发的移动显示终端将会在管理决策层得到广泛的应用。移动互联平板显示终端具有轻薄便携和高通量移动信息交互的特性，应用于建筑工程行业信息平台，尤其是应用于工程施工现场等场景，将使管理工作更为便捷、高效。并且移动设备的广泛使用，将会大大节约施工现场的信息化设备采购成本和信息化设备迁移成本。

大数据技术也将成为新一代信息技术在管理决策层的核心应用。随着建筑工程行业全面数字化的推进、企业一体化信息化技术的实施，未来在信息化架构的管理决策层面临着处理大数据信息资源的压力。而近年来大数据技术的迅速发展，尤其是海量数据的数据挖掘技术为管理决策层提供了更高效的技术手段，提高了对建筑工程行业海量信息的价值利用能力。

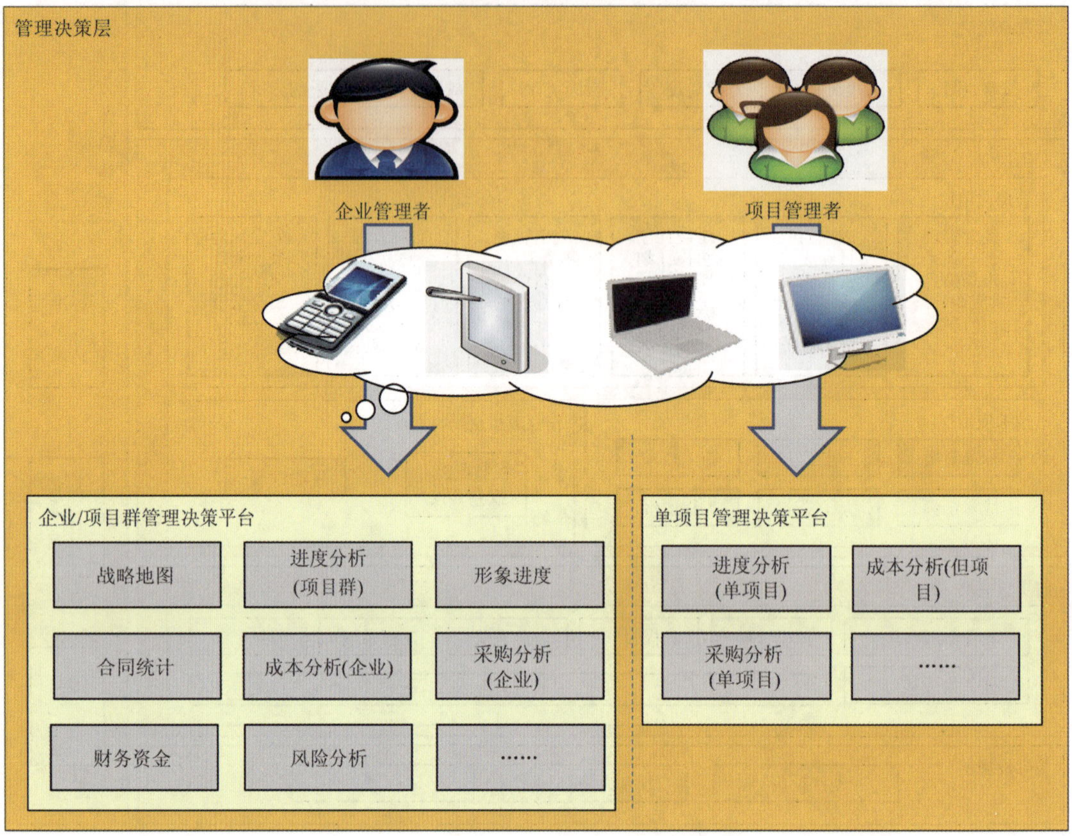
管理决策层
企业管理者
项目管理者
企业/项目群管理决策平台
战略地图
进度分析
(项目群)
形象进度
合同统计
成本分析(企业)
采购分析
(企业)
财务资金
风险分析
……
单项目管理决策平台
进度分析
(单项目)
成本分析(但项
目)
采购分析
(单项目)
……

图3-2　基于新一代信息技术的建筑工程行业信息化架构——管理决策层

资料来源：赛迪设计，2013-07.

三、应用层

根据应用目标、用户角色、应用场景的不同，可以将建筑工程信息化架构的应用层分为管理应用层、技术应用层和作业应用层（见图3-3）。

（一）管理应用层

管理应用层为用户提供功能模块和应用系统，以满足不同管理职能的需求。建筑工程业管理应用层的主要功能模块和应用系统包括：经营管理、进度计划管理、成本管理、合同管理等。

经营管理模块针对建筑工程的市场信息、销售管理、投标管理、采购管理、客户服务等方面需求提供了一系列的市场经营管理的功能。通过经营管理，企业可以维护客户关系、进行市场开拓和跟踪，发掘并获得潜在的市场机会，管理合格的供应商及产品信息，降低供应商选择及优化的成本支出，同时，将项目分包商和合作伙伴基本信息、业绩信息等进行动态管理和更新，作为公司的重要资源。

进度计划管理作为项目管理的核心功能，在科学的工作分解结构上分配并组织项目的人工、材料、机械设备、资金、技术等资源，安排项目的质量、安全、现场的控制措施，并将成

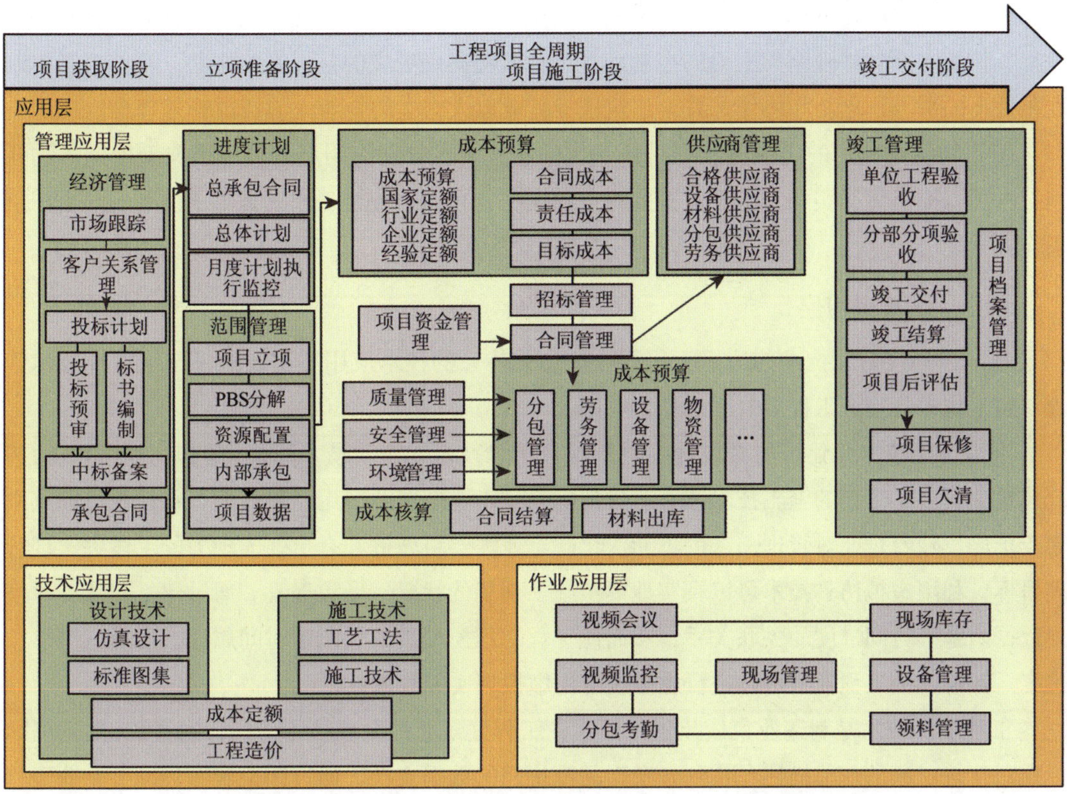

工程项目全周期
项目获取阶段
立项准备阶段
项目施工阶段
竣工交付阶段
应用层
管理应用层
经济管理
市场跟踪
客户关系管理
投标计划
投标预审
标书编制
中标备案
承包合同
进度计划
总承包合同
总体计划
月度计划执行监控
范围管理
项目立项
PBS分解
资源配置
内部承包
项目数据
成本预算
成本预算
国家定额
行业定额
企业定额
经验定额
合同成本
责任成本
目标成本
招标管理
项目资金管理
合同管理
供应商管理
合格供应商
设备供应商
材料供应商
分包供应商
劳务供应商
质量管理
安全管理
环境管理
成本预算
分包管理
劳务管理
设备管理
物资管理
…
成本核算
合同结算
材料出库
竣工管理
单位工程验收
分部分项验收
竣工交付
竣工结算
项目后评估
项目档案管理
项目保修
项目欠清
技术应用层
设计技术
仿真设计
标准图集
施工技术
工艺工法
施工技术
成本定额
工程造价
作业应用层
视频会议
现场库存
视频监控
现场管理
设备管理
分包考勤
领料管理

图3-3　基于新一代信息技术的建筑工程业信息化架构应用层

资料来源：赛迪设计，2013-07.

本结构及指标分解到进度计划的各个工作中，通过进度计划完成情况的检查与分析，优化资源调配，确保项目进度计划的执行，控制成本支出。

成本管理通过有组织、系统地运用针对成本管理的预测、计划、控制、核算、分析、考核的PDCA的控制循环方法，可对构成项目成本的各种因素及影响项目成本的各个经营环节实施有效管理，以达到降低成本，满足企业项目管理层和作业层对项目成本进行动态管理的需要和提高经济效益的目的。

合同管理模块以合同起草为起点，实现了合同的评审、合同的订立、合同的履约、合同的变更、合同的索赔、法律纠纷、合同清欠等对合同全生命周期的管理。合同结束后，以合同档案的形式归档到信息系统中。

基于云计算技术理念、利用云协同概念设计和建设管理信息系统，是新一代信息技术在管理应用层的核心应用。云协同架构可以实现采购、物流、施工等工作的协同实施，可以帮助建筑工程行业进一步提高工程效率。传统管理信息化架构难以避免由于异构信息系统导致的管理链条割裂；传统的系统集成技术可以实现企业的数据集成，但在业务深度方面往往面临技术架构的瓶颈限制。基于云计算理念的云协同信息架构支持更加开放的工作环境，只要有业务需要，就可以产生跨越组织的、无边界的协作信息流。区别于传统系统集成技术，云协同弱化门户的概念，代之以Web2.0形式的交互模式，为用户带来不同于传统协同的应用体验。在管理思想上，传统协同软件强调集中化的控制和管理，云协同则更多的是以人为中心，在符合基本制度条件下的平等、创新和协作，符合建筑施工行业以人为本的企业人力资源管理理念。

基于物联网技术的供应链管理是新一代信息技术在管理应用层的另一个典型应用。物联网技术可以提供更真实的、基于位置的物资数据，并且为工程施工现场提供了便利的物资识别操作方式。

（二）技术应用层

基于新一代信息技术的建筑工程行业信息化体系的技术应用层主要提供图纸设计技术管理、施工技术管理、工程造价等信息化应用。

虚拟建筑技术（建筑仿真设计）是新一代信息技术在施工技术管理中的典型应用，为传统建筑业提供了全新的施工技术体系。虚拟仿真技术在制造业应用比较普遍，在建设行业刚刚起步推广。随着企业对管理需求的不断深化，企业需要更先进和有更强表现力的手段去实现管理目标，利用虚拟仿真技术可以真实地模拟施工现场的状况，形象逼真。通过建立起从工程模型数据到施工时间进度的关联关系，从而使工程三维模型具备了四维时间属性，形成三维形象进度。针对三维工程模型可以进行虚拟漫游与虚拟现实的管理效果。

工程定价技术是制造业集成化生产模式在工程建筑业的全新技术应用。通过IFC数据国际标准对建筑对象的规范描述，达到各个产品模块间的数据交换。通过国家定额标准、企业经验定额等定额定价体系，为工程项目的准确定价提供科学的决策依据。

（三）作业应用层

基于新一代信息技术的建筑工程行业信息化体系的作业应用层主要以施工现场管理为核心，提供远程视频监控、视频会议、分包考勤、施工现场库存、领料管理、设备管理等信息化应用。

基于“三网合一”技术的远程视频及监控指挥技术，是新一代信息技术在作业应用层的主要应用，为建筑工程行业提供了新的工作模式。在工程建设过程中，除了需要借助管理系统进行管理之外，还可以在现有的管理系统中整合视频管理的元素，更有效地对工程施工进行可视化管理。通过视频信息随时了解和掌握工程进展，远程协调指挥。建立指挥及监控中心，与项目现场之间实时监控跟踪和双向即时沟通，并支持由上而下的多级指挥，帮助用户轻松构建跨区域、大范围的IP监控网络，实现统一监控、录像存储、报警联动、集中管理和资源共享。通过视频会议技术，随时可以将监控点的图像调入会议中进行讨论和指挥，达到视频会议、视频监控、协同工作、电话会议一体化。

四、信息集成层

基于新一代信息技术的建筑工程行业信息化体系的信息集成层主要提供系统的基础工具原件，并完成对数据信息的分析、处理与集成。基于新一代信息技术的建筑工程行业信息化架构——信息集成层如图3-4所示。

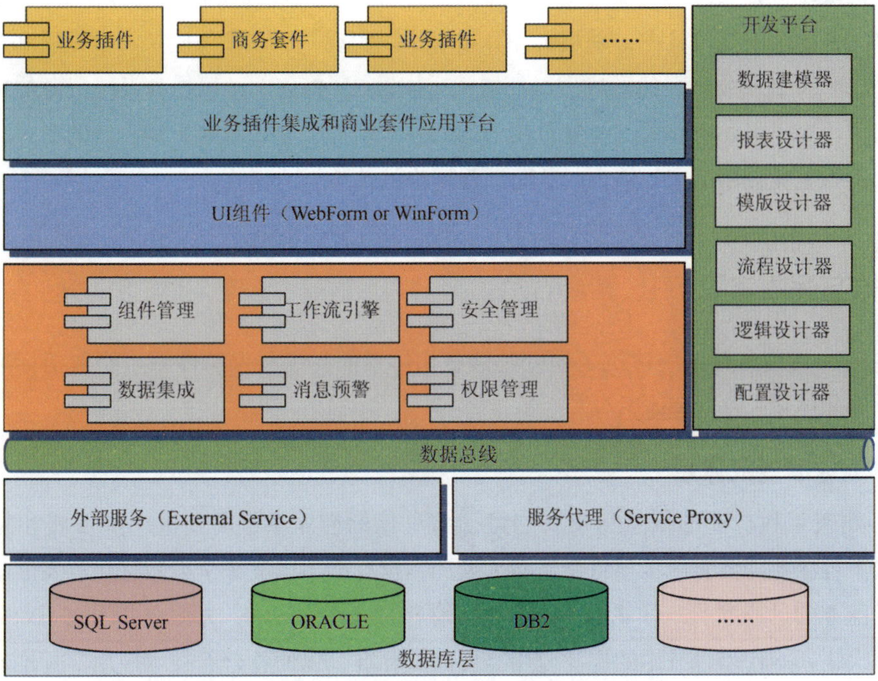
业务插件
商务套件
业务插件
……
开发平台
数据建模器
报表设计器
模版设计器
流程设计器
逻辑设计器
配置设计器
业务插件集成和商业套件应用平台
UI组件（WebForm or WinForm）
组件管理
工作流引擎
安全管理
数据集成
消息预警
权限管理
数据总线
外部服务（External Service）
服务代理（Service Proxy）
SQL Server
ORACLE
DB2
……
数据库层

图3-4　基于新一代信息技术的建筑工程行业信息化架构——信息集成层

资料来源：赛迪设计，2013-07.

信息集成层为应用层系统的开发和运行提供了一个稳定的、功能齐全的基础性信息集成层，这为企业采取“总体规划、分步实施”的信息化建设策略提供了强有力的支持。信息集成层面向SOA的思想来构建，集成企业的信息系统，系统间互通互联，可以避免数据孤岛。信息集成层为企业提供了强大、集成和统一的业务支撑环境，对企业的协同工作、业务处理、流程控制、决策分析、智能报表、业务重组提供了全面支持。

信息集成层提升了管理软件的集成性和技术无关性，促进了各类业务系统的紧密配合，帮助企业成为高效协作的整体，并提高企业管理和运营的效率。

五、基础设施层

基于新一代信息技术的建筑工程行业信息化体系的基础设施层是采集、传输、存储和展示数据的基础环境，其规划的合理性和建设的安全性直接关系到平台的可用性、可靠性和延展性。基础设施层主要包括IT基础设施、软件系统、通信信息网络和终端数据采集设施等部分。

基于云计算的SOA企业架构是新一代信息技术在信息集成层和基础设施层的典型应用。SOA思想和云计算思想的共同点是它们最终提供给用户的都是服务，不一样的地方是SOA更加注重架构中对服务的抽象。建筑工程行业在信息集成层面的建设既有节约成本的需求，也有整合异构系统遗留信息的目标，所以使用基于云计算的SOA企业架构可以更好地提高企业信息化实际建设的效率。在实际的企业架构设计中，整体方案上依旧遵循SOA设计理念与架构模式，但在具体的各部分架构设计中，采用云计算技术予以实现——在硬件底层、数据层和业务层将企业应用以私有云或公有云的形式进行部署（采用IaaS和PaaS），以提高系统资源的利用率；在服务层使用Web服务的形式封装分布在云端的各个功能；在表示层采用SaaS的形式，用统一的平台来实行企业应用的完美整合，从而加强用户的体验。

六、支撑与保障体系

基于新一代信息技术的建筑工程行业信息化体系的支撑与保障体系主要包括标准规范体系、安全保障体系和IT治理体系等。

（一）标准规范体系

针对建筑工程行业的信息化发展趋势，信息化标准体系也需要进一步发展和完善。首先，建筑工程企业需要有施工项目全生命周期的数据标准，以支撑全面数字化的发展趋势；其次，电子商务的迅速发展，可整合上下游数据信息的规范化体系，方便企业间电子商务的畅通实施；再次，新一代信息技术的广泛应用需要集成标准，以便整合新技术应用，标准规范体系是推动新一代信息技术在建筑工程行业信息化体系中应用及发展的重要基础性工作之一；最后，建筑工程企业的信息化发展需要满足建设部施工总承包企业特级资质标准中对企业信息化的水平要求，标准规范体系需要迅速发展出全面支持特级资质标准的信息化建设的实施细则。

（二）安全保障体系

随着新一代信息技术在建筑工程行业的广泛应用，企业信息安全也面临着新的问题。云计算环境下的网络安全、施工现场的信息安全保障、企业造价定额体系等核心机密的保护等问题都将成为建筑工程行业信息安全体系需要解决的重点任务。加强新一代信息架构的安全保障措施，完善用户身份认证机制是安全保障体系完善升级的重点思路。

（三）IT治理体系

新一代信息技术对建筑工程行业的信息化架构、信息化应用模式产生的深远影响，同样也对建筑工程企业IT治理体系提出了新的要求。新一代信息技术下，建筑工程企业的IT治理体系需要着力于云计算平台的IT治理方案以及多种终端设备的维护方案。

第三节　新一代信息技术在建筑工程行业中的典型应用

一、基于物联网的远程监控

（一）应用概况

近几年，随着我国社会经济发展水平的提高，建筑工程行业高速发展。但同时，由于行业规模不断扩大、工艺流程纷繁复杂、施工人员素质不高、监管力度不强等原因，导致建筑工程行业一直是一个安全事故多发的行业，事故发生频率已高居全国各行业前几位，形势严峻。因此，如何搞好施工现场的安全生产管理，预防建筑安全事故的发生，减少事故造成的人员和财产损失，成为施工企业、政府管理部门关注的焦点。未来，利用新一代信息技术优化施工现场的监控手段，实现实时的、全过程的、不间断的安全监管也成了建筑工程行业重点考虑的问题。

基于物联网的远程监控在建筑工程行业的应用还处于发展阶段，虽未完全普及，但部分施工单位已尝试应用物联网技术远程监控现场工人、设备和环境等，取得了很大成效。

一般来说，基于物联网的远程监控分为三个步骤："前端采集"、"信号传输"以及"终端控制"。鉴于物联网的基本原理以及施工现场安全管理的特点，首先进行前端采集，采用标签等对施工现场内的人员、设备、材料等进行标识，静态属性可以直接存储在标签中，动态属性由传感器实时探测。再应用射频识别技术（RFID）以及无线感应网络（WSN）对物体属性进行捕捉和获取，并将信息转换为网络传输的数据格式，采用网络通信技术传输到终端信息系统。最后，通过相关软件对接收信息进行处理和计算，并通过终端显示设备实现直观的界面展示。

（二）实现功能

基于物联网的远程监控包含以下具体应用。

1. 远程定位

远程定位是实现远程监控的基础，通过该功能随时定位某个区域内人员、设备及材料的身份、数量、分布情况及活动轨迹，为终端的分析提供原始数据。

2. 人员管理

人员管理是在远程定位的基础上，记录现场工人及管理人员的到岗及离岗信息，同时，在事故发生后，能够立即显示事故地点的人员信息、人员数量及具体位置，提高抢险效率和救援效果。

3. 模拟现场巡查

模拟现场巡查是在远程定位的基础上，模拟巡查员巡查施工现场，主管部门、建设单位、施工单位、监理单位的管理人员能够在办公室、家里随时通过网络查看施工现场材料、设备等的位置及使用情况，从而分析施工进度，对重大危险源进行监控，及时了解现场的安全状态，实现远程协调、指导工作，减轻建设单位现场监督检查的工作量。

4. 自动报警

报警功能是当系统监控到施工现场出现违反安全规定的行为时（如生产参数偏离正常范围），自动报警，防患于未然。

通过以上应用，可以提高施工管理的工作效率和管理水平，有效节约管理费用。目前，基于物联网的远程监控仍处于发展阶段，未来需要在已有基础上不断进行功能扩展，以提升安全生产信息化管理水平，加强施工现场安全防护管理，实时监测施工现场安全生产措施的落实，确保施工全过程处于受控状态，从而消除安全隐患。

二、基于虚拟仿真技术的建筑施工模拟

（一）应用概况

在建筑工程行业中，施工方法及施工组织的选择和优化主要是建立在施工经验的基础上，存在一定的局限性。同时，现代建筑基本都具有鲜明的个性，建筑工程施工成为不可完全复制的过程。使用施工虚拟仿真技术可以直观、科学地展现不同施工方案的真实效果，定量地完成方案的对比，有助于施工方案的选择和优化，真正实现最优施工。

（二）实现功能

1. 工程设计

通过施工虚拟仿真技术，一方面能使广大施工技术人员低成本地试验设计思路，真切展现设计成效，方便对拟改进部位进行修改，缩短设计周期，降低设计风险；另一方面设计的仿真也有利于设计单位与业主、施工单位进行设计交底，在评标过程中可以直观对比各投标方的设计方案，增加评标的透明度与公正性。

2. 施工管理

施工虚拟仿真技术能事先模拟施工全过程，提前发现施工管理中质量、安全等方面存在的隐患，因而可以采取有效的预防和强化措施，提高工程施工质量和施工现场管理效果。

3. 安全生产培训

施工虚拟仿真技术能实时、直观地显示施工过程的实际情况，有助于操作人员全面了解操作流程，优质、安全地完成施工任务。

目前，虚拟仿真技术在国内建筑工程行业的应用还处于发展阶段，相关工程实践不多。未来可以通过增加软硬件及人员投入、提升施工技术人员的软件研发与应用水平等途径，推广虚拟仿真技术在建筑施工过程中的应用，在节约项目成本的同时，实现风险控制，保证工程质量。

CHAPTER 4 第四章

新一代信息技术在电力行业的应用

第一节　电力行业信息化现状与发展趋势

一、电力行业信息化现状

电力行业是技术密集和装备密集型产业，其独特的生产与经营方式决定了其信息化发展的模式。中国电力系统的信息化从20世纪60年代起步，最初主要集中在发电厂和变电站自动监测/监制方面，20世纪80—90年代开始进入电力系统专项业务应用，涉及电网调度自动化、电力负荷控制、计算机辅助设计、计算机仿真系统等的使用。20世纪末，电力信息技术进一步发展到综合应用，由操作层向管理层延伸，各级电力企业建立管理信息系统，实现管理信息化。

（一）政府大力推进智能电网建设，促进了电力行业信息化的发展

当前，中国能源供给及能源消费结构的不平衡，大型煤炭能源基地与能源消费地之间的输送距离越来越远，催生智能电网的发展。《能源发展“十二五”规划》中，我国明确把特高压、智能电网纳入其中，成为国家能源发展战略的重要组成部分。因此，电力行业信息化建设应着眼于“十二五”大型电力央企集约化管控的要求，提升电力集团企业全球竞争力，支撑国家清洁能源战略和智能电网建设的信息化要求，构建涵盖发电、输电、配电、用电等各个环节的智能化管理平台。

智能电网代表了未来电网发展的方向，智能电网的建设不仅仅是传统电网设施、设备的升级和改造，而是更全面、更深入的电网企业业务革新。同时，智能电网业务的变革和创新对新一代信息技术的应用提出了更高的要求，新一代信息技术不仅需要为电网企业发展战略和各业务领域提供支撑，更需要作为企业业务创新的重要引擎，引领电网传统业务向智能化、信息化方向迈进。

（二）信息化应用推进了电力企业的效能建设，提升了服务水平

电力行业中两家大型电网公司正向服务转型，强调以客户为中心，提供优质服务。其企业运作和经营管理模式都发生了相应的变化，信息化建设也呈现新的应用变化；建设的重点从调度自动化系统转向了电力营销系统、生产管理系统和资产管理系统。强调系统性和全局性，办公自动化系统和电力营销系统建设走向县级应用。方便了用户缴费，加大了营销管理系统的覆盖范围和丰富缴费手段，这些都对营销管理系统提出了新的要求；通过加大需求侧信息化的进程，给用户提供更好的服务，增加用户的满意度，把生产调度信息融入营销系统中，以便及时地将停电信息利用多种手段通知用户。同时采用集抄系统实现营销数据的自动采集，并实现与财务、电力市场的集成。

（三）信息化应用推动了节能减排和绿色电力的发展

当前，信息化应用是推进产业结构优化升级、促进资源整合、促进经济快速发展的一支重要力量。推进信息技术应用已得到中国各行业的高度关注。在电力行业，信息化建设与信息技术应用为电力企业生产、经营、管理提供了有力支撑，成为电力企业运营不可缺少的部分。电力行业生产的产品是电力，电力生产和分配要经历发、输、配、售的环节，在每个环节都有信息技术的应用。信息技术的应用将主要在技术进步和管理优化方面促进电力行业节能减排。

在输电环节，信息技术应用促进电网优化运行，促进网损下降。生产控制系统、调度自动化系统是电网安全、稳定、优化运行的重要支撑，是电力企业应用最广泛，技术发展最成熟的信息平台。生产控制系统的应用有助于正确掌握系统运行状态、加快决策、能帮助快速诊断出系统故障状态等，已经成为电力调度生产不可缺少的工具。它对提高电网运行的可靠性、安全性，降低电网运行损耗，减轻生产运营成本，实现电力调度自动化与现代化，提高调度的效率和水平都有着不可替代的作用。

在配售电环节，信息技术应用支持计量管理，可提高电能计量的准确性。电能计量是电力企业电能供应的度量标准，是电力企业经济效益的重要体现。电能计量管理系统广泛应用信息技术，通过电能计量管理系统对电能计量设备进行全生命周期管理，提高电能计量设备的技术监督和管理水平，对各计量点的电能计量装置进行定期轮换、检验和技术监督，确保设备可靠运行和准确计量，对各关口计量点母线进行电能平衡的在（离）线计算，分析母线电能不平衡率超标的原因，提出解决措施和技术改进方案，从面保证电网供电质量和运行效率。

二、电力行业信息化发展趋势

智能电网下，新一代信息技术引领与业务变革促使整个电网业务实现全面融合创新，相应的信息技术体系也需要根据电网业务的重构与创新而转变和发展。

（一）信息化应用引领智能电网深化业务融合创新

信息化应用已经融入电力行业企业运营管理过程中的各个环节。在电网侧，国家电网公

司提出了为智能电网提供信息支撑的“SG-ERP”计划。SG-ERP作为信息化建设工程，将业务融合作为首要出发点，着眼于打破先前电力自动化和电力信息化相对独立、各自发展的局面，将信息技术应用延伸到了电力生产核心业务中。在发电侧，从发电集团层面进行全面规划、全面推广的信息化系统也已深入各个业务环节。可以说，新一代信息技术已经融入电力行业企业运营管理过程中的各个环节。

电力行业信息化与工业化的“两化融合”将会进一步推进。智能电网建设的不断提速会推进信息化与工业化的两化融合，智能电网对电力信息化的整合和集成都提出了更高的要求，极大地推动了电力行业信息化建设的发展。与此同时，信息化与电力工业的深度融合也将随着智能电网的建设体现得更加充分。此外，云计算、物联网等新一代信息通信技术从技术层面也将会推动信息化与电力工业的持续深度融合。

（二）信息化应用将渗透到电网企业业务价值链的各环节

目前，电网企业信息技术应用主要关注跨区电网管理、营销收费、企业资源管理以及办公自动化等领域，而在调度管理、电网优化、生产管理、需求侧管理方面的应用水平则相对滞后。智能电网的建设将覆盖从电源、输配电、售电到用电管理的各个环节，信息技术也将成为各业务环节实现智能化的手段，信息化部门需要为更多的业务需求提供支撑和服务，如提供基于智能设备的应用功能、为设备安全交互提供可监测的数字宽带网络等。信息化部门也需要更加深入业务，紧跟电网建设与发展带来的业务变革。

（三）管理信息化与自动化结合将更紧密

在建设智能电网的环境下，调度自动化与管理信息化的结合将更加紧密。由于大批的智能设备、仪器仪表、传感器等将被置入各级电网以及终端用户侧，届时将有大量的设备状态数据、生产实时数据、负荷数据在各类设备之间、系统之间传递，企业的生产管理和经营决策都需要依赖这些数据来完成，管理决策信息也需要有效地反馈到电网运行中，并进行调节。信息化部门将需要提供自动化与管理信息化交互的平台，为更多实时数据的安全传输、科学管理和分析应用提供环境和工具。

（四）信息资源的集成仍是未来信息技术应用建设的重点

信息资源的集成仍然是未来信息化建设的重点。电力企业信息资源集成建设主要用于开发利用电力系统内部信息资源，有效整合电力企业现有信息资源，积极搜集各类电力信息，完善全国电力信息资源开发利用的保障体系，形成集中、统一、稳定的信息采集渠道，基本形成覆盖全行业各门类的信息资源共享机制。

在新一代信息技术集成信息资源的基础上，逐步建立多种形式的决策咨询机制和完善的企业辅助决策支持系统；研究典型电力企业的业务流程重组，塑造科学、合理的电力企业业务流程，为顺利实施企业核心信息系统奠定坚实的基础。

第二节　基于新一代信息技术的电力行业信息化架构

一、总体架构

基于新一代信息技术的电力行业信息化总体架构可以分为“四层两纵”，四层分别是指数据采集层、基础设施层、信息集成层、应用层，两纵分别是指信息安全体系和标准规范体系（见图4-1）。

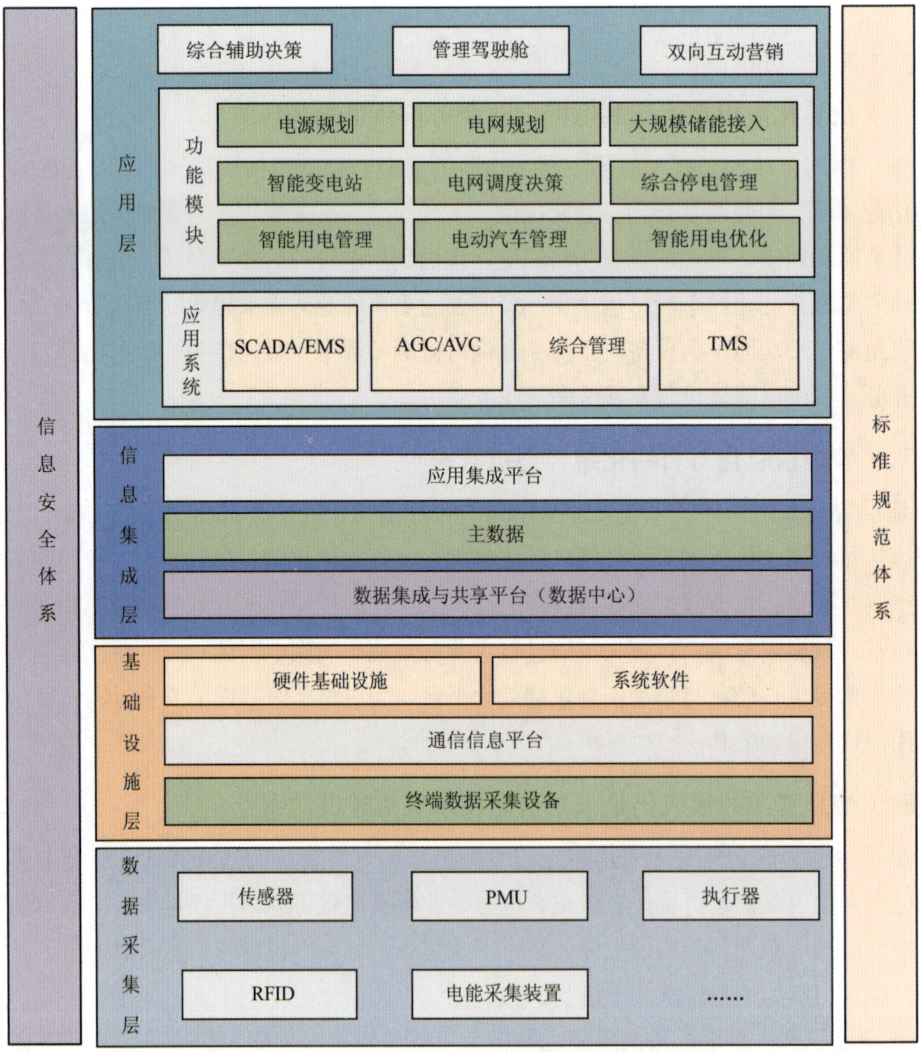
信息安全体系
应用层
综合辅助决策
管理驾驶舱
双向互动营销
功能模块
电源规划
电网规划
大规模储能接入
智能变电站
电网调度决策
综合停电管理
智能用电管理
电动汽车管理
智能用电优化
应用系统
SCADA/EMS
AGC/AVC
综合管理
TMS
信息集成层
应用集成平台
主数据
数据集成与共享平台（数据中心）
基础设施层
硬件基础设施
系统软件
通信信息平台
终端数据采集设备
数据采集层
传感器
PMU
执行器
RFID
电能采集装置
……
标准规范体系

图4-1　基于新一代信息技术的电力行业信息化总体架构

资料来源：赛迪设计，2013-07.

二、应用层

基于新一代信息技术的电力信息化体系的应用层是基于各类信息高度集成之上，具有非常明显的跨业务、跨专业、跨系统、综合分析决策等特征。信息化应用层将在当前业务应用的基础上，通过对电力行业生产自动化领域与管理信息化领域进行应用集成，开展更多的高级应用。

电力企业的主要应用系统包括工程项目管理、安全生产管理、物资管理、人力资源管理、财务管理、营销管理、综合管理与企业资源管理等；还包括在调度管理专业领域应用的发电自控系统和电压自控系统（AGC/AVG）、调度自动化系统（SCADA/EMS）、配电调度自动化系统（DSCADA/DEMS）、计量系统（TMS）等。信息化应用将基于对基础应用的深度集成，从电源侧、电网侧和用电侧三大领域展现电力行业新的业务应用。此外，电力设备的接入安全防护、模拟仿真、广域测量与电网设备在线监测和故障诊断三大应用，则贯穿各个环节，为其提供模拟仿真分析工具和电网运行实时状态信息。这些应用通过信息展示平台，实现集成的应用和展示，内容可包括基于多项应用基础之上的综合风险控制决策、管理驾驶舱和双向互动营销门户（见图4-2）。

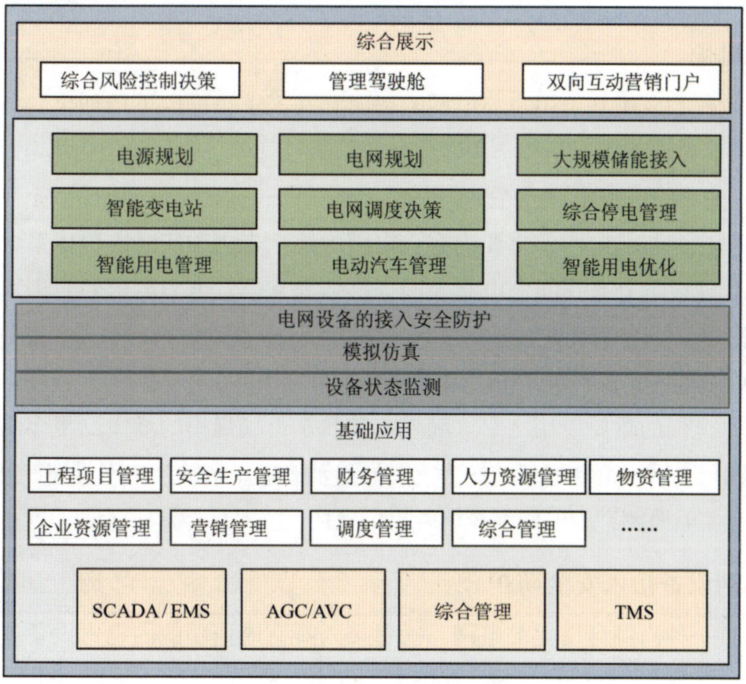
综合展示
综合风险控制决策
管理驾驶舱
双向互动营销门户
电源规划
电网规划
大规模储能接入
智能变电站
电网调度决策
综合停电管理
智能用电管理
电动汽车管理
智能用电优化
电网设备的接入安全防护
模拟仿真
设备状态监测
基础应用
工程项目管理
安全生产管理
财务管理
人力资源管理
物资管理
企业资源管理
营销管理
调度管理
综合管理
……
SCADA/EMS
AGC/AVC
综合管理
TMS

图4-2　应用展示层架构图

资料来源：赛迪设计，2013-07.

（一）电源侧

在电源侧，核心应用主要包括电源/电网规划管理、大规模储能优化管理、可再生能源与分布式能源并网管理。

电源与电网规划管理是电力系统建设的重要基础，科学性、合理性直接影响电网结构的安全性和稳定性。电网对电源规划的合理性，电网规划的精确性、先进性提出了更高的要求，电网规划管理主要采用模拟仿真、地理信息系统等技术手段，借助新型的电网优化理论和模型，通过对电网运行历史信息和实时信息的全面分析，为电网网架优化、可再生能源接入电力系统、分布式能源和大规模储能装置接入电力系统等规划对象做出科学、合理的方案。

可再生能源与分布式能源管理是电网下的全新应用领域，是实现绿色能源高效利用的重要手段。可再生能源与分布式能源管理主要针对可再生能源、分布式电源接入电网的方案进行管理，对接入行为进行控制、对电网产生的影响进行分析。

（二）电网侧

在电网侧，核心应用主要体现对电网运行全过程的监测与控制一体化的管理，包括电网风险评估、智能变电站、调度决策支持、综合停电管理等应用。电网的安全、稳定运行是电网最核心的环节。电网运行过程将充分利用先进的传感器技术、自动化技术、模拟仿真技术、可视化技术、信息技术，通过整合能量管理、安全生产管理等应用，全面集成电网设备状态监视、调度自动化、安全生产管理等电网生产运行信息，保障电网的安全运行。

（三）用电侧

在用电侧，核心应用基于用户与电网的双向互动需求，提供更精细化、更灵活的需求侧管理与用电服务。主要应用包括用户用电信息的采集与管理、客户智能化用电优化分析、家庭智能用电管理、电动汽车充电站/桩管理等。

电网中，用户参与是电网的重要内容。电网为建立先进的实时电价体系、实现全面的用电负荷监控、合理接纳分布式绿色电源上网提供强力支撑，电力需求侧管理水平将有显著提升。此外，智能电表、智能家居、智能楼宇、智能小区等基础设施与服务，能让用户更有效地与电网形成良好互动，实现科学用电，节约用电，自主用电。

电动汽车是电网的重要应用之一。随着电动汽车市场规模的增大，更多的充电站、充电桩将要接入电网。电网中电动汽车被作为重要的移动储能设施纳入电网管理，通过对电动汽车充放电状态进行实时监测，为电网削峰填谷提供支持。

（四）电网设备接入安全防护

智能电网是一种高度自动化的电网，大量接入具有通信功能的电力设备，通过对大量设备实时状态信息的采集、分析与监控，保障电网安全、稳定运行。同时，电网也是高度互动的电网，允许大量可再生能源、分布式电源、储能装置、电动汽车、智能家电的接入，这些发电或者用电设备，将对电网运行产生新的影响，电网需要评估并尽可能避免这些不在电网范围内的用电设备的不良影响，为用户提供可靠电力。

（五）模拟仿真

模拟仿真主要是为电网自愈提供数学支撑和预测能力，为操作人员在复杂电网环境中提供管理决策支持。电网下的模拟仿真技术既要满足建模计算等各种规范和协议，又能够实现对各种计算结果和分析方案形象化的展现，供分析人员参考，提高电网分析优化的准确性和可靠性。电网规划、运行、调度等环节均需要模拟仿真的支持，主要应用包括潮流分析、谐波分析、负荷预测、故障分析、动态安全分析、电网规划、分布式发电接入位置优化、操作模拟等。

（六）电网设备在线监测和故障诊断

电网集合了大量的电网工程技术、传感和高级量测技术、计算机与通信技术，能够通过对广域电网设备运行状态的采集和分析，实现对电网运行过程实时的监测与控制。通过对设备状态的实时监测与分析，代替传统的人工检查，并引入更为科学的故障识别与故障诊断技术，为提升整个电网的可靠性提供新的思路。

三、信息集成层

基于新一代信息技术的电力行业信息化体系的信息集成层主要完成对数据信息的分析、处理与集成。信息集成层架构如图4-3所示。

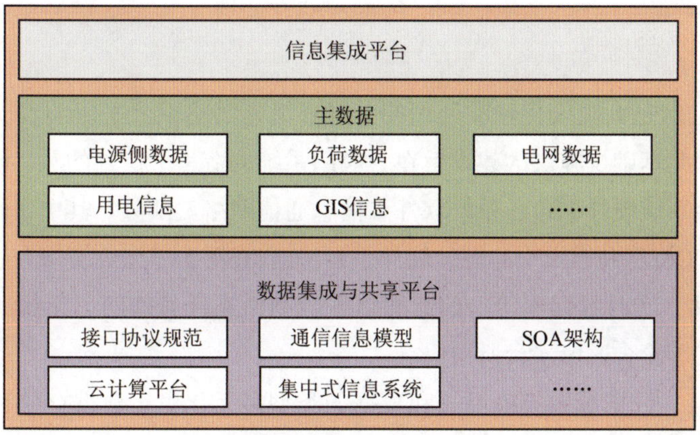
信息集成平台
主数据
电源侧数据
负荷数据
电网数据
用电信息
GIS信息
……
数据集成与共享平台
接口协议规范
通信信息模型
SOA架构
云计算平台
集中式信息系统
……

图4-3　信息集成层架构图

资料来源：赛迪设计，2013-07.

经过多年的发展，电力企业已经建立起众多的自动化系统和管理信息系统，但从业务分类来看，无论是自动化系统、主营业务系统，还是资源管理类系统，基本还处于条形分散状，电网运行各环节之间、各专业领域之间信息资源共享比较困难，信息流不畅通，难以实现综合应用和分析。电网强调建立高速的信息通道，使数据在业务流引擎的驱动下，在电网设备运行、电网调度以及各业务系统间有序流动，包括电网实时运行数据、电网拓扑结构数据、计量数据、用户数据以及外部应用系统数据等，从而实现信息集成，形成跨部门、跨系统、跨应用的业务协同环境。

信息集成平台建设将从信息集成标准、数据交换与共享、应用集成等方面实现企业信息的高度集成。在信息集成标准方面，接口协议和通信信息模型（CIM）等标准规范必不可少，同时搭建面向服务架构（SOA），实行分散式信息系统和集中式信息系统的兼容。

四、基础设施层

基于新一代信息技术的电力行业信息化体系的基础设施层是传输、存储和展示数据的基础环境，其规划的合理性和建设的安全性直接关系到平台的可用性、可靠性和延展性。基础设施层主要包括IT基础设施、软件系统和通信信息平台等部分（见图4-4）。

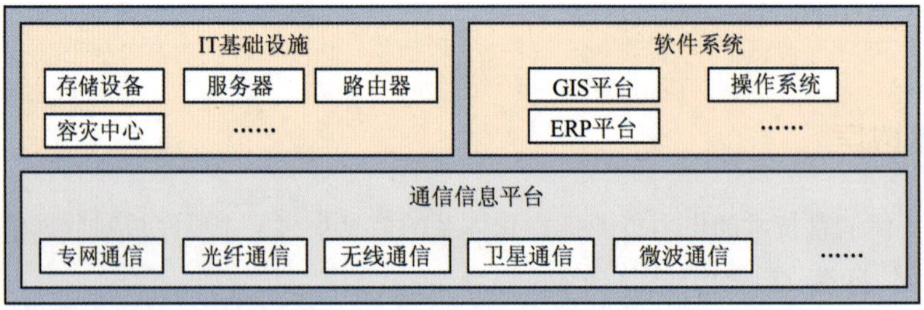
IT基础设施
存储设备
服务器
路由器
容灾中心
……
软件系统
GIS平台
操作系统
ERP平台
……
通信信息平台
专网通信
光纤通信
无线通信
卫星通信
微波通信
……

图4-4　基础设施层架构图

资料来源：赛迪设计，2013-07.

基础设施层是信息大规模传输和处理的基础环境，其建设水平影响着应用系统的高可靠性和高可用性，因此基础设施层的建设旨在为应用系统创造一个良好的软、硬件支撑环境。基础设施层一般包括系统硬件平台、系统软件、信息通信网络三部分。其中，硬件平台包括服务器、存储设备、IDC机房和容灾中心等，软件平台包括GIS平台、云计算平台、电力商务平台、操作系统、中间件、实时数据库等。信息通信平台则由光纤通信网、无线通信网、卫星通信网、电力载波通信等复合通信平台所构成。

对于电网而言，数据量大规模增长和数据的类型多元化对于数据存储和传输、数据库资源利用效率、数据计算性能提出了很高的要求，因此需要提高IT基础资源的利用效率，并提供搭建基于云计算技术的基础设施服务，整合网络、存储、服务器、平台软件，构建虚拟资源池，根据系统需求灵活分配IT资源，提高IT资源利用效率。

五、数据采集层

基于新一代信息技术的电力行业信息化体系的数据采集层是数据采集的基础环境。数据采集层主要包括各种传感器、智能电表和相关视频监控设备等（见图4-5）。

数据采集层是通过传感设备、射频设备、全球定位系统等各种信息采集与传输设备，按约定的协议，对电力系统资源层的设备状态和运行信息进行采集、交换，为对电力系统资源状态进行更加智能的识别、定位、跟踪、监控和管理提供支持。

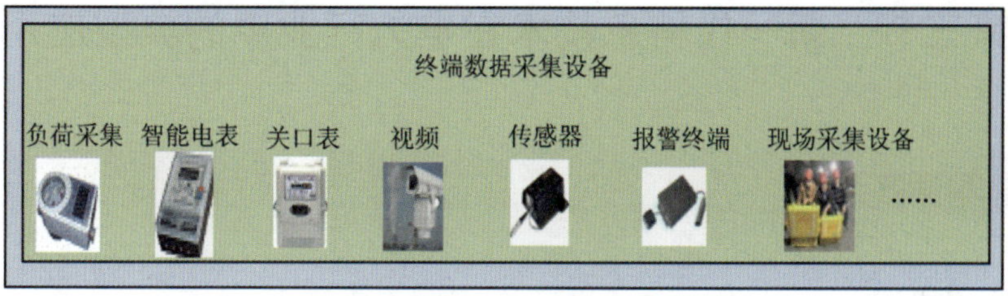
终端数据采集设备
负荷采集
智能电表
关口表
视频
传感器
报警终端
现场采集设备
……

图4-5　数据采集层架构图

资料来源：赛迪设计，2013-07.

随着物联网的发展，基于物联网技术的智能传感器技术、MEMS技术、二维码技术、射频技术、智能电表等技术可以对电网数据、用电信息等进行更为科学与全面的采集；物联网技术信息汇聚层的传感网自组网技术也能帮助实现终端之间的数据交换，从而利用建立数据预评判体系来消除坏值，优化数据采集工作。高性能集成电路设计技术的进步推进了数字信号处理芯片的更新速度，提高了数据采集设备的自动化和智能化程度。同时，高水平的封装技术可以使终端设备体积更小，散热性更好，自身能耗水平降低，在实现自身数据智能采集的同时，更为数据采集层稳定地工作。

随着信息技术的不断发展和应用，未来电力数据采集的触角延伸范围将更加广泛，数据种类将更加多元化，数据规模将呈海量增长。

六、信息安全体系

智能电网下，信息的触角延伸到最底层的电力设备，大量的实时数据、非实时数据频繁地被调用，业务运营对信息技术的依赖程度更高，因此信息安全防御级别也需要提高，相应的防护手段和防护体系需要更加健全。信息安全体系的建设，主要是针对电力数据的海量性和安全防御特点，研究各安全防护层级的安全技术，尤其是基于全网监测的智能化主动防御技术；制定和完善电力信息安全管理制度，以实现各业务运营的安全性。

七、标准规范体系

在电力信息化应用中，涉及大量模型信息的调用和共享，企业需要在研究国内外现有的一系列电力信息模型标准的基础上，制定公共信息模型的标准，为电力各环节信息集成共享所涉及的模型制定统一的编码、接口等标准规范，以保证电力信息的一致性和唯一性。此外，信息标准体系还需要进一步制定和完善包括信息通信网络标准、各类业务应用系统建设标准、信息安全主动防御标准等在内的标准。

第三节　新一代信息技术在电力行业中的典型应用

一、智能电网调度云

（一）应用概述

调度是智能电网的“大脑”，是电力系统的神经中枢，是智能电网得以正常运行的基础之一，同时也是电力系统运行的控制自动化程度最高的部分。通过研究基于智能电网云计算的智能调度平台，将使未来的智能电网能够及时感知全景信息，实现广域预警、动态自适应调整、智能痊愈计划决策、高度一体化的协调控制、核心信息可视化同步展现、统筹的精细化调度计划、规范的高效流程化管理、高效网络化信息通信等功能，实现各类调度之间应用功能的协调运行、系统维护与数据的同步。基于智能电网云计算的智能调度平台具有以下特征。

1. 互为备调

各区域公司通过相同的数据、应用，建立备调系统，实现主、备调之间应用级的容灾和备用，以及实现主、备调之间数据共享，必要时可以接管其他调度中心的业务，进行电网调度，保障各级电网安全、可靠地运行。

2. 分布式计算

基于智能电网云计算的调度运营采用分布式并行计算平台支撑并行计算，通过虚拟化技术对云中服务器资源进行统一管理和调配，以满足大计算量应用的需求。

3. 基于SOA的体系架构

基于SOA架构，实现对各类应用进行服务封装，通过数据、消息、服务等总线，确保被封装成SOA服务的各类应用模块提供协同和构建灵活的应用。所有的资源包括网络、存储、计算能力以及应用都可以以服务的形式按单个或多个有机整合的方式向用户提供，这也是实现智能电网云计算的必要条件。

4. 安全可靠的网络环境

基于智能电网云计算的调度运营必须保障网络带宽和可靠性，满足支持系统的远程应用、数据同步等功能的需求，有效支撑智能电网云计算平台的应用与实现。

5. 海量数据存储和处理

基于智能电网云计算的调度运营可有效控制分布在网络上的众多组件之间的数据流向和顺序，实现数据交换、传输和存储的高速、可信、易于扩展和管理。在此基础上，通过有效的分析处理，指导电网企业在发电、输电、变电、供电、用电及调度过程中的正确决策和合理资源调配。

（二）体系架构

基于智能电网云计算的智能调度是从全局的角度对整个电力系统进行监测和控制，它通过远程通信网络收集电网运行的实时信息，对电网的运行状态进行监视和安全性分析、状态估计、负荷预测、远程调控等，从而保证电网的安全、稳定运行，提高电能质量，改善电网运行的经济性。基于智能电网云计算的智能调度通过统一数据和服务总线把各地分散的IT资源和相关电力基础设施用结构化的方式整合在一起，构成高可靠、高性能的云平台，通过动态负载均衡和统一的资源管理调配，构成强大的数据处理和计算分析能力，以支撑支持系统的高效运行。基于智能电网云计算的调度运营体系架构如图4-6所示。

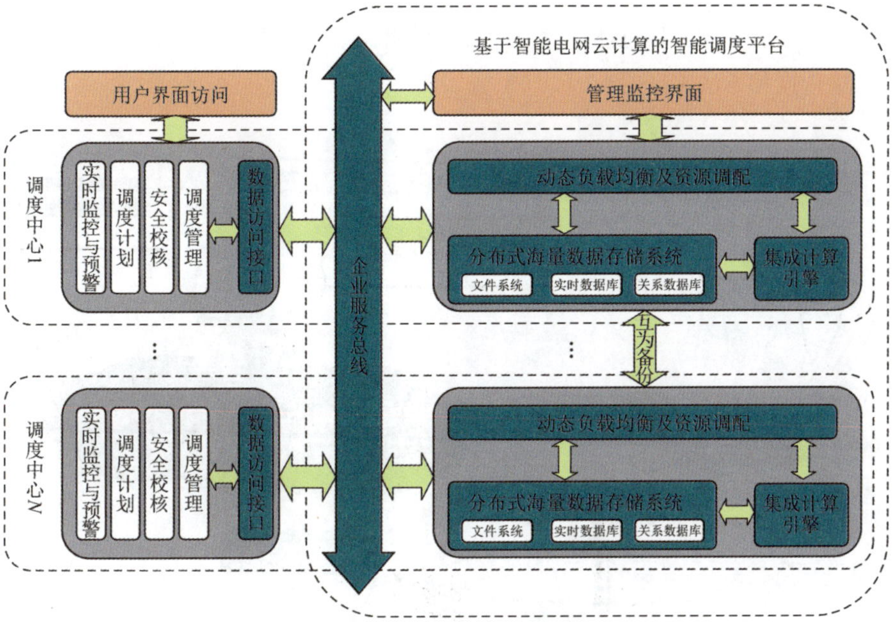
基于智能电网云计算的智能调度平台
用户界面访问
管理监控界面
调度中心1
实时监控与预警
调度计划
安全校核
调度管理
数据访问接口
企业服务总线
动态负载均衡及资源调配
分布式海量数据存储系统
文件系统
实时数据库
关系数据库
集成计算引擎
互为备份
调度中心N
实时监控与预警
调度计划
安全校核
调度管理
数据访问接口
动态负载均衡及资源调配
分布式海量数据存储系统
文件系统
实时数据库
关系数据库
集成计算引擎

图4-6　基于智能电网云计算的调度运营体系架构

资料来源：赛迪设计，2013-07.

（1）基于智能电网云计算的智能调度平台部分包含了分布式数据服务总线这一核心组件以及分布式海量数据存储系统、集成计算引擎和动态负载均衡及资源调配系统等功能组件。

（2）整个平台通过分布式数据服务总线这一核心组件，将各个功能组建通过统一的数据和控制信息传输和交换整合在一起，形成一个虚拟层，并对底层所有的物理硬件单元进行统一的管理和调配，从而达成硬件细节对上层应用的隔离和隐藏，保证各种业务应用通过通用的数据访问接口，实现对各类资源高效、可靠的访问和调用。

（3）基于智能电网云计算的智能调度平台包含一个统一的管理监控界面，方便系统管理员对系统所有组件的使用和运行状态进行实时的监控，并按照需求进行及时的调整和调度。

（4）基于智能电网云计算的智能调度平台通过全局运行的分布式数据和服务总线，还可以将分散的调度中心有效地整合在一起，形成一个虚拟的超级调度中心，使得所有资源在全网范围内的灵活调配和弹性扩展成为可能，极大地提高整个支持系统的可用性。

（5）各个调度中心可以通过基于智能电网云计算的智能调度平台形成互为备份关系，从根本上防止单点失效问题，保证系统安全、可靠地运行。

（三）智能预警应用

目前的电力系统预警主要是由变电站和调度中心进行。在调度中心，在预想事故下对系统典型运行方式进行离线计算后得到评估预案，这样的预警不全面，非实时。为了使得系统能够对电网进行全面、实时的事故预警，对全网进行一体化的建模仿真十分重要。要进行全网一体化实时仿真，必须能够进行大计算量的实时计算。基于智能电网云计算的智能在线预警可实时追踪系统不同类型的故障并对其定位，找到电网主要矛盾点、告警点，使调度人员一目了然地知道电网和设备的状态，从总体上对电网安全做出评估，为调度人员采取快速、准确的控制措施提供理论依据和方法（见图4-7）。

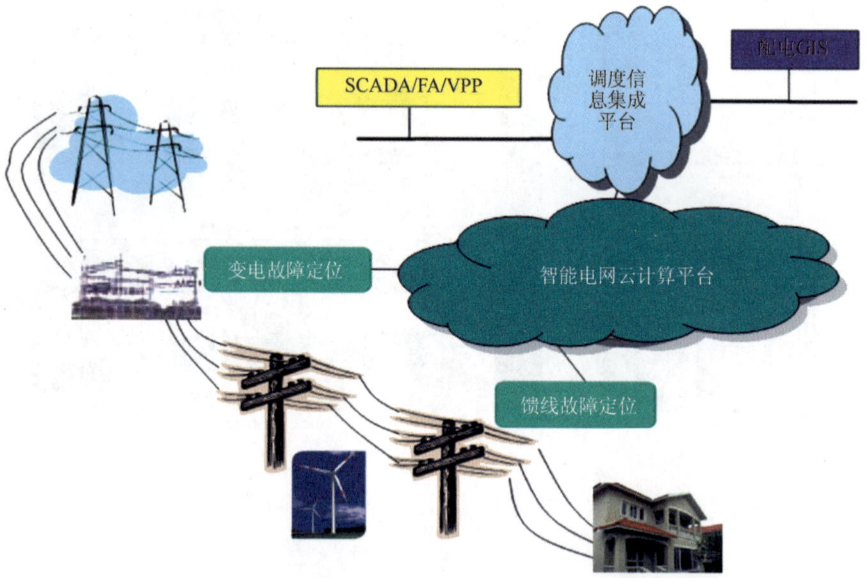
SCADA/FA/VPP
调度信息集成平台
配电GIS
变电故障定位
智能电网云计算平台
馈线故障定位

图4-7　基于智能电网云计算的智能调度实现智能预警

资料来源：赛迪设计，2013-07.

基于智能电网云计算的智能预警针对数据资源和计算资源广域分布、计算量大、对计算能力的要求高等特点建立电力系统的一体化仿真，在仿真过程中没有系统的简化和等值。智能电网云计算的超级计算能力足以满足实时海量数据处理的要求。智能预警包括实时监测电压是否保持在规定范围之内、节点电压是否越限、无功功率分配的合理性；实时监测系统潮流，分析判断正常运行及在规定扰动条件下功角是否将失去稳定；实时监测系统频率，分析计算当发电机有功功率发生变化、启停发电机组以及电网结构发生变化时对系统频率的影响；实时监测系统中设备情况，分析计算在正常模式及N-1模式下由于电网结构改变、发电机功率改变、系统潮流变化时对设备产生的影响；同时，从各方面实时监测系统状态，对可能发生的事故进行快速预警。

二、智能用电

（一）应用概述

随着客户的服务需求升级，客户对电网企业的服务理念、服务方式、服务内容和服务质量不断提出新的更高的要求，除希望降低用电成本、安全可靠用电外，还希望享受更加个性化、多样化、便捷化、互动化的服务。基于智能电网云计算的互动服务应用依托智能电网和现代管理理念，通过传感器连接，形成绵密、完整的用电和信息交互网络，并对其中信息加以整合分析，指导用户或直接进行用电方式调整，实现电力资源的最佳配置，达到降低客户用电成本、提高供电可靠性和用电效率的目的。基于智能电网云计算的互动服务具有以下特征。

1. 智能双向结算

实现电能双向计量；自动采集客户电能量数据、电能质量数据、各种电气和状态（事件）数据，对数据进行合理性检查、分析和存储管理；实现用户与电网企业间互供电量、电费的自动结算。

2. 智能化节能减排

远程监测客户侧电能质量（电压、无功、谐波等），自动进行信息发布；用户根据电价变化，远程对家用电器进行设置和控制，如低谷时开启用电设备；推动可再生能源利用、经济用电和提高能源效率。

3. 智能化需求侧管理

满足客户多元化、个性化需求。实现客户用电设备在线监测、停／投运控制，满足社会有序用电、客户经济用电的需要；实时诊断客户用电设备健康状况，为客户提供安全用电服务；为客户用能系统提供能耗监测与能效诊断、能效项目实施效果验证等服务。

4. 智能分析决策

自动完成购、售电市场分析与预测，为输配电网络规划、建设提供依据；对营销指标进行统计、查询、分析、预测，为国家电价政策、节能减排政策的制定提供决策信患，为经营管理提供决策依据。

5. 创新商业模式

建设基于智能电网云计算的互动服务平台，有利于提高电能质量和供电可靠性，创新商业服务模式，提升电网与用户双向互动能力和用电增值服务水平。

（二）体系架构

基于智能电网云计算的智能用电双向互动服务平台，以智能电网为坚实基础，以智能用电管理组织架构和标准规范体系为强有力支柱，通过现场人工服务、自助服务终端、网络客户端、24小时服务热线、手机等多元化服务方式，全面实现智能用电营销业务的智能化支撑。通过建立与完善基于智能电网云计算的双向互动服务平台，实现与客户进行电力流、信息流、业务流的友好互动。智能用电双向互动服务平台在功能上可以承载所有智能用电方面的营销业务、新型业务办理、增值服务等；在形式上，具有实体和虚拟等多种方便形式；在手段上，具有自助、互动、套餐等方式的多元化贴身服务，让用户充分享受智能平台受理业务的高效、便捷和友好。基于智能电网云计算的智能用电双向互动服务平台体系架构如图4-8所示。

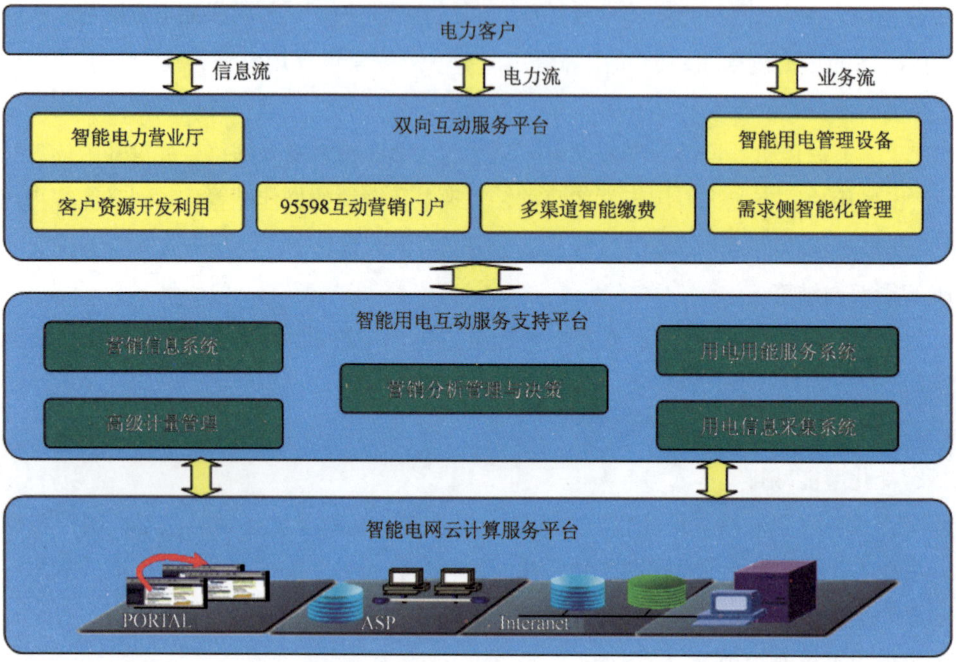
电力客户
信息流
电力流
业务流
双向互动服务平台
智能电力营业厅
智能用电管理设备
客户资源开发利用
95598互动营销门户
多渠道智能缴费
需求侧智能化管理
智能用电互动服务支持平台
营销信息系统
用电用能服务系统
营销分析管理与决策
高级计量管理
用电信息采集系统
智能电网云计算服务平台
PORTAL
ASP
Interanet

图4-8 基于智能电网云计算的智能用电双向互动服务平台体系架构图

资料来源：赛迪设计，2013-07.

（1）智能电网云计算服务平台：通过云计算技术构建基础设施云，提供各种存储、计算、组件应用等基础服务。

（2）用电信息采集：客户用电信息实时监测，异常状态在线分析、动态跟踪和自动控制，包括电动汽车充放电站、分布式电源及储能、智能表计、智能家电等终端设备。

（3）智能用电互动服务支持平台：以用电信息采集系统、用户用能服务系统、营销业务系统、分布式能源管理系统、高级计量系统、用电GIS系统等为主要信息源，为上层应用提供整合与支撑服务。

（4）双向互动服务平台：实现智能电力营业厅、95598营销门户、呼叫中心等渠道的整合，为用户提供个性化、互动化、动态化的全方位服务。

（三）远程抄表应用

在未来的电力系统中，电力系统数据采集的范围也将大大扩展。相量测量单元（PMU）、智能电表，甚至各种智能家电的嵌入式系统都可能向数据中心提供大量的实时系统信息。由上述各种传感器所组成的数据采集网络所产生的数据量将是非常惊人的，以电力系统现有的信息处理能力将不足以完成对海量数据流的存储和分析功能。电力系统现有的计算和信息处理平台不足以支持智能电网的实现，构建新的电力系统云计算平台就成为值得考虑的重要问题。

除了实现海量终端的计算，基于智能电网云计算的远程抄表区别于传统表计的一个特点就是“互动”，与最终端的电力消费者能够双向互动，获得最优化的供用电方案将会极大地改变现有的用电行为，提升客户满意度。与用户进行互动的最基本要求是，电网企业能够实时采集和跟踪客户端的用电信息，进行负荷的控制，分析并采取最经济、稳定的供电方案；同时终端设备能够将实时电价、电量等信息传导给用户。在未来，随着发布式发电的接入，还可以实现用户与电网企业间互供电量、电费的自动结算。基于智能电网云计算的远程抄表实现双向结算如图4-9所示。

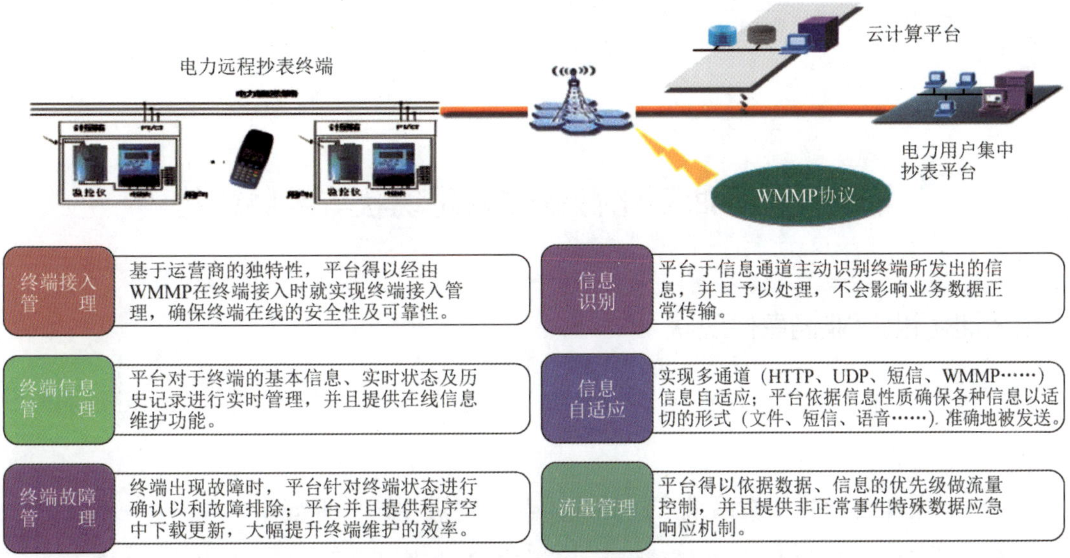
电力远程抄表终端
云计算平台
电力用户集中抄表平台
WMMP协议
终端接入管理
基于运营商的独特性，平台得以经由WMMP在终端接入时就实现终端接入管理，确保终端在线的安全性及可靠性。
信息识别
平台于信息通道主动识别终端所发出的信息，并且予以处理，不会影响业务数据正常传输。
终端信息管理
平台对于终端的基本信息、实时状态及历史记录进行实时管理，并且提供在线信息维护功能。
信息自适应
实现多通道（HTTP、UDP、短信、WMMP……）信息自适应；平台依据信息性质确保各种信息以适切的形式（文件、短信、语音……）准确地被发送。
终端故障管理
终端出现故障时，平台针对终端状态进行确认以利故障排除；平台并且提供程序空中下载更新，大幅提升终端维护的效率。
流量管理
平台得以依据数据、信息的优先级做流量控制，并且提供非正常事件特殊数据应急响应机制。

图4-9 基于智能电网云计算的远程抄表实现双向结算

资料来源：赛迪设计，2013-07.

第五章 CHAPTER 5

新一代信息技术在石油石化行业的应用

第一节 石油石化行业信息化现状与发展趋势

一、石油石化行业信息化现状

“十一五”以来，中国石油石化行业信息化推进效果显著，信息化各层面的建设取得了长足进展。

（一）生产运行管理类系统广泛建成上线，促进生产管理变革

石油石化企业自动化控制系统建设起步较早，近年来通过开展信息化与自动化集成，逐步实现了生产现场生产数据自动采集、远程传输和生产运行监控，创新生产作业方式，压缩管理层级，优化员工布局，提高劳动生产率。例如，中石油集团公司勘探与生产技术数据管理系统能够提供勘探开发一体化数据服务与应用；油气水井生产数据管理系统能够实现井、站、库一体化生产数据管理；勘探与生产调度指挥系统能够有效支持远程监控和指挥调度。

（二）通过信息化手段，实现管控能力提升

石油石化企业规模庞大，点多、线长、面广。为了增强集团企业的管控能力，三大石油石化企业均开展ERP系统的建设和推广，并将其作为企业一项重要的战略性基础工作和管理提升的重要手段。ERP系统将财务管理与采购、生产、销售、库存、设备等业务综合集成，促进了以业务流程为导向的跨部门协同工作和信息共享。中石油集团ERP系统作为核心的经营管理系统，采用统一的软件平台，按各专业领域集中部署，形成既具有业务特点，又紧密集成的适度集中式技术架构。每个专业领域的ERP系统使用统一的业务流程，集中在一套服务器上运行。该集团公司统一的公共数据编码平台保证了各专业领域之间ERP系统的集成和共享。中石化集团以ERP系统为基础的一体化数据仓库系统为总部快速掌握企业经营情况、及时进行综合分析提供了手段，ERP系统已经成为总部加强管控的有力工具。可以看出，ERP系统的应用已由资源计划、经营管理逐渐向经营分析、决策支持纵深方向延伸。

（三）信息化保障体系力度不断加强

石油石化企业在推进信息化软、硬件建设过程中，也在不断加强保障体系建设，包括信息安全体系、IT管理与服务体系以及信息化人才队伍建设。在信息安全方面，中石油根据《信息安全等级保护管理办法》建设完善信息安全管理策略，中海油总公司通过引入国际标准ISO 27001来使信息安全体系规范化。在IT管理与服务方面，石油石化企业形成了以人员组织与工作机制管理、项目管理控制、系统运维保障和软件知识产权管理与保护为主要内容的信息化管理调控体系，加强了日常信息化工作及重大重要信息化项目的管理保障力度。以中海油总公司为例，借鉴COBIT最佳实践建设企业IT内控体系，在IT服务领域通过了ISO 20000认证，以全面加强IT管理与服务体系建设。

（四）信息化人才队伍水平提升

通过信息化建设和实施，石油石化企业员工对信息化的认知程度不断提高，企业也逐渐培养了一批精通业务功能、技术功能以及应用技能的信息化人才队伍。

二、石油石化行业信息化发展趋势

（一）加快推进应用系统集成，实现业务协同和决策支持

“十二五”期间，石油石化企业将继续推进系统深化应用，加强应用系统集成，尤其是以ERP为核心的系统集成，实现经营管控与专业业务管理之间的协同运作。基于企业信息集成，为领导综合决策、经营分析、生产信息综合展现、应急指挥等提供支持。

（二）以物联网技术为基础，实现生产管理精细化

物联网技术在石油石化行业有广泛的应用空间，主要可以应用于石油石化行业物流、产品及资产跟踪管理、石油钻井监控、抽油井及海上采油平台监控、油田仪表无线抄表、石油管道输送监测及应急管理等方面。例如，以石油集输领域为例，利用物联网和全球卫星定位系统（GPS）、地理信息系统（GIS）以及CMDA/GPRS通信技术，建立石油行业钻井、输油管、油罐车信息监控平台，对石油行业野外钻探、油罐运输、输油管线实时监控，各监控仪表状态参数无线采集，从而实现对资源的集中、高效、统一管理。通过物联网技术的应用，实现对设备数据的自动采集和进一步综合利用，为提供精细化管理水平提供支持。

（三）云计算技术将会在石油石化企业得到更广泛的应用

与物联网一样，云计算技术应用也是石油石化企业“十二五”期间重点关注的领域。从

业务内容来看，在石油石化企业的勘探开发过程中，需要大量的数据信息存储和高性能计算应用；从业务模式来看，作为集团型巨型企业，ERP系统的大量应用同样需要极强的数据存储和分析能力。这两者都对服务器资源的利用和信息化部门的运维能力提出了更高的要求。云计算技术，特别是IaaS技术，可以应用于石油石化企业自身的IT开发环境，为开发人员提供快速可部署、可迁移、可恢复的开发系统。而充分利用服务器的资源也是云计算技术的主要功能之一。通过应用动态负载均衡，实现虚拟化分区间动态地调配资源，将多个应用特性互补的应用放在一起，既可以减少系统数量，也可以在单个时间段使某个应用充分利用系统的大部分资源。同时，出于降低总体拥有成本的考虑，采用云计算技术对服务器进行整合也是石油石化类企业使用其的主要目的之一。此外，通过虚拟化平台，还可以提高管理效率，实现资源的快速部署，有效监控IT设备的运行状况，实现IT管理的自动化，避免人为的失误，保证IT服务质量。

（四）信息化的广泛应用对信息安全提出了更高的要求

随着信息化应用的不断深入，石油石化企业对信息系统的安全性、稳定性和可靠性的要求也越来越高，信息系统运行严重故障或瘫痪将给企业经济发展带来难以估量的损失。目前，石油石化企业普遍通过安装防火墙和杀毒软件来提高信息系统的安全性。同时，通过设立安全组织、进行风险评估和运行监控等措施，加强信息系统的安全性。在未来几年里，石油石化企业将完善网络与信息安全预警、通报、监控和应急处置平台，形成有效的安全技术防护体系，保证网络安全、系统安全、数据安全。石油石化企业将通过制定完善的信息安全管理制度，健全包括安全评估、安全规划、运行管理等方面的信息安全管理手段，建立信息安全培训体系，对信息系统开发、维护、管理、应用人员进行信息安全培训，逐步实现持证上岗，从而建立有效的信息安全管理机制。

（五）石油石化企业将积极推动绿色IT建设

“绿色IT”是以环保为核心设计、制造、布置和处置IT产品以及其他有关方面，其表现在信息化建设的各个方面。对于基础设施需求的不断增加，导致企业每年在电力上的花费甚至会超过当年在硬件设备上的投资额。面对如此严峻的形势，打造绿色数据中心刻不容缓。

石油石化企业已经在设备采购过程中将绿色环保指标写进了标书。相比之下，以前考虑更多的是机器的配置、价格、单程运行的性能以及售后服务质量，而现在则加大了其他指标的执行力度，比如节能降耗方面的要求。石油石化企业的绿色IT将表现在机房建设、机房布局、服务器、终端设备等多个方面，例如，强调选用高效、低能耗的服务器，强调机柜的摆放、风道的规划、使用挡板进行冷热通道的区分，制定人流、物流制度规范以及进行应用划分等。不仅在硬件方面，石油石化企业在信息化建设过程中对业务系统的有效整合，也是绿色IT的重要体现。这种整合直接带来的硬件投入的减少和运维成本的降低，也提升了企业的信息反馈和制定决策的效率。

第二节　基于新一代信息技术的石油石化行业信息化架构

一、总体架构

基于新一代信息技术的石油石化行业信息化总体架构可以分为四横两纵，四横自上而下分别是展示层、应用层、信息集成层、基础设施层，两纵分别是IT管控体系和信息安全体系（见图5-1）。

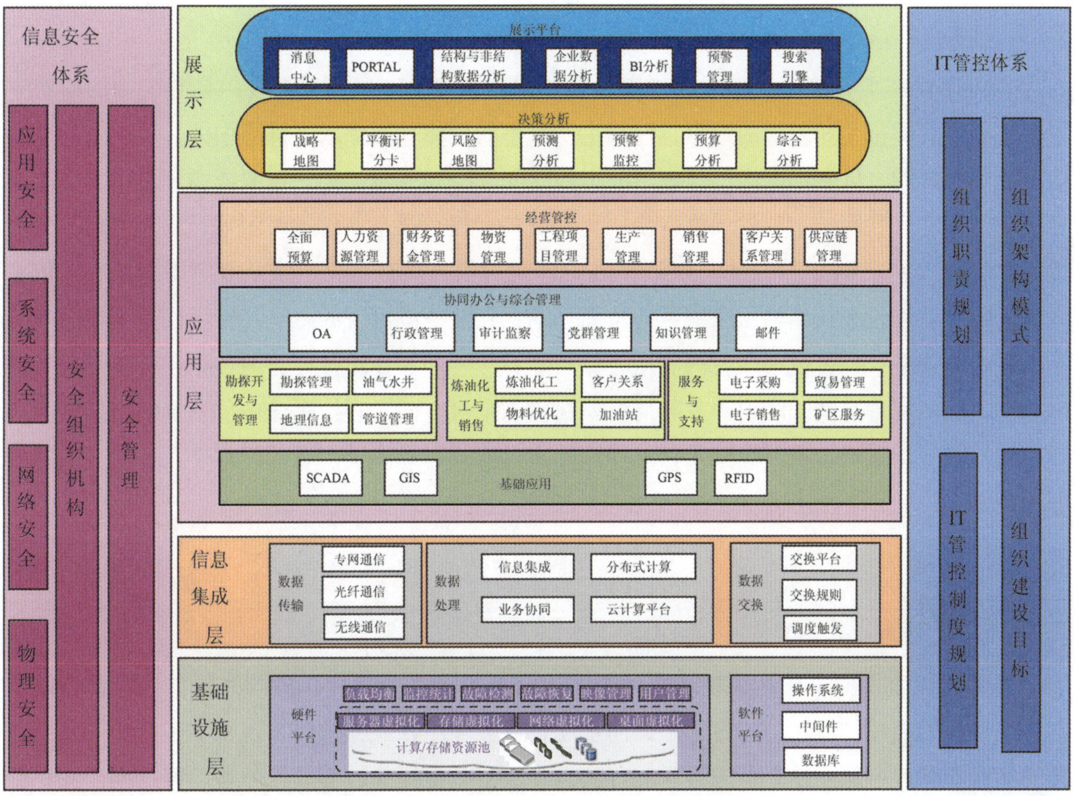
信息安全体系
应用安全
系统安全
网络安全
物理安全
安全组织机构
安全管理
展示层
展示平台
消息中心
PORTAL
结构与非结构数据分析
企业数据分析
BI分析
预警管理
搜索引擎
决策分析
战略地图
平衡计分卡
风险地图
预测分析
预警监控
预算分析
综合分析
应用层
经营管控
全面预算
人力资源管理
财务资金管理
物资管理
工程项目管理
生产管理
销售管理
客户关系管理
供应链管理
协同办公与综合管理
OA
行政管理
审计监察
党群管理
知识管理
邮件
勘探开发与管理
勘探管理
油气水井
地理信息
管道管理
炼油化工与销售
炼油化工
客户关系
物料优化
加油站
服务与支持
电子采购
贸易管理
电子销售
矿区服务
SCADA
GIS
基础应用
GPS
RFID
信息集成层
数据传输
专网通信
光纤通信
无线通信
数据处理
信息集成
分布式计算
业务协同
云计算平台
数据交换
交换平台
交换规则
调度触发
基础设施层
硬件平台
负载均衡
监控统计
故障检测
故障恢复
映像管理
用户管理
服务器虚拟化
存储虚拟化
网络虚拟化
桌面虚拟化
计算/存储资源池
软件平台
操作系统
中间件
数据库
IT管控体系
组织职责规划
组织架构模式
IT管控制度规划
组织建设目标

图5-1　基于新一代信息技术的石油石化行业信息化总体架构

资料来源：赛迪设计，2013-07.

二、展示层

展示层采集专业应用系统信息，实现生产、分析信息、决策指挥信息一体化展示，提供生产指挥决策数据服务平台，扩大信息应用范围。生产调控、应急指挥等信息不仅可以在指挥大厅看到，领导和工作人员在办公室或者户外也可以实时掌握生产情况。通过界面集成企业各业务环节的相关生产信息，实现能源输送物流链的上下游一体化展现，为生产运行决策服务。展示层总体架构如图5-2所示。

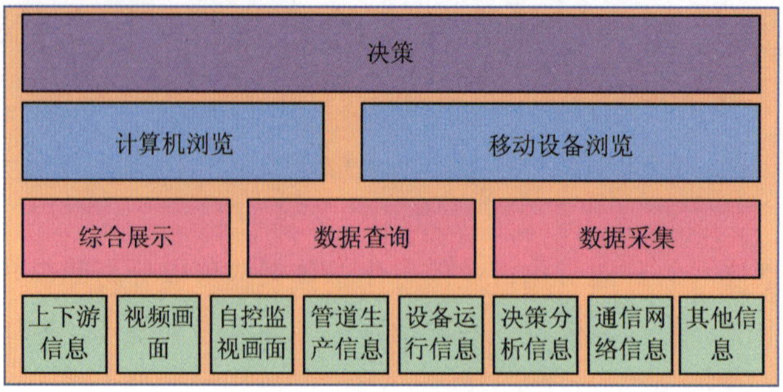
决策
计算机浏览
移动设备浏览
综合展示
数据查询
数据采集
上下游信息
视频画面
自控监视画面
管道生产信息
设备运行信息
决策分析信息
通信网络信息
其他信息

图5-2 展示层总体架构

资料来源：赛迪设计，2013-07.

以可视化技术、移动互联网为代表的新一代信息技术在展示层的应用具有广阔的前景。可视化技术能够把企业运行的数据，包括生产获得的数值、图像或是计算中涉及、产生的数字信息变为直观的、以图形图像信息表示的、随时间和空间变化的物理现象或物理量呈现在决策者面前。移动互联网技术的发展使得使用移动设备远程登录企业信息展示平台成为可能，大大提高了管理效率。Web 2.0技术框架以博客、即时通信、聚合信息、维基等应用为核心，依据六度分隔等新理论和技术将互联网推向全面互动。在业务应用方面，员工将不仅是企业门户各类信息的阅读者，也可成为内容的制造者；石油石化客户、合作伙伴等通过企业门户与公司双向互动，从而实现互动式客户服务新局面。在信息平台方面，它把企业内部系统的信息资源进行有效的整合与展现，重新定义了信息展现的交付方式，提高了信息部门对于业务快速发展的服务能力。

三、应用层

石油石化企业信息化应用层覆盖了企业决策支持、经营管控、协同办公与综合管理以及各板块专业的应用。应用层的目标是面向企业各业务应用领域，全面实现整个企业的信息高效传递和智能响应，从而使企业的日常运行和管理效率大幅提高，形成智慧型、科技型、知识型石油石化企业。应用层总体架构如图5-3所示。

经营管控应用主要是企业人、财、物、设备资产、工程项目、生产管理、销售管理、供应链管理、客户资源管理等企业经营管控业务信息化应用功能。

协同办公与综合管理应用主要是以协同办公平台为依托，提供公文管理、工作安排、行政管理、审计监察、党群管理、知识管理以及邮件等综合办公应用功能。

各板块专业应用包括勘探开发与管理板块、炼油化工与销售板块、服务与支持板块等，是为各专业业务管理提供应用支持。

基础应用是对上述应用的一个支撑，包括SCADA提供生产调度管理支持，GIS提供与地理位置信息相关的业务信息综合展示，GPS对于油气运输过程中的定位提供支持。

在应用层建设过程中，高级计量体系、移动作业等新兴技术手段对石油石化企业信息化

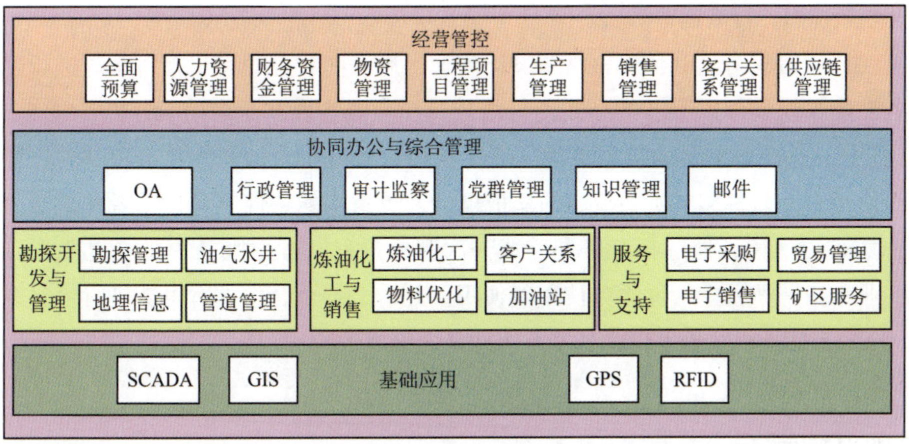
经营管控
全面预算
人力资源管理
财务资金管理
物资管理
工程项目管理
生产管理
销售管理
客户关系管理
供应链管理
协同办公与综合管理
OA
行政管理
审计监察
党群管理
知识管理
邮件
勘探开发与管理
勘探管理
油气水井
地理信息
管道管理
炼油化工与销售
炼油化工
客户关系
物料优化
加油站
服务与支持
电子采购
贸易管理
电子销售
矿区服务
SCADA
GIS
基础应用
GPS
RFID

图5-3　应用层总体架构

资料来源：赛迪设计，2013-07.

应用层的深入起到了推动作用。高级计量体系是一种基于智能表计，能够提供实时双向通信的智能信息化基础设施。AMI已逐渐发展为包含支撑表计数据生命周期各阶段（获取、传输、清洗、处理、存储、递送与展现）管理的相关技术。高级计量体系向石油石化企业的业务应用提供充足、可靠的数据支持，满足石油石化企业为推进收入保护、需求响应等业务的纵深发展所提出的数据支撑需求；此外，高级计量体系也融合了对负荷终端的负控功能，支持石油石化企业实现对管网负荷的远程控制和管理。

移动作业将掌上电脑与自动识别技术、全球卫星定位系统等多种技术手段相结合，完成移动中的设备定位和数据采集。近年来，开始逐步采用红外技术、无线通信或有线通信等手段将后台企业信息发布到掌上电脑，与现场工作人员分享企业经验。在石油石化行业业务应用方面，移动作业技术可以实现管网巡检作业标准化，提升风险事件预警与及时干预能力，提高巡检工作效率；对于高风险作业环境，移动作业技术更是能为现场工作人员提供顺畅的沟通渠道，降低作业风险。在信息保障方面，移动终端的接入要求后台信息服务环境具有可靠的信息安全保障能力，避免非授权终端的入侵，以及通信数据的窃取和篡改。

四、信息集成层

集成平台建设共分为1个体系、1套规范与3个层次的集成应用，分别为：统一编码体系、集成标准规范和界面集成、数据集成、业务集成。

信息集成层的核心在于业务协同，是以云计算、SOA架构、Web 2.0和社会化协作的思想融合企业协作资源，转接人、信息与流程，为用户提供更智能、更方便的业务协作服务。业务协同是在SOA架构的基础上，搭建整套的协作环境，并将这些资源和服务共享给用户。业务协同支持地域分散的一个群体借助于云计算及网络技术，共同协调与协作来完成一项工作任务，帮助企业迅速提高工作效率，使员工办公变得简单、高效、易于管理，进而降低企业管理成本，提升创新能力，提高运营效益。

业务协同平台充分地利用了SOA的设计理念，用面向服务的思想来对系统进行建模，使系统的各功能模块能够以服务的形式进行划分。在功能实现方面采用云计算、SOA、BPM、Web 2.0技术，这使得平台的实现更加方便、快捷，并且平台的开发符合SOA的软件架构模式，从而使平台的软件架构具有SOA的松散耦合及可重用的特性。各使用者在平台中寻找需要的资源并进行使用，通过相互协同完成一次服务过程。各个服务提供者需要将自己的系统集成到业务协同平台中，供服务使用者使用。此时，各个合作方有可能进行信息系统的集成，在SOA的支持下，实现平台中各个系统的高效集成运行。

五、基础设施层

基于新一代信息技术的石油石化行业信息化体系的基础设施层是采集、传输、存储和展示数据的基础环境，其规划的合理性和建设的安全性直接关系到平台的可用性、可靠性和延展性。基础设施层主要包括IT基础设施、软件系统、通信信息网络和终端数据采集设施等部分。

随着第二代互联网、第三代无线通信技术的发展，现代通信技术在短程、中程、远程各传输距离均获得了突破，对石油石化行业发展影响深远。丰富的网络地址资源促进了基于IP的SCADA和高级表计体系的广泛应用，为设备状态检修创造了数据条件；智能耗油设备的网络接入及其本地通信能力能帮助石油石化公司与用户建立起全新的客户关系，推动营销的应用创新；高速的可融合的通信基础设施可以促进三网融合乃至多网融合，石油石化企业的集团化、产业化由此具备了深入介入传媒行业的技术条件。

云计算通过网络以按需、易扩展的方式向用户交付所需的资源，包括基础设施、应用平台、软件功能等服务。云计算呈现深化发展趋势，从虚拟化、网格计算等向软件服务化（SaaS）、平台服务化（PaaS）、基础设施服务化（IaaS）等方向发展。用户通过服务方式访问整合的基础设施、应用平台和软件功能，从而降低信息资产总拥有成本、简化IT环境、增加信息平台的整体可用性、提高信息化运营效率，对信息平台的集约化建设和保障有着广阔的应用价值。特别地，对于跨地域多组织实体的大型石油石化企业，云计算为海量数据处理、数据中心的集中化管理、人力资源集约化配置创造了技术条件。

物联网通过射频识别（RFID）、红外感应器、激光扫描器等传感器材，使物品间相互通信。其无线的、面向物品普遍适用的、随需连接的特性促使其行业应用蓬勃发展，大家熟知的包括不停车缴费、包裹定位与跟踪、农产品溯源等。在石油石化行业业务应用中，大型石油设备资产内部结构复杂，应用物联网技术可以近距离感知大型设备资产内部二次设备、附属设备的位置，获得基本台账信息，进而指导检修与替换策略，大幅度提升运维检修的工作绩效。应用还可推广到通信管路、综合布线、基础设施等信息化维护领域。物联网对石油石化行业的影响远不止此，物联网技术支持智能表计、石油天然气管网节点的传感器、控制器等以约定的协议连为一体，为管理智能化创造物质基础。

六、支撑与保障体系

（一）IT管控体系

IT管控体系主要围绕信息化组织职能、流程制度、管理工具等进行建设，为信息化建设提供保障。新一代信息技术的发展，对石油石化行业的IT管控体系建设提出了更高的要求。随着云计算应用的越来越广，云计算强调集中化的优势以及应用平台资源的分层耦合管理，在实现“云化”改造以后，企业商业模式的创新和组织的重新设计需要做出调整，这种风险难以采用定量方式给予评估。

为了规避风险在“云”应用与推广时期，必须拥有健全、完善的推广应用组织结构，如成立专项工作组，并在组织和业务上保障项目的顺利推进；实施方成立各个层面的技术、业务、管理团队，并负责现场实施、开发和管理工作；监理方成立各专业监理小组，负责整个项目各层面的监理工作，以保障项目的顺利实施。

（二）信息安全体系

信息安全体系主要包括信息安全组织体系、管理体系和技术体系。信息安全组织体系是在企业所有业务领域和组织层级范围内构建信息安全领导、信息安全监管和信息安全执行的岗位和职责，确保公司的信息安全工作能够有效运转。信息安全管理体系则是从流程和制度上来细化和固化信息安全管理要求，石油石化企业需要按照公安部等颁发的《信息安全等级保护管理办法》对企业在运行和在建系统进行评级，并根据不同等级设置保护策略。同时，可以借鉴国内外相关标准建立和完善信息安全管理流程制度。信息安全技术体系是针对信息安全不同层面的防护需求设置多维的技术防御手段，一般包括物理安全、网络安全、数据安全及备份恢复、访问控制、系统开发安全、终端安全等方面。

第三节　新一代信息技术在石油石化行业中的典型应用

一、数字油田

（一）建设背景

随着社会经济的快速发展以及计算机技术的不断更新，全面到来的数字化时代正在不断地改变着社会的生产方式。尤其对于油田的建设和发展来说，由于社会需求不断扩大，油井投产的数量正在迅速增长，油田开发的整体范围也呈现扩大趋势。在这种情况下，油田的生产、经营与管理的工作量也迅速递增，提高生产与管理的效率则成为当前油田建设中所面临的首要问题。为了更好地将油田建设所投入的人力与物力充分地运用，促进油田建设和开采的现代化操作，就必须充分地运用数字化技术，建设“数字油田”。

（二）建设概况

“数字油田”是在信息化整体架构之上，以井、站、管线等生产基本单元的生产过程监控为主，完成数据的采集、过程监控、动态分析、发现问题、解决问题，以维持正常生产；并与多个应用系统进行数据对接，实现数据的共享。

国内多个油田已经开始或正在进行“数字油田”的建设，包括克拉玛依油田、大庆油田、胜利油田、华北油田等。建设内容主要有：“数字油田”的总体技术框架、地理信息系统（GIS）在油田的应用、多学科地质模型研究、勘探开发业务与信息一体化模式、信息基础设施体系、企业信息门户（Portal）、海量数据存储方案、虚拟现实技术的应用、数据与应用系统的标准体系、企业的数字化概要模型、信息流、业务流、物流、知识管理、协同环境、决策支持等业务模型、人力资源的数字化、“数字油田”的发展战略等。

（三）实现功能

1. 数字油藏

数字油藏是油藏的一种虚拟表示，使得人们可以探测汇集有关油藏的自然和人文信息，并与之互动。数字油藏应用场景具备以下特征：油藏建模及可视化；强调动态性和实时性；共享综合研究成果、井筒数据、油气水生产数据；多学科协同工作，共同决策，达到科学决策、优化采油工艺、提高采收率的目的。

2. 油田的虚拟开采

油田的虚拟开采是根据某一区块地质构造、油藏储量与分布的特点，在实际开采前，运用三维仿真和虚拟现实的手段，对各种开发方案进行可视化的虚拟实现，如井位的布置，工艺流程等，从而可以比较各种开发方案的效果，为实际开发方案的选定提供辅助决策。

3. 油水井可视化动态监测与诊断

油水井的可视化动态监测与诊断是一种在线对油水状况的实时描述，根据油水井的动态监测数据和测试信息，运用三维可视化技术，可以实现对任一油水井在地下的状况进行模拟，并根据智能化的故障诊断手段，实时地对油水井故障情况做出判断，而且能指导工作人员进行维修，从而大大节省工作时间，提高工作效率。

4. 虚拟化油田

虚拟化油田是“数字油田”发展的高级阶段，它可以全面展示油田的人文、地理、地质等真实环境，实现油田全业务流程的模拟与虚拟控制。利用其三维虚拟现实场景，可以在其中进行探查、研究，并实现与真实油田的互动，真正消除人、过程与应用之间的距离。

5. 协同工作环境

协同工作环境是指为油田各业务间能够协同一致、高效完成业务活动而提供的统一软件平台。该平台提供了根据业务流程及业务逻辑组织的相关专业和部门的技术人员、管理人员在跨地域的网络环境上进行协同工作的能力。协同工作环境应具备以下特征：信息透明，决策后移；共享资源，共享知识（特别是专家知识）；协同研究，协同决策；突破专业、部门、地域、系统等方面的限制，达到高效工作、优化流程、科学决策、提高效益的目的。

6. 公司运营模拟

在公司数字模型的基础上，可以由计算机系统模拟公司在不同的经济环境、社会环境中的运行情况，使决策者在决策之前对决策实施后的效果有较为准确的估计。公司数字模型还可以提供准确的业务流程情况，找出问题所在，提出改造建议。此外，它还可以监视公司运行的各项指标，在危险时给出警告。

（四）新一代信息技术的应用

物联网在“数字油田”的核心应用是油井生产远程监控系统，该系统包括油井生产数据远程采集传输系统、油井生产远程分析管理系统、油井生产远程控制系统三个子系统。系统通过传感器、摄像头等设备对油气井生产数据进行采集。通过传输终端把信息发送至生产管理部门，以便其对信息进行分析管理，以掌握油井生产状况，并进行必要的远程控制。油井生产远程监控系统为油田高效开发、降低消耗、安全生产、减轻员工劳动强度、提高工作效率和管理水平提供了可靠的保障。

随着“数字油田”的发展，如何传输和存储大量的数据，以及软件的应用成本不断增大成为两大难题。云计算技术的应用不仅提供了数据存储的解决方案，而且在面对日益增多的软件、技术产品和复杂的IT基础设施时，能够简化操作，使用户能够把自己的时间、工作的重点放在寻找能源和生产上。同时，在目前油气资源紧张的现状下，精准、快速的地质勘测已经成为世界各国石油企业关注的焦点之一，其中高性能计算技术的应用是一个关键决定因素和瓶颈。要想满足石油勘探业对高性能计算的需求，云计算技术成为首选，借助云计算强大的计算和数据处理能力，可以有效地压缩石油勘探从建立模型和分析数据到提出解决方案所需的时间。

二、智慧管道

（一）建设背景

随着新一代信息技术的迅速发展和深入应用，长输管道信息化正向更高阶段的智慧化发展，“智慧管道”应允而生。“智慧管道”是新一轮信息技术变革和知识经济进一步发展的产物，是工业化与信息化深度融合，并向更高阶段迈进的表现。

（二）建设概况

“智慧管道”通过物联网、云计算等新兴信息技术，构建一个高感度的基础环境，并从各种渠道获得精确、相关的信息。这些信息将被分析、置于一定背景之下以及组织，用于实时决策和在恰当时机采取行动。它能够帮助完成管道、社会、企业等各类要素资源的优化配置，实现管道企业内部及时、互动、整合的信息感知、传递和处理，最终达到企业竞争力增强、员工幸福与和谐及可持续发展。

目前，国内管道公司在建油气管道的各类设备（传感器、智能仪表、视频监控等）已十分丰富，但部分油气管道时间较早，设备功能不够完善，目前正在进行投资改造，因而“智慧管道”总体正处于建设阶段。

（三）实现功能

1. 管道运营监测

利用物联网和全球卫星定位系统（GPS）、地理信息系统（GIS）以及CMDA / GPRS通信技术，建立输油管、油罐车信息监控平台，对油罐运输、输油管线进行实时监控，各监控仪表状态参数无线采集，从而实现对资源的集中、高效、统一管理。

2. 油库实时监测

油气的储存条件要求非常严格，需要对油库周围的环境进行实时监控，充分利用无线传感器网，并将采集到的数据传送至监控中心，中心处理分析后加以显示，同时也把处理结果发送给移动监测器。

3. 应急调度管理

应用传感器、无线射频识别、移动通信等技术实现石油行业重大危险源的识别与监测，建设和完善安全监测网络系统，提升油气管道生产安全的监控和应急响应水平。

4. 管道泄露管理

基于物联网的油气管道输送监测，利用无线传感器网络技术，对输油管道的温度、压力参数进行测量，通过物联网通信传输到监控中心，然后对采集的大量数据进行分析，可以用间接方式实现对盗油、管道泄漏和停井情况的检测和监控。

5. 资产跟踪管理

地理位置是物联网中的可测要素，而物联网的一个特长是能够获得长时间连续监测数据，能够把时间和空间联系起来，常用于油气产品及资产跟踪管理，可以帮助企业更好地采集关键业务数据。

6. 物流配送领域

通过将RFID等物联网技术应用在物流等供应链管理方面，可以推动上下游协作厂商共同应用先进物流管理技术，实现对物流环节的全流程管理，提高配送精确化。

（四）新一代信息技术的应用

油气管道行业是较早利用物联网的行业，在物联网概念提出之前，油气管道行业就广泛应用DCS、SCADA、PLC等控制系统，实现信息的感知、传输和处理，目前我国各大石油公司均加强了与地方政府、相关行业以及大专院校的战略合作，开展了物联网应用研究工作。

随着能源产业的高速发展，国内长距离油气输送管道进入了快速发展时期，长输管道建设呈现出大口径、高压力、网络化的趋势，传统的管道建设已很难满足如此复杂化、规模化的管道运营管理的需要，管理水平难以提高。云技术提供了海量数据管理、分布式计算和虚拟化管理等功能，云计算最大的优势在于提高资源的利用率，降低资本支出，降低运营成本，减少过量配置。

同时，三维GIS技术在“智慧管道”中也有深入的应用，如管道统计分析，通过三维GIS，可实现管道建设、管道生产及管道动态的可视化。又如，站库能力数据、库存动态变化、注水情况均可通过在地图上标注符号或以不同颜色来反映运行状况，还可实现油气销售量、流向、收入的可视化，直观反映各产品的销售状况、产品的市场分布、市场覆盖图、市场流向等与地域有关的特征。

第六章 CHAPTER 6

新一代信息技术在冶金矿山行业的应用

第一节 冶金矿山行业信息化现状与发展趋势

一、冶金矿山行业信息化现状

在我国众多的冶金企业中，大部分企业具备良好的信息化基础，并已经开始从集团单一企业应用扩展到全集团信息化整合应用建设。现阶段我国冶金行业的信息化建设主要有以下几个特点：信息化集成度仍不够，大量“信息孤岛”依然存在，信息化管理覆盖面不够，信息化发展水平不平衡，信息化建设对推动企业创新力度不够，信息资源的综合开发利用程度不高。

在矿山领域，国外对数字矿山的研究较早，数字地球的概念由美国首先提出，随后被许多专家学者引用。同时，世界上许多国家结合各自的实际，分别进一步提出了数字矿山的发展规划和建设目标。目前，矿业发达国家建设数字矿山的重点是实现远程遥控和自动化采矿。我国对数字矿山的研究始于20世纪末，主要科研资助机构和相关行业部门相继立项支持了一批数字矿山课题。国内多所高等院校、科研院所、企事业单位相继设立了与数字矿山有关的研究所、研究中心、实验室或工程中心。山东新汶矿业集团泰山能源股份有限公司翟镇煤矿是我国第一座数字矿山，在国内开了数字化矿井技术应用先河。翟镇煤矿数字技术的成功研制，为我国矿山的数字化和信息化管理起到了示范作用。在数字矿山建设中，广泛应用各种先进的信息技术，有效提升了矿山企业的生产效率和管理水平。但是，对于采矿机器人、矿山地理信息系统、三维地学模拟、矿山虚拟现实、矿山定位等方面的技术开发与应用仍处于起步阶段。

二、冶金矿山行业信息化发展趋势

从规模、内容、作用、地位来看，我国冶金企业的信息化已经发展到了需要进一步深化的阶段。这个深化阶段的特征就是信息化与工业化相互融合，相辅相成，相互促进。通过提升冶金企业的信息化水平，进一步提升冶金企业的生产经营水平；通过冶金企业信息化技术的创新，促进冶金工业企业管理水平的创新。促进管理创新，提升企业竞争力的方法很多，信息化是创新提升的基础性、长效性方法。在矿山领域，随着数字矿山应用技术的不断发展和创新，矿山行业的生产和组织方式将会变得越来越“安全、绿色、智能、高效”。冶金矿山行业信息化应用系统的建设将呈现出以下主要趋势。

（一）企业信息化建设趋于理性，走向规范化

在多年的信息化建设过程中，冶金企业的领导慢慢意识到企业信息化要与企业的改革与发展相结合。在提高企业管理水平的基础上，规划信息系统的建设。目前，一些信息化程度较好的冶金企业在信息化的过程中已经意识到了管理理念的重要性，并以企业信息化为契机大力改革企业机制，为信息化铺平道路。

（二）企业信息化建设的重点向企业间协同、智能化方向发展

目前，对于信息化基础比较完善的企业，信息化建设逐渐向企业间协同的方向发展。由于市场竞争环境的变化，企业越来越强调相互之间的协同，因此，企业越来越强调信息系统与价值链和企业内其他系统的集成能力。

（三）信息资源一体化趋势明显

经过十几年的信息化建设，我国的冶金企业信息化建设正在朝一个新的高度迈进。一个显著的特征就是冶金企业对企业信息化的内涵与意义有了一个新的认识，明显感觉到信息资源一体化的趋势日益加强。

（四）数字矿山核心应用系统要支持更透彻感知的实现

通过运用各种感知技术，能够更加全面、准确、实时地感知人、物和环境的信息。例如，在数据采集方面，将会从手工录入向自动采集，并且实现一次录入，全员共享方向发展；在装备方面，将会更加可靠、更加智能，故障修复将会从人工经验诊断、人工修复向系统自我诊断、系统自愈方向发展。

（五）数字矿山核心应用系统要支持更全面的互联互通

运用网络、通信、交互、集成等技术，实现人与人、人与物、物与物间的信息交互，以及系统间的横向集成和纵向互通。例如，在通信与网络技术方面，将会从有限的互联互通向泛在的互联互通方向发展，带宽将会越来越宽，网络将会越来越稳定、可靠；在系统人机界面方面，将会从二维平面向三维立体方向转变，并且支持多种终端界面，例如，PDA、iPad、手机等；在信息系统方面，将会从烟囱式、孤岛式信息系统向集成统一平台方向发展，支持开发的

协议，支持SOA架构。

（六）数字矿山核心应用系统要支持更深入的智能化

运用数据挖掘、知识发现、专家系统等人工智能技术，实现生产调度指挥、资源预测、安全警示、突发事件处理等决策支持功能，实现矿山的智能化。例如，在控制技术方面，将会从手动干预、有人值守向自动控制、无人值守方向发展，从局部的、有限的控制向全局的、泛在的控制方向发展；在安全管理方面，将会由被动的、事后响应式管理向主动的、事先预警、预控方向发展；在决策支持方面，将会从经验决策向智能化决策方向发展。

第二节　基于新一代信息技术的冶金矿山行业信息化架构

一、总体架构

基于新一代信息技术的冶金矿山信息化总体架构分为三个层次：感知层、网络层和应用层。感知层主要是基于物联网技术的应用，网络层主要是基于云计算技术的应用，应用层主要是涵盖冶金矿山行业勘探、开采、冶炼、加工等整个产业链的信息系统应用（见图6-1）。

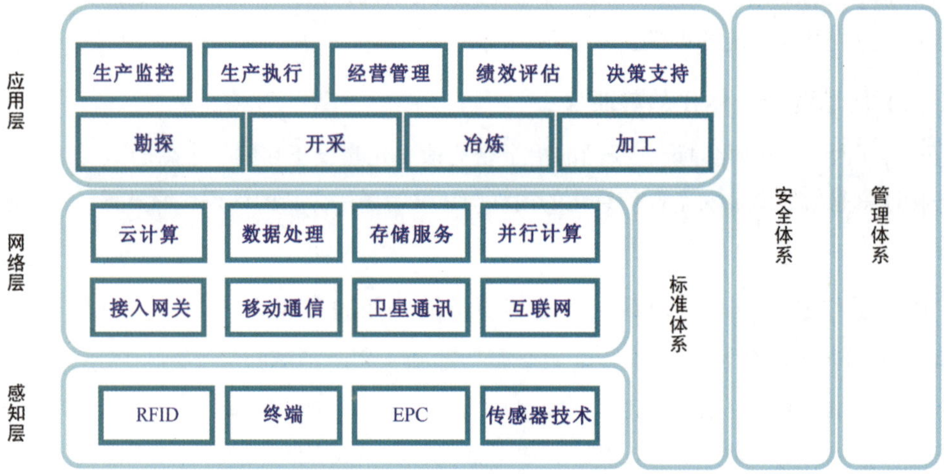
应用层
生产监控
生产执行
经营管理
绩效评估
决策支持
勘探
开采
冶炼
加工
网络层
云计算
数据处理
存储服务
并行计算
接入网关
移动通信
卫星通讯
互联网
感知层
RFID
终端
EPC
传感器技术
标准体系
安全体系
管理体系

图6-1　基于新一代信息技术的冶金矿山总体架构

资料来源：赛迪设计，2013-07.

二、应用层

基于新一代信息技术的冶金矿山行业信息化架构中应用层是涵盖勘探、采选、冶炼、加工等整个产业链的信息系统，主要用来支撑企业的生产、经营和管控，这些系统包括生产综合监控系统、生产执行系统、经营管理系统和决策支持系统（见图6-2）。

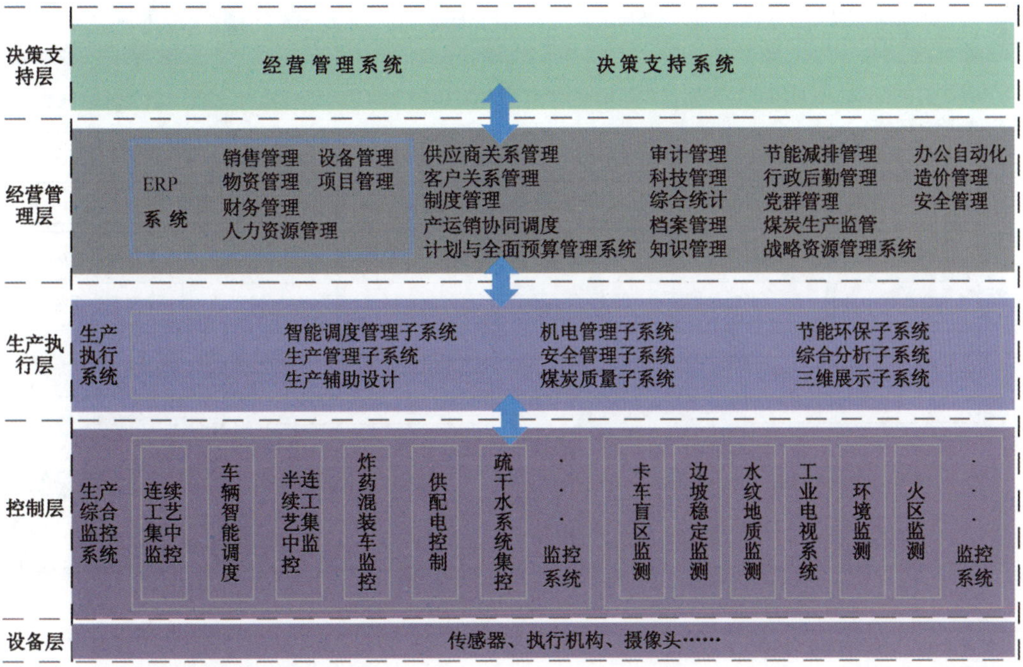
决策支持层
经营管理系统
决策支持系统
经营管理层
ERP
系统
销售管理
设备管理
物资管理
项目管理
财务管理
人力资源管理
供应商关系管理
客户关系管理
制度管理
产运销协同调度
计划与全面预算管理系统
审计管理
科技管理
综合统计
档案管理
知识管理
节能减排管理
行政后勤管理
党群管理
煤炭生产监管
战略资源管理系统
办公自动化
造价管理
安全管理
生产执行层
生产执行系统
智能调度管理子系统
生产管理子系统
生产辅助设计
机电管理子系统
安全管理子系统
煤炭质量子系统
节能环保子系统
综合分析子系统
三维展示子系统
控制层
生产综合监控系统
连续工艺集中监控
车辆智能调度
半连续工艺集中监控
炸药混装车监控
供配电控制
疏干水系统集控
监控系统
卡车盲区监测
边坡稳定监测
水纹地质监测
工业电视系统
环境监测
火区监测
监控系统
设备层
传感器、执行机构、摄像头……

图6-2　应用层架构

资料来源：赛迪设计，2013-07.

（一）生产综合监控系统

生产综合监控系统的内容包括剥离、采装、运输、生产等主要生产流程，也包括供电、供水、排水等辅助生产流程，还包括其他的安全保障系统。生产综合监控系统框架如图6-3所示。

（二）生产执行系统

生产执行系统包括从生产计划制定、生产计划执行到生产计划执行跟踪全过程的闭环管理，包含了三维展示、生产管理、生产智能调度管理、生产辅助设计、机电管理、安全管理、煤质管理、节能环保管理及综合分析管理。生产执行系统框架如图6-4所示。

（三）经营管理系统

经营管理系统建设主要包括计划与全面预算管理、ERP系统（涵盖财务管理、人力资源管理、销售管理、物资管理、生产计划管理、设备管理和项目管理等业务）、供应商关系管理系统（SRM）、制度管理系统、本质安全管理系统、办公自动化系统（OA）、审计管理系统、科技管理系统、节能减排管理系统、综合统计系统、档案管理系统、知识管理系统、行政后勤管理系统、党群管理系统、煤炭安全监管系统等。

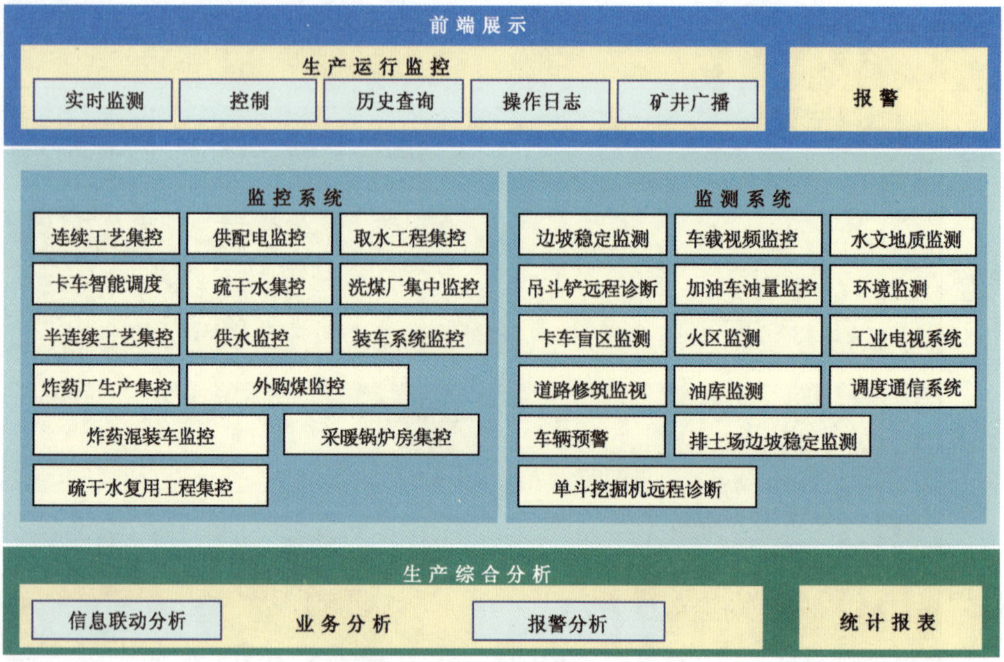
前端展示
生产运行监控
实时监测
控制
历史查询
操作日志
矿井广播
报警
监控系统
连续工艺集控
供配电监控
取水工程集控
卡车智能调度
疏干水集控
洗煤厂集中监控
半连续工艺集控
供水监控
装车系统监控
炸药厂生产集控
外购煤监控
炸药混装车监控
采暖锅炉房集控
疏干水复用工程集控
监测系统
边坡稳定监测
车载视频监控
水文地质监测
吊斗铲远程诊断
加油车油量监控
环境监测
卡车盲区监测
火区监测
工业电视系统
道路修筑监视
油库监测
调度通信系统
车辆预警
排土场边坡稳定监测
单斗挖掘机远程诊断
生产综合分析
信息联动分析
业务分析
报警分析
统计报表

图6-3 生产综合监控系统框架图

资料来源：赛迪设计，2013-07.

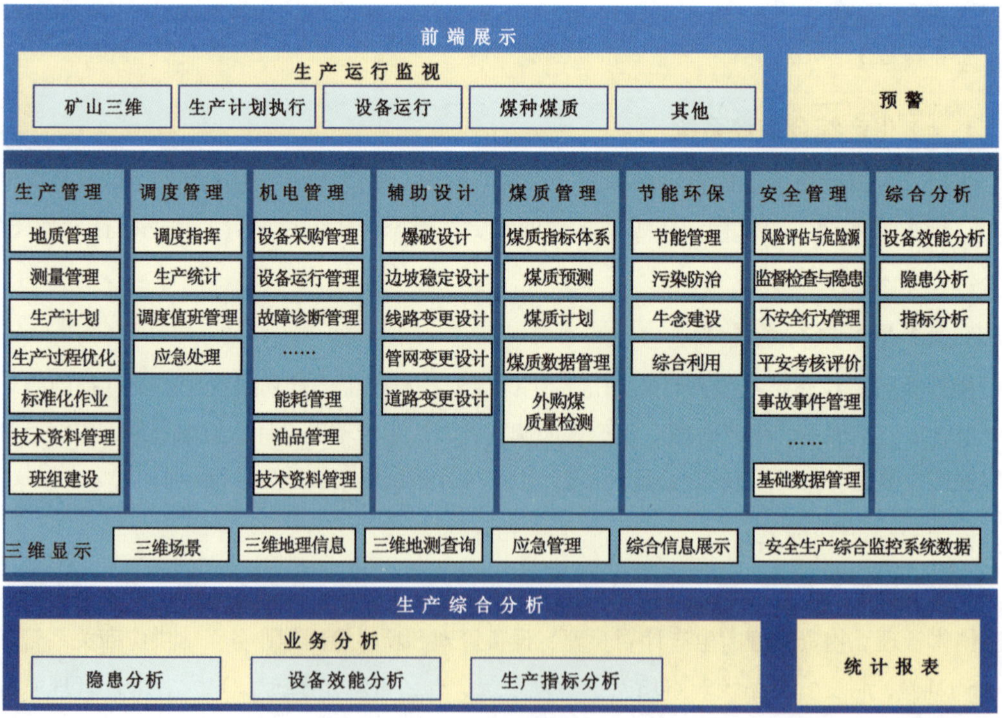
前端展示
生产运行监视
矿山三维
生产计划执行
设备运行
煤种煤质
其他
预警
生产管理
地质管理
测量管理
生产计划
生产过程优化
标准化作业
技术资料管理
班组建设
调度管理
调度指挥
生产统计
调度值班管理
应急处理
机电管理
设备采购管理
设备运行管理
故障诊断管理
……
能耗管理
油品管理
技术资料管理
辅助设计
爆破设计
边坡稳定设计
线路变更设计
管网变更设计
道路变更设计
煤质管理
煤质指标体系
煤质预测
煤质计划
煤质数据管理
外购煤质量检测
节能环保
节能管理
污染防治
牛念建设
综合利用
安全管理
风险评估与危险源
监督检查与隐患
不安全行为管理
平安考核评价
事故事件管理
……
基础数据管理
综合分析
设备效能分析
隐患分析
指标分析
三维显示
三维场景
三维地理信息
三维地测查询
应急管理
综合信息展示
安全生产综合监控系统数据
生产综合分析
业务分析
隐患分析
设备效能分析
生产指标分析
统计报表

图6-4 生产执行系统框架图

资料来源：赛迪设计，2013-07.

（四）决策支持系统

决策支持系统是基于数据仓库/商业智能技术对信息进行收集、整合、分析和展现，为高层及管理人员提供及时、准确的分析报表和数据，以提升企业整体生产经营决策水平，增强企业的核心竞争能力。

三、网络层

在基于新一代信息技术的冶金矿山行业信息化架构中，网络层起到传输、存储和计算的作用。网络层主要包括接入网关、互联网、通信网络、云计算、存储服务、数据仓库等。网络层架构如图6-5所示。

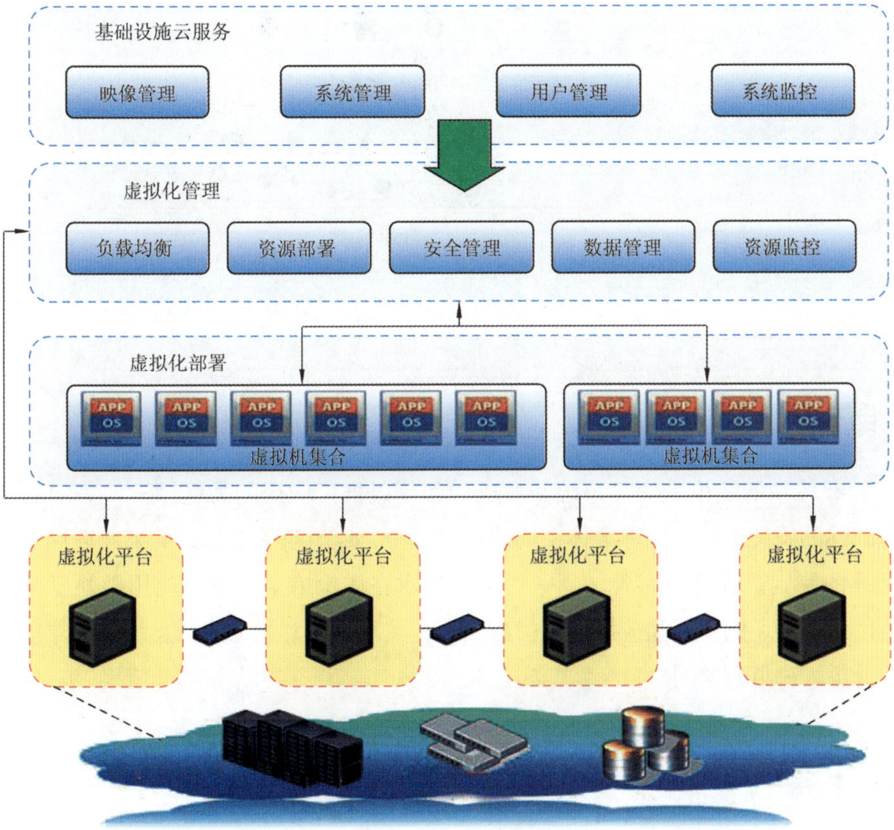
基础设施云服务
映像管理
系统管理
用户管理
系统监控
虚拟化管理
负载均衡
资源部署
安全管理
数据管理
资源监控
虚拟化部署
APP
OS
虚拟机集合
虚拟机集合
虚拟化平台
虚拟化平台
虚拟化平台
虚拟化平台

图6-5　网络层架构

资料来源：赛迪设计，2013-07.

四、感知层

在基于新一代信息技术的冶金矿山行业信息化架构中，感知层起到信息采集和信号处理的作用。感知层主要包括各种类型的传感器、控制器、读卡器等设备以及M2M网关、M2M模块等信息处理系统组成，如Sensor、摄像头、读卡器、路由节点和Sink节点等。感知层架构如图6-6所示。

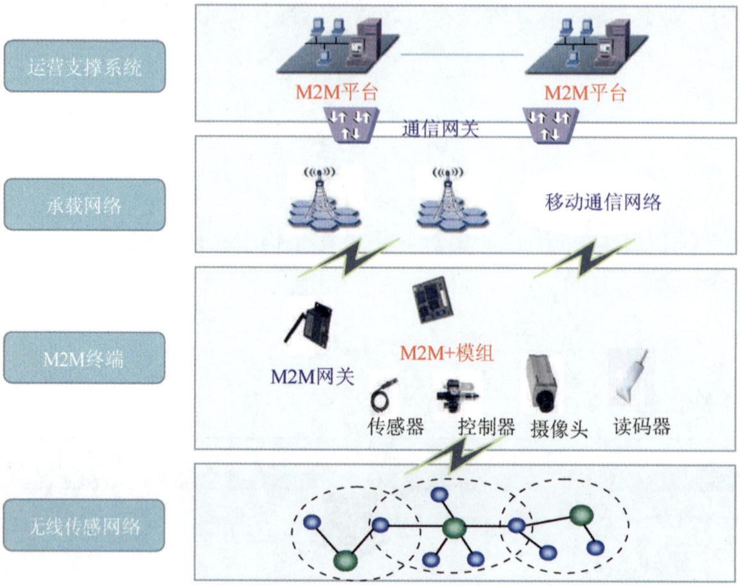
运营支撑系统
M2M平台
M2M平台
通信网关
承载网络
移动通信网络
M2M终端
M2M网关
M2M+模组
传感器
控制器
摄像头
读码器
无线传感网络

图6-6 感知层架构

资料来源：赛迪设计，2013-07.

五、标准体系

信息标准体系的建设是信息系统开发成功和得以推广应用的关键因素，是信息化建设中的一项基础性的系统工程。在标准体系的建设过程中，应着重关注云计算、物联网等新一代信息技术标准的制定、采集和完善。新一代信息技术在矿山冶金行业的应用必须遵循一定的标准，才能使感知层、网络层和应用层的信息交互，实现本质意义上的信息统一；才能有效利用数据进行分析、决策和使用。

六、安全体系

信息安全体系由信息安全组织体系、管理体系和技术体系构成。信息安全组织体系明确信息安全领导、信息安全监管和信息安全执行的岗位和职责，确保公司的信息安全工作能够有效运转。信息安全管理体系从流程和制度上来细化和固化信息安全管理要求，冶金企业和矿山企业需要按照公安部等颁发的《信息安全等级保护管理办法》对企业在运行和在建系统进行评级，并根据不同等级设置保护策略。信息安全技术体系是针对信息安全不同层面的防护需求设置多维的技术防御手段，包括物理安全、网络安全、数据安全及备份恢复等方面。

七、运维体系

运维管理体系是以ITIL运维架构为指导，以保障和维护信息系统安全稳定运行为基础，以提升用户服务质量为根本，以建成上下贯通、左右协同、资源共享的一体化运维管理体系为核心，实现 IT 运维管理的自动化、可视化、规范化、高效化、一体化和智能化。运维体系架构如图6-7所示。

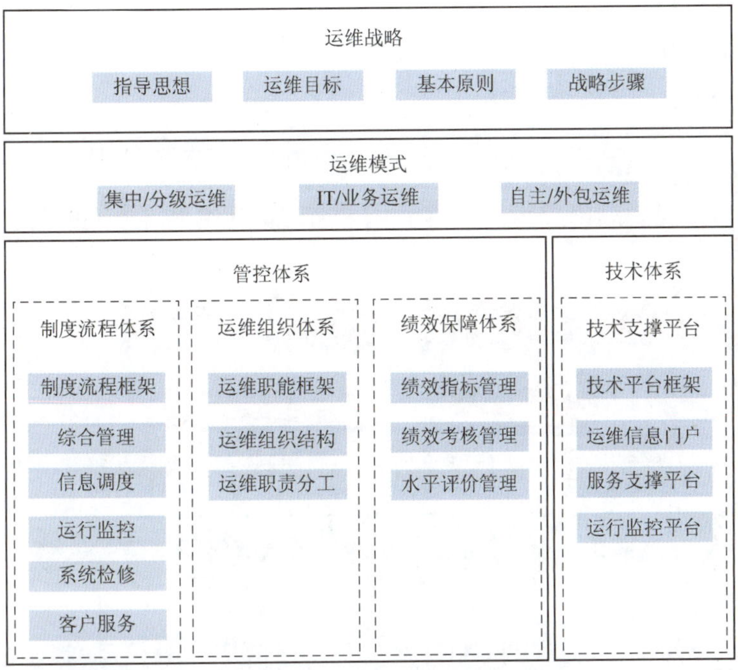
运维战略
指导思想
运维目标
基本原则
战略步骤
运维模式
集中/分级运维
IT/业务运维
自主/外包运维
管控体系
制度流程体系
制度流程框架
综合管理
信息调度
运行监控
系统检修
客户服务
运维组织体系
运维职能框架
运维组织结构
运维职责分工
绩效保障体系
绩效指标管理
绩效考核管理
水平评价管理
技术体系
技术支撑平台
技术平台框架
运维信息门户
服务支撑平台
运行监控平台

图6-7　运维体系架构

资料来源：赛迪设计，2013-07.

第三节　新一代信息技术在冶金矿山行业中的典型应用

一、智慧冶金企业

（一）建设背景

新一代信息技术在冶金行业的应用，推进了冶金企业的研发和设计协同化、生产设备数字化、生产过程智能化和企业管理信息化，加强了集散控制、现场总线控制、柔性制造、敏捷制造和网络化制造等技术的应用，强化了生产过程的在线监测、预警和控制，实现了冶金企业的节能环保、精准管理、安全生产和高效运营。

（二）建设现状

新一代信息技术的出现以及在冶金企业的应用大大提高了企业的智慧化水平，主要体现在智慧制造、智慧运营和智慧决策等方面。目前，我国冶金企业在智慧企业建设方面还处于起步阶段，部分地应用了物联网和云计算等新一代信息技术，还没能完全实现企业运营生产和新一代信息技术的高度融合和深度应用。

（三）功能架构

智慧冶金企业的架构由智慧感知层、智慧互联层、智慧处理层、智慧服务层和智慧应用层构成（见图6-8）。

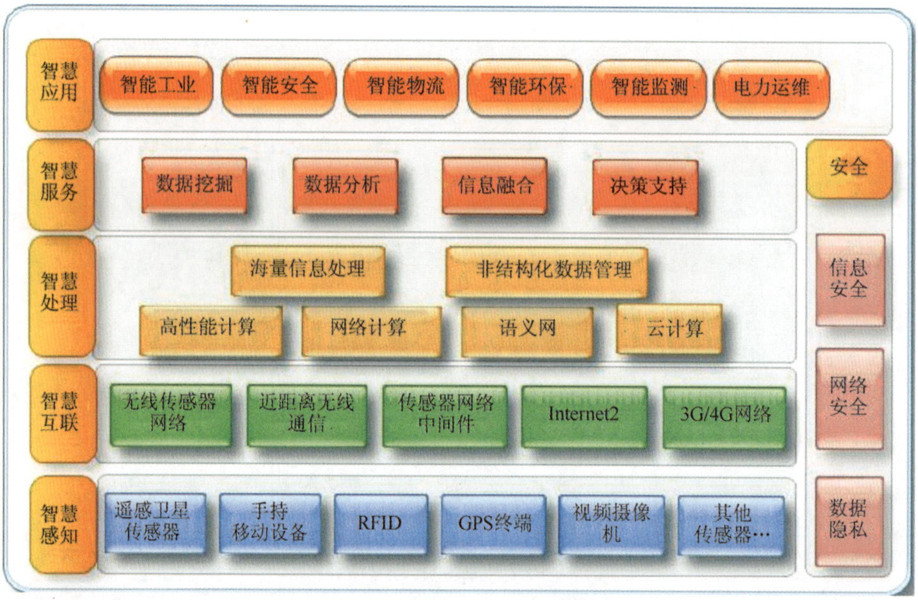
智慧应用
智能工业
智能安全
智能物流
智能环保
智能监测
电力运维
智慧服务
数据挖掘
数据分析
信息融合
决策支持
安全
智慧处理
海量信息处理
非结构化数据管理
高性能计算
网络计算
语义网
云计算
信息安全
智慧互联
无线传感器网络
近距离无线通信
传感器网络中间件
Internet2
3G/4G网络
网络安全
智慧感知
遥感卫星传感器
手持移动设备
RFID
GPS终端
视频摄像机
其他传感器…
数据隐私

图6-8 智慧冶金企业架构图

资料来源：赛迪设计，2013-07.

1. 智慧感知层

智慧感知层主要是利用物联网技术，通过传感器、RFID、GPS、移动设备等实现对数据的智能采集。

2. 智慧互联层

智慧互联层主要是利用互联网、无线网络、3G/4G技术及三网融合等技术实现数据之间的高效互联互通。

3. 智慧处理层

智慧处理层主要是利用云计算技术，通过高性能计算、网格计算、海量信息处理等技术实现对数据的高效处理和分析。

4. 智慧服务层

智慧服务层主要是利用数据挖掘、数据分析、信息融合以及决策分析等技术实现对数据的智能分析，从而为应用层提供基础。

5. 智慧应用层

智慧应用层主要包括智能工业应用、智能安全应用、智能物流应用、智能环保应用、能源管控应用以及电力运维等方面的应用，通过新一代信息技术的应用实现了数据资源的智能集成和深度应用，也实现了冶金企业的智能决策。

（四）新一代信息技术的应用

新一代信息技术在智慧企业的应用的重点领域包括智能工业应用、智能安全应用、智能物流应用、智能环保应用、能源管控应用以及电力运维等方面。下面将重点介绍新一代信息技术在智能称重和设备智能检点及维护中的应用。

1. 智能称重在智慧企业的应用

智能称重应用架构如图6-9所示。

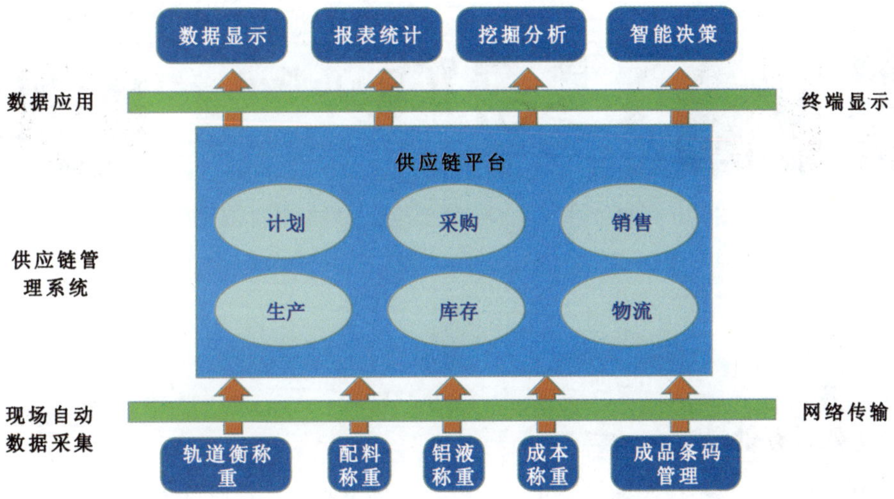
数据显示
报表统计
挖掘分析
智能决策
数据应用
终端显示
供应链平台
计划
采购
销售
供应链管理系统
生产
库存
物流
现场自动数据采集
网络传输
轨道衡称重
配料称重
铝液称重
成本称重
成品条码管理

图6-9 智能称重应用架构

资料来源：赛迪设计，2013-07.

在冶金企业利用物联网技术对称重现场数据进行自动采集，实现冶金企业的智能称重。系统将自动采集的数据传输到供应链系统，进而实现数据的统计应用，避免人为输入出现的问题，从而达到企业数据实时性、真实性和统一性，为企业的智慧采购、智慧生产、智慧销售和智慧决策起到重要作用。

2. 物联网技术在设备智能检点及维护中的应用

物联网技术在设备智能检点及维护中的应用架构如图6-10所示。

冶金企业的重要设备不仅本身价值很高，且其维护费用占据了企业备件和检修费用的很大部分，对企业重要设备实施智能点检，利用物联网技术通过无线或有线的方式实现设备状态的自动监测、自动报警及智能辅助诊断，可以最有效地实现设备状态受控，在人员分流和费用减少的情况下保证设备的高效运行。

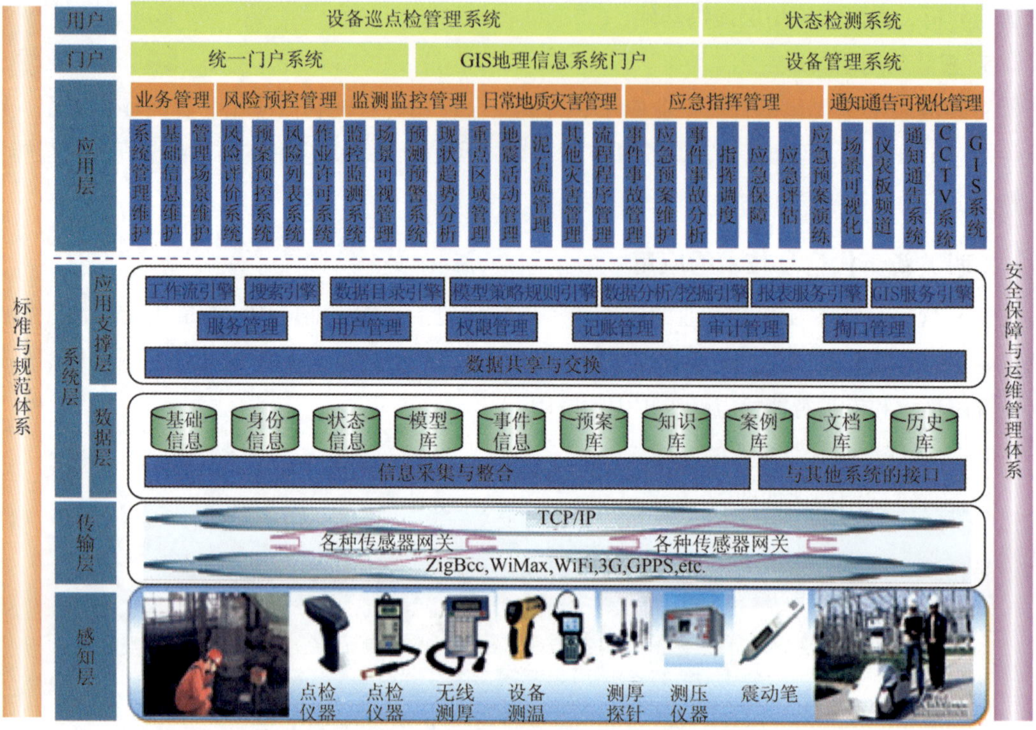

标准与规范体系
用户
设备巡点检管理系统
状态检测系统
门户
统一门户系统
GIS地理信息系统门户
设备管理系统
应用层
业务管理
风险预控管理
监测监控管理
日常地质灾害管理
应急指挥管理
通知通告可视化管理
系统管理维护
基础信息维护
管理场景维护
风险评价系统
预案预控系统
风险列表系统
作业许可系统
监控监测系统
场景可视管理
预测预警系统
现状趋势分析
重点区域管理
地震活动管理
泥石流管理
其他灾害管理
流程程序管理
事件事故管理
应急预案维护
事件事故分析
指挥调度
应急保障
应急评估
应急预案演练
场景可视化
仪表板频道
通知通告系统
CCTV系统
GIS系统
系统层
应用支撑层
工作流引擎
搜索引擎
数据目录引擎
模型策略规则引擎
数据分析/挖掘引擎
报表服务引擎
GIS服务引擎
服务管理
用户管理
权限管理
记账管理
审计管理
接口管理
数据共享与交换
数据层
基础信息
身份信息
状态信息
模型库
事件信息
预案库
知识库
案例库
文档库
历史库
信息采集与整合
与其他系统的接口
传输层
TCP/IP
各种传感器网关
各种传感器网关
ZigBcc,WiMax,WiFi,3G,GPPS,etc.
感知层
点检仪器
点检仪器
无线测厚
设备测温
测厚探针
测压仪器
震动笔
安全保障与运维管理体系

图6-10 物联网技术在设备智能检点及维护中的应用架构

资料来源：赛迪设计，2013-07.

二、智慧矿山

（一）建设背景

作为新一代信息技术应用的一个重要领域，“智慧矿山”是通过各种感知、信息传输与处理技术，实现对真实矿山整体及相关现象的可视化、数字化及智慧化。其总体目标是：将矿山地理、地质、矿山建设、矿山生产、安全管理、产品加工与运销、矿山生态等综合信息全面数字化，将感知技术、传输技术、信息处理、智能计算、现代控制技术、现代信息管理等与现代采矿及矿物加工技术紧密结合，构成矿山中人与人、人与物、物与物相连的网络，动态、详尽地描述并控制矿山安全生产与运营的全过程。以高效、安全、绿色开采为目标，保证矿山经济的可持续增长，保证矿山自然环境的生态稳定。

（二）建设现状

智慧矿山大体上经历了初级阶段、衍生阶段和智能遥控阶段。

初级阶段主要是构建基础设施和相应的信息化系统，实现矿山生产、运营等数据的共享和深度应用。衍生阶段主要是虚拟矿山，是通过虚拟空间技术和井下大量的传感监控设备，将真实矿山的整体以及和它相关的现象整合起来，以数字的形式表现出来，从而了解整个矿山动态的运作和发展情况。智能遥控阶段，就是矿山地面和井下的、人类从事矿产资源开采的各种动态、静态的信息都能够数字化，而且用计算机网络来管理，同时利用空间技术、自动定位和导航技术实现远程遥控和自动化采矿（见图6-11）。

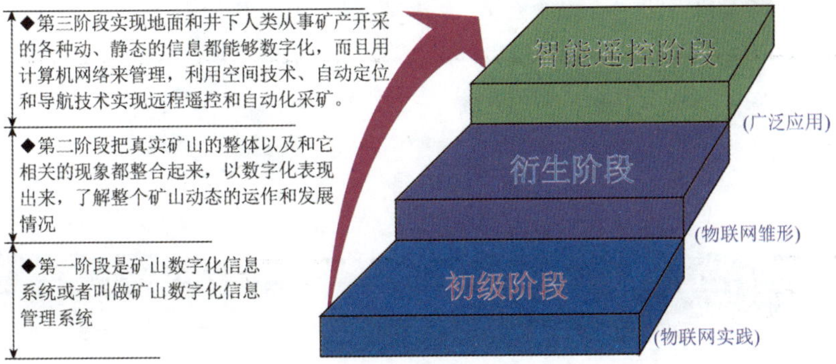
◆第三阶段实现地面和井下人类从事矿产开采的各种动、静态的信息都能够数字化，而且用计算机网络来管理，利用空间技术、自动定位和导航技术实现远程遥控和自动化采矿。
◆第二阶段把真实矿山的整体以及和它相关的现象都整合起来，以数字化表现出来，了解整个矿山动态的运作和发展情况
◆第一阶段是矿山数字化信息系统或者叫做矿山数字化信息管理系统
智能遥控阶段
(广泛应用)
衍生阶段
(物联网雏形)
初级阶段
(物联网实践)

图6-11 智慧矿山发展阶段

资料来源：赛迪设计，2013-07.

目前我国智慧矿山的建设还处于智慧化阶段的初级阶段。智慧矿山的建设还处在矿山勘察、规划设计、生产监控调度、安全生产监测以及矿山综合管理等各个系统的建设阶段，还不能完全实现各种信息的全面共享和深度应用。

（三）功能架构

智慧矿山的架构由三层组成，包括感知与控制层、信息集成与MES层和管理决策与应用层（见图6-12）。

1. 感知与控制层

感知与控制层主要实现矿山生产与安全过程中各种传感与控制信息的采集与施用。本层由两层网络组成：骨干传输网和感知层网络。

（1）骨干传输网功能与要求：网干传输网为网络化的煤矿监测与控制系统、语音信号及视频信号传输与管理提供了信息高速公路。在此网络上建立了一个基于统一网络的多子系统监控系统、语音通信系统和多路工业电视监控系统，在调度指挥控制中心监控煤矿井上、下安全生产全过程，并通过网络将其传输到煤矿各科室和局调度中心。

（2）感知层网络的功能与要求：主要是无线网络。矿山地理、地质、矿山建设、矿山生产与安全管理、产品加工与运销、矿山生态等综合信息均需要移动的感知。与综合自动化系统相比，感知矿山物联网在感知层更多的是分布式感知与控制，而综合自动化系统更多的是如何将子系统接入骨干传输网。

2. 信息集成与MES层

信息集成与MES层由两大部分组成，一是信息集成网络系统，包括调度指挥控制中心以太网，互为冗余的I/O服务器组和数据服务器集群。服务器集群通过1000Mbps工业以太网骨干传

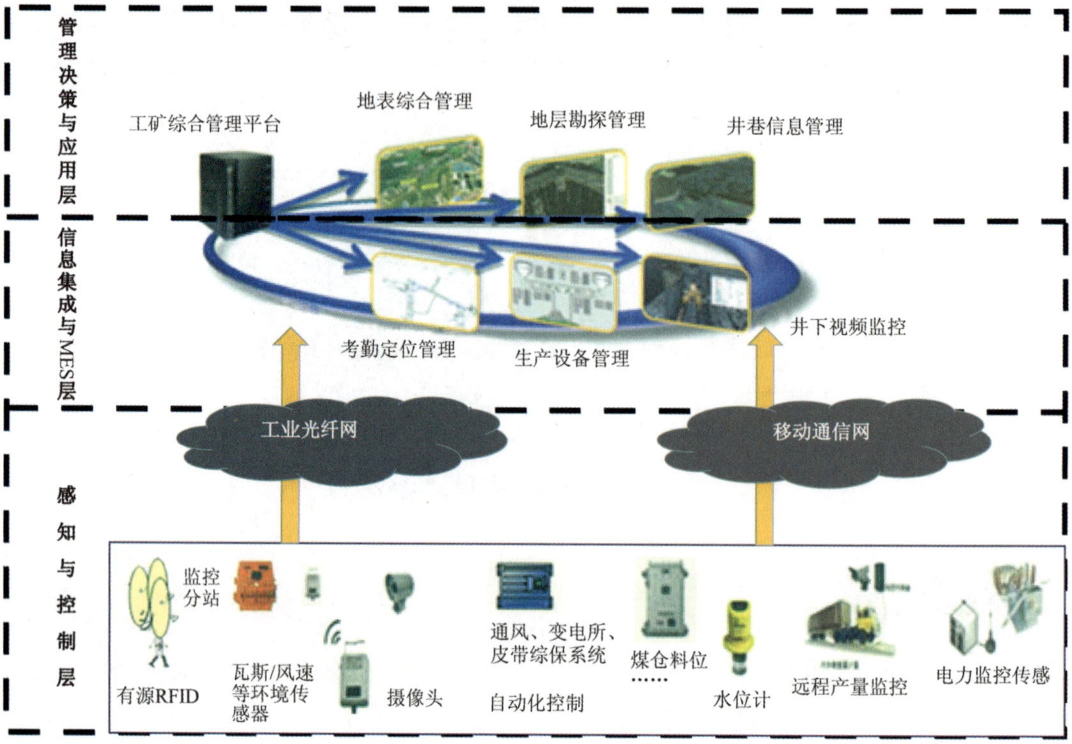
管理决策与应用层
工矿综合管理平台
地表综合管理
地层勘探管理
井巷信息管理
信息集成与MES层
考勤定位管理
生产设备管理
井下视频监控
工业光纤网
移动通信网
感知与控制层
有源RFID
监控分站
瓦斯/风速等环境传感器
摄像头
通风、变电所、皮带综保系统
自动化控制
煤仓料位
……
水位计
远程产量监控
电力监控传感

图6-12　智慧矿山架构图

资料来源：赛迪设计，2013-07.

输，采集全矿生产、安全等全部信息，将信息集成到控制中心，进行各种智能信息处理，如信息融合、信息挖掘等。

另一部分是在信息集成基础上的MES（Manufacturing Execution System），包括在调度指挥控制中心以太网上，设计多台操作员站，操作员站完成对子系统的监控，如综采工作面监控子系统、主运输集控子系统、地面供电监控子系统、井下供电监控子系统、主通风机在线监控子系统、安全监控子系统等各种子系统的监控。

3. 管理决策与应用层

管理决策与应用层主要是各种软件应用模块。矿山及相关现象的信息在中间层得到提升后，目的是利用这些信息动态、详尽地描述与控制矿山安全生产与运营的全过程，保证矿山经济的可持续增长，保证矿山自然环境的生态稳定。管理决策层的各种软件应用模块就是这种目的的具体体现。通过企业Intranet网络，矿山各个职能部门可实现更高层次的应用。例如，矿山安全生产评价与监管、矿山灾害预警与防治、矿山供应链管理、大型设备故障诊断、矿山资源环境控制及评价等。

（四）新一代信息技术的应用

随着信息技术的快速发展，用信息技术武装矿山企业是大势所趋，同时，信息技术也是提高矿山企业科学管理的有力手段。下面将重点介绍以云计算、物联网等新一代信息技术在智慧矿山中的应用。

1. 云计算技术在智慧矿山中的应用

基于互联网技术，通过互联网上异构、自治的服务为矿山提供按需即取的服务，使每个矿山都能够以按需、易扩展的方式获得所需服务。云计算技术在智慧矿山建设中应用包括以下几个方面。

（1）IaaS：为智慧矿山提供IT基础设施服务，通过网络为区域用户提供IT基础设施服务。包括计算存储和网络资源出租、灾备、负载均衡、网络加速、综合信息等服务。

（2）PaaS：智慧矿山在线开发服务平台，通过网络为区域用户提供可定制、可开发的平台服务。例如，应用开发环境、数据库服务等。

（3）SaaS：为智慧矿山提供软件应用服务，通过网络向最终区域用户提供软件应用服务，为用户提供一站式服务。

2. 物联网技术在智慧矿山中的应用

物联网技术在智慧矿山中的应用包括矿山中物与物、物与人、所有物品与网络的连接，以实现识别、管理和控制。其中智能安全应用实现包括矿井作业面人员考勤及定位，高危作业安全自动监控，工程基建现场安全质量远程监控，重大基础设施安全防护，重点企业门禁系统；智能物流应用实现包括产成品仓储物流智能管理，运输车辆智能调度与监控；智能环保应用实现包括企业排污智能化远程监测监控，烟尘黑度分析及智能预警。

第七章 CHAPTER 7

新一代信息技术在电子商务行业的应用

第一节 电子商务行业信息化现状与发展趋势

一、电子商务行业信息化现状

“十一五”期间，中国行业电子商务平台数量和质量都有大幅度提高。传统行业参与电子商务的热情不断提高，一些重工业、制造业网上采购比例不断增加，网上金融业务不断扩张。中国电子商务在大型工业、金融、商贸、旅游等几个领域应用取得重大发展，以纺织服装、数码家电、钢铁机械领衔的商贸流通业成为“十二五”期间中国电子商务应用的重点，建材、化工等行业电子商务应用提速发展，电子商务也成为金融企业增强自身竞争力的有效手段。此外，在线旅游和在线教育成为中国电子商务应用的新的热点，作为电子商务的重要支撑体系，物流行业的信息化水平也将随电子商务水平的提高而快速提升。

总体而言，中国现阶段信息化技术在电子商务行业的应用主要包括以下三个方面。

（1）电子商务应用服务平台信息化。电子商务应用服务平台信息化是整个产业链的核心，其实施手段主要是通过综合运用信息技术，以提高贸易伙伴间商业运作效率为目标，将商品交易全过程中的数据和资料用电子方式实现，在商业的整个运作过程中实现交易无纸化、直接化。通过此类应用可以使贸易环节中各个商家和厂家更紧密地联系，更快地满足需求。

（2）电子商务支撑体系信息化。电子商务支撑体系信息化主要包括物流信息化和支付信息化。物流信息化是指电子商务应用物流信息的商品化、物流信息收集的数据库化和代码化、物流信息处理的电子化和计算机化、物流信息传递的标准化和实时化、物流信息存储的数字化等；支付信息化通过电子支付的方式实现，主要是指使用基于通信网络的电子设备，直接或通过支付服务机构间接向银行业金融机构发出交易指令，进行资金转移，实现货币支付目的的行为，主要包括网上支付、电话支付、移动支付以及其他电子终端支付（POS机等）。

（3）电子商务企业信息化。企业电子商务活动的信息化建设包括从销售、市场到商业信息管理的全过程，整个过程需要企业生产、销售、管理等各个环节信息资源共享，整合企业信息系统与各个商用服务资源的应用，实现企业各个系统的一体融合。

在电子商务信息化建设取得成效的同时，当前的应用也还存在着一定的问题，主要体现在以下三个方面。

（1）电子商务应用信息维度较少。电子商务作为服务业的一种，其特有优势在于将传统线下交易的各个环节通过各类信息化手段移至线上，从而提高商务活动的效率和安全性。但从目前电子商务相关领域的发展状况看，主要的信息流仍然是以商品的简单属性、价格、物流传递点信息为主，动态信息，特别是物流的实时动态信息、移动终端的资金流信息从技术端到应用实现端的普及和成熟度都不够，线上与线下之间信息脱节的现象仍然存在。

（2）电子商务企业信息化进程相对滞后。当前国内大多数电子商务企业对于自身业务的信息化应用的特点认知度不够，积极性不足，企业内部对于电子商务业务的支撑从信息系统的部署到业务流程的自动化成熟看，与行业龙头企业相比均存在很大差距，而企业信息化普及率相对低下限制了国内电子商务的发展水平，在商品信息、供应链体系优化甚至发票打印等环节都制约了企业电子商务前端工作的快速、高效开展。

（3）基础信息和公共服务平台发展缓慢。目前，我国物流基础信息和公共服务平台的建设与应用尚不尽如人意。据调查，GPS、GIS技术服务在大型企业的应用比例和在大型物流企业的应用比例都在25%以下，在中小企业基本上是空白，基础研究技术服务应用比例过少，整个行业的整合就相对困难。

二、电子商务行业信息化发展趋势

（一）新一代信息技术应用加强

三网融合、新型平板显示、高性能集成电路、以云计算为代表的高端软件等新一代信息技术的日益成熟，带来了电子商务行业信息化水平的提升。近几年，随着移动互联网、物联网、云计算、移动近程通信技术（包括NFC、RFID等）的应用，手机上网用户规模的增加，以及各大电商企业的积极推动，中国用户的移动购物习惯正逐步养成，移动电子商务正逐步成为电子商务生态系统中的重要环节。未来几年，电子商务领域中以移动互联网为基础的移动电子商务将进入实操性阶段，以物联网为基础的产品信息管理应用将逐步普及，与GIS、GPS等物流信息与管理技术深度融合的信息技术将呈现井喷式增长。

（二）政府扶持力度加强

2011年以来，中国电子商务相关政策法规进一步完善，大型制造业电子商务应用已经成为国家发展电子商务的重要目标之一。同时相关主管部门也要求积极推进新技术、新成果、新模式的应用转化，推动建立电子商务云计算公共服务平台，解决电子商务服务平台企业的计算能力、存储空间和带宽资源等瓶颈问题。建设电子商务与物联网商务整合应用示范平台，推进物联网技术与电子商务模式的融合创新。加快吸收和集成应用新兴移动通信技术、远程控制、无线网络等新型数字技术，发展各类“数字商业”。支持商业企业信息化改造，推广应用企业资源计划、供应链管理、客户关系管理、无线射频识别技术、自动化采购、自动化仓库等先进的信息管理技术。加快支持一些有条件的地区和企业发展数据产业、导航定位系统和商品服务追溯系统等电子商务创新应用。一系列政策法规的颁布为中国电子商务发展明确了方向和任务，并健全了市场环境，充分展现出中国对电子商务发展的支持力度。

（三）信用体系信息化建设将成关键抓手

在政府的扶持与鼓励下，电子商务信用体系建设将日益完善。工商、海关、质检等机构将加快制定电子商务信用规范，指导建立电子商务纠纷投诉与调解机构，加强消费监督；未来3～5年内中国将建立覆盖电子商务经营主体的全国信用信息数据库，加快电子商务信用信息与其他领域信用信息共享；政府将支持和鼓励符合条件的第三方机构按照独立、公正、客观的原则，对电子商务交易平台和经营主体开展信用评价与认证服务；支持开展行业自律。电子签名、电子发票在电子商务中的应用范围将不断加大。

第二节　基于新一代信息技术的电子商务行业信息化架构

一、总体架构

基于新一代信息技术的电子商务行业信息化总体架构主要由五个部分组成：基础设施层、信息集成层、技术服务层、应用层和终端层（见图7-1）。

二、终端层

当前电子商务信息化应用的终端层主要包括两大类：一类为感知终端，其作用是通过信息终端和具有感知功能的移动终端，对于线下商品的属性、状态等信息进行数字化读取，从而完成线下到线上的信息传递，从目前的感知终端看，主要的设备有智能手机、照相设备、扫描设备、探测与传感设备等，其中，智能手机终端对于二维码等线下信息凭证的扫描以及传感器对于商品属性状态信息的感知和传递是当前较为热门的应用方式；另一类为应用终端，主要是指用户通过信息化终端完成整个商品购买流程的载体，从传统的台式电脑、笔记本电脑，再到手机和平板电脑，能够通过网络进行信息交互的终端设备都具备了电子商务应用终端的基本功能（见图7-2）。

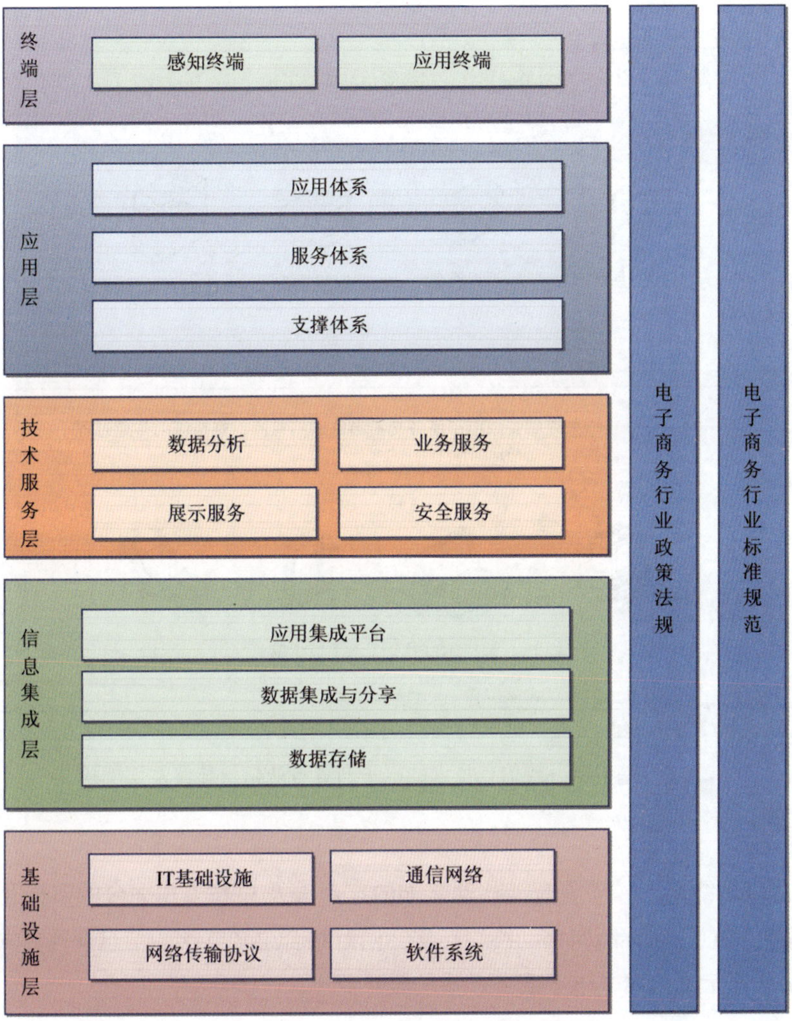
终端层
感知终端
应用终端
应用层
应用体系
服务体系
支撑体系
技术服务层
数据分析
业务服务
展示服务
安全服务
信息集成层
应用集成平台
数据集成与分享
数据存储
基础设施层
IT基础设施
通信网络
网络传输协议
软件系统
电子商务行业政策法规
电子商务行业标准规范

图7-1 基于新一代信息技术的电子商务行业信息化总体架构

资料来源：赛迪设计，2013-07.

从新一代信息技术在电子商务信息化终端层的应用情况看，感知终端的出现和普及实际上便是物联网技术和移动互联网技术的直接应用成果，通过物联网的RFID模块的推广普及，可以实现更大范围内的信息采集和交互，通过与各类智能移动终端的互动，可以实现更大范围、更多维度的商业模式应用，充分实现业务创新，并增强各类服务的整合能力。当前，通过物联网的应用手段已经可以采集物理世界中发生的大量物理事件和数据，包括各类物理量，标识、音频、视频数据。同时，通过传感器、RFID、多媒体信息采集、二维条码和GPS等技术、传感器网络组网和协同信息处理技术的应用，实现传感器、RFID等数据采集技术所获取数据的短距离传输、自组织组网以及多个传感器对数据的协同信息处理过程。而移动互联网则为应用过程当中随时触发的信息提供了便捷、快速、高效的传输渠道，使得信息可以更快地被应用终端所接收并加以应用。

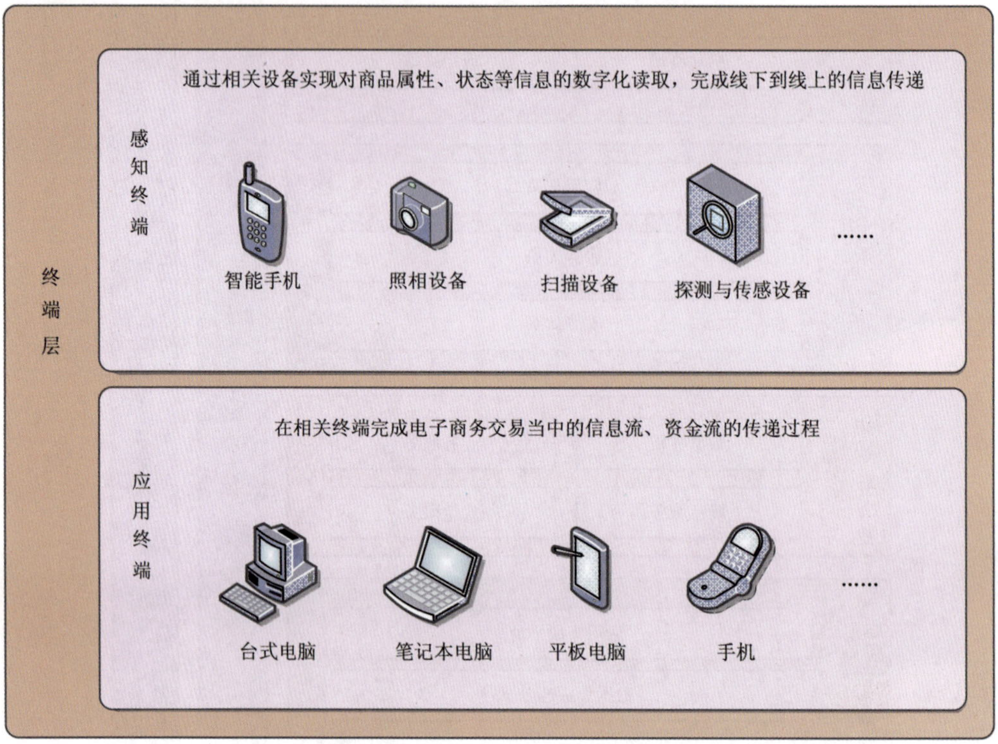
通过相关设备实现对商品属性、状态等信息的数字化读取，完成线下到线上的信息传递
感知终端
智能手机
照相设备
扫描设备
探测与传感设备
……
终端层
在相关终端完成电子商务交易当中的信息流、资金流的传递过程
应用终端
台式电脑
笔记本电脑
平板电脑
手机
……

图7-2　基于新一代信息技术的电子商务行业信息化终端层架构

资料来源：赛迪设计，2013-07.

另外，在应用终端上，随着智能移动终端的广泛普及和基于其平台的多样化应用开发，当前应用终端的重点正在逐渐向移动终端转移，同时结合感知终端的信息获取方式，更多应用模式层出不穷，极大地丰富了电子商务产业的服务业态。

三、应用层

基于新一代信息技术的电子商务信息化应用层主要由三个部分组成：第一部分是电子商务的应用体系部分，主要指的是电子商务的各类企业和消费市场应用，比较常见的包括消费购物、休闲娱乐、电子票务、电子凭证、公共事业和供应链管理等，其应用载体包括了实体商品和虚拟信息，同时也涵盖了企业日常应用；第二部分是电子商务的服务体系部分，当前知名的电子商务网站很多都属于这一范畴，其重要内容是基于海量的商品、商户和交易信息基础上的信息整合、发布与管理，同时协助应用企业进行客户关系管理、VIP会员的各类增值服务，并基于服务平台的影响力开展资讯与广告服务以及培训服务等；第三部分是电子商务的支撑体系，主要包括物流、支付和信用三大部分，物流主要是指物流配送信息的发布、商品仓储管理、运力的整合和调度、商品配送以及相关地理信息的跟踪，支付当前主要的应用形式有网上银行、第三方支付和移动支付，信用体系部分当前主要的服务类型包括信用服务和安全认证等（见图7-3）。

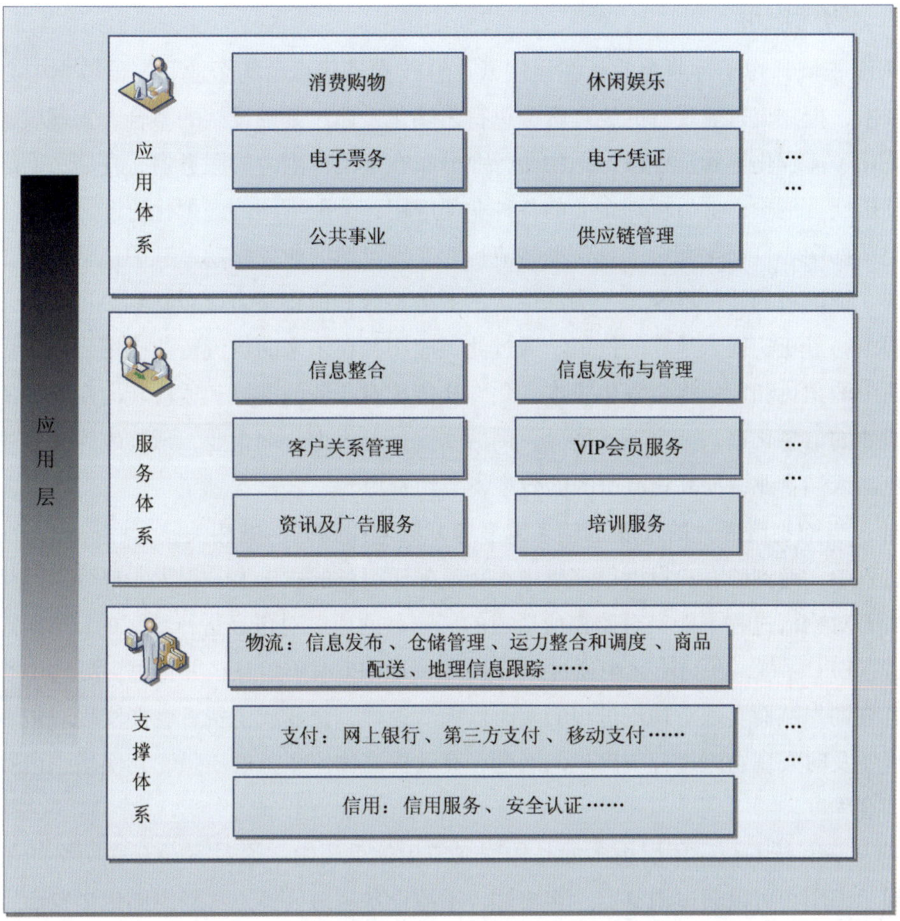
应用层
应用体系
消费购物
休闲娱乐
电子票务
电子凭证
公共事业
供应链管理
…
…
服务体系
信息整合
信息发布与管理
客户关系管理
VIP会员服务
资讯及广告服务
培训服务
…
…
支撑体系
物流：信息发布、仓储管理、运力整合和调度、商品配送、地理信息跟踪……
支付：网上银行、第三方支付、移动支付……
信用：信用服务、安全认证……
…
…

图7-3 基于新一代信息技术的电子商务行业信息化应用层架构

资料来源：赛迪设计，2013-07.

从新一代信息技术在电子商务信息化应用层的应用情况看，在近年来逐渐兴起的企业供应链优化应用当中，云计算技术正在扮演越来越重要的角色，主要体现在以下几个方面。

（一）企业供应链应用

基于电子商务的基本流程和内部企业供应链管理的基本理论，利用已有的云计算平台和服务，整合企业资源，改善企业流程，合理分配权限，利用广泛的“供应链云”实现全程电子商务的最终目标。在企业外部，电子商务企业通过与政府、上游供应商、产业链合作企业和消费者统一的信息流、资金流传输协议，实现电子商务和ERP系统的集成应用、业务规则、商品管理、营销管理、在线销售、客户服务、订单管理以及商品信息发布、营销活动定义、多系统订单捕获、订单配送、销售数据的收集和跟踪、客户行为分析等一系列管理和营销功能。可以从基础设备、平台和软件服务三个层次完成电子商务企业日常业务功能的需求。

（二）物流应用

在物流领域，物流行业企业正在运用云计算技术搭建自己的企业私有云数据中心，采用虚拟化技术，把物流行业现有的物理资源进行云端化，通过基础设施的整合，物理设备资源使用的规范化、流程化等管理手段，把物流行业分布在全国范围内的服务器、存储、网络重新划分区域、机架、网段，最后梳理企业的各种业务应用，分配不同的虚拟化资源，进行部署和配置，通过数据中心自动化管理工具帮助物流行业实现灵活的业务驱动，其中包括智能监控、自动化部署，把简单的软件堆叠，变为深层次的业务整合和流程整合，以达到高度自动化的IT资源供给服务，真正实现云计算的价值。通过此类应用，在未来的物流行业应用当中，信息化在企业运营中的角色和定位将会发生根本变化，从传统对业务的支撑和适应转向牵引和使能，促使物流行业的信息化进入一个新的境界，助力物流行业成为云端企业，最终成为高效的、创新的、绿色的云端企业，提高物流服务的效率，节约资源。

另外，当前物流部分的发展也越来越多地开始应用物联网的相关技术和应用，在当前网络营销过程中，遇到的客户投诉很多集中在物流配送服务的质量上，很大一部分原因是由于企业和消费者对物流过程不能实时监控所造成的。物联网通过对包裹进行统一的EPC编码，并在包裹中嵌入EPC标签，在物流途中通过RFID技术读取EPC编码信息，并传输到处理中心供企业和消费者查询，从而实现对物流过程的实时监控。这样，企业或消费者就能实现对包裹的实时跟踪，以便及时发现物流过程中出现的问题，有效提高物流服务的质量，切实增强消费者网络购物的满意程度。

移动互联网技术在应用层更多的是体现在应用体系当中，通过移动互联网络的信息传递和终端展示，用户可以通过浏览器、客户端、手持设备、短信等方式随时随地浏览商家移动电子商务平台，包括会员信息、商品信息、购物信息、支付确认、订单信息、商品送货信息等。同时，基于相关的系统和应用，用户能随时随地在网上安全地进行个人财务管理，进一步完善因特网银行体系。用户可以使用其移动终端核查其账户、支付账单、进行转账以及接收付款通知等。在电子票务和凭证领域，移动电子商务的应用使用户能在票价优惠或航班取消时立即得到通知，也可支付票费或在旅行途中临时更改航班或车次。另外，在企业的日常办公、供应链、仓储和财务流程当中有很多移动电子商务可以渗透的领域，从市场前景看，企业应用的稳定性强、消费力大，这些特点个人用户无法与之比拟。而移动电子商务的业务范畴中，有许多业务类型可以让企业用户在收入和提高工作效率上得到很大帮助。企业应用的快速发展，将会成为推动移动电子商务的最主要力量之一。此外，在支撑体系上，移动互联网最主要的应用是移动支付，用户可以通过转移和建立新的移动支付账户，通过具有安全支付功能的移动设备在各类商场进行购物，整个流程更为便捷、快速。同时，基于智能终端的各类远程支付类应用可以满足用户在促销、即时购物等方面的需求。传统的移动支付主要是以WAP等网络形式进行信息传输，通过新建支付账户完成资金传输，随着移动终端智能化的推进以及传统电子商务和支付类企业向移动端的转移，当前的移动支付已经实现了高速网络传输和已有金融账户的平滑移植，这也为移动电子商务的应用开展创造了更为有利的实施条件。

四、技术服务层

基于新一代信息技术的电子商务技术服务层主要包括四个部分：一是数据分析部分，包括数据的采集、统计、分析，数据挖掘和数据仓库的技术和手段；二是业务服务部分，主要包括ERP、企业业务流程管理、业务对象管理、商业智能、工作流管理等内容；三是展示服务部分，主要包括门户服务、内容服务与管理以及搜索服务；四是安全服务部分，主要包括身份认证、单点登录、权限控制、数字加密和远程安全等（见图7-4）。

技术服务层
数据分析
数据采集
数据统计
数据分析
数据挖掘
数据仓库
……
业务服务
ERP
业务流程管理
业务对象管理
商业智能
工作流管理
……
展示服务
门户服务
内容服务与管理
搜索服务
……
安全服务
身份认证
单点登录
权限控制
数字加密
远程安全
……

图7-4　基于新一代信息技术的电子商务行业信息化技术服务层架构

资料来源：赛迪设计，2013-07.

从新一代信息技术在电子商务信息化技术服务层的应用情况看，云计算技术的推广普及极大地加强了电子商务信息化技术体系的服务能力，主要体现在以下几个方面。

（一）增强数据处理能力

云计算通过一定的调度策略，可以通过对数万乃至百万的普通计算机之间进行联合来为用户提供超强的计算能力，使用户能够完成使用单台计算机难以完成的任务。在“云”中，当提交一个计算请求时，云计算模式将根据需要调用云中众多的计算资源来提供强大的计算能力。在云计算模式中，企业不再是从自己的计算机上，也不是从某个指定的服务器上，而是从互联网络上通过各种设备（如移动终端等）来获得所需的信息，因此速度得到了质的飞跃。另外，通过开放数据处理服务（Open Data Process Service，ODPS）的应用可以高效地完成海量数据的价值挖掘，用户通过简单的SQL语句便可以实现复杂的数据挖掘功能。

（二）提高商业智能的服务能力

云计算使得商业具有处理海量数据的能力，其系统的处理能力可以提高十几倍到几十倍，充分保障了系统的智能性；云计算环境下，商业智能的信息共享效应将大幅提高，通过提供信息共享的平台，可以通过强有力的信息共享、数据共享、计算共享等手段实现实体共享服务中心的功能；云计算能够使得商业智能系统在更短的时间内获取并下载交易数据，能够执行更强的数据分析功能，运行更强大的业务活动检测工具，在业务发生的同时提供更好的信息反馈；云计算环境下系统处理的数据将具有更好的时效性，整个数据的挖掘过程将具有更好的开放性，从而满足企业对信息的时效性的要求。通过以上功能的实施，技术服务体系可以为电子商务企业提供更好的商业智能支撑，降低企业的工作量和业务维护成本，促进其更好地开展专业服务。

物联网技术在技术服务层应用的最主要体现是在安全认证领域，通过物联网技术可以实现完善产品质量监控的作用，在相关应用当中，从产品生产（甚至是原材料生产）开始，就在产品中嵌入EPC标签，记录产品生产、流通的整个过程。消费者在网上购物时，只要根据卖家所提供的产品EPC标签，就可以查询到产品从原材料到成品，再到销售的整个过程，以及相关的信息，从而决定是否购买。

五、信息集成层

基于新一代信息技术的电子商务信息化信息集成层主要包括三个部分：第一部分是应用集成平台，主要包括消费应用商城平台和企业应用平台；第二部分是数据集成与分享，主要包括信息系统、分布式计算系统、结构化数据和信息发布平台；第三部分是数据存储，主要包括的数据内容有用户基本信息数据、交易数据、账户数据、商品信息数据、时间序列数据和行业数据等（见图7-5）。

从新一代信息技术在信息集成层的应用情况看，云计算的创新应用仍然较为普遍，主要体现在以下几个方面。

（一）数据存储的安全性和处理效率提升

随着企业规模越来越大，企业将积累更多的信息资源。随着网络的快速发展，企业数据在得到有效存储的同时，也引来了很多病毒和黑客的攻击，进而使企业数据存储的安全性受到了严重的威胁，企业在信息安全领域的投入成本也越来越高。而通过云计算的应用，可以将数

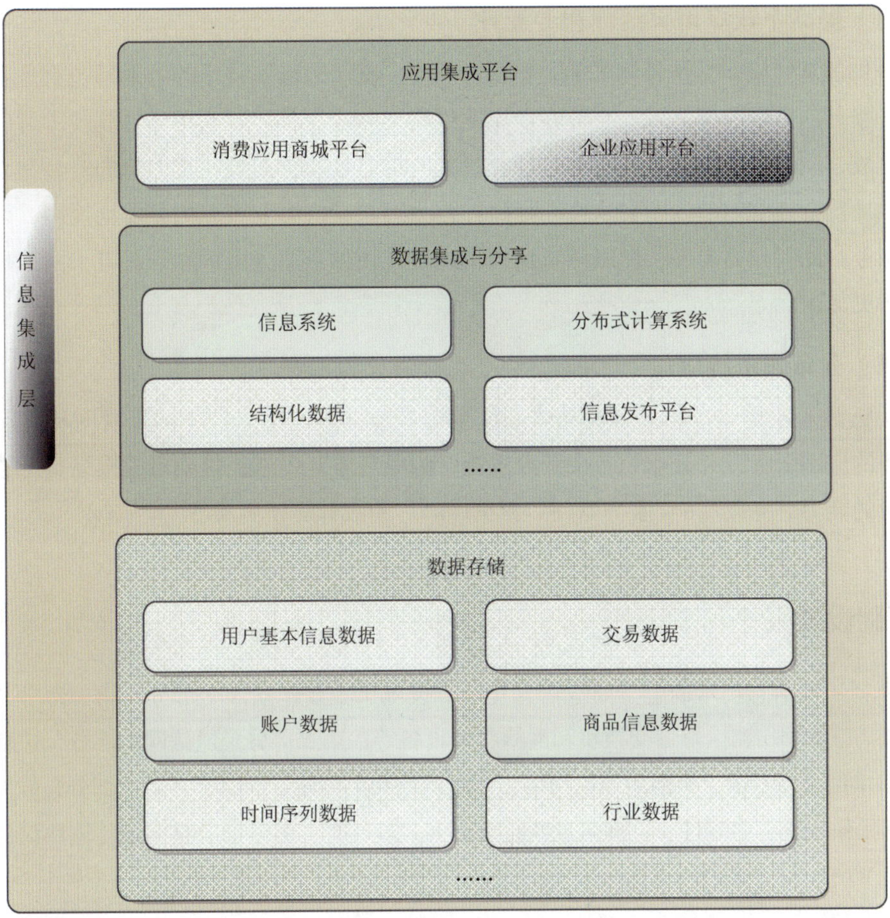

应用集成平台
消费应用商城平台
企业应用平台
信息集成层
数据集成与分享
信息系统
分布式计算系统
结构化数据
信息发布平台
……
数据存储
用户基本信息数据
交易数据
账户数据
商品信息数据
时间序列数据
行业数据
……

图7-5 基于新一代信息技术的电子商务行业信息化信息集成层架构

资料来源：赛迪设计，2013-07.

据存储在云端，由云计算的应用服务平台提供专业、高效和安全的数据存储，企业不必再担心由于各种安全问题导致数据丢失，从而为企业提供可靠和安全的数据存储中心。另外，开放存储服务（Open Storage Service，OSS）是互联网的云存储服务，当用户面对大量静态文件（如图片、视频等）的访问请求和数据存储时，使用OSS可以彻底解决存储的问题，并且极大地减轻原服务器的带宽负载。而开放结构化数据服务（Open Table Service，OTS）适合存储海量的结构化数据，并且提供了高性能的访问速度。当数据量猛增时，通过该服务可以方便低成本地进行数据维护和管理。

（二）丰富应用平台

当前面向个人和企业的云应用平台结合了本地应用和互联网应用的优点，便于开发功能强大的移动应用，并且还能非常容易地使用各种云服务。通过简单的编程语言便可以开发出拥有良好用户体验的应用。同时，一些云计算平台也提供了搜索、邮箱和地图等基础服务，降低了电子商务相关应用开发的成本。

（三）提高企业应用灵活性和专业性

软件即服务（SaaS）是云计算的主要服务类型，基于云计算技术的电子外包就是企业应用电子商务服务的重要应用之一。企业在使用网络构架和应用程序时利用云计算技术可以高效、快捷地完成，同时对于电子商务系统进行开发和升级已经不再需要花费大量的资金和人力，不需要单独地投资建立内部的圈套软件和程序。作为客户端的企业可以更方便地使用云计算提供的各种服务，此时只需要安装网络浏览器即可，这样使得企业为维护和升级电子商务系统而投入的费用更加少。

（四）分布式系统应用

作为云计算主要支撑体系的分布式系统可以有效并广泛地支持各种互联网和移动互联网电子商务的应用服务，并且作为一个开放系统，为第三方开发者提供简易的操纵整个数据中心计算资源的能力，完成从 PC 服务器到“数据中心”超级计算机的质变。

六、基础设施层

基于新一代信息技术的电子商务信息化基础设施层主要包括四个部分：第一部分是IT基础设施，包括服务器、路由器、交换机和网络存储设备等；第二部分是通信网络部分，包括光纤网络、3G/4G网络、WLAN、短距离通信网络、广电网络和卫星通信网络等；第三部分是软件系统部分，包括操作系统、中间件、地理信息系统和嵌入式软件等；第四部分是网络传输协议部分，包括ADSL、WCDMA/CDMA2000/TD-SCDMA、LTE、WiFi、MPT1327、蓝牙/ZigBee等（见图7-6）。

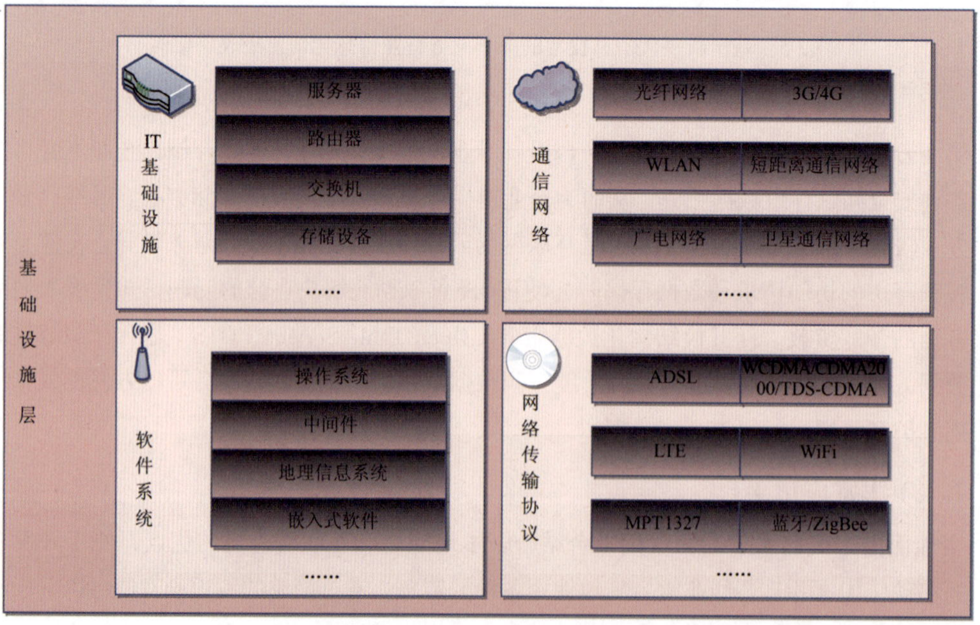
基础设施层
IT基础设施
服务器
路由器
交换机
存储设备
……
通信网络
光纤网络
3G/4G
WLAN
短距离通信网络
广电网络
卫星通信网络
……
软件系统
操作系统
中间件
地理信息系统
嵌入式软件
……
网络传输协议
ADSL
WCDMA/CDMA2000/TDS-CDMA
LTE
WiFi
MPT1327
蓝牙/ZigBee
……

图7-6 基于新一代信息技术的电子商务行业信息化基础设施层架构

资料来源：赛迪设计，2013-07.

从新一代信息技术在基础设施层的应用看，移动互联网技术是当前通信网络和相关传输协议的最重要组成部分，所有通用型无线通信网络及协议都属于移动互联网技术的应用范畴，3G的应用使得无线通信网络的传输能力可以支撑常见的移动信息传输应用，而4G的未来普及则可以大幅度地提高移动网络体验，拓宽应用领域，WLAN等应用的推广提高了无线网络的应用范围，覆盖了更多的用户电子商务应用需求。另外，在软件端，当前通信移动设备的操作系统以Android和IOS为主；数据库包括Oracle、SQL Server、DB2、Sybase、MySQL等；中间件保障资源在不同的技术之间有效共享。

物联网在基础设施层的基本应用首先是在短距离无线通信网络的搭建上，蓝牙/ZigBee等协议可以为一般的近场电子商务应用提供安全、稳定且低成本的网络环境，而网络层通过传感网络与移动通信技术、互联网技术相融合，实现更加广泛的互联功能，能够将感知到的信息无障碍、高可靠性、高安全性地进行传送。

七、支撑体系

当前电子商务行业政策法规及规范体系主要是以《电子商务“十二五”规划》作为行业发展的基本引导，通过《关于促进快递服务与网络零售协同发展的指导意见》、《第三方电子商务交易平台服务规范》、《关于加快流通领域电子商务发展的意见》、《快递业服务标准》、《非金融机构支付服务管理办法》等政策法规进行行业管理，未来，《关于网上交易的管理办法》、《关于网上商业数据的保护办法》、《关于电子商务信用建设的指导意见》、《电子商务统计管理办法》等部门规章与政策指导文件，以及《电子合同标准》、《电子商务企业标准》、《电子商务统计指标》等行业标准将续推出，将从多个维度进一步完善电子商务的法制化、标准化和规范化管理，促进行业健康运行。

第三节　新一代信息技术在电子商务行业中的典型应用

一、移动电子商务系统

（一）移动电子商务系统应用背景

近年来，网络购物的迅速发展极大地推动了电子商务移动化的进程，同时智能手机的普及，移动近程通信技术（包括NFC、RFID等）的应用，手机上网用户规模的增加，以及各大电商企业的积极推动，使中国手机用户逐渐养成了移动购物的习惯，移动互联网、移动电商正逐步成为网络购物生态系统中的重要环节。以移动电话为载体的移动电子商务不论在用户规模上，还是在用户消费能力上，都优于传统的电子商务，其购物能力也高出传统电子商务数倍。

预计未来3年内，中国的移动互联网用户将超过传统互联网用户；5年内，移动互联网业务规模将超过传统互联网业务规模。移动电子商务的发展同步于移动互联网的发展，也会在短期内超越传统电子商务成为主流。

近年来，国家连续出台有利政策，加大对移动电子商务实施的支持力度。各地纷纷开展移动电子商务试点工程，推进区域移动电子商务的建设，为移动电子商务的发展创造了良好的政策环境。2007年6月，国家发展改革委、国务院信息办发布《电子商务“十一五”规划》，把移动电子商务作为重点引导工程之一；2008年2月，原国务院信息化工作办公室授予湖南“国际移动电子商务试点示范省”称号，标志着国家移动电子商务的试点工程正式启动；2009年7月，福建省电子商务工作指导协调小组出台《关于加快福建省移动电子商务发展的实施意见》，将从搭建服务平台、支付平台，加速商业应用等方面着手，加快推动移动电子商务发展；2010年1月，全国移动电子商务创新创业工程广西区域工作启动；2010年3月，深圳市政府常务会议审议并原则通过《深圳建设国家电子商务示范城市工作方案》，该方案提出打造全国一流、面向民生的移动电子商务系统。

（二）移动电子商务系统架构

1. 移动电子商务系统总体架构

移动电子商务系统总体架构包括提供硬件和技术支撑的基础设施层、提供统一平台支持的平台层、提供支付和物流等服务的支撑服务层、提供多种功能的应用系统的应用层、在移动客户端提供商品最终呈现功能的展示层（见图7-7）。

2. 移动电子商务系统功能架构

基础设施层主要包括硬件、操作系统、数据库和中间件。硬件是移动电子商务活动进行的基础，包括网络、通信移动设备等，通信移动设备以手机、平板电脑、电纸书、导航仪为主；操作系统包括Windows、Linux、UNIX等为主，通信移动设备操作系统以Android和IOS为主；数据库包括Oracle、SQL Server、DB2、Sybase、MySQL等；中间件保障资源在不同的技术之间有效共享。

平台层为移动电子商务系统运行提供统一的应用支撑和管理平台，主要包括平台管理、安全保障、统计分析、审计等功能。

支撑服务层为移动电子商务活动的进行提供移动支付、物流、客户服务、安全保障等服务功能，主要包括针对客户的客户服务、客户管理、客户的账户管理，移动支付方面的资金清算管理，物流方面的仓储和运输管理，以及移动电子商务运营管理、消费系统管理和商户管理。

应用层根据消费者实际需求提供多种功能的应用系统，主要包括用户的权限管理、订单管理、电子凭证、鉴证审计管理、积分管理，商家的营销管理、信息发布管理、广告管理、会员卡管理、优惠券管理、电子票务管理等。

展示层是用户通过浏览器、客户端、手持设备、短信等方式所看到的商家移动电子商务平台的最终展示，包括会员信息、商品信息、购物信息、支付确认、订单信息、商品送货信息等。

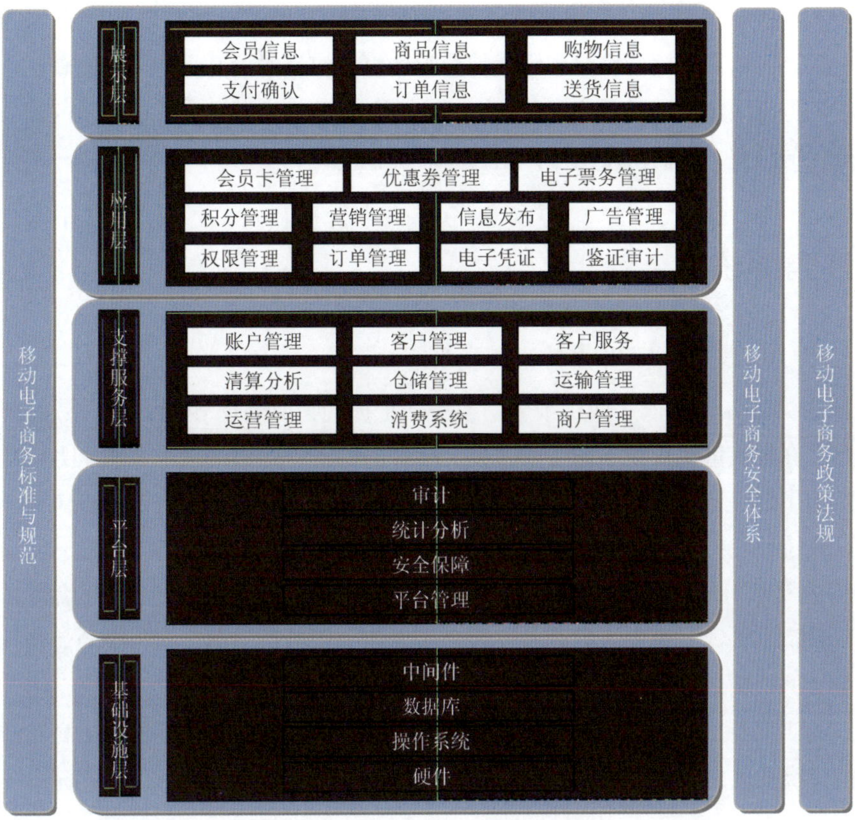
展示层
会员信息
商品信息
购物信息
支付确认
订单信息
送货信息
应用层
会员卡管理
优惠券管理
电子票务管理
积分管理
营销管理
信息发布
广告管理
权限管理
订单管理
电子凭证
鉴证审计
支撑服务层
账户管理
客户管理
客户服务
清算分析
仓储管理
运输管理
运营管理
消费系统
商户管理
平台层
审计
统计分析
安全保障
平台管理
基础设施层
中间件
数据库
操作系统
硬件
移动电子商务标准与规范
移动电子商务安全体系
移动电子商务政策法规

图7-7　移动电子商务系统总体架构

资料来源：赛迪设计，2013-07.

（三）移动电子商务系统功能实现

“十一五”期间，中国各大电子商务企业纷纷推出了移动客户端。消费者通过手机即可登录电子商务网站，同时可以用移动支付方式付款购物，可以实现注册、登录、收藏、浏览、搜索商品和支付等功能。目前，移动电子商务业务跨越了C2C（个人对个人）、B2C（商家对个人）两大类。

电子商务企业手机客户端内容丰富，主营商品的类别方面，和PC端传统的电子商务商品经营类别并无明显差异，产品类目丰富。在商品检索、商品信息展示等方面，采取了与PC端类似的方式，移动电子商务用户在手机端进行购物时更容易操作，并可快速熟悉操作环境；订单支付方面，移动电子商务可以提供在线支付和货到付款两种支付方式；同时开设了扫码购物的功能和物流信息查询板块，以增强用户黏性。

（四）新一代信息技术的应用

移动电子商务应用当中，移动互联网是核心的网络载体，当前的无线通信网络已经可以基本确保信息的实时实地传输，先前广泛存在的短距离和封闭型无线网络通过智能移动终端的中转已经可以摆脱信息孤岛，实现与广域网范围的互联互通，未来随着4G等技术的发展和普及，移动电子商务信息传输的容量和维度都会得到更大幅度的提升。另外，物联网技术结合各类移动终端的信息采集已经成为当前移动电子商务创新的重要源泉，行业涉及的商业信息由此可以得到极大的扩充，从而衍生出多样化的商业实施模式。

二、电子门票系统

（一）电子门票系统应用背景

目前国内大部分景区依然使用纸质门票，而纸质门票具有防伪能力差、易损坏、验票时间长等缺点。在客流量比较集中的时段，会给游客的购票、检票带来很大的压力，耽误游客大量的时间。为了解决这些问题，可以建立一个景区电子门票系统，实现计算机售票、验票、查询、汇总以及统计和报表等门票控制管理功能。

电子门票实际上就是景区内的“一卡通”，游客在对门票充值以后，可以将其用于景区内的乘车、住宿，餐饮、娱乐活动及购物等景区内的一切消费活动。在每次的消费中，扣除相应的消费金额，而剩余的金额可在游客离开时返还。应用完整的景区电子门票系统，将景区门票、餐饮、酒店以及交通等进行有效整合，为客户提供一条龙服务，不仅能提高对游客的服务水平，更能提高景区的管理水平。

（二）电子门票系统的主要技术

1. 不同场景的定制化管理技术

电子门票系统应用在景区内可形成一套完善的游客安全保障体系，并且根据不同类型的旅游景区，在安全管理方面的应用形式也有所区别。对于范围较大的景区，经常会出现游客走散、失踪等现象，对于此类地貌环境复杂的地区，在有限的人手下，如何合理调配人手，以最快的速度进行现场的救护工作显得非常重要，也很有必要。

针对不同场景的定制化管理会涉及应用Call Center、Website、RFID、GPS、WiFi及3G、宽带等多种技术手段。对于面积范围较大的景区，当游客走失或遇到危险时可以通过游客携带的电子门票，利用GPS技术定位，通知距离最近的救护人员配置一台带GPS的RFID手持设备第一时间前往现场救护；对于面积范围相对较小，游客密集的景区，很容易成为恐怖分子袭击的目标，因此需要在景区入口处利用射频识别技术进行严格的安全检查，避免恐怖分子将危险物品带入景区内；对于一些危险系数较高的旅游项目的景区，一方面要在事故易发段安排救护人员，另一方面可以通过物联网的全方位监测来预防各种事故的发生。

2. RFID电子标签门票技术

RFID电子标签门票支持特殊信息的写入和读取，可以回收利用，满足了低碳环保和降低成本的要求；超高频无源电子标签所采用的超高频技术带有一定的穿透性，读取速度快，不用通过激光或红外线瞄准就能获取数据，可达到高效的人性化验票效果；在堆叠的情况下，

RFID电子标签门票依然能够读取信息，满足大流量识别，识别距离可以达到10米左右，能满足景区内对大量游客和车辆的管理需求。

（三）电子门票系统的实现模式

旅游信息供应商开发的电子门票系统可以为游客提供一种全新体验的旅游服务，并在业务运营的基础上实现品牌价值。通过先进的技术手段的应用，实现对旅游资源跨行业、跨区域的整合，形成一个多方位、立体的旅游服务平台，使旅游景区之间的业务联系更为紧密，使旅游景区与餐饮、交通、酒店住宿之间实现整合互动，达到共同发展的目的，从而带动旅游经济的整体、全面发展。电子门票系统就是贯彻大旅游理念的一个业务模式，是实现旅游景区、餐饮、交通、酒店住宿等各种旅游资源整合的一个大的连锁运营。电子门票系统应用模式如图7-8所示。

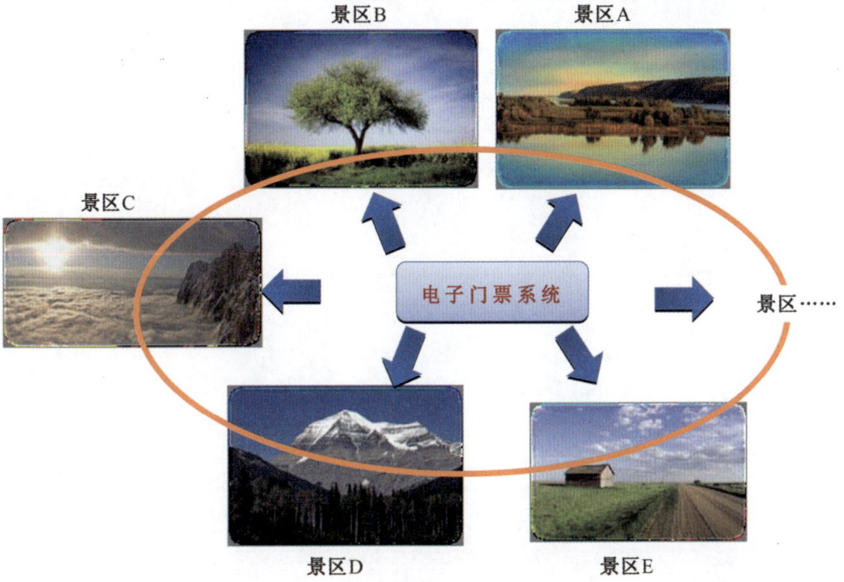
景区B
景区A
景区C
电子门票系统
景区……
景区D
景区E

图7-8　电子门票系统应用模式

资料来源：赛迪设计，2013-07.

电子门票系统可以实现对景区、酒店、购物、娱乐、餐饮等旅游资源和各旅行社的网络化整合。通过网络整合营销，能够降低景区、酒店等旅游资源的销售成本，提高管理效率，实现规模化、全球化的宣传和销售。通过线路组合，形成产品联合，捆绑各方利益，将分散的资源进行整合，促进共同发展。资源整合的网络平台，能够充分满足游客对相关旅游信息的查询，旅游线路的选择以及购买，为游客提供一站式服务。网络整合营销不仅扩大了景区的销售规模，还为景区筹集了更多的资金用于资源保护和管理，提升了景区的品牌形象，从而可以吸引更多的游客，推动产业的进一步发展。

（四）新一代信息技术的应用

电子门票系统的实施核心是物联网的RFID标签门票技术，其功能核心在于用户个人信息、凭证信息和景区认证信息的移动化和信息化，通过与移动终端的结合，在提高效率的同时也可以更有效地获取用户的消费习惯信息。而在此基础上，还可以通过云计算技术为海量的旅游信息提供有效的数据存储、分析和服务，各类旅游企业可以方便地获得应用开发、基础地理信息服务等支撑服务，从而使旅游企业可以节省大量的精力和成本，更专注于旅游资源的开发。

综·合·应·用·篇

第八章 CHAPTER 8

新一代信息技术应用促进节能减排

第一节　节能减排信息化现状与发展趋势

一、节能减排信息化现状

随着我国经济的持续快速发展，工业化、城镇化进程的加快和消费结构的持续升级，我国能源需求呈刚性增长，资源环境约束日趋强化，节能减排形势十分严峻。我国当前节能减排仍主要通过产业结构调整、行业技术改造和管理模式提升等传统方法来实现，很多行业对信息化技术在节能减排领域应用的功能和作用尚不了解。

各级政府是推进信息技术在节能减排领域应用的主导力量，如工业和信息化部就借两化融合之机，大力推进信息化促进节能减排工作。苗圩部长在全国工业系统节能减排工作电视电话会议上提出，将推进“数字能源”和绿色ICT战略列为“十二五”工业节能减排十项重点工作之一。2011年5月27日，工业和信息化部印发了《关于推荐两化融合促进节能减排重点推进项目的通知》，同年12月工业和信息化部在广西柳州组织召开了两化融合促进节能减排经验交流会，为节能减排信息化下一步的发展理清了思路。

一些地方政府在政策引导和自身节能需求的双重作用下，也开始探索性地开展了信息化促进节能减排的工作。北京市在2008年出台了《北京市信息化促进节能减排工作实施方案》，并编制了《北京市节能减排信息技术、产品和应用方案项目汇编》（第一批），重点推进了以行业制造执行系统（MES）、新一代集散控制系统（DCS）、高效节能变频调速技术、企业能源管理及调度系统、射频识别技术（RFID）、LED光源等技术和系统应用为代表的信息技术促进重点领域节能减排，同时继续完善节能减排检测和监控信息平台的建设。

在企业推进信息技术在节能减排应用方面，目前企业主要通过建立能源监控或综合管理系统来实现节能减排责任目标或能耗指标的过程管理和动态监管；掌握企业能源利用效率、跟踪主要耗能环节、掌握能源结构信息和能源基础数据；满足不同类型企业的节能减排统计技术指标和报送要求，完成节能减排数据及报告的评估分析，完成节能减排总体目标完成情况的汇总及评估等。例如，宝钢的能源中心实时监控与信息管理系统，就是在原日本引进的能源中心技术的基础上发展起来的，是一个覆盖宝钢一、二、三期工程各单元的全局性能源管理系统。宝钢的能源中心覆盖了基础自动化、过程监控及管理三个层面的计算机网络系统，实现了对供配电、给排水、动力和环保等有关能源子系统的自动控制及监测，作为实时监控与信息管理系统，实现了信息的实时采集、数据的海量储存和二次加工等。

无论政府还是企业，通过信息技术促进节能减排主要有以下几种方式：①利用管理信息化减排；②利用装备信息化减排；③利用生产过程管控和工艺流程优化减排；④利用能源管理和能耗及排放在线检测减排。

二、节能减排信息化发展趋势

当前我国经济社会快速发展，节能减排工作形势日趋紧迫，对通过信息技术手段全面促进和提升节能减排监控、管理的水平提出了新的更高的要求，集中体现在满足拓展领域、深化应用、提高水平、落实保障等发展需求上，从而全面提升为政府决策和行业节能减排提供支持和服务的能力。

（一）建立统一的管理体系与技术规范成为发展方向

目前，两化融合不断深化，节能减排信息化的全面推进亟须通过顶层设计确立统一的发展模式和管理体系，进而提出统一的技术规范，突破行业间的信息隔离状态，构筑跨行业、跨领域的社会节能减排信息大平台、大体系，建立多部门信息沟通与共享机制，从而避免重复建设和信息孤岛等问题的出现，全面提升信息化促进节能减排的应用水平。

（二）节能减排信息平台的功能将逐步拓展

随着节能减排工作由以工业为重心向多行业、多领域全面推进，就要求信息化应用迅速跟进，在应用范围上进一步拓展，并根据不同行业和领域的具体情况和需求做出针对性的调整。

此外，对信息化体系功能上的需求也进一步加强。简单的数据收集、统计、显示已经远远不能满足当前发展形势的要求，未来对大量数据的实时监控、分析，将形成有效的能耗预警和管控机制，另外信息技术通过与管理科学良性互动，可以辅助节能减排目标制定、指标分配与成效管理等多方面的工作。

（三）新一代信息技术应用领域将更加广泛

在技术上，为突破旧有技术瓶颈，实现功能跨越，需要以物联网、云计算为代表的新一代信息技术在节能减排信息化体系中得到更为广泛和深入的应用，从而大大提高节能减排管理时效性和工作效率。

例如，借助物联网、移动互联网、云计算和高端软件等新兴技术，实现对能耗数据的实时监控、实时管理，以及实现图形化、可视化展示，预测、预警，乃至解决方案制定和成效模拟等功能。

（四）良性机制的建立将促进节能减排新一代信息技术应用的落地实施

为确保节能减排信息化的推进和新一代信息技术的落地实施，需要提供全方位的有力的保障措施。必须进一步推广和普及信息化促进节能减排作用相关知识、推进新一代信息技术的深度应用。此外，还需要建立节能减排信息技术从人才培养到技术研发再到推广应用的良性模式。

第二节　基于新一代信息技术的节能减排信息化架构

一、总体架构

基于新一代信息技术的节能减排信息化总体架构可以分为四层，分别是基础设施层、信息集成层、应用层和展示层（见图8-1）。

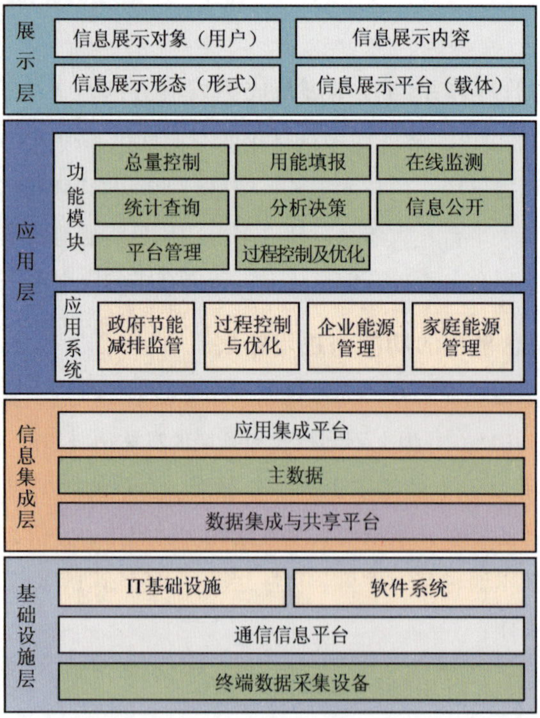
展示层
信息展示对象（用户）
信息展示内容
信息展示形态（形式）
信息展示平台（载体）
应用层
功能模块
总量控制
用能填报
在线监测
统计查询
分析决策
信息公开
平台管理
过程控制及优化
应用系统
政府节能减排监管
过程控制与优化
企业能源管理
家庭能源管理
信息集成层
应用集成平台
主数据
数据集成与共享平台
基础设施层
IT基础设施
软件系统
通信信息平台
终端数据采集设备

图8-1　基于新一代信息技术的节能减排信息化总体架构图

资料来源：赛迪设计，2013-07.

二、展示层

展示层是基于新一代信息技术的节能减排信息化体系中的最终用户端，基于数据采集层、信息集成层和应用层之上且直接面向用户，为用户提供政务与互联网入口、信息显示界面、管理和操作界面（见图8-2）。

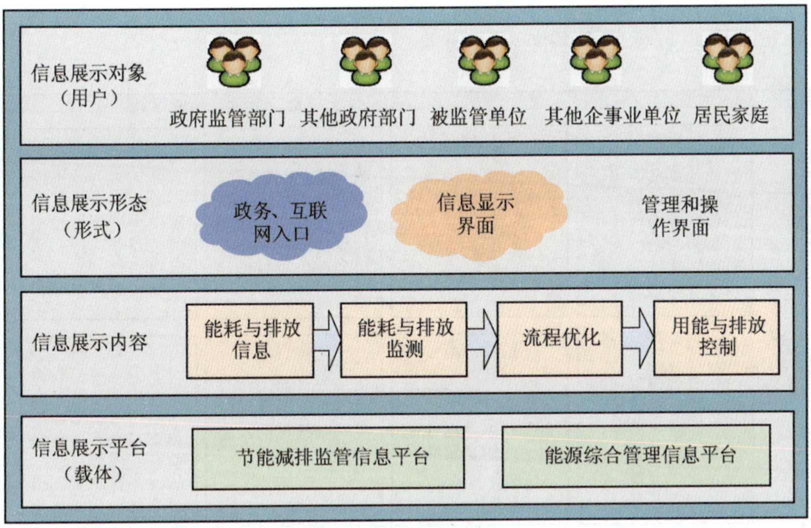
信息展示对象
（用户）
政府监管部门
其他政府部门
被监管单位
其他企事业单位
居民家庭
信息展示形态
（形式）
政务、互联网入口
信息显示界面
管理和操作界面
信息展示内容
能耗与排放信息
能耗与排放监测
流程优化
用能与排放控制
信息展示平台
（载体）
节能减排监管信息平台
能源综合管理信息平台

图8-2　展示层架构图

资料来源：赛迪设计，2013-07.

根据服务功能的不同，基于新一代信息技术的节能减排信息化体系包括监管信息平台和管理信息平台两大面向用户的系统平台。其中，监管信息平台主要实现对被监测单位能耗、温室气体排放等节能减排指标的监测，主要面向政府主管单位和被监管单位；管理信息平台主要掌握各个用能和排放单元的能源利用效率、跟踪主要耗能和排放环节、掌握能源结构信息和用能与排放基础数据，节能减排管理信息系统面向政府、企事业单位、家庭等众多用户，根据不同的需求，其展示平台的内容和结构也有不同。

以云计算、新型显示技术、移动互联网、三网融合为代表的新一代信息技术在展示层的应用具有广阔的前景。基于TFT-LCD（薄膜晶体管液晶显示器）、PDP（等离子体显示器）、OLED（有机发光显示器）等新型平板显示技术以及基于IPv6和4G等新型移动互联网技术开发的移动显示终端具有轻薄便携和高通量移动信息交互的特性，应用于节能减排信息平台，将使管理工作更为便捷、高效；采取云协同的概念发展的管理系统，可以实现客户端交互信息在多平台终端间的数据同步，大大提高了能效管理的泛在化；此外，在家庭和商业建筑节能管理领域，借助电视网、电信网、互联网一体化的三网融合技术，也为展示层的数据传输模式和展现形式提供了新的载体。

三、应用层

基于新一代信息技术的节能减排信息化体系的应用层为用户提供功能模块和应用系统，以满足不同用户的需求。应用层的主要功能模块和应用系统主要包括总量控制、用能填报、在线监测、统计查询、分析决策、信息公开、平台管理、过程控制及优化等（见图8-3），基于这些功能模块和应用系统，可以实现政府部门的节能减排监管、合同能源管理、企业生产流程控制和优化、企业能源管理和家庭能源管理等。

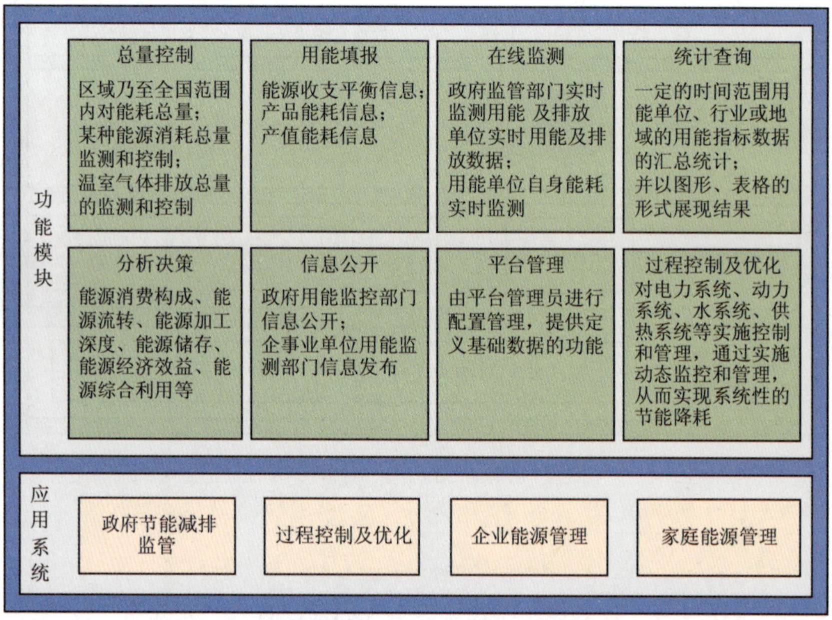
功能模块
总量控制
区域乃至全国范围内对能耗总量；
某种能源消耗总量监测和控制；
温室气体排放总量的监测和控制
用能填报
能源收支平衡信息；
产品能耗信息；
产值能耗信息
在线监测
政府监管部门实时监测用能 及排放单位实时用能及排放数据；
用能单位自身能耗实时监测
统计查询
一定的时间范围用能单位、行业或地域的用能指标数据的汇总统计；
并以图形、表格的形式展现结果
分析决策
能源消费构成、能源流转、能源加工深度、能源储存、能源经济效益、能源综合利用等
信息公开
政府用能监控部门信息公开；
企事业单位用能监测部门信息发布
平台管理
由平台管理员进行配置管理，提供定义基础数据的功能
过程控制及优化
对电力系统、动力系统、水系统、供热系统等实施控制和管理，通过实施动态监控和管理，从而实现系统性的节能降耗
应用系统
政府节能减排监管
过程控制及优化
企业能源管理
家庭能源管理

图8-3　应用层架构图

资料来源：赛迪设计，2013-07.

总量控制模块主要通过一体化系统的监控，实现对区域乃至全国范围内对能耗总量、某种能源的消耗总量或温室气体排放总量的监测和控制管理；用能填报模块主要用于用能单位定期在线填报本单位的用能数据，主要包括能源收支平衡信息、产品能耗信息、产值能耗信息等；在线监测模块主要用于政府用能监管部门实时监测用能单位当前的用能数据，以及用能单位对自身能耗情况的实时监测；统计查询模块主要支持政府用能监管部门基于平台数据库，按照一定的时间范围对用能单位、行业或地域的用能指标数据进行汇总统计，并以图形、表格的形式展现统计结果；分析决策模块主要是运用统计分析的基本原则和方法，对节能减排综合平衡状况、能源消费构成、能源流转、能源加工深度、能源储存、能源经济效益、能源综合利用以及与国民经济发展的依存关系等方面，进行分析、研究、判断和推理，而基于新型显示技术的可视化应用系统，可以实现数据信息的形象化显示和分析决策的可视化管理，信息公开模块由用能监管或监测部门进行管理，主要介绍关于节能减排的国家政策、法律法规、发展战略与规划、行业标准规范、指标体系和对标结果公示等，以及平台能耗与排放信息；平台管理模块

主要由平台管理员进行配置管理，提供定义基础数据的功能，包括用户的定义、用户角色权限定义、后台数据管理等，以支撑平台其他业务功能的应用。

合同能源管理（EPC）是以信息化手段为支撑，有效引导和促进节能减排机制面向市场的过渡和转变，最大限度避免节能行业技术改造的风险；企业生产流程控制和优化则能有效监控生产设备本身的消耗和设备的能源排放，从而为节能减排提供原始依据，并采用更为先进的控制算法提升生产运行的自动化水平，提升能源利用率；企业能源管理中心在现代监控技术和新一代信息技术的支撑下，对企业电力系统、动力系统、水系统等实行集中监测、控制和管理，通过对企业能源生产（购进）、输配和消耗实施动态监控和管理，从而实现系统性的节能降耗；家庭能源管理系统依托物联网、下一代通信网络等新一代信息技术，以及电脑、电视、手机等固定或移动终端，实现对家庭耗电量、可再生能源发电量、二氧化碳排放量的实时监控，同时可对家庭用电终端进行耗电目标设定，并为家庭提供全方面的节能建议。

四、信息集成层

基于新一代信息技术的节能减排信息化体系的信息集成层主要完成对数据信息的分析、处理与集成。信息集成层架构如图8-4所示。

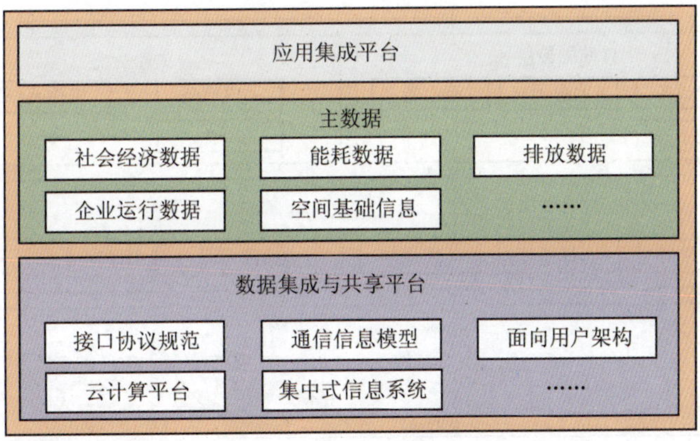
应用集成平台
主数据
社会经济数据
能耗数据
排放数据
企业运行数据
空间基础信息
……
数据集成与共享平台
接口协议规范
通信信息模型
面向用户架构
云计算平台
集中式信息系统
……

图8-4 信息集成层架构图

资料来源：赛迪设计，2013-07.

基于新一代信息技术的节能减排信息化体系强调建立高效的信息处理与集成平台，使能耗数据、排放数据、社会经济数据、企业运行数据和空间基础信息等实现有序流动和高效处理，形成跨用户、跨系统、跨应用的数据处理、信息流通和共享环境。信息集成层数据集成与共享平台的建设，将实现节能减排信息的高度集成，在信息集成标准方面，接口协议和通信信息模型等标准规范必不可少，而搭建面向用户的架构，则能实行分散式信息系统和集中式信息系统的兼容。

能耗数据、排放数据、社会经济数据、企业运行数据和空间基础信息等节能减排数据有数据量大、地域分布分散等特点，而基于云计算的数据集成与共享平台能够实现海量分散数据的集成、高效处理和共享，同时可以使分散的数据用户无须新增硬件投入、软件和程序开发成本，只要按需支付一定租金，就可以访问节能减排云计算信息平台，运行企业所需的管理程序、处理采集的数据信息、建立和存储节能减排数据库资料；只要有网络连接，就可以做到在任何时间、任何地点进行操作，不受时间和地域的限制。

这种模式就是利用云计算平台，将分布在各个地方的各种资源虚拟地构建起来，实现资源共享，使得政府、企业等用户在使用网络构架和应用程序时就能像使用自来水、电力和燃气等一般公共服务一样方便。它不仅能同时为成千上万客户同时提供数据处理、存储等服务，而且能保证其应用环境的高度安全。此外，通过统一开放的接口，云平台还将允许企业进行节能减排信息平台的创新尝试和搭建属于自己的节能减排信息系统。

五、基础设施层

基于新一代信息技术的节能减排信息化体系的基础设施层是采集、传输、存储和展示数据的基础环境，其规划的合理性和建设的安全性直接关系到平台的可用性、可靠性和延展性。基础设施层主要包括IT基础设施、软件系统、通信信息网络和终端数据采集设施等部分（见图8-5）。

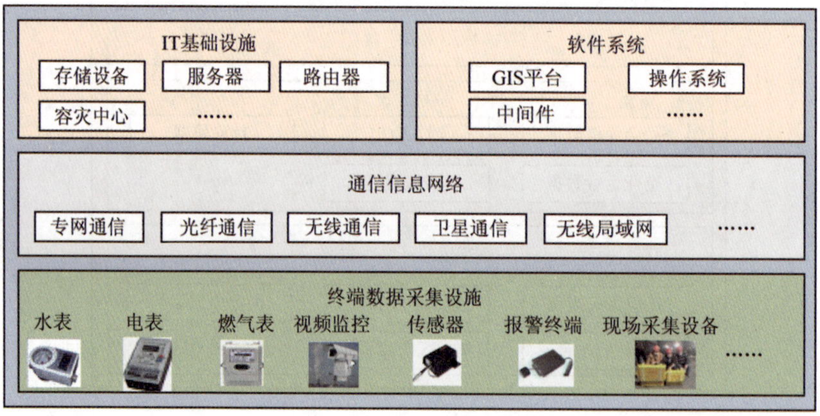
IT基础设施
存储设备
服务器
路由器
容灾中心
……
软件系统
GIS平台
操作系统
中间件
……
通信信息网络
专网通信
光纤通信
无线通信
卫星通信
无线局域网
……
终端数据采集设施
水表
电表
燃气表
视频监控
传感器
报警终端
现场采集设备
……

图8-5 基础设施层架构图

资料来源：赛迪设计，2013-07.

IT基础设施包括路由器、服务器、存储设备、容灾中心等；软件系统包括GIS平台、操作系统、中间件、实时数据库、关系数据库等。

通信信息网络主要由光纤通信网、无线通信网、卫星通信网、专用有线通信网络等复合通信平台所构成。下一代通信网络技术和物联网技术的发展不仅扩大了通信范围，并且大幅度提升了设备之间的信息交互速度、同时保障了数据流、指令流的安全性。

基于下一代通信网络技术、无线技术与智能传感器技术的相互渗透、结合，产生了基于网络化智能传感器的节能减排数据传输的无线局域网技术。这种基于网络化智能传感器的无线传输技术，使得用能现场的数据能够通过无线链路直接在网络上传输、发布和共享。无线通信技术能够在各种不利环境下，为智能现场设备和自动化管控设备之间的通信提供高带宽的无线数据链路和灵活的网络拓扑结构，在一些特殊环境下有效地弥补了有线网络的不足，进一步保障了数据采集层可以准确获得动作指令并即时上传数据，而且固定带宽的通信业务采用了碰撞避免机制，专用时隙可避免发送数据时的竞争和冲突，克服了数据丢失的问题。

终端数据采集设备包括水表、电表、燃气表、视频监控、传感器、报警终端和现场采集设备等。终端数据采集设备从用能单位生产现场采集真实、准确、实时的数据，通过传感设备、射频设备、全球定位系统等信息采集和传输设备，按照约定的协议，传递给节能减排信息监管和管理平台，为平台的在线查询、数据分析、决策支持等提供数据支持。

随着物联网的发展，基于物联网技术的智能传感器技术、MEMS技术、二维码技术、射频技术、微机电系统等技术可以对能耗数据、废弃物排放、环监指标等进行更为科学与全面的采集；物联网技术信息汇聚层的传感网自组网技术也能帮助实现终端之间的数据交换，从而利用建立数据预评判体系来消除坏值，优化数据采集工作。高性能集成电路设计技术的进步推进了数字信号处理芯片的更新速度，提高了数据采集设备的自动化和智能化程度。同时，高水平的封装技术可以使终端设备体积更小，散热性更好，自身能耗水平降低，在实现自身节能减排的同时，更为数据采集层稳定地工作。

六、支撑与保障体系

基于新一代信息技术的节能减排信息化体系的支撑与保障体系主要包括标准规范体系和安全保障体系。

（一）标准规范体系

标准制定是节能减排信息化体系发挥其价值的必要基础，标准化工作是推动云计算技术、物联网技术、下一代通信网络技术等新一代信息技术在节能减排信息化体系中应用及发展的重要基础性工作之一。基于新一代信息技术的节能减排信息化体系的相关标准主要包括技术类标准和统一标准。

技术类标准通过实现统一编码、规范数据接口、规范数据元标准和存储标准等实现各个平台间的信息互通、互联和互操作，业务管理类标准主要通过统一指标体系、规范运维管理等来实现各个平台间的信息互通、互联和互操作。

统一标准是平台间信息互通、互连、互操作的前提。节能减排信息化体系在建设和应用过程中，涉及大量的信息调用和共享，应按照应用服务原则、协调一致原则和发展性的原则，建立统一的信息标准体系。尤其是各个应用平台的对接，要保证各个平台在集成的过程中数据交换的顺畅，必须及早制定并遵循统一的信息标准体系，包括基础数据统编码标准、接口规范等。其中，编码标准包括能源种类与产品编码标准、行业编码标准、用能单位编码标准等。

（二）安全保障体系

在节能减排信息化体系中，大量的实时数据、非实时数据频繁地被调用，节能减排工作对信息技术的依赖程度更高，因此信息安全防御级别也需要提高，相应的防护手段和防护体系需要更加健全。节能减排信息化体系中信息安全体系的建设，主要是针对节能减排数据的海量性和安全防御特点，研究各安全防护层级的安全技术，制定和完善节能减排信息安全管理制度，以实现节能减排信息化体系运行的安全性。

为了提升平台的安全防护水平，要求平台遵循安全等级保护的规定，对平台的安全等级进行评定，并制定具有针对性的等级保护策略；强化终端数据采集设备、数据中心等设施的供电保障，采用多回路供电和新能源离网供电等新型供电形式保障供电安全；同时，根据信息系统灾难恢复等级评定标准，对平台的灾难备份等级进行评定，并制定灾难备份策略，建立数据中心备灾体系。

第三节　新一代信息技术在节能减排中的典型应用

一、政府节能减排信息监管平台

（一）平台建设背景

节能减排信息监管平台作为促进地区、政府、企业间顺利开展节能工作的重要平台，近年来在世界范围内得到了逐步发展，特别是在国外，已开展了大量研究、示范和应用工作。比如美国能源信息局构建了国家能源数据系统，该系统可提供近几十年不同能源的消费数据、支出数据、能源价格和排名数据，以及依据数据形成的文本报告，供国家能源管理部门制定用能计划和决策使用。我国在“十一五”期间，能源管理信息化方面取得了一定的进展，在工业、建筑等重点能耗领域构建了诸如建筑节能监测系统和工业节能减排信息监测系统等平台，但与国外先进水平相比，仍存在较大差距。因此，节能减排信息监管平台作为推动节能减排监管工作的有效措施，仍需要继续加大研发和应用力度，推进平台建设工作的深度和广度。

从政策方面看，节能减排信息监管平台政策力度日益加强。自2004年国家发改委发布《节能中长期专项规划》以来，中国节能减排工作日益深化，政府运用信息化技术开展节能执法监督和监测的力度不断加大。

2011年5月，工业和信息化部节能减排综合利用司发布的《关于建立工业节能减排信息监测系统的通知》指出，为及时跟踪了解工业节能减排进展情况，准确把握和分析发展趋势，提供基础数据支撑，工业和信息化部决定组织工业和信息化系统建设节能减排信息监测系统，并明确了建设目标、主要功能和相关要求。

2012年3月，工业和信息化部发布了《关于加强工业节能减排信息监测系统建设工作的通知》，该通知指出，节能减排信息监测是一项重要的基础性工作，对于把握分析节能减排形势、研究提出有关政策措施具有重要意义。“十二五”以来，在物联网、云计算等新一代信息技术快速发展的条件下，我国政策也正逐步鼓励以两化融合的模式促进节能减排信息平台建设，并逐步将节能减排信息平台与政府监管平台、工业控制平台、企业生产管理系统等相融合。一方面，大力加强政府对重点高能耗、高污染企业的管控；另一方面，通过节能减排信息平台实实在在地促进企业加强用能管理和节约生产成本。在国家政策刺激和企业管理需求的推动下，各地方节能减排监管平台建设将逐步发展。

（二）平台建设概况

总体来说，目前已经或者计划实施的政府节能信息监管平台项目总体上不多。大部分项目仍处于建设甚至招标过程中，个别早期已经投入使用的项目，也还有非常大的改进、提升空间。在工业领域，工业和信息化部首批重点推进的两化融合项目中，政府节能减排信息监管平台仅覆盖了山西、重庆、天津、北京、广西、安徽6省和直辖市，以及苏州、银川、大连3个地级市。在交通领域，截至2011年年底，交通运输部已经完成了4批累计122个节能减排示范项目的申报和公示工作，其中大多是非监管类项目，属于政府节能信息监管平台的项目则是凤毛麟角。在建筑领域，截至2011年4月，住建部确定北京、天津、深圳等为第一批国家机关办公建筑和大型公共建筑能耗监测平台建设试点城市，确定江苏、重庆、内蒙古等为第二批国家机关办公建筑和大型公共建筑能耗监测平台建设试点城市。截至2011年年底，全国共完成国家机关办公建筑和大型公共建筑能耗统计34000栋，能源审计5300栋，能耗公示6700栋建筑，对2100余栋建筑进行了能耗动态监测。

节能减排信息监管平台建设由中央政府各相关部委牵头推动，由地方各级政府相关部门组织建设，由各地区用能企业、机构、实体配合实施，自上而下覆盖多级管理机构和监管对象。其中用能部门是平台监管对象，涵盖了工业、交通、建筑、公共机构四大重点用能领域。平台管理对象为政府主管部门，包括地方政府主管部门和上级政府主管部门。地方政府主管部门是节能减排信息监管平台的直接使用者，其职责是获取监控对象的用能数据，保证监管数据的真实性和准确性，并将数据上报至上级主管部门。上级政府主管部门是指地方政府主管部门的上级行政管理单位，包括省级政府部门及国家各部委。

节能减排信息监管平台的建设框架可以定义为四层两体系，其中四层为：表现层、应用层、数据层和基础设施层，两体系为信息安全防护体系和信息标准体系。

综合来看，我国节能减排信息监管平台建设还处于起步阶段。从平台建设覆盖率来看，全国范围内仅有不到一半的省市启动了项目建设工作；对于已经初步建成的系统，部分省市由于缺乏基础数据支撑，平台无法有效运行；从功能上看，平台功能相对单一，以监测为主，部分项目还不具备预警功能，对监控和用能单位尚不能起到很好的服务和决策支持作用。

（三）平台实现功能

节能减排信息监管平台主要实现用能数据采集、统计指标、数据分析、系统管理四个部分的功能。地方政府主管部门利用监管平台相应功能模块审核本地区重点监控对象耗能数据，对本地区节能减排情况进行汇总分析，利用监管平台提供本地区节能、节水总体情况，以及清洁生产、环保装备发展等工作推进相关信息。目前，国内多数节能减排信息监管平台仅将用电量作为监控指标，未来将会把用油、用煤等其他耗能形式也纳入平台的计量监管。上级政府主管部门利用监管平台进行数据汇总和分析，监测分析和跟踪区域内、甚至全国用能对象节能减排动态情况，加强区域、全国用能对象节能减排形势分析，发现苗头性、倾向性问题，提出相关政策措施建议。

（四）新一代信息技术在平台中的应用

高性能集成电路设计技术的进步推进了数字信号处理芯片的更新速度，提高了采集用能数据的终端设备的智能化程度；同时，高水平的封装技术可以使终端设备体积更小，散热性更好，自身能耗水平降低，在实现自身节能减排的同时提高平台数据采集层的工作性能，保障了节能减排数据采集过程稳定、准确、快速地进行。

随着下一代通信网络技术、无线技术与智能传感器技术的相互渗透、结合，产生了基于网络化智能传感器的节能减排数据传输的无线局域网技术。这种基于网络化智能传感器的无线传输技术使得用能现场的数据能够通过无线链路直接在网络上传输、发布和共享。无线通信技术能够在各种不利环境下，为智能现场设备和自动化管控设备之间的通信提供高带宽的无线数据链路和灵活的网络拓扑结构，在一些特殊环境下有效地弥补了有线网络的不足，进一步保障了数据采集层可以准确获得动作指令并即时上传数据，而且，固定带宽的通信业务采用了碰撞避免机制，专用时隙可避免发送数据时的竞争和冲突，克服了数据丢失的问题。

而同时，随着物联网的发展，基于物联网技术的智能传感器技术、MEMS技术、二维码技术、射频技术、微机电系统等技术可以对能耗数据、废弃物排放、环监指标等进行更为科学与全面的采集；同时，物联网技术信息汇聚层的传感网自组网技术也能帮助实现终端之间的数据交换，从而利用建立数据预评判体系来消除坏值，优化数据采集工作。

另外，GIS技术也推进了节能减排信息监管平台建设。GIS技术的优点是对于终端使用者来说，一是信息可视化，将不同区域的各个属性（如人口等）显示在地图上，形象、直观，让人一目了然。二是便于空间关系分析，不同区域的属性比较和同一区域的属性叠加也是GIS的很大优点。GIS技术的可扩展性较强，基于GIS技术实施的政务管理可以延伸出很多政府管理职能，如美国的电子政府就是基于GIS技术框架建立起来的。在节能减排信息监管平台中，监管对象往往繁多分散、区位复杂，有些监管对象可能还有可移动的特点，这种情况下，采用GIS技术则会获得更好的监管效果。目前，在各地实施的节能减排信息监管平台项目中，苏州地区能源数字地图服务系统就是采用了GIS技术实施的。而交通运输行业由于监管对象的特殊性，通常也采用GPS技术进行数据传输，与GIS有一定的技术相关性。

二、企业能源管理系统中心

（一）企业能源管理中心建设背景

近年来，由于能源价格、环境治理成本的不断增长，使得我国各行业、企业面临的节能减排形势日趋紧迫。单纯依靠设备更新、技术改造等传统手段早已不能满足当前社会对于节能减排事业迅速发展的需求。而通过信息化与工业化的深度融合、良性互动，信息技术应用广泛渗透于工业生产体系中的各个环节和领域，从而推进节能减排逐渐成为新的发展趋势。

企业能源管理系统作为行之有效的信息化能效管理手段，通过对节能减排相关数据的监测、统计、分析、考核信息体系的建立，全面提高能源综合利用水平，促进形成工业化与降低资源消耗、减少环境污染的良性循环。

（二）企业能源管理系统建设现状

目前，企业能源管理系统主要以需求为主导驱动因素，推动我国能源管理系统在工业领域，特别是重点用能企业中较为快速地发展。但无论从企业能源管理系统建设的普及程度上，还是从系统应用的水平和能力上来看，当前我国企业能源管理系统的发展仍处于较为初级的阶段。由于国内相关行业标准的制定相对滞后，各主流方案供应商大多根据企业的业务优势以及自身对于能源信息管理的理解自主搭建系统，导致已建成的系统在功能架构和技术应用体系上都存在着一定的差异。

（三）企业能源管理系统功能实现

能源管理系统以对企业用能的全方位管控为核心，依托传感器、电子仪器仪表、通信网络和数据处理中心等硬件设施，通过对企业能耗信息进行采集、传输、汇总、处理和分析，进而实现为企业提供用能数据统一管理、能耗异常情况预警和诊断，对能效数据的统计分析结果展示和报表生成，利用动态用能状态的在线监控和管理，实现监控设备与用能设备的联动和自动控制，以及辅助能源采购和使用计划的制定、合理用能机制的建立、同时全面提升能效管理与决策水平。

（四）新一代信息技术在其中的应用

以物联网、云计算为代表的新一代信息技术在企业能源管理信息系统中的应用，有效地促进了信息化体系采集层、传输层、应用层和展示层中综合技术群的形成，有力地推动了管理系统功能上的拓展，为大幅提升工业节能管理水平奠定了坚实的基础。

通过在主要耗能设备上加装采用物联网技术的互感器和采集器实现能耗数据的实时采集，并经计量网关进行统一处理后再上传至能耗计量平台进行评估、分析，从而构建智慧能耗计量体系，指导能源管理模式的改进。

通过采用基于IPv6基础的新一代互联网、准4G等新一代移动通信技术，构建更为高效的信息传输体系，以应对伴随信息化的逐步发展和深化而产生出的“海量”数据的传输和处理需求。云计算、高端服务器、高端软件等新一代信息技术替代传统以数据库为中心的处理模式，高效整合利用系统资源，应对企业能耗信息获取与处理所需要的海量性、实时性、多样性以及所蕴涵的知识性等特征。

以新一代信息技术作为核心技术构建的工业节能减排信息化体系广泛深入工业生产各环节的能源管理工作，将成为今后我国工业化发展，产业转型升级的重要支撑点。

CHAPTER 9 第九章

新一代信息技术应用促进安全生产

第一节　安全生产信息化现状与发展趋势

一、安全生产信息化现状

安全生产关系到国家和人民的生命财产安全，关系到改革开放、经济发展和社会稳定大局，反映着社会科学发展的能力和水平，为确保实现“到2020年全国安全生产状况实现根本性好转”的目标，加强安全生产领域信息化建设已经成为政府和企业的共识。

（一）安全生产信息化政策支持力度逐年提升

从《国务院关于进一步加强企业安全生产工作的通知》到《国务院关于坚持科学发展安全发展促进安全生产形势持续稳定好转的意见》，充分运用科技和信息手段成为强化安全生产基础的重要组成部分，国家安全监管总局编制《安全生产信息化“十二五”规划》作为《安全生产“十二五”规划》配套的专项规划，对企业和政府在安全生产信息化建设中的指导更加细化。

（二）以“金安”工程为依托，国家和地方安全监察机构安全生产政务信息化建设规范发展

依托国家电子政务外网，国家安监总局和各地安全监管机构建设了互联互通的广域网络，初步建成了面向安全监管检查及行政执法、调度统计、矿山应急救援等的业务系统，应用视频监控等手段实时监控重点危险源，全国安全生产应急平台体系框架初步形成，北京等省级安全生产应急平台已建成并投入使用，安全生产政策法规、事故调查等面向社会公众的公共服务通过信息技术得到提升。

（三）煤矿、非煤矿山、危险化学品等重点行业将安全生产作为企业信息化的重点

安全检测监控、通信联络、人员定位、应急避险等作为国家煤矿安监局要求的“安全六大系统”内容，在国有重点煤矿基本全面开展建设，在非煤矿山也得到重点应用，车辆定位、危险源监控、产成品流向等在危险化学品行业应用普遍，设备状态监控、环境视频监控在信息化建设领先企业中已经取得了良好的效果。在管理信息化方面，大多数企业将安全巡检和事故上报作为重点，通过在办公平台或网站设置安全管理专栏方式通报管理信息，并向安监部门应急平台上报信息，神华等先进企业在重大危险源定义、监管、应急方案、救援指挥方面已基本实现信息化。

二、安全生产信息化发展趋势

目前，中国安全生产信息化建设还存在信息化与安全生产尚未完全融合，信息化推动安全生产创新力度不够，信息技术应用不能满足安全生产管理需求，安全生产信息交换共享不足，应用系统缺乏联动影响实际功效发挥等问题，随着信息技术的进步与安全生产工作要求的日益提高，安全生产信息化必须为创新监管检查方式、深度渗透生产经营活动、提高应急联动水平方面提供更有力的支撑。

（一）安全生产信息化向全过程管理方向发展

安全生产信息化逐渐从事故报告系统向以风险管理为核心，监测、监控、预警、救援一体集成，动态、实时、全过程的安全管理系统方向演变，安全生产信息化建设融入企业员工日常安全管理工作和企业经营管理流程中，全面、动态地获取经营活动中需要进行安全管理的业务活动信息，包括生产过程中人的行为、物的状态、生产环境等因素的全员、全过程、全方位受控，安全管理从安全事件的事后处理向危险源识别、风险辨识、风险评估分析、风险预警、风险控制的闭环全过程控制及动态管理。功能的延伸体现了安全管理与生产管理紧密结合，以实现安全管理持续改进，将安全生产的长效管理体系落到实处。

（二）政府、企业、专业救援队共享的智能化应急救援是未来建设的重点

安全生产的智能化、知识化、跨部门应用重点体现在应急救援平台建设中，应急救援体系的核心目标是科学预防和避免重特大事故的扩大和再发生，将事故对人、财产、环境的损失降低到最小，建立智能化的应急救援体系是提高安全管理能力的最后保障。共享应急救援平台的智能化有助于企业应用信息技术不断提升掌握事故现场情况真实性的能力，实时分析事故危害后果及可能发展趋势，从而启动相应的应急救援方案，按照预案最高效地通报政府与专业应急救援部门，及时集中抢险力量投入现场抢救与抢险。共享应急救援平台还可实现重大危险源信息综合展现与应急演练等，持续优化应急预案，进一步提升安全生产应急管理的能力。

（三）信息化标准规范体系建设将逐步完善

安全生产管理对象点多面广，企业、政府、专业机构的信息共享和业务协同需要应用系统的互联互通、数据资源的规范统一。建立以数据标准为核心，全面涵盖技术、管理、应用规范的安全生产信息化标准体系，梳理安全生产信息资源，尤其是对物联网等信息化数据、业务、技术和管理标准，规范信息资源的采集、处理、共享，提高信息资源的开发利用能力，从而满足多对象、多层次、高效率的业务协同。

（四）新一代信息技术应用提升安全生产管理效率

随着计算机技术、网络技术和信息化技术的发展，安全管理系统将向着数字化、集成化的方向发展，传统单纯依靠人员检查记录反馈的手工方式已经不能满足企业安全管理的需求。无线技术、精确定位技术、数字数据服务、电子数据交换、识别技术必将更多地应用到企业的安全管理中，以物联网、云计算、移动互联网、卫星遥感等为代表的新一代信息技术应用将极大地提升安全监察监管、动态闭环控制的效率和智能化水平。

第二节　基于新一代信息技术的安全生产信息化架构

基于新一代信息技术的安全生产信息化架构由下而上可分为四层，分别为：基础设施层、数据处理层、平台架构层、应用层（见图9-1）。

一、应用层

应用层是为用户提供具体安全生产事务处理、运行在平台架构层上的应用系统集合。根据与用户响应的纵向关系，应用层可分为应用表示层、应用服务层和应用管理层（见图9-2）。

应用表示层是用户的响应通道。安全生产的应用用户来自社会公众、企业安全生产管理人员、政府监管机构工作人员，社会公众需要获取的服务侧重信息服务，企业安全生产管理人员和政府监管机构工作人员需要获取的服务侧重于信息服务、应用服务、应用管理。应用表示层通过企业门户、在线服务、应用管理实现对应用需求的协调分工。

应用服务层是应用层的核心，为用户提供尽可能丰富的、创新的生产安全功能。不论是政府监管人员，还是企业安全生产管理人员，应用功能可以根据用户层级不同和应用重点不同，为领导提供决策服务的决策支持类应用、为安全管理职能部门提供专业化服务的安全管理类应用，以及为生产运营、社会管理、安全与生产完全融合的监测操作类应用。决策支持类功能通过对监测信息的深度应用，提供安全分析、评价、预警以及应急指挥功能；安全管理类功能体现了对安全生产的全过程管理，建立以预控为核心，安全计划、检查反馈、测试仿真、预案制

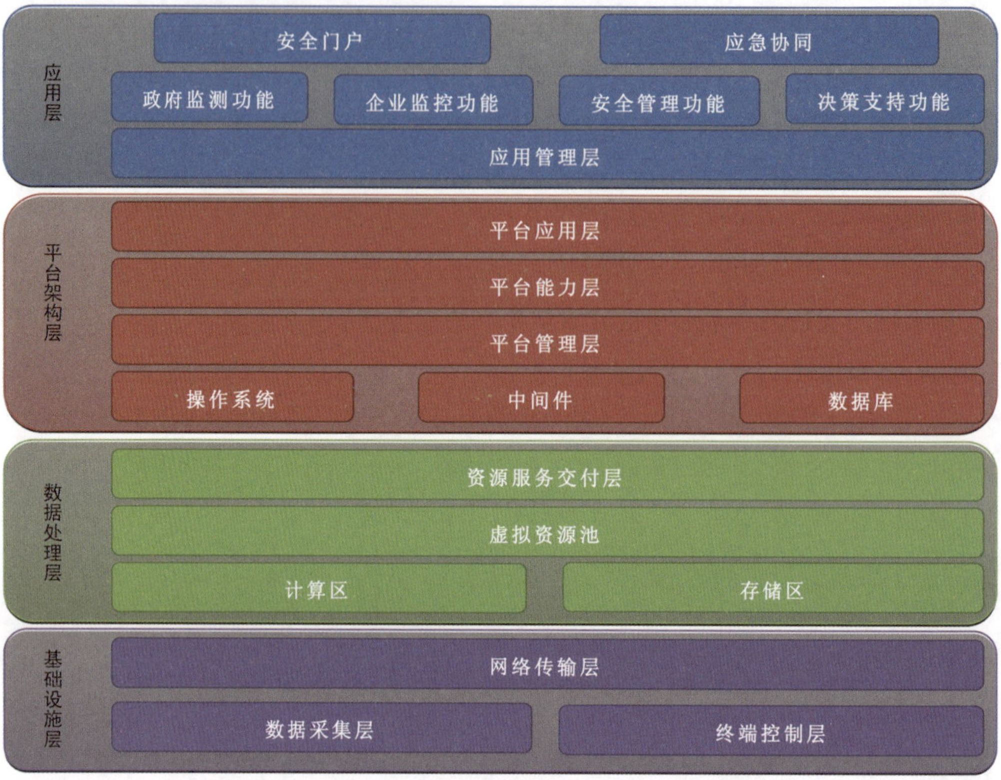
应用层
安全门户
应急协同
政府监测功能
企业监控功能
安全管理功能
决策支持功能
应用管理层
平台架构层
平台应用层
平台能力层
平台管理层
操作系统
中间件
数据库
数据处理层
资源服务交付层
虚拟资源池
计算区
存储区
基础设施层
网络传输层
数据采集层
终端控制层

图9-1 基于新一代信息技术的安全生产信息化架构

资料来源：赛迪设计，2013-07.

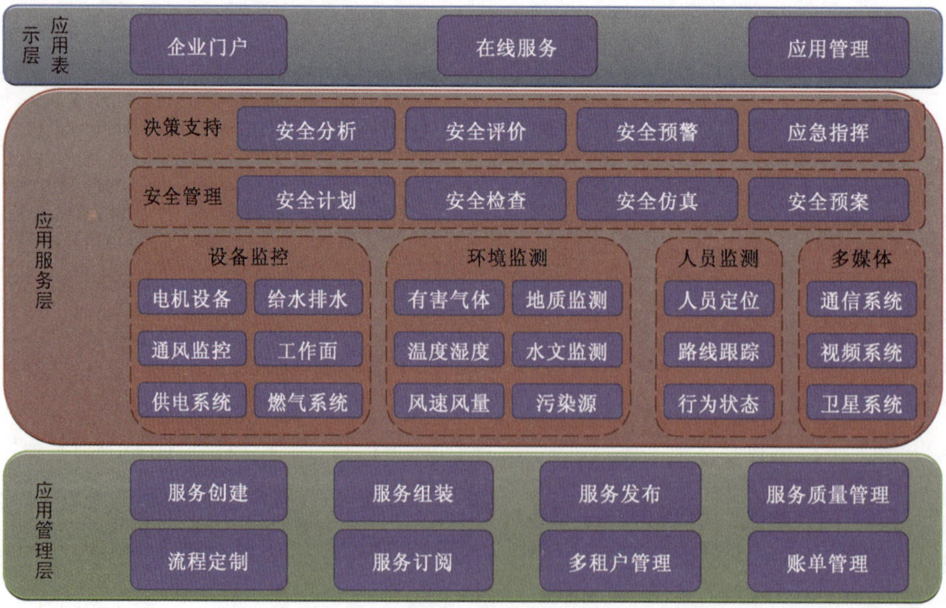
应用表示层
企业门户
在线服务
应用管理
应用服务层
决策支持
安全分析
安全评价
安全预警
应急指挥
安全管理
安全计划
安全检查
安全仿真
安全预案
设备监控
电机设备
给水排水
通风监控
工作面
供电系统
燃气系统
环境监测
有害气体
地质监测
温度湿度
水文监测
风速风量
污染源
人员监测
人员定位
路线跟踪
行为状态
多媒体
通信系统
视频系统
卫星系统
应用管理层
服务创建
服务组装
服务发布
服务质量管理
流程定制
服务订阅
多租户管理
账单管理

图9-2 应用层总体架构

资料来源：赛迪设计，2013-07.

定四环节的闭环管理，持续优化资源配置，切断安全事故的因果链，使内部人、财、物、制度达到安全和谐统一；监测监控类功能体现对细粒度物理安全生产要素的掌握，强化对人员、设备、环境三个物理安全要素从结构化的基础信息、状态数据到非结构化的视频等数据的管理。

新一代信息技术通过云计算、移动互联网等提高应用服务便捷性。应用层应用云计算以SaaS的形式提供面向特定对象的整体解决方案，通过移动互联网和云终端更好地优化用户的交互渠道，升级用户体验。

二、平台架构层

平台架构层是一个以软件资源管理为中心的、开放的、聚合各种能力和资源的云服务环境，能够更好地满足企业安全生产信息化在可伸缩性、可用性和安全性等方面的需求。平台架构层的主要模式是通过将各种核心应用整合成一个面向服务的平台，从而为新的安全管理创新提供一个应用快速实现的基础，使以往复杂的各级系统搭建、维护和更新可以按需即用、随需应变的方式获得，使系统的弹性化构建成为可能。平台架构层总体架构主要分为四个层次：平台应用层、平台能力层、平台管理层、平台资源层（见图9-3）。

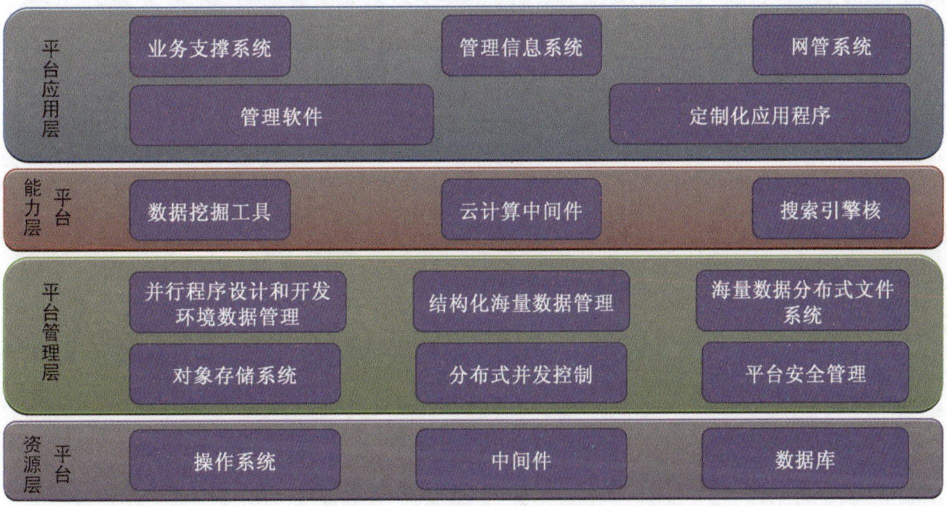
平台应用层
业务支撑系统
管理信息系统
网管系统
管理软件
定制化应用程序
平台能力层
数据挖掘工具
云计算中间件
搜索引擎核
平台管理层
并行程序设计和开发环境数据管理
结构化海量数据管理
海量数据分布式文件系统
对象存储系统
分布式并发控制
平台安全管理
平台资源层
操作系统
中间件
数据库

图9-3　平台架构层总体架构

资料来源：赛迪设计，2013-07.

平台资源层以操作系统、数据库、中间件等为管理对象，是具有通用性和可复用性的软件资源的集合。平台管理层采取海量存储和并行计算技术，使得使用每个应用的不同用户的数据都被隔离起来。平台能力层为企业提供软件集成开发、测试和部署环境，并为用户提供所需的运营环境。平台应用层是为企业提供服务的集合，是用户获得平台层服务的接口。

建立基于云计算技术的平台架构层，集合具有通用性和可重用性的软件资源，为上层的应用提供服务环境，能够更好地满足安全生产业务应用在可伸缩性、可用性和安全性等方面的要求，更好地提供海量数据存储与管理、高性能搜索等服务。

三、数据处理层

数据处理层通过不同的处理模块对采集到的数据分别进行接收、存储、分析和处理，数据处理层的基础是物理计算资源和存储资源。数据处理层体系架构如图9-4所示。

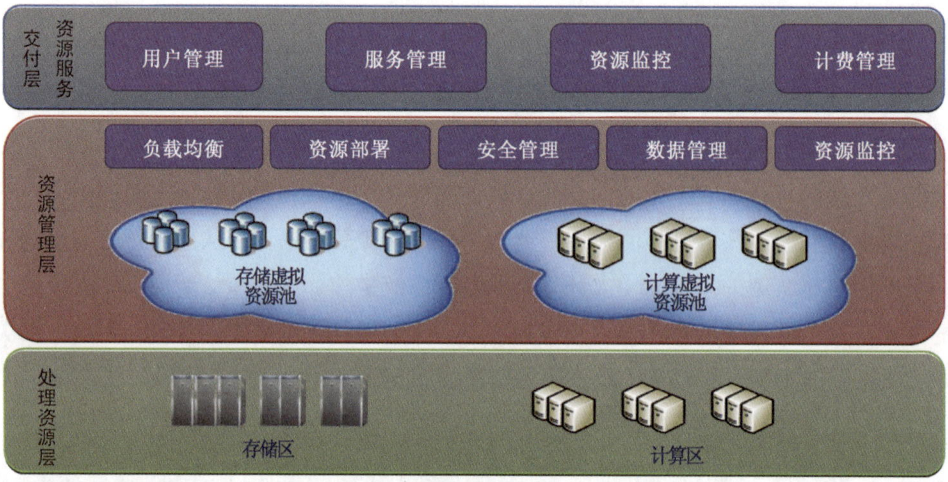
资源服务交付层
用户管理
服务管理
资源监控
计费管理
资源管理层
负载均衡
资源部署
安全管理
数据管理
资源监控
存储虚拟资源池
计算虚拟资源池
处理资源层
存储区
计算区

图9-4 数据处理层体系架构

资料来源：赛迪设计，2013-07.

通过虚拟化技术对数据中心的服务器、存储等设备进行抽象，整合成虚拟的资源池，实现资源管理优化和负载均衡，用户能够通过调用资源管理层虚拟化平台提供的接口管理虚拟的硬件资源。资源服务交付层提供的服务与资源管理层提供的功能相对应，是用户获得处理资源层服务的接口。

四、基础设施层

基础设施层的主要功能是提供数据采集、数据传输以及终端行为控制。通过一些有线和无线的监测传感设备，通过传感网络或因特网进行采集数据的传输，并依据反馈的指令进行操作。基础设施层体系架构如图9-5所示。

网络传输层是连接智能设备和控制系统的桥梁，可分为有线通信和无线通信两大类。有线通信技术可分为相对短距离的现场总线和中长距离的广域网络，安监部门已经建立了电子政务外网，企业安全生产应用的主要为工业环网，对于集团型企业，安全管理层级的应用基于企业广域内网，同时对于煤矿等特殊行业的企业，还需要接受安监总局等政府机构的监管，因此，跨网运行是对安全管理和操作的特殊要求。数据采集层的核心作用是全面感知的执行，使物体具备能够被识别的智能，在物联网技术快速发展的今天，RFID等在数据层面的可靠采集已经逐步取代条码识别等其他传感方式，对重大危险源或环境监测通常采取视频或者卫星监控方式进行。终端控制器是物联网技术区别于传统的设备识别技术的最大亮点，通过终端控制器，物体可以支持开放的通信协议，并能执行不同的任务，从而使物体具备更加精细化的多级操作智能。

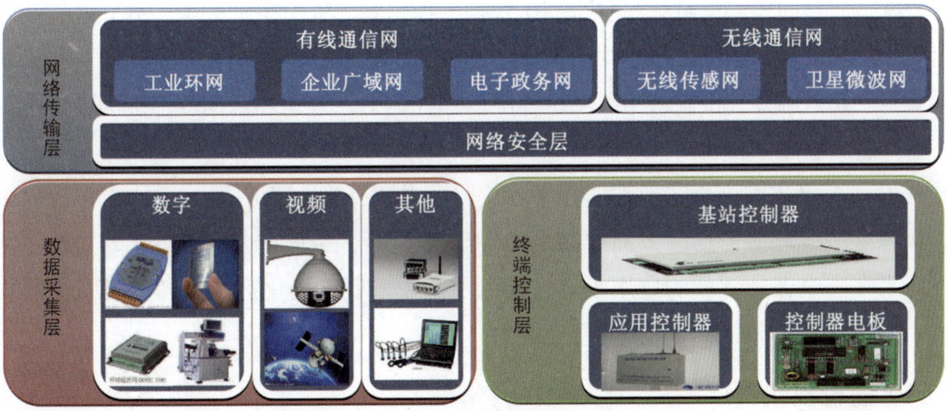
网络传输层
有线通信网
工业环网
企业广域网
电子政务网
无线通信网
无线传感网
卫星微波网
网络安全层
数据采集层
数字
视频
其他
终端控制层
基站控制器
应用控制器
控制器电板

图9-5　基础设施层体系架构

资料来源：赛迪设计，2013-07.

第三节　新一代信息技术在安全生产中的典型应用

一、基于新一代信息技术的煤矿安全生产监测监控平台

（一）建设背景

安全生产监测监控是煤矿安全生产管理的起点。中国井工煤矿百万吨死亡率约是美国的13.5倍、南非的7.9倍，大大高于世界主要产煤国家平均水平，其中煤炭储存条件复杂、机械化程度低、地质灾害严重是主要原因。加强地质环境监测，应用自动化、智能化的机械设备取代人工，建设少人、无人工作面是先进煤矿的投资重点，煤矿安全生产监测监控平台在保障生产安全、提升生产效率和企业经营效益中的作用越来越重要。

煤矿安全生产监测监控平台的发展伴随着无人采矿工作面技术的发展。国外对无人采矿的定义是：利用先进技术，包括地下通信、定位、工艺设计、监视和控制系统操纵采矿设备与采矿系统，其技术基础是高速地下通信系统、高精度地下定位及定向系统、工作面灾害预测预报系统。美国和澳大利亚的企业在采煤工作面采用了计算机技术、大功率电牵引采煤机、电控制的液压支架和具有软启动功能刮板输送机等，在实现工作面三机自动化的同时，实现设备运行状态、地质环境的实时监测。由于中国煤矿自动化、信息化起步较晚，无人采矿工作面研究迟缓，同时受煤矿技术发展相对落后等多种因素影响，安全生产监测监控一直处于较低水平。

政府为煤矿企业开展安全生产监测监控平台建设创造了良好的政策环境。在《国务院关于坚持科学发展安全发展促进安全生产形势持续稳定好转的意见》中，加强安全生产风险监控管理，充分运用科技和信息手段，建立健全安全生产隐患排查治理体系，强化监测监控、预报预警，及时发现和消除安全隐患是强化安全生产基础的举措之一，安全生产监测监控平台作为安全生产风险监管的核心信息化平台得到了快速发展。在《安全生产“十二五”规划》中，明确提出要在“十二五”期间，推进生产作业环境的监测监控，推动企业利用物联网技术对生产作业环境实现超前感知，提高对生产安全事故的预控能力。政策环境的改善推动了煤矿企业主动开展生产监测监控平台建设。

技术发展为煤矿安全生产监测监控平台提供了技术保障。物联网、云计算等技术在设备定位、状态监控、环境监测等方面的突出优势已经得到了验证。《物联网“十二五”发展规划》规划了在安全保障领域的应用示范，将引导企业采取市场化运作机制开展应用模式的创新，进一步提升煤矿安全生产的监测管理能力。

（二）建设现状

在政策引导下，大多煤矿已经逐步开展了安全生产监测监控平台的建设。煤矿装备安全监控系统是国务院第81次常务会议确定的“七项措施”之一，安监总局出台了《煤矿安全监控系统及监测仪器使用管理规范》，指导煤矿监控系统的安装和区域联网工作；目前所有国有重点煤矿均已安装了安全生产监测监控系统，区域联网工作也在有序推进。

瓦斯监测率先在安全生产监测监控平台中应用。瓦斯是中国煤炭企业采掘中普遍遇到的风险，安监总局以瓦斯监测系统为突破口，强力推动安全生产监测监控平台的应用，乡镇煤矿中超过80%的高瓦斯矿井安装了安全生产监测监控系统，低瓦斯矿井的监测监控系统安装也被纳入要求。

设备安全监控平台在大中型煤矿企业中应用广泛。煤矿所采用的主要矿山机械设备主要有：提升设备、运输设备、通风设备、压风设备、采掘设备等，设备的平稳运行直接影响煤矿的正常生产，大型国有企业纷纷提升设备自动化、智能化水平，设备的状态实时监控和预警分析是监控平台建设的热点。

环境监测在部分信息化建设先进企业中得到重视。煤矿开采环境恶劣，井下温度、顶板淋水、断层、瓦斯、煤层厚度以及地上的水文、地表位移等地质因素同时具有动态和静态两大特征，因此环境监测成为安全监测的重要环节，神华等优秀企业已经在部分煤矿开展了环境监测应用。

（三）实现功能

煤矿安全监测监控平台是传感器技术、信息传输技术、计算机应用技术、电气防爆技术和控制技术在矿井安全生产监控领域的应用产物。煤矿监测监控平台是对煤矿的瓦斯、风速、温度、一氧化碳、烟雾等环境参数和矿井生产、运输、提升、排水等机电设备工作状态进行监督和控制的系统，该平台具有以下特点：①工作在有瓦斯和煤尘爆炸性物质的井下，其装置必须是防爆型设备；②井下各监测点的位置比较分散，监控系统要求信号传输的距离要远；③监控系统的监控对象主要为缓变量，同样监控容量下系统的传输速率并不高；④电气设备的供电不仅受到电器防爆要求的限制，也受到供电距离等条件的限制；⑤井下环境复杂，干扰源多，对监测监控设备的稳定性要求高，监控设备要采取防尘、防潮、防腐、防霉等措施。

该平台由三部分组成：传感器和执行层、信息传输层、应用层。传感器和执行层主要用来采集特定的数据并根据指令执行具体的操作；信息传输层通过有线工业环网或者无线网络承担数据上传下达功能；应用层是安全管理人员直接面对的系统界面，根据内容不同，可以分为环境状态、机电设备等监测监控以及对监测结果的分析与预警功能。

（四）新一代信息技术在其中的应用

新一代信息技术在环境监测、设备监控、分析预警等应用领域前景广阔。采用物联网技术对环境信息和关键生产设备进行状态监测、自动控制，采用云计算技术进行模型分析与故障诊断，采用卫星遥感技术提升环境监测的广度与深度，结合移动互联技术来提高网络传输的安全、可靠性。

应用物联网技术提升设备的状态监测与运行控制水平。在设备关键部位加装传感器，并选取合适传感器网络组网技术进行组网并传输数据，实时监测设备的温度、电机、振动、轴温等重要参数，使得设备的状态能实时传送到调度室；传统的设备自动控制仅能实现单机单级的常规控制，依靠人员定点值守，通过调度电话等方式获取指令进行手工操作，应用无联网技术，改造传统的手动操作设备为自动化、智能化，根据远程的指令，对设备进行更加复杂、更加精细化的自动控制和维护，使设备更加智能，达到无人值守、智能控制的要求。

应用云计算技术提升设备管理水平。首先是提高设备状态分析和运维水平，通过建立设备运行状态模型开展以知识处理为核心的故障分析，开展专家系统、神经网络和模糊分析等理论、方法和应用技术的研究和应用，优化设备的系统配合，实现在线的进行数据处理和分析判断，根据预设模型发出报警和自保护操作指令，专家系统的分析结果将指导设备运维人员的操作。其次，可以有效地避免设备管理服务器单点故障，一旦某台服务器出现故障，系统自动将监测、分析、系统运行任务转移到其他服务器上，保证了系统的连续运行。再次是可以将数据封装成服务，供其他应用系统可以调用，实现设备安全状态数据与生产、运维部门的共享。

云计算技术还能有效提高监测监控平台在人机交互方面的便捷性。借助云计算技术在计算机图像处理、模式识别、人工智能方面的优势，对传感器、视频监控、卫星遥感采集的信息进行自动分析，利用三维调度引擎，融合大量影像、高程和矢量数据，建立具有精确坐标的三维模型地形数据库，叠加卫星影像、地形数据、视频，创建三维交互式环境，直观反映监控现场的空间布局与动态变化；同时采用云计算模式可以实现环境安全信息的共享，以最小成本满足企业、社会团体、政府监管机构等多方利益群体的应用需求。

卫星遥感在地质环境信息监测中应用广泛。根据地质灾害预警的要求，构建监测“点”，以监测点为基本单位构建“线”，基于卫星遥感静态连续地表变形监测、区域降水监测等组建“面”，以监测区域现场深部位移和地表变形等参数的拾取、诱因参数的拾取为基础，覆盖灾害体区域的地上、地下，构建涉及变形参量、相关因素、诱因因素的立体监测系统。采用基于卫星遥感静态连续监测技术、视频图像技术、土层和土壤深部位移测量技术、局域降水精确测量、地下水参数精确测量、大位移地表裂缝精确测量及地声监测仪的传感网络体系，实现信息融合。

移动互联网技术应用使监测监控平台更符合煤矿井下环境的要求。煤矿井下施工始终处于移动状态，有线通信受到限制，而且引发矿山事故的灾害源，如瓦斯、矿压、透水等均散布在尚未开采的地层中，且具有流动性，随着开采的进行，灾害源集中地地点、强度、显示度、危害程度也在不断发生变化，需要应用移动互联网技术建立无线分布式感知手段；另外，移动互联网技术支持环境管理人员使用多种无线终端登录系统，随时查看并处理监控问题。

二、基于新一代信息技术的井下人员定位系统

（一）建设背景

人是安全管理的核心要素，安全管理以提高人的要素为基础，以确保人的安全为终极目标。

井下人员定位系统是煤矿井下安全避险“六大系统”之一，又称为井下人员位置检测系统和井下作业人员管理系统。井下人员定位系统是遏制煤矿井下超定员生产、避免或减少特别重大事故发生的有效工具，在井下作业人员管理、事故救援等方面发挥着重要作用。煤矿安全普遍存在以下隐患：井上管理人员不能及时与井下工作人员进行即时通信，不能实时掌握井下人员的分布及作业情况，难以进行人员的精确定位，这给准确、实时、快速履行煤矿安全监测职能，保证抢险救灾造成了困扰。建立健全人员定位系统，有利于实现对煤矿入井人员的动态管理，准确掌握各个区域作业人员的情况，加强人员的安全管理和及时、有效避险。

人员定位系统一直是矿井计算机监控系统的核心内容。国外研制矿井计算机监控系统始于20世纪60年代，中国起步于20世纪80年代，虽然时间较晚但是发展很快，随着计算机的微型化、低廉化，人员定位系统在煤矿领域得到快速应用。中国为了加快煤炭工业现代化管理步伐，先后从美国、英国、德国、法国、加拿大等引进了数十套监控系统，并根据中国国情开始仿制。出于“以人为本”的理念，人员定位系统始终走在技术发展的最前端。1995年澳大利亚就开发了基于射频识别（RFID）技术的人员探测系统，随着技术进步，系统价格很快下降到企业可以接受的程度。20世纪末，国内很多自动化研究所、软件公司在监控系统的基础上进一步完善，推出了更加完善的井下人员定位系统，并很快得到政策和市场的支持。

国家安全监管总局、国家煤矿安监局2011年发布的《煤矿井下安全避险“六大系统”建设完善基本规范（试行）》明确要求，确保2011年年底前，所有煤矿都要完成人员定位系统的建设、完善工作。

（二）建设现状

全国所有煤矿已经完成了人员定位管理系统的建设。根据《煤矿井下作业人员管理系统使用与管理规范》和《煤矿井下作业人员管理系统通用技术条件》的要求，井下人员定位在识别卡、基站、井下分站等设备选型方面应满足井下环境复杂的特殊要求。RFID技术在人员定位管理系统中普遍应用，出入境口、重点区域、限制区域、巷道分叉等地点设置分站并满足监测携卡人员出入方向的要求。

人员定位、培训等基本功能齐备，行为识别等高端应用尚未起步。目前建设较为普遍的人员定位、人员培训系统功能基本成熟，但是行为识别等功能建设最大的难点是技术，人员是安全管理中最难监测、预测的因素，但缺乏相关的行为模式研究和定量分析模型，因此信息化建设缺乏技术可行性与经济可行性。

国内推出的人员定位系统以区域定位为主，精度差是应用中面临的最大问题。其特点是分站设立范围，一般为十几米到几十米，只能记录人员经过信息，无法实现人员的实时跟踪和精确定位，同时人员经过读卡器时由于身体阻碍等原因，往往造成人员“漏读”；由于分站的识别范围小，如果需要进行信号的全覆盖，所需分站数量庞大，成本巨大；由于带宽的原因，分站信息过多会导致信息传送不及时，直接影响上位机对人员位置的判别，在发生事故时，地面调度人员不能准确确定事故范围内的人员。

（三）实现功能

人员定位系统是集井下人员考勤、跟踪定位、灾后急救、日常管理等于一体的综合性运用系统，集合了识别技术、传输技术、软件技术。系统可分为人员识别监测层、传输层、应用层三个层次。识别监测层包括识别卡、视频监控和位置监测分站，识别卡由下井人员携带，当进入位置监测分站的识别范围时，发送识别数据，视频摄像对监控区域内进行动态图像获取；传输层包括有线工业环网、无线网，识别数据与影像数据通过传输层发送到服务器主机进行应用处理；应用层包括人员定位、行为监控、安全培训、预测分析四项功能。人员定位是跟踪监测工作人员，实时掌握区域内人员数量、分布情况、工作路线，并可对人员进行考勤管理；行为监控的目的是提高对人员在工作场所工作状态的可观测性；企业通过安全培训对员工进行岗前或者定期的岗位安全培训，提高安全意识；预测分析是利用信息平台覆盖区域内的各类信息（包括环境数据、设备数据、人员数据），实现对工作场所的全面建模与动态监控，为人员管理从重点考勤向状态监管转变提供支撑。

（四）新一代信息技术在其中的应用

应用物联网与无线通信技术提高人员定位效率。煤矿井下是一个特殊的工作环境，巷道交错、大型机电设备众多，电磁环境复杂，无线电波的传播受干扰严重，同时还有甲烷等易燃易爆气体，GPS等不能用于井下，RFID是目前最具优势的技术。智能人员定位系统主要硬件包括跟踪器（RFID标签）和跟踪监测站（RFID识别站），跟踪器用于标示携带者的ID号码，而跟踪监测站主要用于记录这些ID号码，并将数据传送到信息中心或调度总控室的服务器上，定位常用的RFID技术与信号飞行时间定位技术结合，通过RFID卡发出的信号飞行到跟踪监测站的时间获取距离数据，可以在复杂环境下获取精确的定位数据。个人定位跟踪系统的软件主要用于存储所有跟踪器的记录情况和实时位置，记录跟踪器、使用者、跟踪监测站和时间的历史明细。智能人员定位系统集多学科综合应用于一体，监控管理井下工作人员的工作状态，与紧急情况下的报警求助结合，便于掌握事故现场信息，充分发挥人员安全定位系统的作用。

结合视频监控与云计算技术提高行为管理能力。智能视频分析结合工作场所三维全景，抽取视频源中的关键信息，通过对识别关键行为、收集行为数据、提供双向沟通、消除安全行为障碍灯四个环节的改善，当人员进入危险区域时及时提出报警；对设备维修等区域的工作人员，对比人员行为是否符合安全规程，达到行为安全管理的目标。

应用云计算技术提高人员安全预测分析水平。调度管理人员可以根据定位记录对一个或多个人员进行跟踪，结合视频监控采集人员路线与行为信息，应用云计算技术对视频分析图像序列，分析是否按照规定的路径行进或滞留，尤其是对瓦斯检查员等特种作业人员，实现对路线和行为的快速判断与预测；当紧急情况发生时，及时、准确地掌握事发地点涉及人员的详细个人资料、人员聚集情况，分析个人与避难硐室或逃生通道的距离与合理行进路线，提供完全针对个人特殊情况的最佳自救方案，并为进一步掌握现场情况从而制定救援方案提供基础的信息。

CHAPTER 10 第十章

新一代信息技术应用促进中小企业发展

第一节　中小企业信息化现状与发展趋势

一、中小企业公共服务信息化现状

（一）中小企业发展现状及其对公共服务的需求

据统计，中小企业占全国企业总量的99%，对国内生产总值GDP的贡献率达60%以上，对税收的贡献率达50%以上，创造了约80%的城镇就业和约65%的新专利。中小企业不仅是我国经济活力的源泉，更是吸纳就业和改善民生的重要载体，其在促进社会经济发展、吸纳就业、增加财政收入、扩大对外开放和保持社会稳定方面发挥着重要作用。

近年来国家支持中小企业的政策接连出台，中小企业受到了越来越多的关注，但是中小企业发展仍面临较多的困难，如专业人才缺乏，资金投入不足，消化吸收新技术，新工艺能力较弱等共性问题突出。在资金方面，中小企业要生存、要发展，离不开适当的融资支持，但“融资瓶颈”成为中小企业的普遍困扰，阻碍了中小企业的发展和技术进步。在提高技术创新能力方面，中小企业希望获得服务。为解决技术疑难问题，需要搭建与高等院校、科研院所在高新技术和专利等方面的技术转化平台。在贸易方面，希望及时了解国内外行业发展状况，寻求合作伙伴，提高产品竞争力，拓展销售渠道，销售企业产品。在人力资源方面，需要开展培训、职业能力等评价服务，开展高层次人力资源服务，组建专家人才库、为企业出谋划策、排忧解难，为中小企业解决中高级人才短缺的问题。在信息需求方面，中小企业需要国家和省市相关政策信息、科技信息、市场信息，以及技术查询、新技术、新工艺、新材料、新产品等信息服务，并需要通过宣传扩大企业知名度。

上述问题是制约中小企业发展的主要因素，仅靠中小企业自身的建设能力，上述问题难以从根本上解决，因此，提升对中小企业的公共服务能力至关重要。在提升中小企业公共服务水平的过程中，信息技术的作用日益凸显，以中小企业公共服务平台为代表的公共服务信息化手段已初现成效，得到了国家政策的大力扶持，也受到了中小企业的欢迎。

（二）中小企业公共服务信息化现状

目前，中小企业公共服务信息化发展现状主要如下。

1. 公共服务信息化发展粗具规模

中小企业公共服务信息化多以平台形式展现，典型的包括国家中小企业公共服务平台，各地方政府主办的中小企业公共服务平台以及部分企业建设的中小企业服务平台。随着国家政策的逐步推出，中小企业公共服务平台的建设在全国重点省市已逐步开展，总量已粗具规模，依据工业和信息化部规划，“十二五”期间，我国将实施中小企业公共服务平台网络建设工程，支持建设和完善4000个中小企业公共服务示范平台，重点培育500个国家中小企业公共服务示范平台，以带动各类社会服务机构开展中小企业服务。到“十二五”末，中小企业公共服务平台将基本覆盖全国80%以上的省（区、市）。

2. 公共服务平台建设主要集中在东部省市产业集群发达地区

公共服务信息化发展水平与当地的产业聚集程度、生产性服务业发展水平相适应。江苏、浙江、广东、湖北、山东等地的中小企业公共服务平台数量较多。江苏百家省重点产业集群中三分之一以上建立了平台，省重点平台中大约三分之二开展了产品质量检测服务。广东省共建有263个中小企业综合服务机构，实现了21个地级以上市全覆盖，105个县（市、区）覆盖率达88%。

3. 公共服务平台已经涵盖生产经营各种不同的服务环节

以山东省为例，山东省为集群中小企业提供的研发、设计、检测、信息咨询、培训等平台已有240多个，其中省级平台40个，市县级平台200多个。公共服务平台中小微企业搭建起技术创新、信息网络、工业培训、科技创业、质量检测、资金担保等功能，在增强中小企业自主创新能力、推动产业优化升级、提升区域产业经济竞争力等方面发挥了重要作用。

4. 政府资金扶持力度逐步加大

据统计，2007—2008年，中央预算内资金共支持了128个中小企业公共服务平台项目，总投资18.6亿元。其中，中央财政补助资金2.41亿元。2008年已投入运营平台项目的营业收入为6.61亿元，其中服务收入4.2亿元，服务企业3.3万家；2012年投入2.3亿元支持85个公共服务平台的建设，为解决产业集群中小企业服务需求、提高自主创新能力提供了有力支撑。

（三）中小企业公共服务信息化现存问题

目前，国内中小企业信息服务平台参差不齐，还没有较为完善的公共服务平台，其中部分公共服务平台只是针对特定的行业或者提供的服务较为单一。综合分析造成中国国内中小企业公共服务平台功能不足的原因，主要有以下几点。

1. 公共服务信息化功能有待完善，多数平台不能提供全方位服务

目前，大多数公共服务平台主要是解决企业的技术、检验检测和信息咨询服务，而中小

企业对于其他服务的需求也十分旺盛。一些服务机构由于无力承担过大的投资，只能滚动发展，先开展某一方面的服务，待有了一定积累再扩充服务功能，这是造成平台功能单一的重要原因。

2. 财税优惠政策有待完善

公共服务平台在提供服务时多数只收取成本费用，赢利水平普遍较低。平台存在税收负担过重问题，以进口设备税为例，中小企业进口设备，不属于自用，但同样要缴纳进口环节增值税和关税（自2009年1月1日起，对企业进口自用设备及其配套技术、配件、备件，恢复征收进口环节增值税）。

3. 部分平台面临经营困难

目前，部分平台经营困难的主要原因可以归结为五类，依次为：①提供免费服务或低于成本价的服务（41.98%），②机构创立时间运营能力不足（40.74%），③运营成本过高（27.16%），④服务订单不足（9. 88%），⑤负担过重（2.74%）。

4. 平台的区域发展不平衡

目前，公共服务平台大多集中在经济较发达的东南沿海地区，中西部由于发展相对滞后，产业聚集区较少，且政府投资能力较低，平台相对较少。就是同一地区内部这种不平衡也很突出，如江苏的公共服务平台主要集中在苏南地区，苏中、苏北地区数量较少。在首批26家省技术服务示范平台中，苏南有17家，苏北有5家，苏中仅有4家。

总之，我国目前的公共服务平台发展滞后，政策与产业的带动效果不明显，中小企业使用公共服务平台的外部激励因素不足，使得中小企业公共服务平台在前期的发展较为缓慢。

二、中小企业公共服务信息化发展趋势

（一）国家政策的出台将加速中小企业公共服务信息化进程

近年来，我国中小企业发展取得了长足进步，但公共服务不到位，社会服务体系不健全。为解决制约中小企业发展的公共问题，政府相关部门出台了大量扶持政策，助推中小企业公共服务信息化法发展。例如，《中华人民共和国中小企业促进法》、《国务院关于进一步促进中小企业发展的若干意见》、《国务院关于进一步支持小型微型企业健康发展的意见》、《国家中小企业公共服务示范平台认定的管理办法》（工业和信息化部）、《关于促进中小企业公共服务平台建设的指导意见》（工业和信息化部）、《中央补助地方中小企业平台式服务体系建设专项资金使用管理办法》（财政部）、《关于国家中小企业公共技术服务示范平台适用科技开发用品进口税收政策的通知》（财政部）等，为中小企业的发展提供了坚实的基础。

（二）公共服务平台将为中小企业带来更多的益处

中小企业公共服务平台建设的目的是提高中小企业产品的竞争能力，建立一个以共享机制为核心，以综合性、交互性和专业性为主要特征的物质、信息及服务保障系统。通过该平台

提供的服务，有效整合企业所需的科技资源，提供行业动态、产品行情、展会等信息检索服务，以提高企业的科技创新能力和市场竞争能力，促进科技与经济共同发展。建立中小企业公共服务平台，可实现政府、公众、中小企业的信息化联动，实现市政、企业、科技、人才信息的共享；提高企业获取信息的能力，为企业、公众提供最全面、最新的信息，为企业发展提供技术支持。通过平台增强政企之间的透明度和信任度，同时有利于企业之间的信息共享以及提高企业间共同承担风险的能力，加快中小企业发展。

（三）电子商务越来越受青睐

电子商务是信息化发展的必然趋势，中小企业的发展，势必促进市场的竞争，电子商务的发展给了中小企业一个和大企业同台竞技的舞台，相对中小企业的灵活定价和较低的管理成本，电子商务更符合中小企业的发展。但中国电子商务还处在一个初级阶段，中小企业对电子商务的应用能力目前还比较薄弱。所以，随着信息化程度的提升以及中小企业对电子商务的日益重视，中小企业公共服务信息化将更重视为中小企业提供更多的商机与服务。

（四）人才培养与交流将越来越受到重视

中小企业人才普遍较为缺乏，尤其缺乏懂信息化、懂管理、懂业务的复合型高级人才。由于激励机制、氛围等原因，中小企业较难留住专业和综合型的高素质人才，人才流动性较大，这已成为中小企业发展的重要瓶颈之一。人才培养与交流机制也成为中小企业公共服务平台必须直面的问题。

第二节　基于新一代信息技术的中小企业信息化架构

一、总体架构

中小企业公共服务平台架构可概括为“五横三纵”。其中，“五横”是指基础设施层、信息资源层、应用支撑层、应用服务层以及用户展现层；“三纵”则包括信息安全体系，标准规范体系以及运维管理体系（见图10-1）。

基础设施层包括网络设备、服务器设备、存储设备和安全设备，它们共同构筑了系统的硬件环境；信息资源层分门别类容纳了系统所需的各类数据，其中既包括系统本身产生的数据，也包括从各个渠道采集或与其他系统交互所获取的数据，是系统的数据集散中心；应用支撑层包含各种标准化、模块化、可定制的组件和子系统，其中既有统计与计量分析这类通用中间件，也有本系统自行开发的专属中间件，两者共同为上层提供应用支撑服务；应用服务层是“五横三纵”模型中最具系统业务特性的层次，它直接对应应用需求的具体实现，也就是中小企业公共服务业务所涵盖的各项应用功能；用户展现层主要负责以最适合的方式向不同类型的用户提供本系统的应用服务。

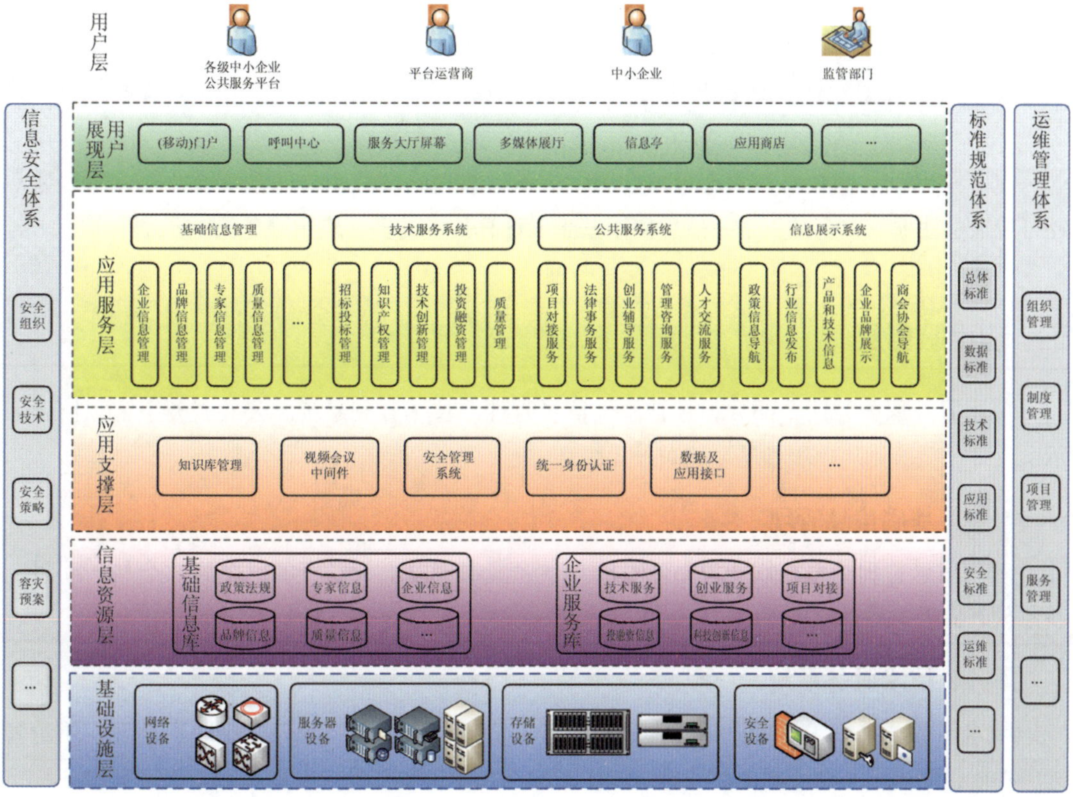
用户层
各级中小企业
公共服务平台
平台运营商
中小企业
监管部门
信息安全体系
安全组织
安全技术
安全策略
容灾预案
…
用户展现层
(移动)门户
呼叫中心
服务大厅屏幕
多媒体展厅
信息亭
应用商店
…
应用服务层
基础信息管理
技术服务系统
公共服务系统
信息展示系统
企业信息管理
品牌信息管理
专家信息管理
质量信息管理
…
招标投标管理
知识产权管理
技术创新管理
投资融资管理
质量管理
项目对接服务
法律事务服务
创业辅导服务
管理咨询服务
人才交流服务
政策信息导航
行业信息发布
产品和技术信息
企业品牌展示
商会协会导航
应用支撑层
知识库管理
视频会议中间件
安全管理系统
统一身份认证
数据及应用接口
…
信息资源层
基础信息库
政策法规
专家信息
企业信息
品牌信息
质量信息
…
企业服务库
技术服务
创业服务
项目对接
…
基础设施层
网络设备
服务器设备
存储设备
安全设备
标准规范体系
总体标准
数据标准
技术标准
应用标准
安全标准
运维标准
…
运维管理体系
组织管理
制度管理
项目管理
服务管理
…

图10-1　基于新一代信息技术的中小企业公共服务平台信息化架构

资料来源：赛迪设计，2013-07.

信息安全体系定义了系统安全模型，并以此为基础形成了一整套较为完整的安全管控体系；标准规范体系主要基于“五横三纵”的系统模型，在各个层次中定义各层结构、模式、运作的标准与规范，同时还包括与各层交互相关的标准与规范；运维管理体系则主要负责系统交付、上线运行后方方面面的日常运营管理。

二、用户展现层

展现方式与用户类型密切相关。门户（包括移动门户）是平台的主要工作接口，平台运营商通过它完成平台的日常管理、运营工作；中小企业用户能够通过各种智能手机、平板电脑等，在保证用户信息安全的前提下，快捷地访问企业公共服务平台的各种应用（APP、Web），获取所需的信息，并通过即时通信、电话等方式处理企业相关业务，使个人移动终端真正成为贴身的移动工作平台。

服务大厅屏幕、多媒体展厅、信息厅主要是以信息推送的方式向中小企业提供公共服务基础信息。同时，通过展示定制，还可以作为监管部门掌握统计分析情况的信息窗口。

呼叫中心一方面以热线的形式向中小企业提供了一个统一的咨询窗口；另一方面它也是实现平台与各级中小企业公共服务平台交互的一个沟通渠道。

应用商店是随着移动互联网兴起而诞生的应用服务存储中心，也是未来技术发展趋势之一。

基于移动互联网技术，用户可以在展示层通过移动终端登录访问系统。此外，用户通常还可以通过注册获取会员资格，然后使用基于云计算技术的多种应用服务。

三、应用服务层

应用服务层分为四个部分，包括基础信息管理、技术服务系统、公共服务系统和信息展示系统，各项应用均以服务的形式对外提供。

（一）基础信息管理

基础信息管理子系统数据包括政策法规、企业、专家、设备资源、品牌、产品、项目、科技创新成果、质量标准等内容。

（二）技术服务系统

技术服务子系统包括招投标管理、知识产权管理、技术创新管理、投融资管理、质量管理等功能，面向中小企业提供招投标、知识产权、技术创新、投资融资和质量检测等服务。

1. 招标投标管理

为中小企业提供货物的买卖、工程建设项目的发包与承包以及服务项目的采购与提供信息，为企业提供项目机会，促进企业改善经营管理，提高效率，节约材料，降低成本。

2. 知识产权管理

合理、有效地利用专利信息，为经营决策提供有力的技术、经济和法律情报，在借鉴国际先进技术的基础上，可以提高研发起点，避免低水平重复研究带来的损失和避免触犯他人的专利权益，还可以帮助企业在市场竞争中获得有利地位。

3. 技术创新管理

将企业研发队伍和科研院所团队整合到技术创新联盟中，以技术课题为纽带，组建虚拟攻坚力量，为中小企业技术创新提供低成本、高质量的工作成果和技术突破。

4. 投资融资管理

以金融服务为重要服务手段，解决企业在经营发展过程中资金短缺的问题，搭建全方位配套，众多金融产品支撑的金融服务平台，与国内外银行和金融机构合作，创造一站式服务，建立发展基金、仓单质押、购货贷款、信用证、专项担保、企业联保、交易结算等方面的金融服务平台。

5. 质量管理

为中小企业提供质量检验检测、原材料性能测试、推广先进质量管理方法和产品标准等服务。指导企业建立质量管理体系，培养质量管理人员，提供大型加工仪器设备共享服务。帮助企业申请相关体系和产品认证，参与质量评奖活动等。

（三）公共服务系统

公共服务子系统包括项目对接服务、法律事务服务、创业辅导服务、管理咨询服务和信息化服务等功能，面向中小企业提供法律法规、政策、技术、人才、市场、物流、管理等方面的综合信息服务。

1. 项目对接服务

组织开展各类展览展销、贸易洽谈、产品推介、国内外经济技术交流与合作活动。帮助企业建立营销网络，应用电子商务，提高产品的市场占有率。

2. 法律事务服务

以中小企业公共服务平台的名义，组建网上律师事务所，明确职责分工和工作排班，为中小企业提供实时在线的法律事务服务。此外，还可以根据企业的申请，组织律师团提供专项服务。

3. 创业辅导服务

为拟创业人员提供创业信息、商务计划书编制、创业培训，以及工商登记等政务代理和相关行政许可申报服务；为创办三年内的小企业提供管理咨询、项目诊断、市场营销、财务管理、筹资融资、财税申报、法律援助等辅导服务和创业场地。

4. 管理咨询服务

提供发展战略、财务管理、人力资源、市场营销等咨询诊断，帮助企业学习、掌握现代企业管理知识和技能，提高科学决策和经营管理能力。

5. 人才交流服务

针对中小企业面临的高端人才缺乏困境，为企业提供各层次的人才信息，并提供人才交流与培养机制指导。

（四）信息展示系统

提供中小企业相关政策信息导航，定期发布更新行业相关信息、产品和技术信息，为中小企业提供展示企业品牌的平台。此外，信息展示系统还留有与商会、协会子平台或网站的信息发布接口。

四、应用支撑层

应用支撑层构架于信息资源层和应用服务层之间，为多种应用服务系统提供基础数据处理等支撑服务。应用支撑服务包含知识库管理、视频会议中间件、安全管理系统、统一身份认证、数据及应用接口等内容，以封装库的形式面向平台现有以及未来的应用功能提供基础性服务。

在传统组件模型的基础上，还可以基于云计算技术建设PaaS层，对现有各种应用基础资源进行整合，使应用支撑服务与信息资源相结合，向下利用IaaS层提供的服务能力，向上提供统一的开发标准、运行环境和组件平台。

五、信息资源层

信息资源层由“两体系、两大库、一渠道”构成。两体系是指统一资源模型体系、统一信息编码体系；两大库是指基础信息库和企业服务库；一渠道是指信息资源访问渠道。

（一）资源构成

从业务域的维度可以将信息分为三大类：处理信息、依据信息和参考信息。其中，处理信息是监管、服务工作中输入和输出的信息；依据信息是监管、服务工作中需要依托、依据的信息；参考信息则是监管、服务工作中需要查阅、利用有关资料帮助学习、研究或了解情况的信息。

（二）两体系

统一信息资源模型体系和统一信息编码体系共同构成了统一数据管理框架，统一数据管理框架则是保证信息一致和可控的管理基础。基于统一数据管理框架的系统应当编制信息资源规范，对信息系统的设计进行数据指导。

统一信息资源模型体系通过信息资源分类、信息资源地图和基础数据管理系统实现对信息资源模型及信息资源主要隶属系统的统一定义，为一数一源提供管理基础，并通过基础数据管理系统保证对共享信息的统一管理。

统一信息编码体系通过信息编码管理体制、编码规则和编码管理系统实现对中小企业公共服务相关基础信息的统一编码，并通过应用服务进行统一增加、使用与变更管理。

（三）两大库

1. 基础信息库

基础信息库主要包括政策法规、专家信息、企业信息、品牌信息、质量信息、项目信息等基础数据。各项具体应用在业务操作过程中都会有对这些数据的使用需求。统筹建设基础信息库，实现基础数据单一来源，提供对外统一的服务接口，就能够根据业务需要提供统一的共享数据服务。

2. 企业服务库

企业服务库包括技术服务、创业服务、项目对接、投融资信息、科技创新信息，以及管理咨询、人才培养、法律事务、金融担保等方面的数据，是为中小企业提供全方位（信息、技术、创业、培训、融资），宽领域（信息查询、技术创新、质量管理、管理咨询、创业辅导、市场开拓、人员培训）公共服务的数据基础。

（四）一渠道

信息资源访问渠道主要有四类，其中，数据库接口实现对数据库级的系统集成；程序接口实现应用级别的系统集成；文件接口实现非结构化数据的交换；综合查询分析工具实现人机间的信息交互。

六、基础设施层

平台基础设施层包括网络设备、服务器设备、存储设备和安全设备。这些设备组合后通过利用云计算技术，达到利用效率最大化的目的。基础设施层的作用是为给上面的中间件层或者用户准备其所需的计算和存储等资源，主要采用以下技术和服务实现云服务。

虚拟化：通过虚拟化技术，在一个物理服务器上生成多个虚拟机，并且能在这些虚拟机之间实现全面的隔离，这样不仅能降低服务器的购置成本，而且还能同时降低服务器的运维成本。

分布式存储：为了承载海量的数据，同时也要保证这些数据的可管理性，需要一整套分布式的存储系统。

计费管理：也就是对每个用户所消耗的资源等进行统计，以便准确地向用户索取费用。

安全管理：对数据、应用和账号等IT资源采取全面的保护，使其免受犯罪分子和恶意程序的侵害。

负载均衡：通过将流量分发给一个应用或者服务的多个实例来应对突发情况。

七、支撑与保障体系

基于新一代信息技术的中小企业信息化应用体系的支撑与保障体系主要包括信息安全体系、标准规范体系和运维管理体系。

（一）信息安全体系

从信任保障机制、安全监控和管理手段、网络安全支撑平台，以及安全管理技术等多个方面，构建全方位、多层次的信息安全保障体系。信息安全体系主要包括以下几个部分。

1. 网络安全防护体系

利用现阶段的各种防护产品，加强对网络的基础安全防护，实现多级的安全访问控制功能。按照“纵深防御，重点保护”的策略，将网络划分为不同等级的安全区域，对网络中不同级别的资源实现不同程度的防护强度和不同的访问控制粒度。

2. 基础安全防护系统

基础安全防护系统包括物理安全、防火墙、入侵检测、漏洞扫描、安全审计、病毒防护、Web信息防篡改、非法外联监控等基础安全技术。防范来自内部、外部的攻击及病毒等安全威胁，及时发现系统安全的薄弱环节，强化内部管理，保证业务稳定、安全、高效地运行。

3. 故障恢复备份系统

主要是建成关键服务器系统的集群与双机热备结构，使得整个系统不存在单点故障。同时，利用双链路网络体系保证网络链路、网络设备及安全设备不存在单点故障；对于业务数据，通过提供磁盘阵列等备份和恢复手段，保证系统能根据备份策略恢复至指定时间的状态。

4. 统一身份认证系统

统一身份认证系统的主要功能是负责证书的注册、审核、签发、废止、更新、归档以及密钥管理、CRL发布、操作审计等。在充分考虑系统的安全性、实用性、扩展性等诸多方面因素的基础上，建设一个高效、安全的认证中心。

5. 安全监控和管理

对安全设备和系统实施统一管理、统一监控、统一审计、协同防护，以充分发挥网络安全防护系统的整体作用，提高网络安全防护的等级和水平。在系统中建立基于用户的访问控制机制，对用户标识的数据予以保护，防止越权访问。

6. 安全管理机制和组织

培养和建立网络信息安全的技术与管理队伍，保证系统安全技术和管理落实到人。在制定实用、可操作的安全管理制度的前提下，强化安全意识和培训，加强安全管理制度的执行力度，确保各项业务的安全运行。

（二）标准规范体系

标准规范体系也是平台的重要内容之一。应遵循与系统总体架构相对应的基本原则设计标准规范体系框架，如图10-2所示。

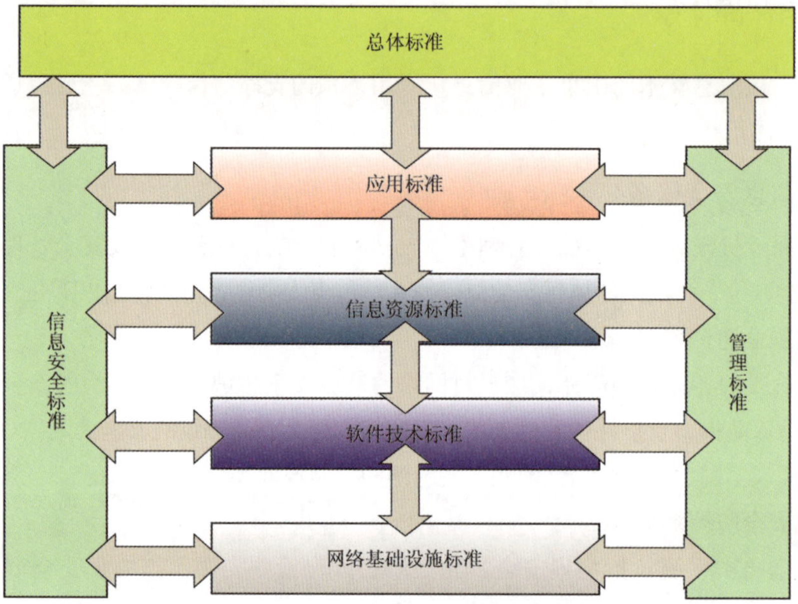
总体标准
应用标准
信息资源标准
软件技术标准
网络基础设施标准
信息安全标准
管理标准

图10-2 标准规范体系框架

资料来源：赛迪设计，2013-07.

1. 总体标准

总体标准包括标准规范目录、系统名词术语规范、工程标准化指南等标准和规范。

2. 应用标准

应用标准包括应用系统业务划分规范、应用系统业务流程规范、信息系统平台应用规范、信息系统平台二次开发规范等应用方面的标准和规范。

3. 信息资源标准

信息资源标准包括数据库设计规范、非结构化数据规范、产业行业编码规范、信息交换与共享规范、通用数据交换格式规范等信息资源方面的标准和规范。

4. 软件技术标准

软件技术标准包括人机交互界面规范、软件编码标准规范、系统集成技术规范、技术平台应用规范等软件技术方面的标准和规范。

5. 网络基础设施标准

网络基础设施标准包括网络建设规范、网络管理规范等网络基础设施方面的标准和规范。

6. 信息安全标准

信息安全标准包括安全管理规范、安全保护定级规范等信息安全方面的标准和规范。

7. 管理标准

管理标准包括工程验收管理规范、工程监理管理规范、质量评价规范、绩效考评规范等管理方面的标准和规范。

标准规范体系建设时应坚持引用和开发相结合的原则。此外，应关注业务领域和信息化领域标准的发展趋势，宣传贯彻国家标准，开发和研制行业标准，推广和普及现有各项标准。

（三）运维管理体系

平台运维管理体系主要是在明确运维管理体系建设的整体架构和运维方式的基础上，针对硬件设备、网络、安全、应用软件等领域分类设计运行维护方案。

1. 网络系统运行维护

网络系统运行维护的内容包括：网络节点和拓扑管理、网络性能管理，以及网络故障管理。

2. 服务器运行维护

服务器运行维护的内容包括：服务器系统维护、系统进程管理、性能报告管理、文件系统空间管理、对存储和备份资源集中监控，统一管理、制定系统软件和应用软件系统数据备份策略和管理规范。

3. 数据库系统维护

数据库系统维护的内容包括：监视数据库的状态，监视归档日志和可用空间量，对表空间的使用情况和增长情况进行定期分析和预警，将监控到的数据库性能指标保存，生成性能趋势报告。

4. 应用系统运行维护

应用系统运行维护的内容包括：日常基本维护、定期针对应用系统运行中生成的记录文件进行监测、完成应用程序的bug修改和功能拓展；针对应用程序的特点，进行调整和优化，提高应用系统性能。

5. 安全系统运行维护

安全系统运行维护的内容包括：在网络上建立相对较完整的安全防护体系，实现多级的安全访问控制功能，实现对重要信息的传输加密保护，建立集中的证书认证服务基础设施和授权系统，及时了解网络系统的安全状况、存在的隐患，技术上采取“集中监控、分级管理”的手段，发现问题后及时采取措施。

第三节　新一代信息技术在中小企业信息化中的典型应用

一、中小企业公共服务平台建设背景

随着政府职能由管理转向服务和信息技术在政府工作中的广泛应用，搭建全新逻辑的综合信息服务平台，满足企业、公众的信息需求势在必行。依托平台服务，可以有效整合社会资源，提供信息服务、成果转换、国际合作、人才交流等各项服务，以此提高企业和个人在信息化条件下的竞争能力，促进科技和经济共同发展。

政府对中小企业公共服务平台的建设日益重视，工业和信息化部中小企业司负责人日前表示，我国将大力推动中小企业公共服务平台建设。据介绍，我国从2006年开始将中小企业公共技术服务平台列为“十一五”支持中小企业技术创新工作的重点。2007—2009年，中央预算内资金支持了153个公共服务平台的建设，据对28个省（区、市）公共服务平台建设情况进行的调查显示，目前已有21个省（区、市）出台了推动平台建设的文件，18个省（区、市）开展了平台认定工作，已认定的服务平台有858家，23个省（区、市）对平台的建设和运营给予了资金支持。2012年4月，工业和信息化部会同国家发改委等七部委联合印发了《关于促进中小企业公共服务平台建设的指导意见》，进一步推动中小企业公共服务平台建设。未来3年，国家有关部门每年将批准100个中小企业公共服务平台成为国家级示范平台。

二、中小企业公共服务平台建设概括

目前公共服务平台在中小企业的应用已经有了很大进展。国内的中小型企业建设了中小型企业网，在满足自身需求的同时，还通过共享资源和商业信息，提高企业的业务能力，例如，上海电信与上海中小型企业联合创办商务领航平台，通过在试验平台发布信息技术解决方

案，帮助企业提高信息化水平，同时还帮助中小企业通过该平台，发布自己公司的信息。中小型企业依托“信息化服务”栏目，汇集中小型企业的信息技术服务资源，提供信息技术产品和解决方案的范围，建立体验中心，帮助企业选择正确的信息产品，展示企业信息技术的杰出成就，扩大对中小企业信息化的视野，平台还为中小企业提供信息政策，专业在线咨询；外包服务企业信息化信息发布等服务。通过该平台，减少了中小型企业信息技术的成本和风险。

在公共服务平台的建设模式方面，各地积极探索出如政府出资、企业改建、行业协会主办、机构联办等各种模式。目前，中小企业服务平台大多建在产业集群，或面向区域优势和特色产业，有力地支持着产业聚集区的中小企业和区域经济的发展。公共服务平台的服务范围也从最初以技术服务为主逐步转变为将研发、设计、试验、生产加工、产品检测等技术服务与信息、咨询、培训、管理提升、市场开拓等综合服务有机结合，为中小企业提供全程、“交钥匙”服务。例如，鞍山市装备制造业数字化技术服务平台近两年已先后为当地的200多家企业提供了新产品开发、产品数字化设计和加工制造、企业数字化管理和远程视频服务等多面的技术服务，累计增加企业经济效益1.2亿元以上。

三、中小企业公共服务平台实现功能

中小企业公共服务平台主要实现企业中心、产品中心、需求商机、供应商机、企业招聘等功能。通过此平台提供的各种服务，不仅平台用户能够及时地了解和发现各种商机，而且也能够促进各企业之间的相互交流合作；广大的访问用户也能快捷、直观地了解到对自己有用的企业及相关产品信息，为企业注册用户带来了更多的商机。比如，企业中心模块提供了企业搜索功能，通过关键字进行企业搜索，还可以限制企业的所属行业和类型，减少了搜索范围，提高了搜索有效率。产品中心展示了一个产品列表，默认按照时间排序，可以通过此列表了解到产品的一些基本信息，使访问用户能够快速地获得感兴趣的产品信息。通过供需商机模块可以获得平台用户发布的各种产品供求，使访问用户和企业用户增加了合作机会。

建立中小企业信息服务平台，开发以国际合作服务平台、科技政策咨询平台、企业信息服务平台等为核心的综合信息服务平台，可以为中小企业及企业信息系统奠定基础，从而实现政府、公众、中小企业的信息化联动，实现市政、企业、科技、人才信息的共享；提高企业获取信息的能力，为企业、公众提供最全面最新的信息，为企业发展提供技术支持。通过平台还将有效增强政企之间的透明度和信任度，同时有利于企业之间的信息共享以及共同承担风险的能力，进而增强企业信息化水平和盈利能力。

四、新一代信息技术在中小企业公共服务平台中的应用

新一代信息技术在中小企业公共服务平台的应用最典型的是打造基于云计算机的公共服务平台。云计算在平台的应用主要有两大优势：一是节省硬件投资。通过虚拟化等技术使得IT

资源的利用率得到提高，中小企业用户借助SaaS、PaaS、IaaS等服务建立数据中心，无须投入资金且可灵活满足业务变化的需要。二是SaaS。云计算“托起”SaaS，而SaaS可保持中小企业用户对云计算的黏性，所以SaaS服务是云计算当前最主要、最流行的应用。

基于云计算的中小企业公共服务平台总体分为四个层次，如图10-3所示。

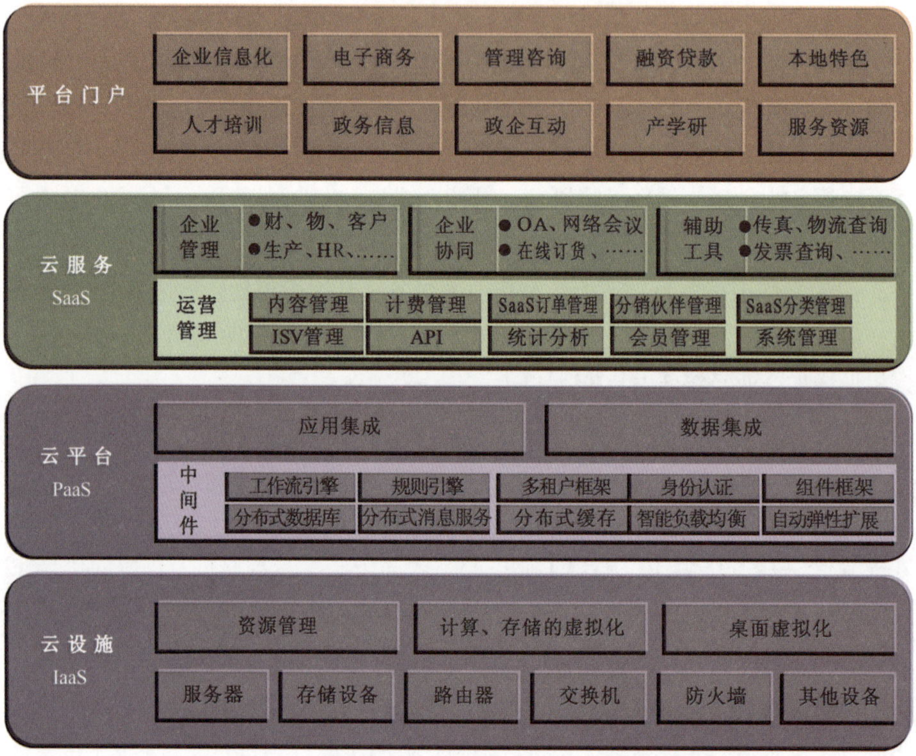
平台门户
企业信息化
电子商务
管理咨询
融资贷款
本地特色
人才培训
政务信息
政企互动
产学研
服务资源
云服务
SaaS
企业管理
●财、物、客户
●生产、HR……
企业协同
●OA、网络会议
●在线订货、……
辅助工具
●传真、物流查询
●发票查询、……
运营管理
内容管理
计费管理
SaaS订单管理
分销伙伴管理
SaaS分类管理
ISV管理
API
统计分析
会员管理
系统管理
云平台
PaaS
应用集成
数据集成
中间件
工作流引擎
规则引擎
多租户框架
身份认证
组件框架
分布式数据库
分布式消息服务
分布式缓存
智能负载均衡
自动弹性扩展
云设施
IaaS
资源管理
计算、存储的虚拟化
桌面虚拟化
服务器
存储设备
路由器
交换机
防火墙
其他设备

图10-3　基于云计算的中小企业公共服务平台架构

资料来源：赛迪设计，2013-07.

最底层是云基础设施层IaaS，主要通过虚拟技术对所有设施的资源进行整合利用，包括处理、存储、网络和其他基本的计算资源，企业能够部署和运行包括操作系统和应用程序在内的任意软件，无须管理或控制任何云计算基础设施，但能控制企业权限范围内的操作系统、存储空间、部署的应用。

其次是云平台层PaaS，提供了满足各种服务的核心框架，支撑着SaaS平台的核心应用。一方面，平台运营商可以管理和维护各种SaaS应用；另一方面，平台运营商也可对中小企业开放技术标准，企业按照标准可开发出个性化应用并完成部署和调用。

再次是云服务层SaaS，通过提供包括企业管理、企业协同、辅助工具等多种SaaS应用以及运营管理系统，实现运营商与SaaS服务提供商多赢的模式。

最后是平台门户，是中小企业用户通过Internet访问的主页。在门户中企业可直接注册、登录并选择使用各项服务。通过门户网站云的建设，整合各部门的网站服务功能并形成有效的同步更新机制，完善为公众和企业提供各部门服务的“一站式”门户网站。强化便捷的场景式办事指引，从以推送服务为主向以订阅服务为主转变，从大众化服务向个性化服务、智能化服务、自助化服务转变，从单一渠道服务向多渠道服务转变，逐步营造“我的专属企业服务”的用户体验。

综上所述，基于云计算的公共服务平台提供了基于SaaS的低成本的信息化应用，降低了企业信息化的门槛，以云计算信息技术为手段、以网络为平台、以知识管理为核心、有效整合社会资源，是中小企业服务体系的基础平台以及提供各类服务的基本工作手段。应该利用云计算技术和互联网的快速计算和海量存储优势，通过中小企业服务工作与信息化的紧密结合，更好地促进中小企业的发展。

智·慧·城·市·篇

第十一章 CHAPTER 11

智慧环保

第一节 环保信息化现状与发展趋势

一、环保信息化建设现状

（一）智慧环保支撑作用日趋显现，污染监测加快推进

“十一五”期间，在国家环境监管能力建设方面主要完成环境监察执法、环境监测、环境应急、核与辐射安全监管和环境统计等能力建设。其中大部分投资都直接或间接和智慧环保建设与应用有关，如国控重点污染源自动监控、环境质量监测、重点城市应急监测、环境统计能力建设及运行、重点城市109项水质全分析能力建设、边境河流水环境监测、京津冀区域空气质量监测能力建设、核安全监督站监管执法能力建设等。

截至2011年，国控重点污染源自动监控系统是推进我国环保部门建立一套顺应世界潮流、符合中国国情、具有时代特色的环境管理体系和科技支撑体系的重大突破，对占全国主要污染物工业排放负荷65%的近万家工业污染源和近700家城市污水处理厂安装污染源自动监控设备，并与环保部门联网，实现实时监控、数据采集、异常报警和信息传输，形成统一的监控网络。截至2011年上半年，全国已建成349个各级污染源监控中心，并已全部与环境保护部污染源监控中心联网；共对15559余家重点污染源实施了自动监控，其中，国控重点污染源7931家（监控排放口数11632个），与环境保护部污染源监控中心联网的企业达8788家。项目的成功实施，提高了全国污染源监管能力，向建设具有我国特色的自动化、信息化的环境监管体系迈出了重要一步，对全国环保信息化建设产生了重要的引领与带动作用。

（二）智慧环保基础建设进一步完善

环保领域已经初步建成了涵盖31个省、市、自治区、直辖市环境厅、新疆生产建设兵团

环保局和五个计划单列市的环保局的环保业务专网系统。环境保护部通过“环境信息与统计能力建设项目”进行全国环保系统的网络部署，浙江、内蒙古、北京、天津、上海等已建成了省（市）到地市的网络，全国各地方也正积极建设从地市到县级的通信网络。在局域网方面，环保部、31个省（自治区、直辖市）环保局以及大部分地市环保局已建成局域网系统。此外，环保部信息中心完成了环保部监察局与中央纪委监察部联网工程，实现了环保部监察局全体人员计算机与中央纪委监察部的联网通信。

通过建设重点污染源在线监测实时数据传输网络和水质自动监测实时数据传输网络，初步实现网络系统资源的整合，发挥环境信息基础网络系统的作用，加强网络安全管理和技术保障措施，建成全国性的环境信息网络系统。环境信息基础设施整体完备，安全保障和运维体系相对健全，环境信息资源得到有效开发、共享和利用，环境信息服务满足社会公众需求。初步实现了环境政务业务信息化、环境管理信息资源化、环境管理现代化和环境信息服务规范化。

（三）信息资源共享建设逐渐加强

环保部门多年来的环境监测、统计与考核管理工作积累了大量的基础数据，通过加快制定保障信息资源共享的相关标准、规范，全面推进数据资源的共建共享。基于国家环境保护业务专网，建立了环境保护电子政务信息交换平台门户，在环境保护部与各省环保厅局之间实现政务信息的传输、发布和共享，为环境保护部与全国省级环保厅（局）的文档传输和信息共享提供了基础平台和技术支撑。通过建设减排数据交换系统，与环保部环境监察局、中国环境监测总站等环境保护部直属的减排工作业务单位实现减排数据交换和共享。

环保部通过信息资源共享来全面推进环保领域智慧环保建设，一方面，通过应用平台集成各类现有智慧环保应用系统；另一方面，根据环境管理业务应用的需要，开发新的环境管理业务应用系统并整合到应用平台，结合污染源监督管理、核安全管理、生态建设管理等重点业务需要，进行规范化应用开发、集成和整合。

（四）智慧环保应用系统整合逐渐强化

近几年，智慧环保建设紧紧围绕环境质量监测、污染源管理、环境风险防范等核心的环境管理工作，应用能力建设得到了各级环保部门的足够重视，应用水平与应用能力建设同步提升。环保部通过统一的用户管理，实现了对不同系统的统一登录管理，通过非涉密电子公文远程传输系统，在环保部与各省环保厅局之间建立文件传输通道，支持日常的公文、简报、会议通知和突发事件等非涉密文件实现快速的上传下达，提高工作效率。地方各级环保部门也在完成公文传输系统、建设项目管理系统、自动监控系统等各类应用系统建设的基础上开始加强应用系统整合，一方面，智慧环保建设为环境管理提供全方位的环境信息支持和服务，以电子政务综合平台为依托，建立环境保护部及各级环保局内部的信息门户；另一方面，以政府门户网站为平台，规范环境信息服务，逐步整合项目管理、排污收费、在线监测监控等业务，开展网上办公、公众互动，全面促进环境保护的宣传教育和公众参与。其中，浙江、江苏、上海、安徽等省市的应用系统已较好地覆盖环保管理与业务应用的需求，环境质量监测、污染源监控、环境应急管理、排污收费、污染投诉、建设项目审批、核辐射管理等一批业务应用系统逐渐整合，并已经开始发挥实效。

（五）物联网、无线通信等新一代信息技术成为应用重点

智慧环保建设非常重视新技术的应用与推广，包括物联网、无线通信等技术，以及运用先进的虚拟实境、视频监控、远程反控、通信组网等信息技术，力求建成高标准、最先进的信息共享平台。各地通过遵循国家标准、采用消息中间件技术，纷纷开展建设独立的数据交换平台，实现跨部门、多源异构数据的集中交换和统一管理。通过三维GIS技术创建环境信息展现的三维交互式环境，根据环境航空影像、卫星数据、数字高程模型创建三维地形景观数据库，为环境信息的立体化分析和空间展现提供技术支撑。通过采用联机分析处理技术和数据挖掘技术，实现水环境数据的多角度综合分析，从时间、地区、行业、水系等不同角度，对环境数据及相关社会经济数据进行深入研究与关联性分析，为环境管理与决策提供依据。通过先进的远程控制技术与360度全景视频采集技术，实现对污染源现场排污设施的远程控制，以及全方位监控与跟踪。

二、环保信息化建设发展趋势

环境保护的根本出发点是服务社会，服务对象包括政府的环境管理、监测和研究部门、污染排放及污染治理企业、其他社会机构和社会公众等。通过智慧环保整合现有应用和信息资源，建立集环境质量监测、污染源监控、环境风险防范等于一体的环保管理和服务体系，为政府改进环境质量、实现节能减排目标、防控环境风险服务。通过智慧环保将环境要素的实时监测、分析和节能降耗关联起来，进而服务企业改善生产工艺不合理情况，有效提升生产企业积极性，使降低能耗和排污成为企业的自觉行动。此外，智慧环保通过和其他物联网有效协同可以使数据来源多样化，扩大服务对象，更好地为社会公众服务，例如，与食品检测系统协同保证食品安全，进行空气质量预测，为公众旅游、出行等服务。

为确保智慧环保系统充分发挥效益，一方面，业务部门通过建立智慧环保应用考核机制，鼓励各部门充分运用智慧环保系统开展工作；另一方面，管理部门也注意在应用中根据需求完善系统，不断提高系统的实用性，使智慧环保系统能切实发挥作用。各地环保管理部门将在环境监管业务集成系统、环境数据中心、环境地理信息系统、模型分析、移动执法、公众服务等方面紧密结合环境监督管理工作实际，进行实践和探索，在建设项目管理、污染源监管、行政处罚、服务企业、公众参与、辅助环境决策等工作中进行广泛的应用，满足环境管理和公众服务的要求。通过整合现有监控、网络和服务资源，以关注民生、畅通民意、公众参与、政民互动为重点，不断完善智慧环保系统的服务功能，建立集在线监控、质量监测、信息发布、环境执法等多功能于一身，多部门联动的综合机制，提高环境管理和环境执法水平。智慧环保技术将与环境监管业务紧密结合，切实推动监管方式的转变，提高监管水平；同时，方便了群

众办事，促进了环境信息公开，有利于充分利用网络平台的优势，广泛动员公众参与。

（一）智慧环保系统建设将向信息共享和业务协同目标发展

随着国家对于环保重视程度的不断提高，基于环境质量监测、污染源监控、环境风险防范等综合功能的智慧环保系统建设要求日益紧迫。未来几年，建设和完善综合性的智慧环保系统将成为环保IT建设的下一个应用重点，从而实现各级环保部门的业务系统的互相联结，保证业务的对接与数据的共享，以及信息技术的广泛应用，从而极大地提高环保行业的业务效率与管理水平。

通过统一基础平台和标准建设，推动智慧环保应用的信息资源开发与利用，实现全国环保数据的统一与共享，推动气象等其他领域和环保领域的信息互通。各种环境质量、污染源、气象、生态等信息可以根据需要，快速、顺畅地传输到国家、省、市、区、县，特别是支持流域范围或污染扩散范围内的各行政区域间的信息交互，发现环境恶化现象，可通过跨区域协同、合作追溯问题根源，进行协同治理、协同决策；发现超标排污或违法排污行为，可通过跨区域协同控制污染排放行为；发现重大环境问题，可通过智慧环保实现高效、科学的跨区域协同决策。

在智慧环保应用的同时，不断强化和其他物联网的关联应用，如加强和城市管理、交通、卫生、食品安全等相关领域的信息共享与业务协同。一方面，智慧环保可以为城市的安全管理、交通管理、食品安全监管等服务提供支撑，支持环境保护和城市、经济的协调发展；另一方面，其他领域的物联网也可以为智慧环保更好地发挥效用提供支持，进一步扩大智慧环保的覆盖范围和作用的效果，使环保工作不仅成为环保部门的事情，还要变成整个城市的事情。智慧环保通过建立适应新时期环保工作需要的环境信息体系，通过信息技术与环保业务紧密融合，以业务应用系统建设为基础，以信息资源共享利用为根本，以服务效能为抓手，提高环境管理现代化与规范化水平，使重点核心业务全面实现信息化，环境信息资源得到有效开发、共享和利用，环境信息服务满足社会公众需求，从而为建设服务型政府提供坚实基础。

（二）智慧环保应用将不断扩展和深化，监控日趋合理和全面

随着智慧环保的建设和应用的不断深入，环境监控将逐渐由污染点监控向污染面监控扩展。首先，智慧环保中污染源自动监控已能监控水污染物中COD、TOC、NH3-N、总磷以及部分重金属，大气污染物中的SO2、NO*x*、烟尘等主要污染因子，还能够通过视频监视污染源现场情况，通过环境卫星监测环境质量和污染的宏观情况。智慧环保的应用范围会逐渐拓展，最终实现全国梯级应用，监控对象范围也会进一步扩大，从废水、废气排放监控进一步扩展至氨氮、重金属等，对辐射源、环境风险等也会进一步加强监控。

当前，通过污染源末端排污口已可获得企业主要排放污染物的浓度、流量等第一手信息，从而形成开展总量核算、排污费核定、认定违法超标、超量排污行为的数据来源。智慧环保后续应用中，污染源监控的深度不断加深，在排污口监控的基础上，进一步扩展污染源治理设施工况监控，通过远程监控分析企业污染治理设施的主要工况运行参数，实时掌控污染治理

设施的正常运行状态，形成核定企业污染治理设施运转效率的主要途径；实施生产排污状态视频监控，通过反映排污口废气或废水的物性状态，形成判定企业是否停产、是否正常运行的佐证。同时，还可为污染治理、企业生产工艺改进提供决策建议。

此外，智慧环保应用还可和其他领域的物联网共享信息，形成范围更广、更全面的监控体系，如结合气象、交通等数据分析原因、追溯源头，实现协同治理，进一步发挥智慧环保应用的效果。

（三）智慧环保将促进资源的充分利用，改善循环经济建设效果

基于智慧环保的建设和应用，一方面，可以密切监控产生废气、废水等废弃物的生产过程，把有害环境的污染物、废弃物降低到最低限度；另一方面，可以辅助对废气、废水、污染物等进行深入分析，进而辅助进行废弃物的资源化和无害化处理，使部分污染物或废弃物进行循环再利用，如对排污进行余热回收、物质提取等。智慧环保应用可为污染物利用提供信息支持，服务于污染物、废弃物的处理，促进循环经济建设，促进各区域按照生态规律利用自然资源和环境容量，实现经济活动的生态化转向。

（四）环境风险防范和应急等应用将进一步加强

近几年，全国突发环境事件居高不下，环境应急管理面临严峻挑战。建立与各项预案匹配的环境实时监测和环境突发事件应急指挥系统，可以保证环境保护管理部门对环境突发事件做出快速反应，对事件的影响程度和危害性做出正确估计，并有效地进行指挥处置，从而保障国家环境安全。环境监测及应急指挥系统以地理信息系统为基础平台，是一套为用户提供对环境质量的动态监测、预警，环境突发事件的事故预测、实时监测、灾时应急，环境状况的查询、统计，以及对环境质量模拟分析和环境变化趋势分析的综合管理、污染控制和环境决策等综合功能的数字信息系统。

在环境风险防范和应急处理中，越来越多地利用到二维与三维GIS技术的集成，通过建立统一的二维和三维电子地图数据服务系统，可以实现环境信息的动态可视化展现，这将是未来的应用趋势。采用虚拟现实等多种信息表征手段的集成，集成环境三维地形数据库、远程视频监控、建立污染源监控点位和污染源企业的三维立体模型以及360度全景视频，可以实现三维场景漫游和自动监控数据的空间叠加，实现对环境进行全方位立体化监控。利用多种数字交互技术的集成，搭建环境信息展示与应急指挥环境，可以实现对环境监控信息的集中控制和各种信号源画面的实时显示。通过强大的综合信息处理和分析功能，特别是通过GIS的强大空间分析能力，可以将监测数据以多媒体形式呈现，分析结果以直观的图表形式呈现，从而更好地支持全面的环境信息获取，促进环境风险的防范和对突发事件的处理。

第二节　智慧环保总体架构

一、总体架构

基于新一代信息技术的智慧环保应用总体架构主要由表示层、应用层、信息资源层、基础设施层构成（见图11-1）。

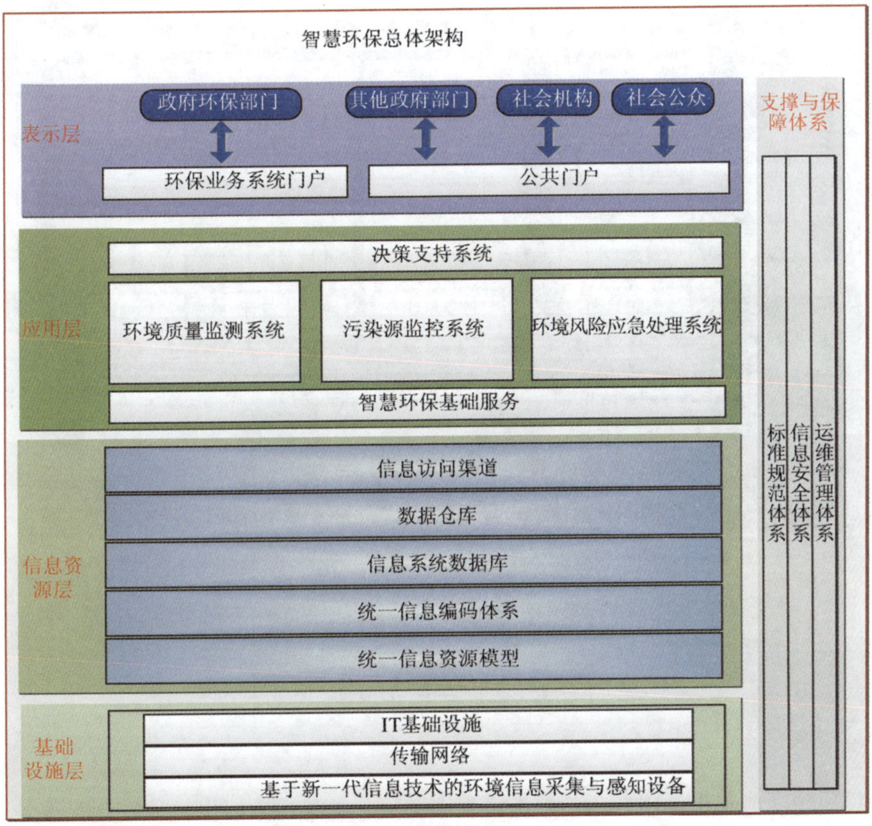

智慧环保总体架构
表示层
政府环保部门
其他政府部门
社会机构
社会公众
环保业务系统门户
公共门户
应用层
决策支持系统
环境质量监测系统
污染源监控系统
环境风险应急处理系统
智慧环保基础服务
信息资源层
信息访问渠道
数据仓库
信息系统数据库
统一信息编码体系
统一信息资源模型
基础设施层
IT基础设施
传输网络
基于新一代信息技术的环境信息采集与感知设备
支撑与保障体系
标准规范体系
信息安全体系
运维管理体系

图11-1　基于新一代信息技术的智慧环保应用总体架构

资料来源：赛迪设计，2013-07.

二、表示层

表示层是基于新一代信息技术的智慧环保应用系统面向的最终用户，主要包括环保管理、监测及研究等相关部门，污染排放、治理企业和社会机构以及社会公众，与用户交互主要通过门户实现，门户为智慧环保各类用户提供所需服务和资源的入口及交互界面，主要包括环境业务系统门户和公众服务门户等。以门户平台为基础，可以建立为环境保护现有各种应用系统，以及将来建设的应用系统提供统一的访问入口和信息发布的平台，实现单点登录、个性化配置、全网通行，并使之成为发布信息的窗口和提供服务的枢纽，提高政府决策质量，推动政府转变职能，使其由单纯监管转向监管与服务并重，从而提高环境保护水平。基于新一代信息技术的表示层总体架构如图11-2所示。

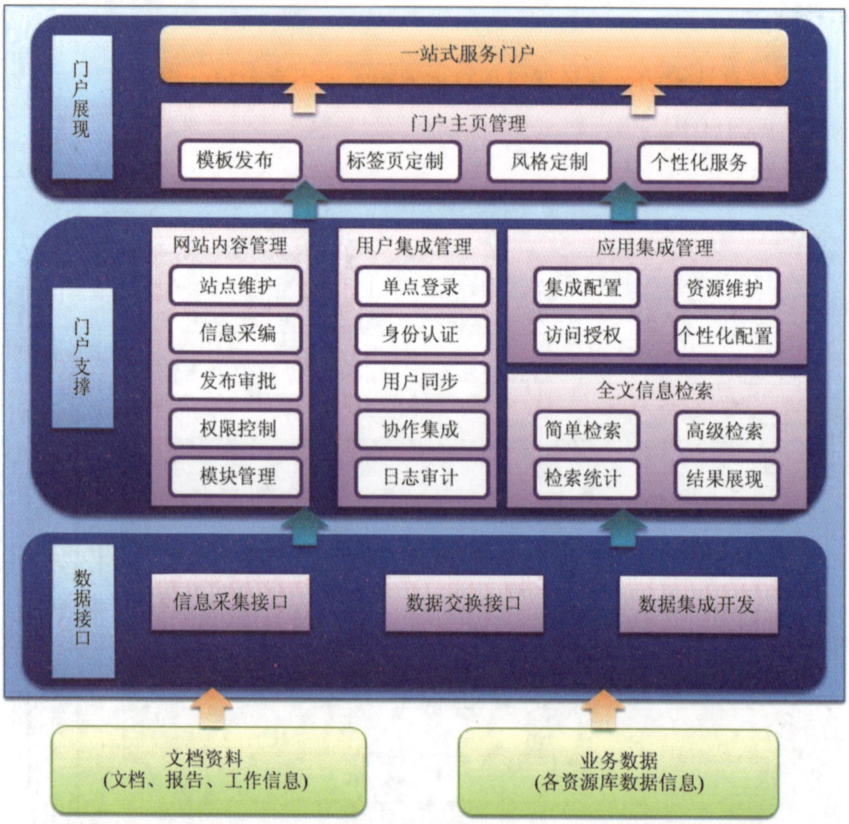

门户展现
一站式服务门户
门户主页管理
模板发布
标签页定制
风格定制
个性化服务
门户支撑
网站内容管理
站点维护
信息采编
发布审批
权限控制
模块管理
用户集成管理
单点登录
身份认证
用户同步
协作集成
日志审计
应用集成管理
集成配置
资源维护
访问授权
个性化配置
全文信息检索
简单检索
高级检索
检索统计
结果展现
数据接口
信息采集接口
数据交换接口
数据集成开发
文档资料
(文档、报告、工作信息)
业务数据
(各资源库数据信息)

图11-2 基于新一代信息技术的表示层总体架构

资料来源：赛迪设计，2013-07.

门户展现的功能集中体现在为门户提供发布浏览、信息检索、个性化定制等服务。门户展现可以通过模板的方式来完全自定义。因而只要美工设计好模板，再将需要在门户上展现的栏目加入到页面中，就可以轻松定制出任何主题和风格的门户页面。管理员可以在门户系统中，为特定的部门、领导或岗位角色定制特定主题的主题标签页，定制过程只要拖拽即可完成。同时，对于每一个员工，都可以定制自己的标签页，每个人都可以拥有自己的个人内网门户。门户提供了多套风格模板，每个用户都可以根据喜好定制个人门户的风格。同时还可以进行布局调整、栏目位置调整等，整个过程通过鼠标拖拽即可完成。门户系统提供了丰富的个性化服务功能，包括个性化栏目订阅、检索订阅、个性化风格定制、检索习惯配置等。甚至对于门户中的某个具体栏目，用户都可以进行个性化的参数设置，以满足自己的阅读习惯和操作习惯等。

门户支撑包含了门户系统的主要功能应用：网站内容管理、用户集成管理、应用集成管理以及全文信息检索系统。其中，网站内容管理提供信息采编、审批流程以及栏目文档的权限控制，为互联网提供统一的信息管理和发布服务；用户集成管理是用户管理、登录、认证的中心，通过统一身份认证管理系统实现了单点登录和统一身份认证，通过接口同其他业务系统集成实现统一身份管理；应用集成管理是门户系统的核心集成模块，负责与其他各项业务应用系统的链接访问、服务资源管理以及访问控制；全文信息检索主要是负责建立统一的全文检索引擎，并为门户系统以及各个应用系统提供各种检索相关的服务和接口。

门户系统可以帮助整合可能需要管理的各类数据资源。各种业务文档、业务数据以及外部信息，通过系统数据层的各种功能和工具接口，被统一整合到门户体系中。可以整合到门户系统的资源包括需要发布的动态信息、新闻公告；集中管理和共享的知识文档、办公资料；各业务系统需要在门户中展现或检索的数据等。

三、应用层

智慧环保应用系统主要采用物联网等新一代信息技术构建，涉及环境质量监测、污染源监控、环境风险应急处理、综合管理和服务等核心环保业务应用，从而实现对政府环保部门、企业和社会机构以及社会公众的智慧环保服务。

基于新一代信息技术的智慧环保应用系统功能主要包括四个方面：污染源监控、环境质量监测、环境风险应急管理、综合管理及服务。应按照“统一设计，分步实施，突出重点，实用高效”的原则，对智慧环保信息系统进行规划设计。污染源监控重点建设包括污染源在线监控、机动车尾气检测、烟气黑度监控等系统。环境质量监测主要包括水环境、大气环境、土壤及噪声等在内的环境质量监测系统。环境风险应急管理包含环境风险监测预警、应急事件处理、应急处置恢复等在内的环境应急管理以及放射源监控管理系统。综合管理及服务包含排污申报及许可证管理、移动办公、监督执法以及管理决策等系统，同时与环境质量监测、污染源监控、应急处理、管理决策等系统对接，连点成面，促进智慧环保信息系统整体建设，利用物联网技术改进数据采集和通信方式，从而增强环保工作的透明度，提高管理和服务效率。基于新一代信息技术的智慧环保应用层架构如图11-3所示。

四、信息资源层

信息资源是业务处理的核心内容，以数据库的形式进行存储。基于新一代信息技术的智慧环保的信息资源总体架构由统一信息资源模型、统一信息编码体系、信息系统数据库、数据中心和信息资源服务平台构成（见图11-4）。

智慧环保中的信息资源通过统一数据管理体系来保证信息一致和可控。统一信息编码体系通过信息编码管理体制、编码规则和编码管理系统实现对环境保护基础信息统一编码，并通过信息系统进行统一增加、使用与变更管理。统一信息资源模型体系通过信息资源分类、信息资源地图和基础数据管理系统实现对环境保护信息资源模型及信息资源主要隶属系统的统一定

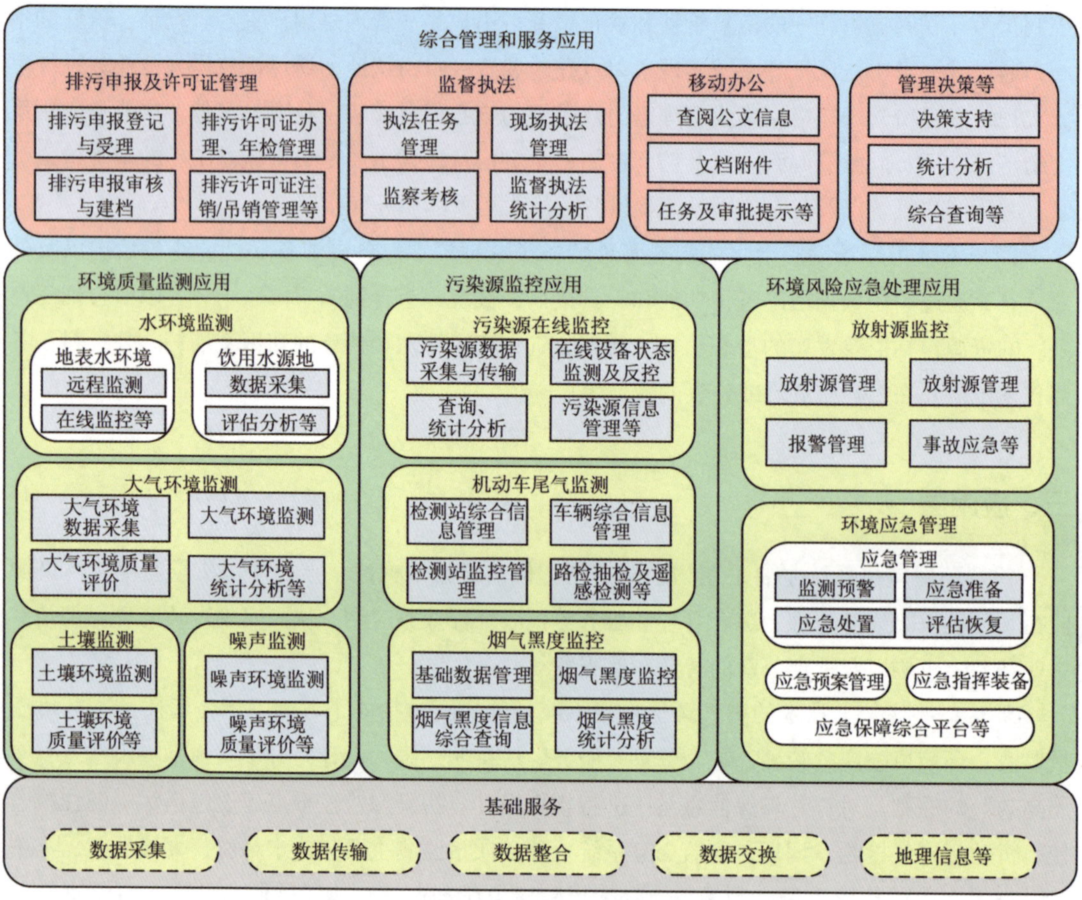
综合管理和服务应用
排污申报及许可证管理
排污申报登记与受理
排污许可证办理、年检管理
排污申报审核与建档
排污许可证注销/吊销管理等
监督执法
执法任务管理
现场执法管理
监察考核
监督执法统计分析
移动办公
查阅公文信息
文档附件
任务及审批提示等
管理决策等
决策支持
统计分析
综合查询等
环境质量监测应用
水环境监测
地表水环境
远程监测
在线监控等
饮用水源地
数据采集
评估分析等
大气环境监测
大气环境数据采集
大气环境监测
大气环境质量评价
大气环境统计分析等
土壤监测
土壤环境监测
土壤环境质量评价等
噪声监测
噪声环境监测
噪声环境质量评价等
污染源监控应用
污染源在线监控
污染源数据采集与传输
在线设备状态监测及反控
查询、统计分析
污染源信息管理等
机动车尾气监测
检测站综合信息管理
车辆综合信息管理
检测站监控管理
路检抽检及遥感检测等
烟气黑度监控
基础数据管理
烟气黑度监控
烟气黑度信息综合查询
烟气黑度统计分析
环境风险应急处理应用
放射源监控
放射源管理
放射源管理
报警管理
事故应急等
环境应急管理
应急管理
监测预警
应急准备
应急处置
评估恢复
应急预案管理
应急指挥装备
应急保障综合平台等
基础服务
数据采集
数据传输
数据整合
数据交换
地理信息等

图11-3 基于新一代信息技术的智慧环保应用层架构

资料来源：赛迪设计，2013-07.

义，为一数一源提供管理基础，并通过基础数据管理系统保证对基础共享信息的统一管理。基于统一数据管理体系应建立信息资源规范体系，以便对信息系统设计进行具体指导，信息资源规范体系主要包括环境保护数据元规范、统一信息资源编码规范、基础数据管理规范、元数据规范、系统间数据交换规范。

信息系统数据库为日常的业务管理与查询提供支撑，数据仓库体系为决策支持应用提供支撑。信息系统数据库包括业务数据库和基础数据库，用于为环境质量监测管理、污染源监控及环境应急处理等业务应用及知识库、GIS等基础应用提供数据存储及管理功能。数据仓库体系实现对决策支持（包括统计分析）类数据的存储和管理，主要包括数据仓库（Data Warehouse，DW）、操作数据存储（Operational Data Store，ODS）和数据集市（Data Mart，DM）三大要素。ODS从信息系统数据库抽取数据，并进行存储，DW从ODS抽取数据并对数据进行清洗和转换，实现数据间的有效关联，DM以区域、部门或分析主题为单位从DW抽取数据，用于对主题分析应用的快速支持。

信息资源访问渠道为各种信息资源应用提供访问接口，信息资源访问渠道主要包括四大

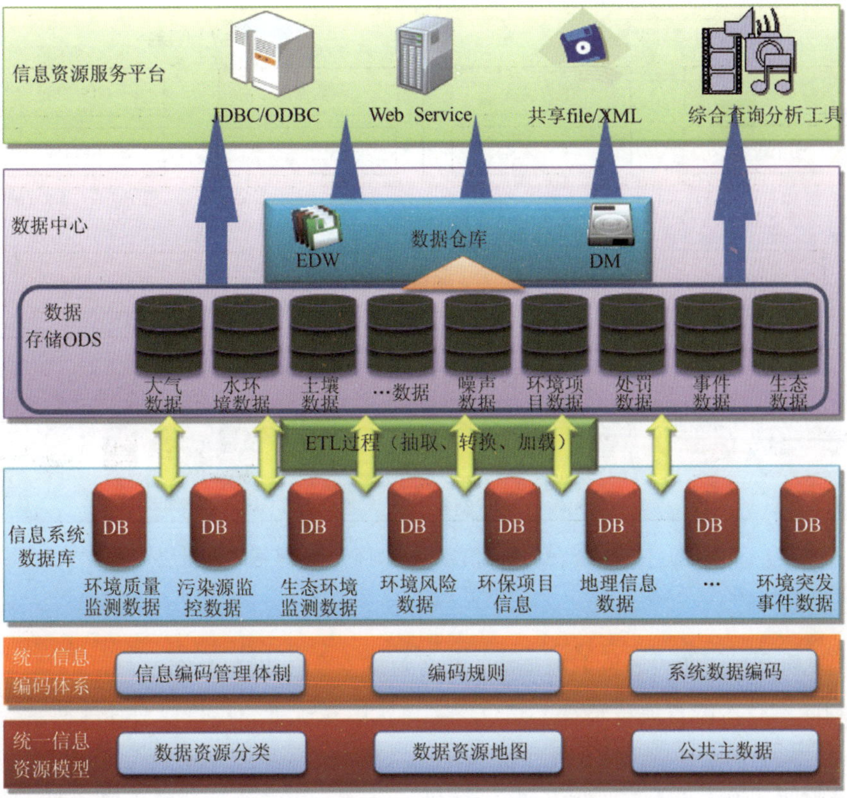

信息资源服务平台
JDBC/ODBC
Web Service
共享file/XML
综合查询分析工具
数据中心
EDW
数据仓库
DM
数据
存储ODS
大气数据
水环境数据
土壤数据
…数据
噪声数据
环境项目数据
处罚数据
事件数据
生态数据
ETL过程（抽取、转换、加载）
信息系统数据库
DB
环境质量监测数据
污染源监控数据
生态环境监测数据
环境风险数据
环保项目信息
地理信息数据
…
环境突发事件数据
统一信息编码体系
信息编码管理体制
编码规则
系统数据编码
统一信息资源模型
数据资源分类
数据资源地图
公共主数据

图11-4 基于新一代信息技术的智慧环保信息资源层架构

资料来源：赛迪设计，2013-07.

类。其中数据库接口实现对数据库级的系统集成；程序接口实现应用级别的系统集成；文件接口实现非结构化数据的交换；综合查询分析工具则实现了人机间的信息交互。

五、基础设施层

基于新一代信息技术的智慧环保体系的基础设施层是采集、传输、存储和展示环境数据的基础环境，主要包括硬件基础设施、软件基础设施、传输网络和环境信息数据采集与感知设备等部分（见图11-5）。

硬件基础设施包括服务器、存储设备、网络设备、安全设备等；软件基础设施包括操作系统、中间件、数据库和GIS平台等。可以采用云服务作为软件资源的提供模式，可以将虚拟化技术作为计算资源、存储资源的管理和提供模式，从而可以根据业务需要按照模块化的方式来增加或更新软件服务和硬件资源，有效降低和保护智慧环保的建设投资。

传输网络主要由通信网、有线电视网、互联网等复合通信平台所构成。通过移动互联、智能宽带、VPN等技术实现信息承载和传输。基于新一代信息技术的应用，信息传输的范围、

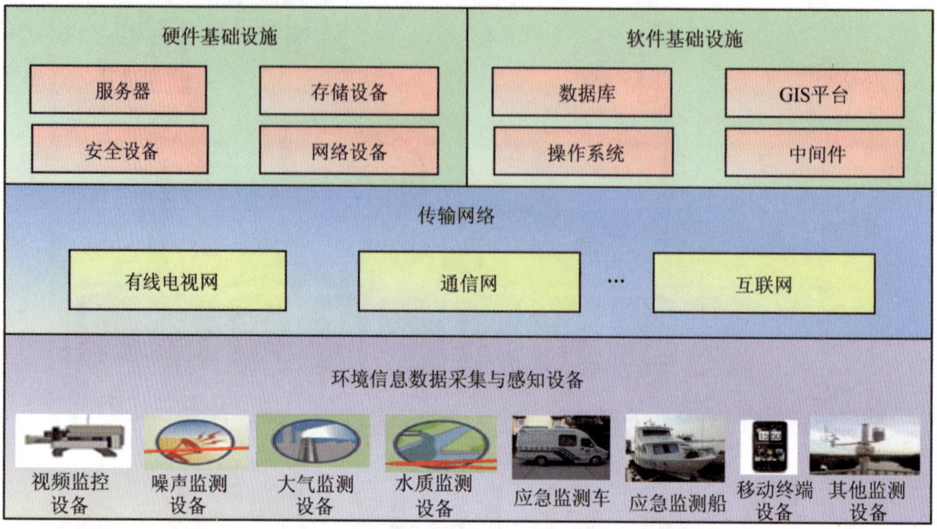
硬件基础设施
服务器
存储设备
安全设备
网络设备
软件基础设施
数据库
GIS平台
操作系统
中间件
传输网络
有线电视网
通信网
…
互联网
环境信息数据采集与感知设备
视频监控设备
噪声监测设备
大气监测设备
水质监测设备
应急监测车
应急监测船
移动终端设备
其他监测设备

图11-5　基于新一代信息技术的智慧环保基础设施层

资料来源：赛迪设计，2013-07.

信息交互速度都得到了提升，同时数据流、指令流的安全性也得以改善。

基于物联网技术的智能传感器、频技术、微机电系统等技术可以对环境质量、污染物排放等进行更为科学与全面的采集。基于新一代信息技术的环保数据采集与感知设备包括视频监控设备、噪声监测设备、大气监测设备、水质监测设备以及应急监测车、船及移动终端和其他监测设备等。环境数据采集与感知设备从生产和污染排放现场采集真实、准确、实时的数据，通过传输网络，按照约定的协议，传递给环境质量和污染监控等系统，为智慧环保提供数据分析、管理决策等提供支持。

六、支撑与保障体系

基于新一代信息技术的智慧环保支撑与保障体系主要包括标准规范体系、信息安全体系和运维管理体系。

（一）标准规范体系

智慧环保的标准规范由一系列的规范、机制、制度组成。标准规范体系包含数据标准规范、技术标准规范、管理标准规范以及相应的标准管理制度，以保证标准持续性的升级与完善。

（二）信息安全体系

智慧环保的信息安全体系是确保系统安全运行的保障体系，信息安全贯穿于信息系统应用的各个层面，目的在于通过安全保护和防御确保智慧环保应用及数据的保密性、完整性、可用性、可控性和不可否认性。通过结合智慧环保应用需求和特点，融合安全意识教育、安全技术应用、安全管理制度等方面，提升应用系统的信息安全防护能力，保证智慧环保应用系统持续、稳定地运行。

（三）运维管理体系

运维管理是智慧环保应用系统正常运行和可持续发展的必要保证，除保证软硬件正常运行、设备维护、数据备份外，还包括人员培训、系统运行优化、局部操作调整、技术服务、运维组织管理、项目管理、质量管理等，需要融合运营模式、组织、制度、流程及技术，并通过持续改进和完善，确保系统健康运行。

第三节 新一代信息技术在智慧环保中的典型应用

一、污染源自动监控系统

2007年我国开始实施污染减排“三大体系”建设，这是党中央、国务院加强污染减排工作的重要措施。其中，国控重点污染源自动监控系统是“三大体系”建设的重要组成部分，该项目的目标是通过自动化、信息化等技术手段，更加科学、准确、实时地掌握重点污染源的主要污染物排放数据、污染治理设施运行情况等与污染物排放相关的各类信息，及时发现并查处违法排污行为，对于加强现场环境执法，强化环境监管措施与手段，有力查处环境违法，监督落实污染减排的各项措施，确保污染减排工作取得实效，切实改善环境质量具有十分重要的意义。国控重点污染源自动监控系统是推进我国环保部门建立一套顺应世界潮流、符合中国国情、具有时代特色的环境管理体系和科技支撑体系的重大突破。

该项目分三级六类建设国家、省（自治区、直辖市）、地市三级300多个污染源监控中心并联网，对占全国主要污染物工业排放负荷65%的近万家工业污染源和近700家城市污水处理厂安装污染源自动监控设备，并与环保部门联网，实现实时监控、数据采集、异常报警和信息传输，形成统一的监控网络。

目前，全国已建成349个各级污染源监控中心，并已全部与环境保护部污染源监控中心联网；共对15000多家重点污染源实施了自动监控，其中国控重点污染源约8000家（监控排放口数一万多个），与环境保护部污染源监控中心联网的企业超过8000家。基于新一代信息技术的环境质量监测系统框架如图11-6所示。

国控重点污染源自动监控项目的成功实施，提高了全国污染源监管能力，向建设具有我国特色的自动化、信息化的环境监管体系迈出了重要一步，对全国环保信息化建设产生了重要的引领与带动作用。项目在多方面具有创新意义。

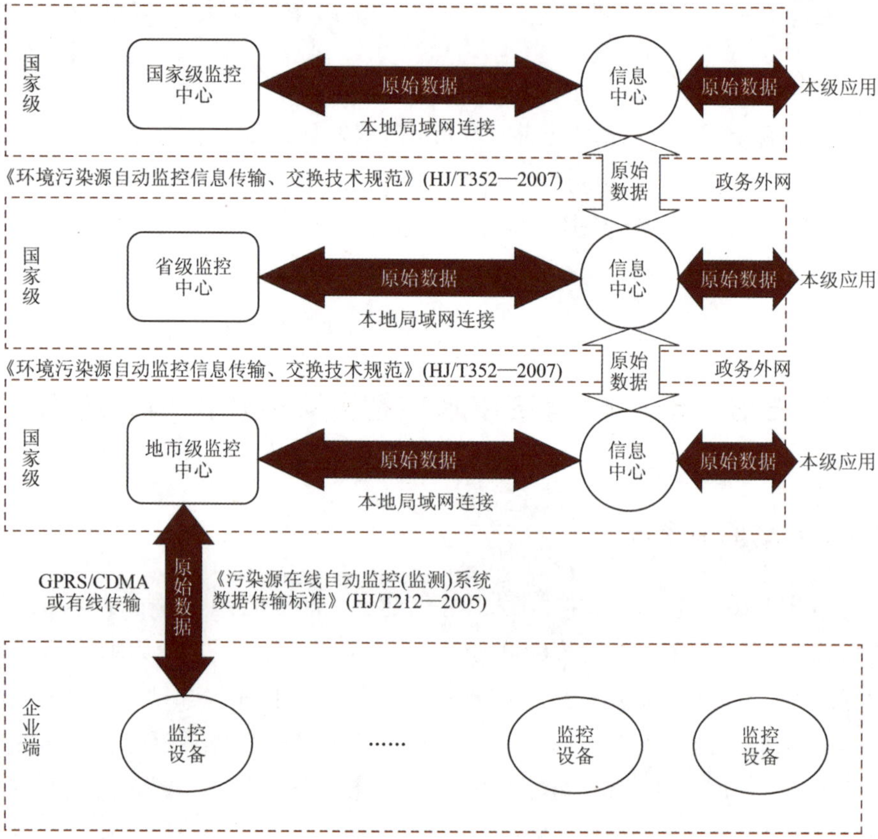
国家级
国家级监控中心
原始数据
本地局域网连接
信息中心
原始数据
本级应用
《环境污染源自动监控信息传输、交换技术规范》(HJ/T352—2007)
原始数据
政务外网
国家级
省级监控中心
原始数据
本地局域网连接
信息中心
原始数据
本级应用
《环境污染源自动监控信息传输、交换技术规范》(HJ/T352—2007)
原始数据
政务外网
国家级
地市级监控中心
原始数据
本地局域网连接
信息中心
原始数据
本级应用
GPRS/CDMA
或有线传输
原始数据
《污染源在线自动监控(监测)系统数据传输标准》(HJ/T212—2005)
企业端
监控设备
......
监控设备
监控设备

图11-6 基于新一代信息技术的环境质量监测系统框架

资料来源：赛迪设计，2013-07.

（一）建立了一整套部、省、市三级上下联通、纵向延伸、横向共享的智慧环保体系

国家组织省、地市的近万家排污企业共同实施，实现了数万个点位的信息联通，实现了对排污口、环保治理设施以及生产工艺的全方位监控，构建了一个庞大的环保物联网体系，打造了集监测、监视和监控三位于一体的量化执法体系。污染源的排污信息从企业上传到市、省和国家，各级环保部门实现了实时数据共享。

（二）促进了环境管理手段的创新

污染源自动监控系统的建成，用数据说话、用事实执法，不仅提升了环境监管水平、加强了环境执法能力，而且推动了环境监察的发展、丰富了环境监测的手段。污染源自动监控中心不仅是单纯的数据汇聚中心，而且不断发展成为环境监管执法、环境应急预警和指挥的中心，这使得环保部门以自动化、信息化为主要特征，逐步形成由环境卫星（宏观）、环境质量自动监测（区域流域）、重点污染源自动监控（微观）三个空间尺度构成的“天地一体化”的环境监管体系。

（三）提升了环保部的大项目管理能力

国控重点污染源自动监控能力建设项目是第一个全国性环境管理业务与环境信息化结合的项目，技术性强，涉及面广，实施难度大。要保证项目的成功必须对项目管理的模式进行创新。为此，环境保护部出台了进行了“三大体系”建设的管理制度，实现了项目的充分论证、周密安排、科学组织、明确责任，实现“严管源、慎用钱、质为先”，并就项目建设的目标、任务、组织实施工作进行了专门研究和部署，积累了重大项目建设经验，提升了管理能力。

（四）带动了环保产业的大发展和科技创新

项目的实施，推动了环境自动监测产业行业的科技创新。国外知名厂商全面进入，带来了先进技术，并努力开发适合中国的产品；国内仪器厂商努力提高技术水平，纷纷加大研发力度，不断发展壮大，推动了国内自动监控仪器仪表技术的创新和制造水平的提高，促进了一些企业的上市。

二、环境质量监测系统

基于新一代信息技术的环境质量监测主要包括地表水环境质量监测、饮用水源地环境质量监测、城市空气质量监测、土壤和噪声污染监测等。通过物联网、GIS等技术，实现地表水质、饮用水源地、土壤、城市空气质量和噪声污染的在线监控，完成地表水断面、饮用水源地环境、土壤环境、城市空气质量和噪声情况的远程监测、现场数据采集、超标分析、报警以及数据展现，确定水、空气、土壤和噪声的污染程度，支持实现环境质量的日报和预报，确保公众的环境知情权，提高环保部门对环境质量的监控管理能力，同时保护居民生产和生活的环境安全。

通过监控前端、数采仪、视频等设备，实现地表水质、饮用水环境、土壤环境和噪声污染的监测；通过指定环境监测点，设置和调整实时数据采集的频率与条件，通过启动、暂停或终止数据采集等活动，实现环境监测数据的采集。基于新一代信息技术的环境质量监测系统框架如图11-7所示。

通过环境监测站点管理、设备管理、通信管理，结合各类环境质量监控管理的标准和规则，对监测周期、监测频率等操作进行安排、调度和调整，并通过流域、断面、责任单位的级联管理，实现水环境、空气质量、土壤环境和噪声污染的监控管理。

通过报表和图表实现监测数据的展现，包括环境质量的实时数据、监测点监控设备运转情况、实时数据地图、工艺流程图、实时曲线的展现等。同时，根据各种环境质量标准对水环境、空气和土壤环境以及噪声污染的监测数据进行实时分析，发现超标自动产生超标警告并上报。

通过数据统计，实现环境质量情况的分析和评估，各区域环境质量情况和不同等级环境质量情况用不同颜色显示。同时，统计环境质量历史数据查询，监控仪器启停历史数据、历史曲线、历史专题图、监控历史信息管理、统计报表等。

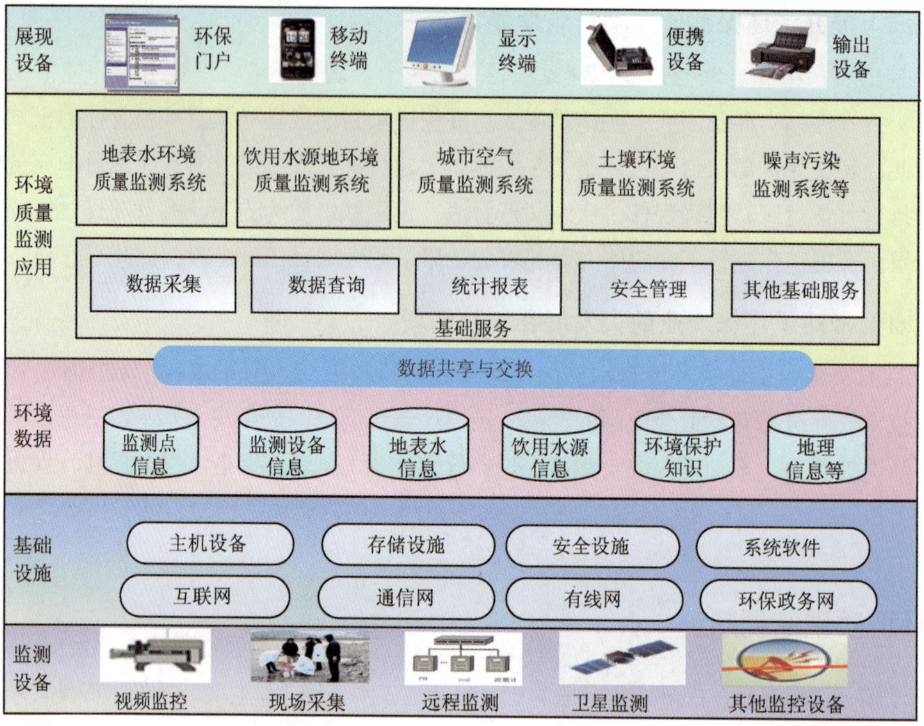
展现
设备
环保
门户
移动
终端
显示
终端
便携
设备
输出
设备
环境
质量
监测
应用
地表水环境
质量监测系统
饮用水源地环境
质量监测系统
城市空气
质量监测系统
土壤环境
质量监测系统
噪声污染
监测系统等
数据采集
数据查询
统计报表
安全管理
其他基础服务
基础服务
数据共享与交换
环境
数据
监测点
信息
监测设备
信息
地表水
信息
饮用水源
信息
环境保护
知识
地理
信息等
基础
设施
主机设备
存储设施
安全设施
系统软件
互联网
通信网
有线网
环保政务网
监测
设备
视频监控
现场采集
远程监测
卫星监测
其他监控设备

图11-7　基于新一代信息技术的环境质量监测系统框架

资料来源：赛迪设计，2013-07.

通过监控前端、数采仪、视频等设备，实现对地表水、饮用水源地、城市空气质量以及土壤环境和噪声污染的在线监控，全天候监测环境质量状况，自动判断环境污染是否超标、污染超标报警和环境质量数据展现等功能。

CHAPTER 12 第十二章

智慧医疗

第一节　医疗信息化现状与发展趋势

从2009年开始，中国启动新一轮医疗体制改革，明确将医疗卫生信息化列为改革的重要方向之一。自此，中国的医疗卫生信息化建设步入快速发展时期，取得了一定的成绩，同时也暴露出一定的问题，呈现出一些新的趋势。

一、医疗信息化现状

（一）医疗体制改革步入深水区，为医疗信息化发展营造了良好的政策环境

从2009年至目前，国家密集出台了大量医疗改革政策，并安排专项资金支持和推动医疗信息化的发展。

2009年1月23日，国务院总理温家宝主持召开国务院常务会议，审议并原则通过了《关于深化医药卫生体制改革的意见》，提出了“四梁八柱”的医疗改革框架，将信息化建设列为八柱之一。

2010年10月15—18日，十七届五中全会通过了《中共中央关于制定国民经济和社会发展的第十二个五年规划的建议》。“十二五”规划“35212工程”中着重指出：“十二五”期间，我国将重点建设国家级、省级和地市级三级卫生信息平台；加强信息化在公共卫生、医疗服务、新农合、基本药物制度、综合管理五项业务中深入应用；建设电子健康档案和电子病历两个基础数据库；建设一个医疗卫生信息专用网络；逐步建设信息安全体系和信息标准体系。

2010年年末，财政部又新增119亿元专项资金用于医改，其中27亿元直接用于卫生信息化建设。

2012年3月14日经国务院批准，由中国政府网对外发布了“十二五”期间深化医药卫生体制改革规划及实施方案，明确指示要加快推进基层医疗卫生机构信息化建设。

（二）医疗信息化已具备一定的规模，但是缺乏整体推进，而且发展很不均衡

据不完全统计，目前80%以上的医院采用了HIS系统，95%以上的医院采用财务管理系统，至少有13个以上的地市开始调研或正在筹建区域医疗信息化，全国提供医疗软件的厂家不少于500家。中国目前每年的医疗IT消费约为150亿元，并保持25%以上的增长速度，预计到2015将达到290亿元的规模。

同时也应该看到，各医疗机构在推进信息化建设的过程中，往往以眼前需要为出发点进行系统选型和建设，导致系统功能单一、应用独立、布局分散。这样的建设格局很难满足医疗发展的需要，维护升级困难，安全难以保障，重复建设和重复投资等问题日益突出。

（三）医疗标准化体系建设已经受到重视并开始推进，但是还欠成熟、欠完善

抓好标准化工作是医疗信息化的基础性工作，是实现医疗协同和医疗资源整合的前提。国家已经开始认识到标准体系建设的重要性，并开始着手制定。卫生部自2011年起修订了超过120条标准，正式发布的接近80项，内容包括健康档案、电子病历、区域卫生平台、医院信息平台等技术标准，为我国卫生信息化建设打下了比较好的基础。

但是，目前的医疗标准体系还不够全面，仍有空白的领域，比如与医疗通信有关的标准就较欠缺，医疗标准体系的操作性和实用性还有待观察和完善。此外，还有一个很重要的问题，就是医疗机构和IT厂商对医疗标准的重视程度和应用程度较低，没有很好地贯彻和执行，这种现象在前几年尤为明显。

（四）区域医疗信息化试点已经启动，但离成熟应用还有不小的距离

构建以电子病历、居民健康档案为基础的区域医疗信息系统，实现区域医疗资源的整合和共享是医疗信息化未来发展的趋势。从2009年开始，国家选定了13个地区作为区域医疗试点，这13个地区大部分正在论证或已经启动了区域医疗信息化建设。

然而，在我国区域医疗信息化发展中尚存在顶层设计缺失、投入不足、新一代信息技术利用不够、医疗机构信息化发展不均衡、技术和人才匮乏等众多问题。这些因素很大程度上制约了区域医疗信息化的发展，需要引起政府的高度重视。

（五）医疗信息化保障体系有待完善

医疗信息化的发展需要从医疗体制、IT安全和标准化等方面提供保障和支撑。

我国政府已经在医疗体制改革方面做了大量工作，比如药物配给制度、合作医疗制度、医保制度等为医疗改革和发展打下了基础。但是分配体制还需要进一步深化和明确，不然“看病贵”、医生拿回扣等问题仍然无法从根本上解决。

在应用安全上，新一代信息技术的应用必然需要新一代的安全手段或措施来保障，如云安全等，这也是需要认真研究的问题。

二、医疗信息化发展趋势

（一）通过医疗平台实现医疗资源有效整合是未来医疗事业发展的总体趋势

目前的医疗资源分布极不平衡，大型医疗机构和城市的医疗机构在设备、人才、技术等各个方面拥有很大的优势，然而规模较小和地区偏远的医院机构留不住人才，无力购买先进的医疗设备，导致医疗资源严重失衡，这种现象是造成目前大型医疗机构人满为患、挂不上号，小型医疗机构门可罗雀、少人问诊的根本原因。因此，构建区域性的医疗信息化大平台，整合医疗资源，实现“初诊在社区，看病在医院，康复回社区”以及“双向转诊”等新型医疗模式是未来医疗信息化发展的方向。

（二）医疗管理由传统手段向信息化方式转变，医疗管理将更加智能化和高效化

智能和高效是整个社会发展的趋势，也是我国医疗事业的发展趋势。例如，突发疾病自动报警、药品运输自动跟踪、医疗数据自动获取等，都需要智能化设备和软件来完成。此外，利用信息化技术手段，提高医疗效率，使卫生机构在固定的时间内提供更多的医疗服务。比如在挂号、建立病例、化验、诊断、配药、缴费等环节采用信息化技术，医疗效率较传统做法将有革命性的提高。

（三）医疗质量与医疗安全形势依然是医疗事业的核心之一，并将更加受到社会的关注

医疗质量和医疗安全一直是我国医疗事业的重心之一。我国的医疗质量和医疗安全形势并不令人乐观，近期社会上医疗投诉和医疗事故频发就说明提高医疗质量、保证医疗安全的迫切性。未来在保证医疗质量和医疗安全方面，将更多地采用信息化技术手段，在医生行为管理、卫材管理、医药管理、临床化验等方面做到规范化、标准化和透明化，减少人为失误，大幅提升医疗质量和医疗安全。

（四）受技术发展的推动，新型医疗形式不断出现，并逐步得到业界和广大居民的欢迎和接受

随着经济、社会、IT技术和通信技术的快速发展，以及老龄化社会的到来，我国的医疗事业呈现出一些新的发展趋势，比如移动医疗（MobileHealth）、家庭智能保健，远程医疗（TeleMedicine）等，这些新型的医疗形式在欧美发达国家已经广泛应用，中国虽然起步较晚，但是发展迅速。

1. 移动医疗

移动医疗是基于移动计算、智能识别和无线网络等新一代IT技术及通信技术，实现移动查房、移动护理、药品及标本智能识别、人员和设备实时定位、病人呼叫无线传达等功能。

2. 家庭智能保健

老人是容易患病的高危人群，再加上居民对疾病预防和日常养护的重视，家庭保健受到

广泛的社会关注。家庭智能保健就是利用物联网的相关技术，通过感应装置、检测装置、报警装置、求助系统等便携式医疗设备，不仅可以使居民能够实时获取本人的健康指数，而且远在医院的医生也可以对居民的健康状况和病情进行实时监控，并对居民的保健和护理给出合理化的建议。

3. 远程医疗

远程医疗就是利用远程通信技术、影像处理技术、计算机多媒体技术等，发挥大型医学中心（比如三甲医院）的人才、设备、技术优势，向医疗卫生条件较差的医疗机构（比如社区医院）或处于特殊环境下的患者提供远程医疗诊断、专家会诊、医疗咨询、培训和其他医疗服务。

第二节　智慧医疗总体架构

如何破解我国医疗事业发展中所面临的问题，顺应医疗事业的发展趋势，解决居民医疗需求快速增长与医疗供给短期有限之间的矛盾一直是我国各级政府、医疗机构、学术机构和企业界共同关注的重大核心问题。

赛迪设计认为，解决此问题的根本措施一方面需要政府持续加大投入（目前我国的医疗投入占GDP的比重不到2%，远落后世界平均水平）；另一方面需要改变发展思路，充分利用新一代信息技术规划和建设智慧型医疗系统，在医疗资源整合、医疗协同、医疗安全、医疗效率等方面做足文章。

中央“千人计划”学者、医疗信息化专家薛杨也认为，“发展智慧医疗是全球大趋势，对我国深化医药卫生体制改革、解决看病难及看病贵问题有很重要的现实意义”。

所谓智慧医疗是以云计算、物联网、三网融合、移动互联、图像处理等新一代信息技术为手段，以医疗数据实时获取和共享、医疗业务互联互通、医疗机构多方联动为途径，以实现医疗资源整合为目的，所构建的以患者为中心的全生命周期的医疗服务体系与公共卫生体系。

智慧医疗体系包括应用层、云计算平台层（IaaS层、PaaS层）、数据层、物联网技术层（感知层、网络层）和保障层（标准化体系、安全体系）。它们之间的相互关系如图12-1所示。

一、应用层

智慧医疗应用层主要包括门户类和业务类两类系统。

医疗门户类应用系统通过Web方式，使医疗事务的参与者，比如患者、医生、护士和行政监管人员等，通过终端设备随时随地参与医疗事务，真正达到了应用网络化、应用终端化、应

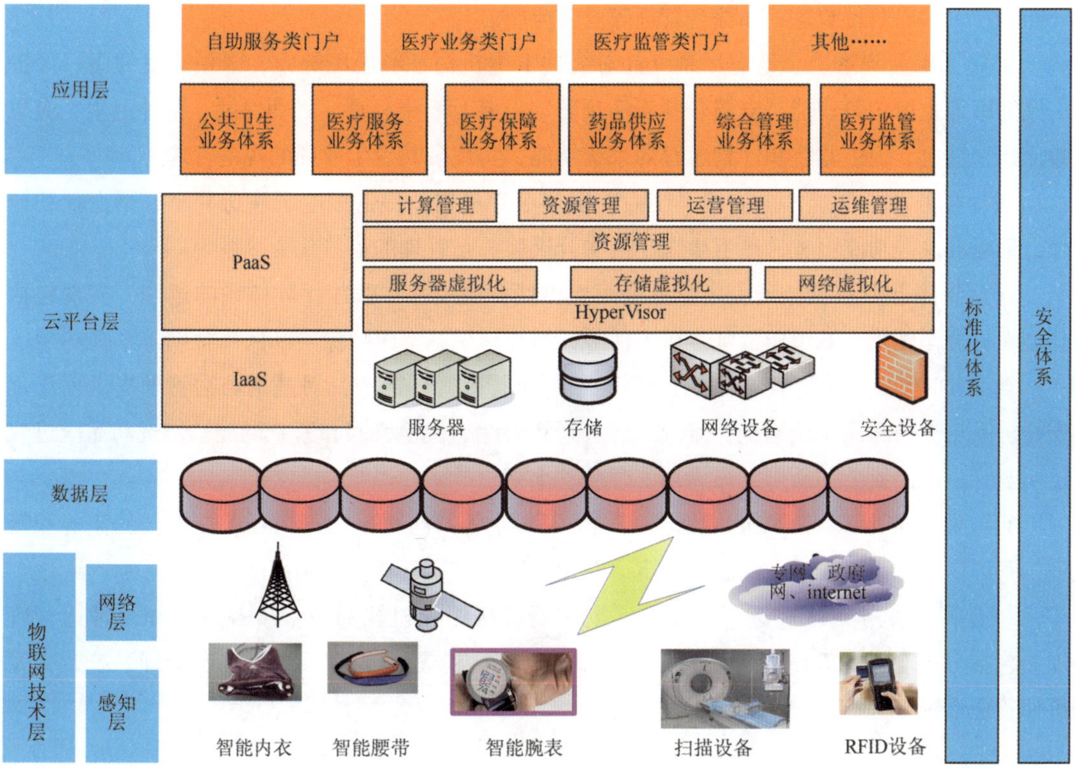
应用层
自助服务类门户
医疗业务类门户
医疗监管类门户
其他……
公共卫生业务体系
医疗服务业务体系
医疗保障业务体系
药品供应业务体系
综合管理业务体系
医疗监管业务体系
云平台层
PaaS
IaaS
计算管理
资源管理
运营管理
运维管理
资源管理
服务器虚拟化
存储虚拟化
网络虚拟化
HyperVisor
服务器
存储
网络设备
安全设备
数据层
物联网技术层
网络层
感知层
专网、政府网、internet
智能内衣
智能腰带
智能腕表
扫描设备
RFID设备
标准化体系
安全体系

图12-1　智慧医疗总体架构

资料来源：赛迪设计，2013-07.

用实时化，最大限度地将智慧医疗的效果落到实处。这类应用通过自助服务类门户、医疗业务类门户、医疗监管类门户三类典型的门户网站来实现。

自助服务类门户系统。居民通过登录自助服务门户网站，可以实现网上健康信息查询、网上医保信息查询、网上购药、网上挂号、网上健康咨询、网上保健培训等。

医疗业务类门户系统。医护人员通过登录医疗业务类的门户网站，一方面，可以调取和查阅病人的健康档案和电子病例，实现与病人的互动；另一方面，医护人员可以登录相关的业务系统，完成日常医疗工作，比如医生工作站、护士工作站等典型的应用。

医疗监管类门户系统。医疗监管人员通过登录医疗监管类门户网站，可以及时对医疗事务进行监督和管理。例如，对于院长等医院管理者来说，可以及时监管到医生的出诊情况、床位使用情况、挂号情况和收费情况等；对于卫生局局长等行政管理人员来说，可以了解全区的医疗卫生资源的分布情况和使用情况、患者的投诉情况、突发卫生事件处理情况等。

医疗业务类应用系统是以“患者为中心”，围绕医生、护士、急救人员、医疗监管者等如何为患者提供智能、优质、高效、安全的医疗服务为主线来进行规划、设计和安排的。覆盖公共卫生业务、医疗服务业务、医疗保障业务、医药供应业务四大方面（也就是业界所指的

“四梁”），以及行政监管和综合管理等业务应用。

公共卫生业务系统。该应用系统针对公共卫生机构了解居民健康、干预居民健康、保护居民健康等主要业务职能，支撑包括疾病预防与控制、健康教育、妇幼保健、精神卫生、应急救治、采供血、卫生监督和计划生育等系统功能，实现公共卫生业务的规范管理。

医疗服务业务系统。该应用系统面向卫生医疗机构，提供如电子病历共享、网上预约挂号、远程会诊等功能服务，是卫生医疗机构开展服务与管理的信息化支撑系统。

医疗保障业务系统。该应用系统全面支撑城乡居民基本医疗保障体系的运作，实现包括新型农村合作医疗、城镇职工基本医疗保险、城镇居民基本医疗保险和医疗救助等系统功能。

药品供应业务系统。该应用系统服务于国家行政管理部门，对基本药物管理提供信息化支撑。系统支持药品真伪鉴别、来源追溯、过程追踪、快速召回和紧急调配，实现药品全过程透明监管，以而提高药品全生命周期安全监管水平。

行政监管业务系统。该应用系统实现了卫生主管部门对医疗行为和医疗人员的监督和管理，并以信息化手段支撑医疗制度制定、医疗标准制定、日常监管等行政工作。

综合管理业务系统。该应用系统实现了对各级医疗机构的日常事务管理和日常运营管理，包括办公自动化系统（OA）、人力资源管理系统、财务管理系统、资产管理系统、突发事件管理系统、医疗救护及应急指挥系统等。

二、云计算平台层

云计算技术的显著特点是具有强大的计算能力，支持网络化存储和系统快速部署，能够根据客户或业务的需要按需定制，投资回报率高、后期运营维护成本低。这些特点刚好为智慧医疗支撑平台的建设提供了绝佳的技术支持，如表12-1所示。

表12-1　云计算技术特点与智慧医疗需求对照表

序号	云计算技术特点	智慧医疗需求
1	强大的计算能力	满足多用户、宽业务领域、海量医疗数据处理的需要
2	高容量网络存储	满足海量医疗数据存储的需要
3	支持系统快速部署	满足大量医疗业务部署的需要
4	服务按需定制	不同的医疗事业主体，如政府、医院等，由于业务范围不同，对计算能力和存储容量的要求也不同，通过云平台，可以个性化定制
5	投资回报率高	建设绿色政府、高效政府的需要
6	运维成本低	建设绿色政府、高效政府的需要

资料来源：赛迪设计，2013-07.

云计算平台层是整个智慧医疗体系运行的“心脏”，能够根据需要向不同的应用主体（比如各级医院、社区医院、卫生局等）和不同的业务系统（比如HIS系统、CIS系统、医疗监管系统）提供可定制的计算服务、存储服务和网络服务。本平台来又可以细分为IaaS层和PaaS层。

（一）IT设备层（IaaS层）

IaaS层的主要包括大型服务器（比如多核刀片服务器），存储设备（比如网络存储NAS），防火墙，交换机等物理硬件设备。可以将区域内医疗机构已有的IT设备进行异构整合，构建IaaS层。

（二）应用平台层（PaaS层）

PaaS层的主要功能是将IaaS层的物理资源虚拟化（云化），然后根据不同需求或要求，对虚拟化的资源进行集中管理和统一调配，最后作为服务的形式向外提供。有了PaaS层之后，用户不需要考虑硬件是怎么配置的，或者网络是怎么部署的，只需要根据自己的需要使用即可。

PaaS的功能主要包括资源管理、运营管理、计算管理、服务管理和运维管理。资源管理功能包括资源虚拟化、资源分配与资源调度等；运营管理功能包括监控管理、授权管理、权限管理、虚拟数据管理、网络拓扑管理等；计算管理功能包括虚机生命周期管理、虚机资源调整、虚机Qos管理等；服务管理功能包括服务发布、服务申请、服务审批、服务变更等；运维管理功能包括事件管理、问题管理、变更管理、配置管理、容量管理等。

三、数据层

数据是智慧医疗的核心，整个体系就是围绕着如何获取医疗数据，如何加工医疗数据和如何使用医疗数据展开的。

要从全局的高度来规划医疗数据，在规划时要严格遵循标准化的原则，这是整个平台能否成功的关键。

此外，从安全的角度考虑，要对医疗数据进行分类管理，制定不同的安全策略，最大限度地保障医疗隐私。

四、物联网技术层

物联网具有全面感知、实时传递和智能处理的特点，这些特点可以满足智慧医疗体系对医疗数据获取、传输、应用的需要，如表12-2所示。

针对智慧医疗体系，物联网技术层包括感知层和网络层两个主要部分。

（一）感知层

对智慧医疗来说，就是通过智能内衣、智能胶囊、测量设备（比如血压/心跳仪）、成像

表12-2 物联网技术特点和智慧医疗需求对照表

物联网技术特点	智慧医疗需求
全面感知（获取数据） 实时传递（传递数据） 智能处理（处理数据）	满足移动医疗的需要：可以通过感应器、摄像头、有线电视等实现移动医疗
	满足远程医疗、远程会诊的需要：通过物联网，医疗人员可以对远在异地病人进行全方位的诊断和沟通，就如同面对面一样；对于特殊的病人，可以成立临时医疗小组，医疗小组的成员可以来自不同的地域和医疗机构，通过物联网，实现对病人的联合会诊
	满足疾病预防和家庭保健的需要：通过射频仪器、智能内衣、智能胶囊、智能腕表等设备，以及通过物联网，实时监控居民或患者的生命体征
	满足提高医疗效率的需要：患者到医院看病，通过自主机就能完成挂号；医生输入患者身份证号码，就能调看患者的健康记录；通过智能内衣等传感设备，医生能随时掌握患者的心跳、脉搏、体温等生命体征
	满足医疗安全的需要：通过物联网能够对医院资产、血液、医疗废弃物、医院消毒物品等全程进行监管；在药品生产和使用上，通过物联网技术可以对生产过程、运输过程、使用过程进行全方位的检测

资料来源：赛迪设计，2013-07.

设备、RFID设备、扫描设备、GPS跟踪仪等实时获取与医疗有关的数据和参数，为医疗管理和医疗服务提供第一手资料。

感知层在图像处理技术、射频技术、放射技术（如CT、超声扫描显像、射线照相检测）、影像医学等的推动下，近几年发展迅速，技术体系更加成熟和完善。

（二）网络层

智慧医疗所采用的网络不再局限于传统的网络方式和手段，而是广泛采用了三网融合技术（电信网、广播电视网、互联网三网融合）和移动互联技术（移动通信和互联网二者结合），医疗信息不再局限于某个网络内流通，而是可以在三个网络之间跨网流通。另外，三网融合技术使医疗信息的形态也不再局限于数字信息，还扩展到语音信息、图像信息和视频信息。通过网络层，不仅可以将感知层获取的信息及时传递到云计算中心，而且也可以将加工后的医疗信息及时传递到各种终端设备上（比如台式电脑、笔记本电脑、手机、PAD等），使患者、医生、医疗监管者及时、准确地获得相关的信息。

五、标准体系

目前的医疗标准主要包括国际标准和国内标准两套体系。国际标准的制定工作主要由世界卫生组织（WHO）、国际标准化组织（ISO）、欧洲标准化委员会（CEN）、Health Level Seven组织（HL7）、美国放射学会（ACR）和全美电子厂商联合会（NEMA）等组织进行，国内的标准化工作主要由卫生部牵头制定。卫生部制定的国内医疗标准体系主要有四大类，基础类标准、数据类标准、技术类标准和管理类标准。

这些标准体系的建立，为“统一规范、统一代码、统一接口”提供了前提条件，是实现信息资源多单位、多部门、多系统、跨区域数据共享的关键前提，是推动系统快速成熟，提高系统拓展性和适应性，规避系统建设风险的重要保障。

六、安全体系

安全体系主要包括物理安全、网络安全、应用安全、数据安全、云安全和相关安全制度，它是一个完整的体系。

“云计算”是一个新型的应用模式和服务模式，因此云安全技术有别于传统安全技术；根据云安全联盟（Cloud Security Alliance，CSA）的研究，云安全威胁主要来自于7个方面，比如服务攻击、API接口攻击、服务劫持、数据泄露等；鉴于此，许多云服务提供商，如Amazon、IBM、Microsoft 等纷纷给出了相应的云安全解决方案；这些方案主要采用了身份认证（比如3A认证）、安全审查、VM安全隔离、VM地址绑定、数据加密等技术和手段，大大提高了云计算的稳定性、服务的连续性和数据的安全性。

第三节　新一代信息技术在智慧医疗中的典型应用

一、“智慧型”区域医疗

（一）建设背景

卫生部出台的《全国卫生信息化发展规划纲要（2003—2010 年）》文件中，明确了建设区域卫生信息化的任务和目标。国家希望通过区域卫生信息系统建设，推进区域医疗服务和卫生管理一体化。

我国大部分地区存在“看病难、看病贵”的社会问题，智慧型区域医疗是解决医疗资源分配不均，缓解这一问题的最佳途径，这点已经得到社会的广泛共识。

正是在政策引导和现实需要的双重推动下，全国各地区域医疗信息化建设势头迅猛，据不完全统计，全国至少有20个以上的地市已经启动了智慧型区域医疗信息化建设。

智慧型区域医疗就是以云计算、物联网等新一代信息技术平台为支撑，以居民健康档案为中心，建成一个标准统一、管理规范的，覆盖省、市、区（县）、镇、村多级卫生组织的，集公共卫生、医疗服务、医疗保障、药物配备、医疗协作等多种功能于一体的一个大型医疗共同体。

（二）应用模型及主要功能

智慧型区域医疗应用模型如图12-2所示。

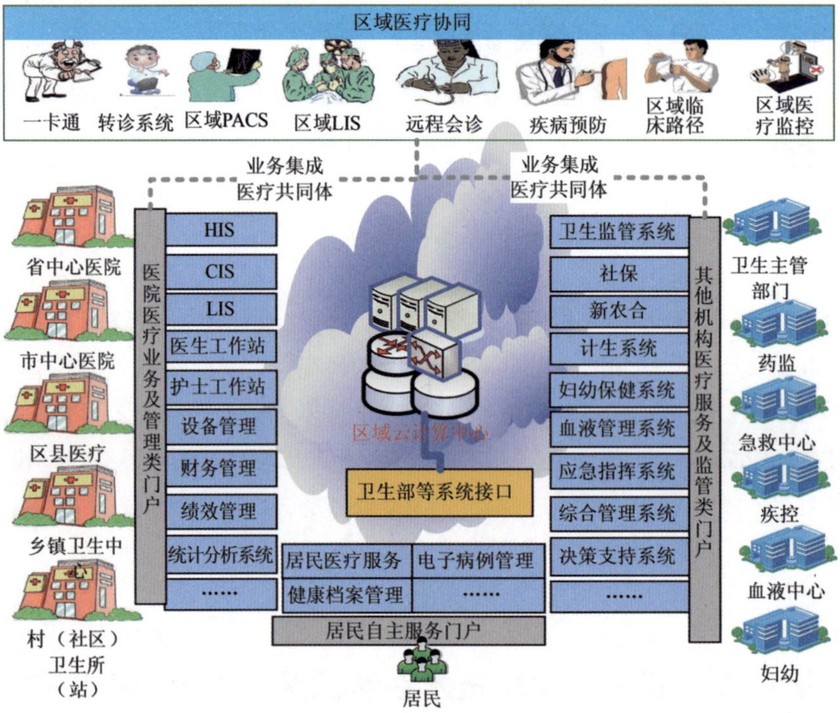
区域医疗协同
一卡通
转诊系统
区域PACS
区域LIS
远程会诊
疾病预防
区域临床路径
区域医疗监控
业务集成医疗共同体
业务集成医疗共同体
省中心医院
市中心医院
区县医疗
乡镇卫生中心
村（社区）卫生所（站）
医院医疗业务及管理类门户
HIS
CIS
LIS
医生工作站
护士工作站
设备管理
财务管理
绩效管理
统计分析系统
……
区域云计算中心
卫生部等系统接口
居民医疗服务
电子病例管理
健康档案管理
……
居民自主服务门户
居民
卫生监管系统
社保
新农合
计生系统
妇幼保健系统
血液管理系统
应急指挥系统
综合管理系统
决策支持系统
……
其他机构医疗服务及监管类门户
卫生主管部门
药监
急救中心
疾控
血液中心
妇幼

图12-2 智慧型区域医疗应用模型

资料来源：赛迪设计，2013-07.

区域医疗建设广泛采用新一代信息技术搭建“区域医疗大平台”，通过该平台向区域内各医疗机构提供“公共云”服务。

区域医疗的业务涵盖了居民医疗自助服务、医院医疗业务及管理、其他机构医疗服务及监管三个方面，主要功能和目的是实现医疗协同。

医疗协同主要包括一卡通系统、转诊系统、区域PACS、区域LIS、远程会诊、疾病预防、区域临床路径等。该层面的业务需要在卫生主管部门的行政干预下，各医疗组织共同参与，协同配合，行动一致。

居民医疗自助服务是指通过自助服务门户，居民可以很方便、快捷地获取医疗服务。

医院医疗业务及管理主要体现在医院管理（HMIS）和临床管理（HCIS）两个方面。

其他机构医疗服务及监管主要指卫生厅（局）、药监、血液中心、急救中心和疾控等部门通过监管系统、急救系统、血液系统、药品流通系统等开展各自职责范围内的工作。

（三）新一代信息技术应用

1. 在区域医疗平台中的应用

区域内大部分医疗卫生机构，如卫生厅（局）、大型医院、血液中心等，都具备一定的IT基础，通过云计算（Cloud Computing）技术，能够将这些已有的IT设备有效利用起来，建设多个计算中心、网络存储中心和灾备中心，各中心之间采用高速网络和超高速网络（千兆或万兆网络）互联，形成一个有机的整体，再通过虚拟化技术，将这些物理的IT设备进行虚拟化，根据需要划分为多个虚拟机（VM），每个VM都具备计算、存储等能力，区域内的各卫生医疗主体可以根据业务需要，提出使用申请；云平台根据申请向外集中统一提供可定制的公共云服务。

云计算技术的采用，不仅为区域内医疗业务的一体化建设提供了支撑平台，而且可以减少40%以上的硬件投资和压缩50%以上的后期运维成本。

2. 在区域医疗业务中的应用

智慧型医疗业务，从其应用的形态来看有两个显著标志：一是将以物理形态存在的“物”自动转化为医疗信息；二是这些医疗信息能够以最便捷的方式传递给医疗事务参与者。从这个角度讲，物联网、三网融合和移动通信等技术在医疗业务中广泛采用就显得尤为重要。举例来说，在联合会诊中，通过医疗成像设备、电子感应设备和检验检疫设备，能够将病人的体征参数、血液/尿液的化验结果、医学图像等数据，通过网络传递和移动终端设备，传递给每个参与会诊的医生，医生据此会诊并给出具体的治疗方案。甚至对于需要手术的患者，医生还可以远程操作手术控制系统，对患者进行手术。

二、“智慧型”数字医院

（一）建设背景

信息技术已经成为提高医院管理水平、医疗服务质量和医疗工作效率的有力手段，通过信息化能促进医院各项改革措施的落实，推动医院改革的深化。

医院管理信息化起步较早，从最初的CIS、LIS发展到HIS，再到后来的一体化医院管理。近几年，由于物联网等新一代技术的出现和采用，推动了以自动化、智能化、一体化为标志的智慧型数字医院的建设和发展。

智慧型数字医院在技术、业务和管理上具有鲜明的特征：技术上广泛采用新一代信息技术，医院的运行高度智能化；业务上既包括前台医疗业务，也包括后台的运营管理业务，实现了前台业务运行和后台运营管理的一体化，如收费系统与财务核算系统的一体化等；医院管理更加科学规范，能够保证医疗服务高效、安全运行，能够大幅提升医疗质量和降低医疗成本；同时，智慧型数字医院也是一个开放的系统，能够与区域医疗业务实现一体化融合。

（二）应用模型及主要功能

智慧型数字医院的业务包括医疗管理类（HCIS）和医院管理类（HMIS）两大部分。医疗管理类系统（HCIS）有门诊医生工作站、住院医生工作站、护士工作站、临床检验系统、医学影像系统（PACS）、心电系统等；医院管理类系统(HMIS)有人力资源管理、财务管理、成本核算、财务管理、资产管理、知识管理和决策支持等。

另外，医院是区域医疗的一个重要组成部分，所以医院的运行不能脱离整个区域医疗环境，需要通过数据接口和业务互联，融入区域医疗事务当中去（见图12-3）。

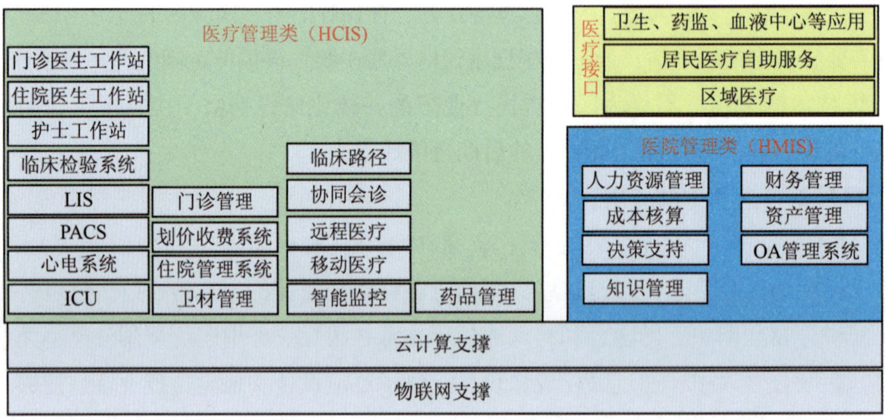
医疗管理类（HCIS）
门诊医生工作站
住院医生工作站
护士工作站
临床检验系统
LIS
PACS
心电系统
ICU
门诊管理
划价收费系统
住院管理系统
卫材管理
临床路径
协同会诊
远程医疗
移动医疗
智能监控
药品管理
医疗接口
卫生、药监、血液中心等应用
居民医疗自助服务
区域医疗
医院管理类（HMIS）
人力资源管理
财务管理
成本核算
资产管理
决策支持
OA管理系统
知识管理
云计算支撑
物联网支撑

图12-3　智慧型数字医院应用模型

资料来源：赛迪设计，2013-07.

（三）新一代信息技术应用

1. 云计算技术的应用

从技术发展和投资回报的角度考虑，三级以上的医院，尤其是大型医疗集团，在搭建信息化支撑平台时，建议采用建设私有云的方式或者租用公共云服务的方式。

2. 物联网及三网融合技术的应用

物联网和三网融合在智慧型数字医院中应用广泛，几乎涉猎各个医疗业务。具体来说，其应用功能主要集中在性状识别、移动服务和自动预警三个方面。

性状识别包括身份识别、样品识别、病况识别、体征识别。例如，在医疗诊断和医疗护理中，借助智能腕表或智能内衣，医生和护士可以对病患生命体征进行实时监测；再比如，将RFID技术应用在药品的存储、使用、检验流程中，简化人工处理，防止缺货及方便药品召回，避免药品名称、剂量与剂型之间发生混淆，确保用药安全。另外，借助射频识别技术，对危重病人快速实现身份、年龄、血型、过敏记录、既往病史、家族遗传等进行确认，快速完成入院登记，为急救争取宝贵时间。

移动服务的代表应用就是移动护士工作站，护士通过配备的手持移动设备，如掌上电脑

（PDA），可以实时查询患者的医嘱信息，向患者发出用药指令等。移动护士工作站的应用减少了护士往返病房的次数，简化了文字书写工作，提高了护士的工作效率和护理质量。

自动预警系统通过前端的检测设备与后台的软件系统相连，当遇到突发或超预期事件时，自动发出警示信号。这在危重病人护理、痴呆患者看护等方面应用优势明显。

第十三章 CHAPTER 13

智慧城市管理

第一节　城市管理信息化现状与发展趋势

一、城市管理信息化现状

城市管理信息化随着城市管理的理念和实践在不断地创新发展。狭义的城市管理通常就是指由城市管理局和执法局等城管部门负责的城市基础设施和市政公用事业的管理，范围包括市容环境卫生、城市规划管理、道路交通秩序、工商行政管理、市政管理、公用事业管理、城市节水管理、停车管理、园林绿化管理、环境保护管理、施工现场管理、城市河湖管理、黑车、黑导游等方面。广义的城市管理是指由城市多个政府行政管理部门行使的涉及城市日常运行的各个方面的综合管理职能，范围包括公安治安、交警指挥、城管执法、市政建设、消防安全、环境保护、工商行政、质量监督、安全生产监督、水利三防、公共交通等多个方面。因此城市管理信息化的发展，经历了从支撑城市管理局、执法局等专业管理部门的业务逐步深入展开，到全面服务、协调联动多个相关部门的城市综合管理。即信息化应用从深度上日渐深入，在广度上也日渐扩展。

从专业城市管理部门信息化发展来看，住房和城乡建设部在全国开展数字化城市管理试点工作，截至2011年年底，全国已经建成和正在建设数字化城市管理的城市达到134个，全国36个大城市中有34个已经完成或正在开展市一级数字化城市管理工作。数字化城市管理呈现出蓬勃发展的可喜局面，其应用将继续深入至城市的区县一级单位。同时，部分城市信息化建设的先进地区正在积极尝试并推进与城市其他综合管理系统的逐步融合，例如，智能交通系统、应急联动系统、视频监控系统等。

从城市综合管理信息化发展来看，2011年度全国各地继续启动城市应急联动系统的建设，全国有18个城市正在建设应急联动系统。2006年1月8日，国务院颁布了《国家突发公共事件总体应急预案》，标志着中国应急预案框架体系初步形成。紧接着，中央各部门、各省市陆续建立城市应急的预案。到2011年年末，中国第一套城市应急系统已启动运行满9年，《国家突发公共事件总体应急预案》获批6周年，《中华人民共和国突发事件应对法》发布3周年。应急联动系统的建设一方面是政府在推动，颁布了相关的法律法规；另一方面离不开信息技术的发展，城市应急管理一直很受重视，但是以前要建设城市应急系统难度非常大，现在信息技术的快速发展为建设城市应急系统创造了良好的条件。随着改革开放、城市化的推进，城市综合应急系统的建设正受到政府部门越来越多的关注。

然而，当前城市管理信息化建设仍然存在着不少问题。首先是城市管理概念不清，造成城市管理信息化建设目标不够明确，许多城市的管理者还不能理解城市管理的概念和内涵，认为城市管理就是城市交通、环卫、绿化、水务等的专业管理。随着城市系统的日趋复杂，以强调分解简化和专业化，将城市系统分割成若干子系统，以专业职能部门为基本单位强化专业的管理方式已经越来越不能适应时代的发展。因为城市管理各子系统之间的复杂交错性使其难以切割，而切开来的小系统已不是原来的系统，对系统的点滴研究也很难进行综合。城市系统作为一个复杂巨系统，其发展不仅在于各子系统的良好发展，更重要的是在于各个子系统与城市系统总体发展管理目标的协同上。其次是城市管理信息化分头建设、过度建设现象普遍存在。长期以来，中国城市管理系统一直处于各自独立、分散管理的状态。以公众特服号码来说，便存在多个，如公安——110、火警——119、急救——120、交警——122，让百姓难以分清，水、电、气等公共服务号码更是不为人们所知；大街上的各个摄像头，也有可能分别归属于公安、城管、交警、应急、安监等不同部门。各业务部门只从部门业务角度考虑，没有进行统筹规划，导致分头建设、过度建设现象十分严重。分头建设使得各业务部门无法进行很好的配合与协调，分散在各个单位的资源无法共享，对城市综合性事件的处理应对不力；另外，各部门分别建立独立的业务系统，重复投资、重复建设，会造成人力、物力、资金和自然资源的浪费。再次是城市信息化相关资源整合困难，存在信息孤岛现象。受管理体制的束缚和技术条件的限制等多种因素的影响，中国城市的各类信息资源还处于十分分散的状态，信息资源的价值和优势还远未得到充分发挥，信息系统没有互联，不能实现更大范围的资源共享，资源整合困难重重，信息孤岛现象严重，不同部门之间无法进行很好的配合与协调，无法高效地处理突发事件。

二、城市管理信息化发展趋势

（一）信息化在城市网格管理中必将发挥更大的作用

2003年年底，北京市东城区借助城市管理信息系统，采用“万米单元网格管理法”和“城市部件管理法”相结合的方式，在城市管理中运用网格地图的技术思想，以一万平方米为基本单位，将东城区25.38平方公里划分成10个街道、137个社区、1593个网格单元，由350名城市管理监督员对所分管的万米单元实施全时段监控。每个城市管理监督员随身携带具有无线传输和定位功能的信息采集器（即“城管通”手机），分布在所划分的区域内巡查。监督员使用“城管通”手机，及时将遇到的问题报告给东城区城市管理监督中心，东城区城市管理监督中心将通过专用网络迅速通知担负城市管理职能的有关部门。通过一张网络和一个平台，将城市管理信息集纳于无形之中，不仅实现了城市管理的信息化、标准化、精细化、动态化，也实现了对市民的意见、心声进行实时的收集与反馈。

2005年7月，因“东城区网格化城市管理系统”在城市管理中取得的突出成效，得到了中央编办、国信办、国家科技部、建设部、北京市委和市政府及多位资深行业专家的高度评价，并被建设部命名为“数字化城市管理新模式”，组织在全国城市推广。2011年，东城区城管监督中心继续对现有东城区网格化城市管理系统进行升级完善，在现有网格平台上，建设了综合执法组网格监督考核子系统、“城管通”3G视频系统功能，并完成与市级平台的数据交换服务切换工作。通过综合执法组网格监督考核子系统实现了不同管理区域专题图层查看、发现和解决问题的整体情况考核、考核指标对应案卷与地图联动等功能，方便了直观管理。通过“城管通”3G视频系统，监督员在巡查上报城市管理问题时可以将3G手机录制的视频信息一同传送至区城管监督中心，为城市管理问题的立案、派遣和专业部门的处置提供了更为详尽的现场信息。通过与市级平台的数据交换服务切换，实现了区级平台案卷抓取服务器和案卷流转“前置机”的合并，整合了市区两级案卷交换服务，优化了市区业务流程，同时降低了管理维护成本，提高了设备的综合利用效率。

随着城市网格化管理业务的不断创新和推进，信息化有效地支撑了“一平台、两中心”的业务需求。并且各地方城市管理部门也在不断深化和探索，利用新一代的信息技术从信息采集、传输、调度、指挥和反馈等方面创新应用，不断形成新的应用亮点。

（二）信息化将为城市应急管理提供常态化保障

现代化推进了城市的发展，城市生活相对于乡村而言，是便捷的、联系紧密的，但城市生活同时隐藏了更多的风险。城市规模越大，生活系统越复杂，风险就越大。水、电、热、通信、垃圾处理、公共卫生，任何一个环节出现问题，都会引起社会混乱，影响城市的运行效能。由于这些城市突发事件的偶然性和不可确定性，无法完全从源头上避免这类事件的发生，只能加强对非常态事件的监控和预警，以在突发性事件发生时有相应的应急策略，最大限度地降低损失和风险。而信息化技术能够形成对突发事件的及时监控和预警，未来信息化技术在控制城市管理风险源头上，必将起到重要的作用。

自2003年以来，国内各级城市开始建设城市应急联动系统，完善城市应急体系。但在运行过程中还存在一些问题，如应急办事机构力量薄弱，应急力量分散，社会资源整合力度不够，突发事件全过程管理水平不高等问题一直存在，影响了应急体系的运行效果。所以，为了提高应急体系的运行效果，城市主管部门开始将城市应急管理逐步纳入常态机制，编制详尽预案，频繁演练，经常性地开展教育培训，将这些日常工作纳入日常工作范围。而城市管理信息化系统正可以将这些预案、流程、资源等固化在一系列规范的系统运行中，使得城市应急管理工作更加流畅和高效。

（三）城管业务与新一代信息技术深度融合推进“智慧城市管理”

随着新一代信息技术的不断成熟，以及在各个领域的应用实践和发展，未来与城市管理业务必将更加深入地相互融合。同时在整个智慧城市的建设和发展中，充分利用新一代信息技术的“智慧城市管理”应用必将成为未来的重点发展方向。

随着物联网建设的推进，它在城市基础设施监控、城市管理等方面开始发挥重要作用。通过物联网技术可以管理城市所产生的海量且多样的信息，目前，多地正在城市管理、应急指挥、平安城市、医疗卫生、环境气象监测、农业监测等领域进行物联网应用试点。预计在今后的5～10年内，物联网感知技术在这些领域还会有飞跃式发展，实现深度融合。

GIS即地理信息系统，是以地理空间数据库为基础，在计算机软、硬件的支持下，运用系统工程和信息科学的理论，科学管理和综合分析具有空间内涵的地理数据，以提供管理、决策等所需信息的技术系统。GIS作为建设智慧城市的技术支撑，在智慧城管建设过程中发挥了重要的作用，比如在城市网格化管理、市政规划、应急联动、平安城市等方面，都有GIS的身影，通过GIS图层的叠加可以直观地将城市的资源在电子地图上展现出来，便于用户查看。

在城市管理各类问题日益突出的情况下，要推动“智慧城市管理”的建设，就要利用新技术、新理念、新思路，深化城市管理平台的研究，将物联网、GIS、云计算、新一代网络通信技术和高性能数字技术等新一代信息技术融入智慧城市的建设中，努力推进“智慧城市管理”的建设，即实现城市各类资源的高度共享，各业务单元的协同联动、快速反应和精确管理，全局统筹指挥、全面过程监督，面向行动、支撑一线，以人为本、强化服务的智能化城市管理模式。

第二节　智慧城市管理总体架构

一、总体架构

基于新一代信息技术的智慧城市管理总体架构以实现智慧城市的幸福、平安、宜居、创新和畅通等为目标，包括智能服务层、智能应用层、数据层、传输层、感知层，以及相应的运营管理、安全保障体系和标准规范体系等（见图13-1）。

二、智能服务层

根据智慧城市管理服务层的建设要求，将服务层架构体系设计成具有完整的多层架构体

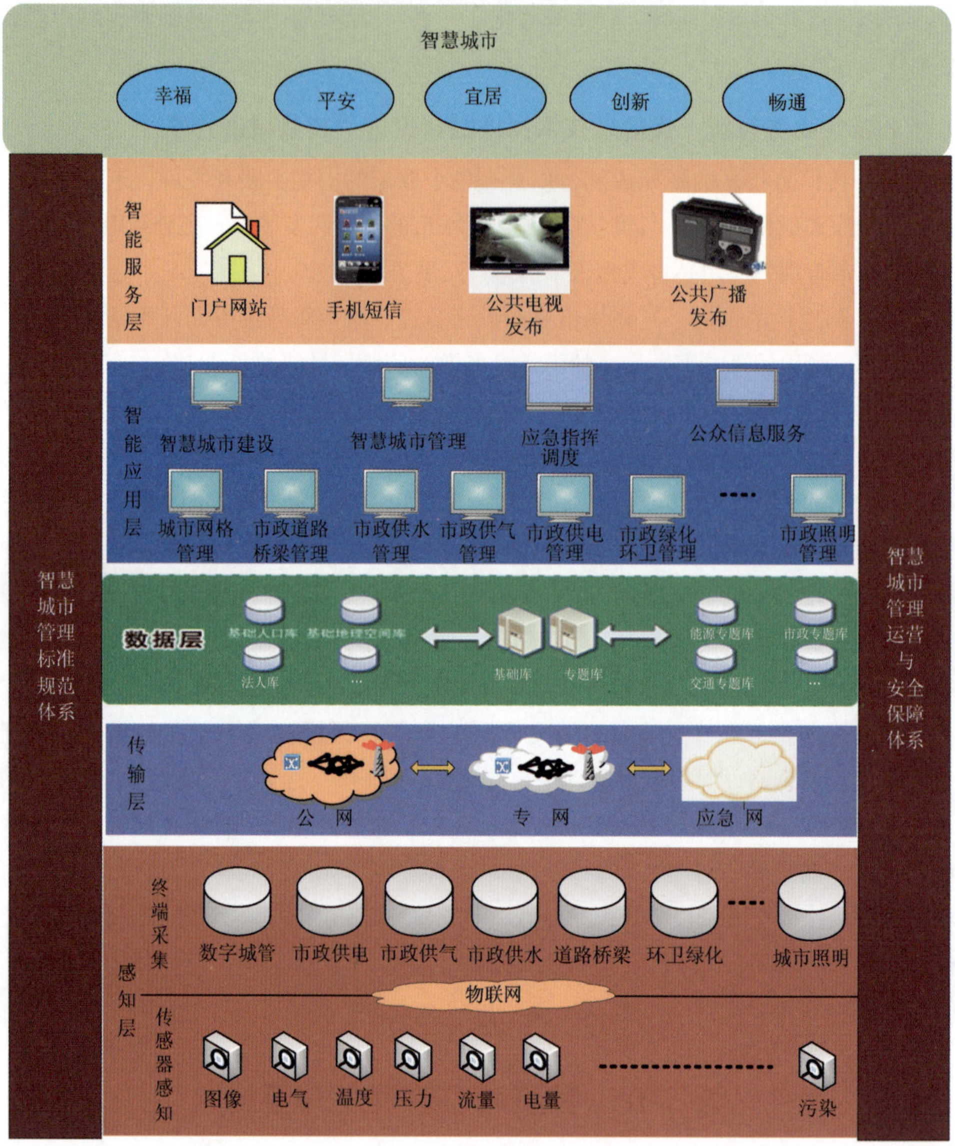
智慧城市
幸福
平安
宜居
创新
畅通
智能服务层
门户网站
手机短信
公共电视发布
公共广播发布
智能应用层
智慧城市建设
智慧城市管理
应急指挥调度
公众信息服务
城市网格管理
市政道路桥梁管理
市政供水管理
市政供气管理
市政供电管理
市政绿化环卫管理
市政照明管理
数据层
基础人口库
基础地理空间库
法人库
基础库
专题库
能源专题库
市政专题库
交通专题库
传输层
公网
专网
应急网
感知层
终端采集
数字城管
市政供电
市政供气
市政供水
道路桥梁
环卫绿化
城市照明
物联网
传感器感知
图像
电气
温度
压力
流量
电量
污染
智慧城市管理标准规范体系
智慧城市管理运营与安全保障体系

图13-1　智慧城市管理总体架构图

资料来源：赛迪设计，2013-07.

系，在数据接口层、应用支撑层、门户展现层都能提供丰富的服务功能（见图13-2）。

通过对智慧城市管理系统各业务系统的建设，实现对城市中人的因素和物的因素实行综合管理，并进行引导、规范、治理、经营和服务，为广大市民提供一个优美的环境、一个优良的秩序、一个优质的服务、一个优化的管理。建设内容包括：智慧城市建设管理系统、智慧城市网格化管理、智慧城市市政设施、城市绿化、窗口地区管理、湖泊水域环境管理、违章占道、违法建设、环境卫生管理等。

智慧城市管理服务层建设内容综合起来可以概括为“一平台、一中心”。

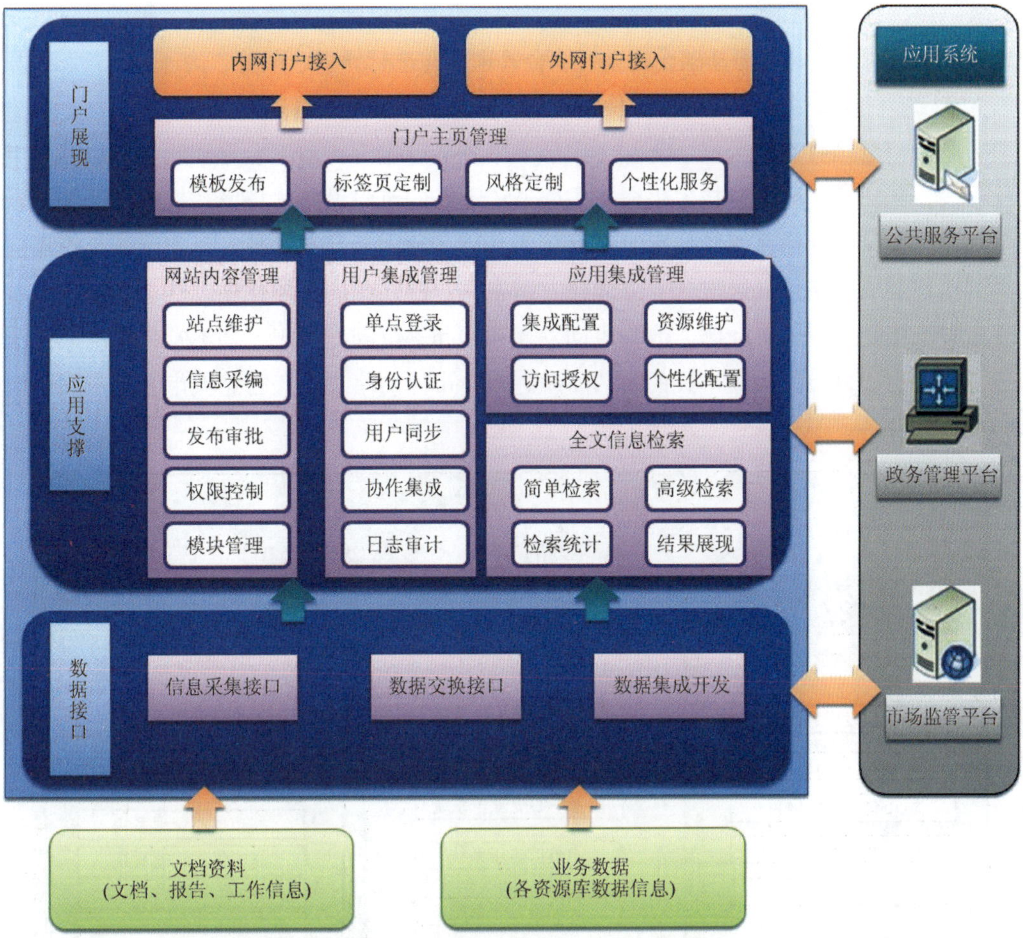
门户展现
内网门户接入
外网门户接入
门户主页管理
模板发布
标签页定制
风格定制
个性化服务
应用支撑
网站内容管理
站点维护
信息采编
发布审批
权限控制
模块管理
用户集成管理
单点登录
身份认证
用户同步
协作集成
日志审计
应用集成管理
集成配置
资源维护
访问授权
个性化配置
全文信息检索
简单检索
高级检索
检索统计
结果展现
数据接口
信息采集接口
数据交换接口
数据集成开发
文档资料
(文档、报告、工作信息)
业务数据
(各资源库数据信息)
应用系统
公共服务平台
政务管理平台
市场监管平台

图13-2　智慧城市管理服务层架构

资料来源：赛迪设计，2013-07.

一平台：智慧城市管理建设数字化管理应急指挥平台，服务于城市建设、城市管理领域各类突发事件的应急指挥，在地理信息系统、三库和其他业务应用系统的支撑与配合下，完成对应急事件或预警信息的成因及危害分析、预案、处置方案决策、处置资源调度、处置过程监控指挥、处置结果评估等各项工作。

一中心：智慧城市管理数字化监控指挥中心，是应急指挥各项监测信息汇聚管理，命令发布和指挥调度中枢。

三、智能应用层

智慧城市管理应用层就是要从城市规划设计、城市建设、城市运营管理、市政实施设备运行管理等全部生命过程进行系统、科学、智慧的管理。城市建设，城市管理，城市内水、电、气、热、管线、道路、照明、绿化、环卫等城市基础设施和资源是城市管理的基本要素，城市管理就是对城市的各项基础设施进行综合管理，并进行导引、规范、治理、经营和服务，为广大市民提供优美的环境、优良的秩序、优质的服务、优化的管理。

智慧城市管理将集成公安、环保、民政、水务、卫生等城市综合管理组成单位的城市信息化手段，利用新一代信息技术手段，主要通过泛在的市政设施、环境数据感知网络，以地理信息系统、城市网格系统和数字城管系统为基础，利用云计算等技术，实现城市管理信息共享利用，形成数字化、层次化、立体化、网格化、协同化的一体化城市管理平台。使城市管理由被动接受投诉解决问题，改为主动发现问题和解决问题，于不知不觉中解决人民群众身边“天大的小事”，提高市民的生活品质，提升市民的幸福感。智慧城市管理应用层架构如图13-3所示。

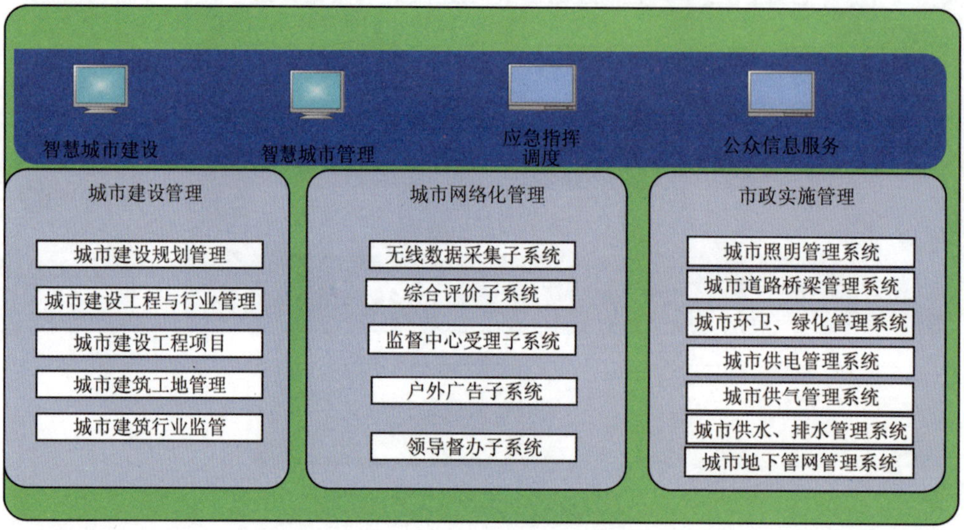
智慧城市建设
智慧城市管理
应急指挥调度
公众信息服务
城市建设管理
城市建设规划管理
城市建设工程与行业管理
城市建设工程项目
城市建筑工地管理
城市建筑行业监管
城市网络化管理
无线数据采集子系统
综合评价子系统
监督中心受理子系统
户外广告子系统
领导督办子系统
市政实施管理
城市照明管理系统
城市道路桥梁管理系统
城市环卫、绿化管理系统
城市供电管理系统
城市供气管理系统
城市供水、排水管理系统
城市地下管网管理系统

图13-3　智慧城市管理应用层架构

资料来源：赛迪设计，2013-07.

城市建设是城市发展的源头，智慧城市应该从智慧的城市建设开始，也就是说，在城市建设项目的设计、项目的进行过程中、项目的验收、项目建设的承建单位开始就要进行智慧的管理，确保城市建设的成果具有智慧城市的基本素质、基本属性，符合智慧城市建设发展的总体目标要求。

城市供水管理系统。利用传感技术和无线通信技术，对水源地、城市水网进行监控，达到节约水资源、保障用水安全的目的。推进智能水表的应用，实时监测企业和居民用水情况，控制水资源供给，实现供水的智能调度，指导管网改造及升级。

城市供气管理系统。对供气重要参数（压力、温度、燃气泄漏等）进行连续、实时监测，集中显示监测参数、图表，对出现的异常情况进行自动报警和控制。推进智能气表应用，实时采集企业和居民用气数据，实现对城市供气的智能调度，有效指导供气管网的改造及升级。

将传感器、定位技术、GIS技术等相结合，实现对地下管网的在线实时监测，有效破解地下管网监测难题，提高地下管网运行的安全性，降低维护成本，提升地下管网监控能力和水平。建立城市管网信息共享平台，实现管网信息在相关部门的共享，建立城市地下管网数据的动态更新机制，及时更新和维护城市地下管网数据库，保证已建系统的生命活力和管理有效性，辅助各相关部门进行监管和政务决策。

城市照明管理系统。在路灯、景观灯等照明系统现有的配电设备、控制设备的基础上，增加无线通信功能，从而使照明设备处于可管理状态。可根据需要对不同分控点的开关灯时间进行个性化设置和组合；通过网络实时将照明电压、功率、设备温度等监测数据上传至控制中心，以便及时判断故障和进行处理。通过将智能照明系统与智能交通控制系统相结合，可以实现对特定时段车流量小的路段，适当关闭路灯数量，以达到节能减排的目的。

使用摄像头、水质传感器、空气质量传感器、GPS及卫星图片等感知设备，实时感知城市环境变化，对变化情况进行趋势分析和预测，及时发现问题并使用GPS准确定位事发地点，通过智能终端与城市环卫管理人员取得联系，辅以人工巡查的形式，确认问题并及时协同相关门联动解决，从而有效缓解城市绿化、环卫管理中人力、物力、财力资源紧张的问题，实现资源配置优化，提高资源使用率。

四、数据层

智慧城市管理系统涉及的数据包括基础数据库、专题数据库、系统运行支撑数据库等。基础空间数据主要以城市基础地形图、遥感影像图、城市市政管理专题图、城市市政管理部件专题图等形式存在。专题业务数据主要以各市政管理部门文档、案卷和多媒体等形式存在，包括结构化数据和非结构化数据。结构化数据主要是指有一定结构，可以划分出固定的基本组成要素，以表格形式表达的数据，可用关系数据库的表、视图表示；而非结构化数据是指没有明显结构，无法划分出固定的基本组成元素的数据，主要是一些多媒体数据。系统运行支撑数据是指系统运行过程中用到的辅助数据和配置数据。

根据数据的用途和内容，可从逻辑上将智慧城市管理系统数据划分为多个子库，不同的系统根据需要存取不同的数据库。在物理存储上，根据性能需求，可将不同性质的数据存储在不同的表空间中。

智慧城市管理数据由基础数据库、专题数据库、系统运行支撑数据库等组成。基础数据库包括地理空间框架数据库、遥感影像数据库、单元网格数据库、城市部件和事件数据库、地理编码数据库、视频位置数据库等子数据库。专题数据库包括不同业务专题（如供水、供气、供电、道路桥梁、管网、绿化、环卫等）工作流管理库、案卷管理库、多媒体文档库、综合评价库、共享查询库、系统维护库等子数据库。系统运行支撑数据库主要包含元数据等。智慧城市管理数据层架构如图13-4所示。

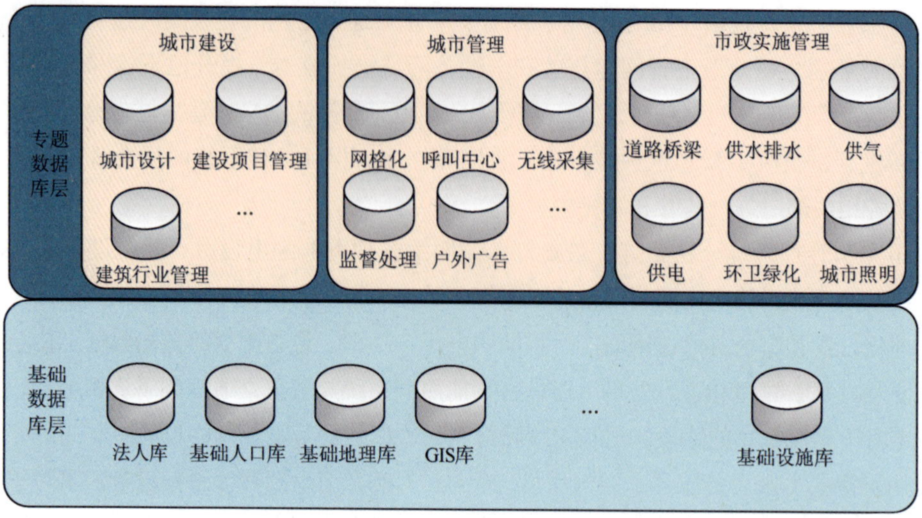
专题数据库层
城市建设
城市设计
建设项目管理
建筑行业管理
…
城市管理
网格化
呼叫中心
无线采集
监督处理
户外广告
…
市政实施管理
道路桥梁
供水排水
供气
供电
环卫绿化
城市照明
基础数据库层
法人库
基础人口库
基础地理库
GIS库
…
基础设施库

图13-4 智慧城市管理数据层架构图

资料来源：赛迪设计，2013-07.

五、基础设施层

智慧城市基础设施层可以进一步细分为传输层和感知层两个部分。智慧的城市管理就是指通过对城市管理的基本要素进行“透彻的感知”、“全面的互联互通”、“深入的智能化”处理，达到城市管理的“灵活便捷、安全有效、协作高质”的目标。“透彻的感知”是指将智能传感器技术、定位技术、网络互联技术、自动控制技术和地理信息技术等运用到水、电、气、热、管网、道路桥梁、绿化环卫等各种城市基础设施和运行环境的监测中，实现对各种生产、消耗和运维数据的感知、测量、捕获和传递；“全面的互联互通”是指通过各种形式的高速的高带宽的通信网络工具，将收集和储存的分散的信息及数据连接起来，进行交互和多方共享，从而更好地从全局的角度分析并实时解决问题，使得工作和任务可以通过多方协作远程完成；“深入的智能化”是指运用先进技术（如数据挖掘和分析工具、科学模型和功能强大的运算系统）对收集到的数据进行深入分析、汇总和计算，以便整合和分析海量的跨地域、跨行业和职能部门的数据和信息，以更好地支持决策和管理行动，提供预警预报、实时响应、协调调配等优质服务，将城市管理推向智能化的高度，更好地满足服务需求。

建立市政基础设施状态监控和感知网，通过安放不同功能的感知传感设备，运用智能传感技术、遥感技术、GIS技术等实现对水、电、气、热、管线、道路、照明等公共基础设施和资源的状态的动态实时感知，提取整个生产、消耗和运维等运行各个环节中的状态数据。

建设市政管理无线通信专网，依托3G、4G、WiFi等无线通信技术，提高市政管理的机动能力和城市状态数据信息的汇聚能力。实现所有感知数据的汇集，进一步地融合和分类后，便于数据信息的查找和知识规律的挖掘，对市政综合管理提供信息共享能力。智慧城市管理基础设施层架构如图13-5所示。

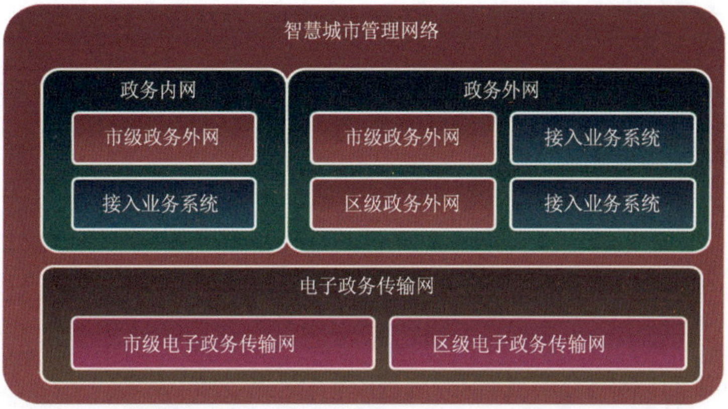
智慧城市管理网络
政务内网
市级政务外网
接入业务系统
政务外网
市级政务外网
接入业务系统
区级政务外网
接入业务系统
电子政务传输网
市级电子政务传输网
区级电子政务传输网

图13-5　智慧城市管理基础设施层架构图

资料来源：赛迪设计，2013-07.

六、标准规范与运营保障体系

把握智慧城市及新一代信息技术和应用发展所带来的机遇，统筹智慧城市管理建设，把建设智慧城市管理作为转变发展方式、实现可持续发展的重大举措，通过城市专项规划进行指导，通过各部门配套措施予以落实。

建设智慧城市管理系统，是加快区域城市化和信息化这两个现代化基本任务的重要结合点，将给城市的建设、管理和发展带来全局性、根本性的变化，是推动转型升级、再创发展新优势的重要支点，应当从区域全局发展高度给予足够的重视，要有一个强有力的主导部门和相应的支持系统来有序推进智慧文化教育建设工作。建立部门、层级间的工作沟通机制，做好各项工作的督促检查，加强对实施情况的跟踪分析、定期评估。建立问责制，狠抓落实。

建设智慧城市管理示范区建设，先行先试，着力构建制度创新、人才保障、科技引领、产业支撑的示范区创新体系。深化科技创新改革试点，形成有利于自主创新和科技成果商品化、产业化的体制机制。聚集一批优秀创新人才特别是产业领军人才，形成一批具有全球影响力的创新型企业、一批拥有自主知识产权的国际知名品牌、一批具有国际竞争优势的战略性新兴产业和高新技术产业。

建设智慧城市管理系统，要将所有城市维护管理部门管理系统统一组网、实现数据、操作的互联、互通，更方便、准确、快捷、合理地调用全社会资源，共同应对各种可能的突发事件、自然灾害，把各种灾害损失降低到最低程度，最大限度地保护国家、人民财产不受损失。

智慧城市管理系统涵盖城市网格化数字管理、城市道路、桥梁管理、城市供水、排水管理、城市供电管理、城市供气管理、城市地下管道管理、城市照明管理等若干部分，统一智慧城市管理服务门户运行机制，可提高系统运行效率和服务效率，减少市政办事环节，方便政府管理，提高管理效率，降低管理、运行成本。

第三节 新一代信息技术在智慧城市管理中的典型应用

一、城市网格化管理平台

（一）平台建设背景

从2004年10月“北京东城区网格化城管管理信息平台”正式运行以来，得到了各方肯定。2006年3月，《数字化城市管理工作简报》双周刊开始面向建设部领导、32个省市建设厅和51个试点城市发刊。网格化管理是城市管理的科学，又是城市管理的艺术，其中融会贯通了来自西方的系统论、信息论、控制论和协同论、可持续发展的理论精华，又传承了我国先哲们的“善治”思想、网格系统等东方思维的风范。2006年6月，由建设部主编的《城市数字化工程》正式出版，系统阐述了城市数字化工程的若干问题，其中专门研究论述了单元网格化问题。东城区的城市政府网格化管理模式项目被北京市科学技术委员会批准为立项课题，被建设部确定为“十五”国家科技攻关计划“城市规划建设、管理与服务的数字化工程项目”、“城市数字化示范应用工程研究”示范工程，同时还被国务院信息化办公室确定为国家信息化示范项目。

自2004年至今，我国开展了一批网格化城市管理试点项目，先后分3批共51个试点区域。其中，深圳市、成都市、杭州市、武汉市、扬州市、烟台市、北京市朝阳区、上海市长宁区和卢湾区、南京市鼓楼区为建设部数字化城市管理第一批试点城区；天津河西区、天津大港区、重庆高新区等为第二批试点城区；重庆市万州区，哈尔滨市，沈阳市铁西区等为第三批试点城区。第一批试点城市大多通过验收，第二批试点城市正在火热建设中，第三批试点城市正在筹备中。

（二）平台主要功能

城市网格化管理信息平台主要包括以下几个方面的功能。

1. 双轴心的城市管理功能

通过整合政府的城市管理职能，建立城市管理监督平台（负责监督和评价）和指挥平台（负责指挥、调度、协调），形成城市管理体制中的两个“轴心”，将监督职能和管理职能分开，各司其职、各负其责、相互制约。作为监督轴，成立城管监督中心，负责城市管理监督与评价工作的专门机构。作为指挥轴，成立城管指挥中心，作为市政府直属的负责城市管理问题处理任务分派指挥和协调的专门机构。

2. 城市单元网格管理功能

单元网格管理法就是在城市管理中运用网格地图的技术思想，以一定面积的单元网格为基本单位，将所辖区域划分成若干个网格状单元，由信息采集员对所分管的单元网格实施全时段监控，同时明确单元网格的责任人，从而对管理空间实现精细化管理。单元网格管理法创建了现代城市管理的基本单位，为城市管理新模式的实施奠定了坚实基础；为城市部件定位提供了载体，实现了信息采集员和城市管理问题的准确定位；将原来的管理层面延伸到责任人，使管理责任进一步细化，为实施精确管理提供了保障；在管理空间的划分上，由原来的共同式管理缩小为网格式管理，使城市管理人员由“游击运动式管理”转变到精确管理；为规划、国土、建设、公安、人防等多领域的拓展应用提供了依据。

3. 城市部件管理功能

城市部件管理把物化的城市管理对象作为城市部件进行管理，运用地理编码技术，将城市部件按照地理坐标定位到单元网格地图上，通过数字城管系统对其进行分类管理。城市部件管理法的作用体现在：通过地理编码技术，将城市管理内容具体化、数字化，使城市部件有序、精确定位，实现了由粗放管理到精确管理的转变；单元网格与城市部件对接，形成一个多维的信息体系，使对城市环境的精确管理成为现实；二者的结合为新模式奠定了一个多层空间信息架构；通过明晰城市部件分类，可以对某类部件进行快速、准确的专项普查。

4. 信息采集功能——“城管通”

信息采集是基于无线网络，以智能手机为原型，为信息采集员对现场信息进行快速采集与传送而研发的专用工具。城管通研发和使用可以使信息采集员在第一时间、第一现场将城市管理问题的各类信息，通过无线网络实时发送到监督、指挥中心，实现了对城市问题的快速反应，为实施敏捷管理提供了信息采集和传递的保证；利用GPS（全球定位系统）和LBS（基于位置的服务）相结合的定位技术，实现城市管理问题的精确定位，提高城市管理的水平和效率，同时可以对信息采集员在规定区域内的工作状况进行有效监督，实现对信息采集员的科学管理。城市网格化管理平台应用模型如图13-6所示。

（三）新一代信息技术的应用

城市网格化管理信息平台应用和整合了多项新一代信息技术。采用遥感信息和地理信息技术，以万米单元网格管理法和城市部件管理法相结合的方式，实现城市管理空间细化和管理对象的精确定位；采用移动互联网技术的“城管通”，创新信息实施采集传输手段等。新技术进一步促进了城市管理空间、管理对象、管理方式和管理主体的协同，是现代城市管理思想、管理理念、管理技术和管理体制的整合与创新。

无线数据采集系统——“城管通”主要供信息采集员、城市管理相关领导和城管执法人员使用，既可用于信息采集员采集与核实城市管理问题信息，又可用于城市管理相关领导和城管执法人员移动办公。通过“城管通”手持终端和移动通信网络实现与城管监督平台、指挥平台的通信。“城管通”基于智能手持终端进行开发。无线数据采集系统主要由“城管通”、移动通信网络等组成，其中城管通是无线数据采集系统的核心。定位技术采用“GPS卫星定位＋基站定位”的方式。“城管通”通过移动通信网络把自身位置信息上传到监督指挥平台，监督指挥平台能随时或定时掌握信息采集员的位置和巡查路线轨迹，并能了解相关领导和城管执法人员的位置。

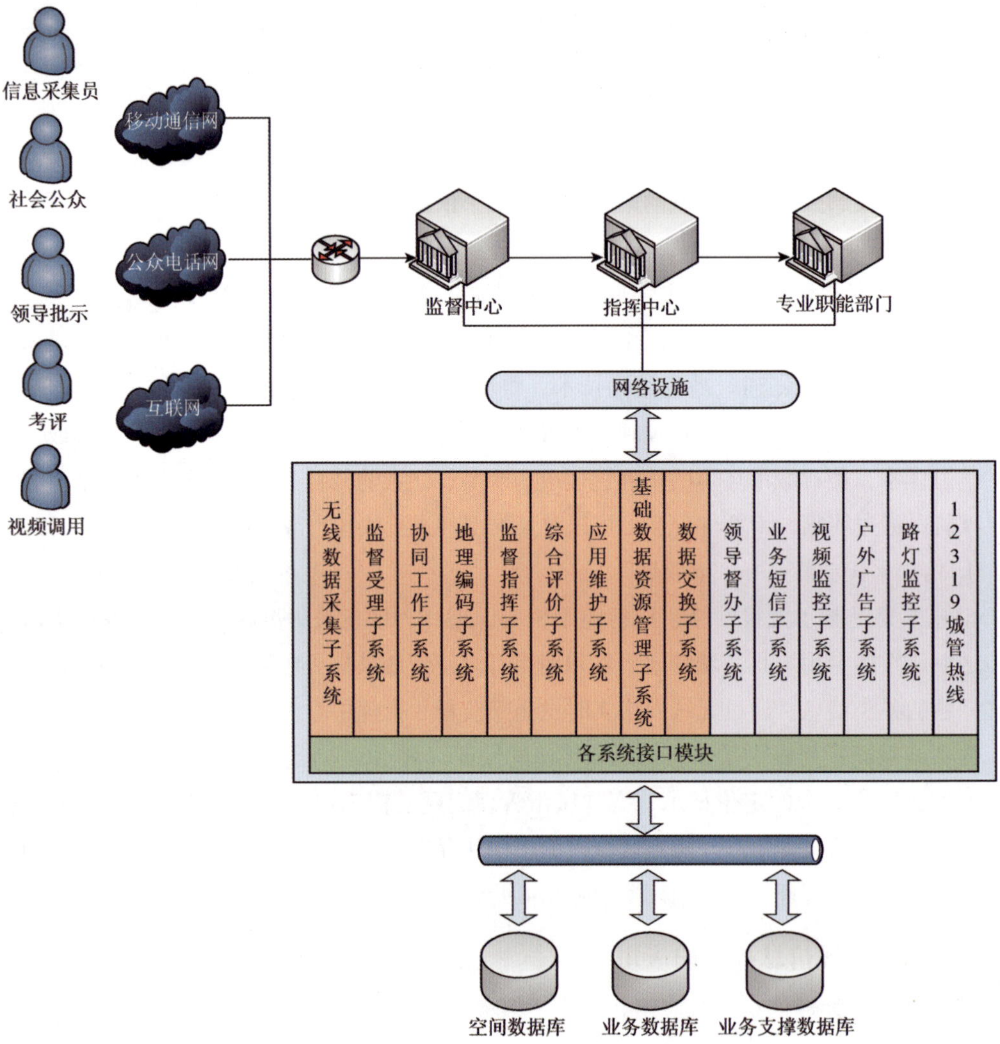
信息采集员
社会公众
领导批示
考评
视频调用
移动通信网
公众电话网
互联网
监督中心
指挥中心
专业职能部门
网络设施
无线数据采集子系统
监督受理子系统
协同工作子系统
地理编码子系统
监督指挥子系统
综合评价子系统
应用维护子系统
基础数据资源管理子系统
数据交换子系统
领导督办子系统
业务短信子系统
视频监控子系统
户外广告子系统
路灯监控子系统
12319城管热线
各系统接口模块
空间数据库
业务数据库
业务支撑数据库

图13-6 城市网格化管理平台应用模型

资料来源：赛迪设计，2013-07.

城市管理地理编码系统是网格化城市管理最重要的支撑系统之一，城市地理编码技术提供了一种把具有地理位置的信息资源赋予地理坐标、进而可以为计算机提供计算的方式。通过地理编码，将城市现有的地址进行空间化、数字化和规范化，在地址名称与地址实际空间位置之间建立起对应关系，实现地址空间的相对定位，可以使城市中的各种数据资源通过地址信息反映到空间位置上来，提高空间信息的可读性，在各种空间范围行政市内达到信息的整合。通过地理编码技术对城市部件进行分类分项管理，最终实现城市管理由盲目到精确，由人工管理到信息管理的转变。

二、城市应急管理平台

（一）平台建设背景

2006年1月8日，国务院颁布了《国家突发公共事件总体应急预案》，标志着中国应急预案框架体系初步形成。紧接着，中央各部门、各省市陆续建立城市应急的预案。到2011年年末，中国第一套城市应急管理平台已启动运行满9年，《国家突发公共事件总体应急预案》获批6周年，《中华人民共和国突发事件应对法》发布3周年。随着新一代信息技术的发展，城市应急管理一直很受重视。

随着城市化进程的加快，中国城市进入了快速发展阶段，城市应急管理平台集成多种高新技术的应用，通过数字化、信息化、泛在互联、云计算、全面感知、智能分析等手段再现城市的各种资源分布状况及空间地理信息，促进城市不同部门、不同层次之间的信息共享、交流和整合，提高城市资源利用效率，增强城市的聚集、扩散与辐射功能，进而提高城市的规划、管理与发展水平，满足人们对城市各种信息的获取，便于人们最大限度地实现智能感知、资源共享及合理使用，初步实现了保护城市的目标。通过对城市各种信息的透彻感知和度量、泛在接入和互联以及智能分析和共享，转换、存储、检索、共享、处理、分析、显示和应用等一系列要求，借助各应用系统的协同合作，是城市管理者保护城市的一种新的手段。

（二）平台主要功能

城市应急管理平台应用模型如图13-7所示。

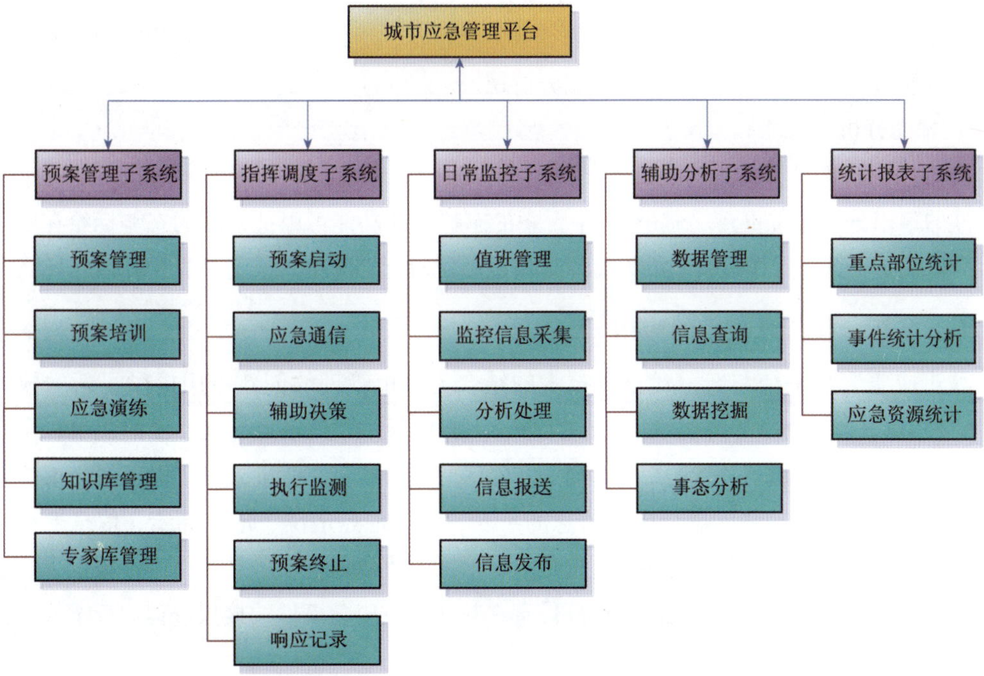
城市应急管理平台
预案管理子系统
预案管理
预案培训
应急演练
知识库管理
专家库管理
指挥调度子系统
预案启动
应急通信
辅助决策
执行监测
预案终止
响应记录
日常监控子系统
值班管理
监控信息采集
分析处理
信息报送
信息发布
辅助分析子系统
数据管理
信息查询
数据挖掘
事态分析
统计报表子系统
重点部位统计
事件统计分析
应急资源统计

图13-7　城市应急管理平台应用模型

资料来源：赛迪设计，2013-07.

1. 预案管理子系统

预案是系统针对各种不同突发事件、自然灾害制定的应急措施或办法，它是投入人力、物力、财力最多，涉及面最广、最复杂，也是所有应急储备中最重要的储备。凡事预则立、不预则废，根据不同性质、分类和级别的突发公共卫生事件类型，科学地制定和管理预案，是应急的不可缺少的一部分。

2. 指挥调度子系统

突发应急事件发生后，指挥调度子系统在事件相关下属部门对事件级别预测预警数据的基础上，进行突发公共事件的衍生、次生灾害后果分析，结合事件前期处置进展情况，对事件影响范围、影响方式、持续时间和危害程度等后果进行综合研判。突发应急事件级别研判的结果决定预警发布的级别、发布的预警内容。必要时必须通过应急主管领导的批准后才进入预警状态。对突发应急事件级别研判的结果出来后，应急指挥系统启动相关预案，并及时召集相关单位和人员进行会商。应急方案的实施，很大程度上是对应急资源的调配部署。

3. 日常监控子系统

应急信息发布后，应急指挥中心、各相单位、公安、消防、医疗卫生等立即做出响应，进入相应的应急工作状态。同时各部门应依据已发布的预警级别，适时启动相应的突发事件应急处置预案，履行各自所应承担的职责。应急指挥中心要密切关注事件进展情况，并依据事态变化情况和专家顾问组提出的预警建议，适时调整预警级别，并将调整结果及时通报各相关部门。

4. 统计报表子系统

在统计报表子系统中，将提供多种数据统计分析与数据挖掘模式，能够很好地满足用户对各类数据资源进行自定义的归纳、整理、分类、整合，形成深度分析，得出有效结论，实现系统业务数据的多层次深度的统计和数据分析挖掘。

5. 辅助分析子系统

突发应急事件具有实时、动态的特点，它会根据各种情况的发展而发展，因此对突发应急事件的事态分析非常重要。通过GIS平台中的态势标绘功能可以把事故的态势标绘在电子地图上进行发布，这样有相关权限的人就可以通过系统对标绘的结果进行查看、评估、补充。

（三）新一代信息技术的应用

城市应急管理平台与新一代信息技术的结合为城市管理的创新应用提供了新的模式支撑。结合GIS平台，为领导提供基于GIS的白板，GIS白板主要提供点、线、面的决策，可以标注危险区、安全区、撤离路线的标注。通过和GIS平台相结合，值班人员可以通过城市应急管理平台的应急事件接报功能进行事件信息的录入、事件地点定位、地图标绘、信息上报等工作，并可以通过多种通信方式通知相关责任人员。同时可以对突发公共事件的接报信息进行管理，为各级应急救援人员提供统一的事件信息；并对突发应急事件的接报过程进行记录，为后续调查分析提供原始数据。

通过与数据挖掘技术的应用相结合，可以实现数据的抽取、数据的存储和管理、数据的展现。在信息查询方面，实现预定义查询、决策支持智能查询；在报表展现方面，对于有关系的数据利用表格、复杂表格、报告以及各种综合报表进行统一的展示；在平台的可视化方面，将用户关心的数据用易于理解的点线图、直方图、饼图、网状图等来表现复杂数据及其相互关系；在统计和挖掘方面，进行平均值、最大值、最小值、汇总、排序等各种统计分析。

第十四章 CHAPTER 14

智慧园区

第一节 园区信息化现状与发展趋势

一、园区信息化现状

（一）园区发展概况

园区是指一个国家或区域的政府根据经济发展阶段和自身经济发展要求，通过行政和市场等多种手段，集聚各种生产要素，并在一定的空间范围内进行科学整合，使之成为功能布局优化、结构层次合理、产业特色鲜明的工业园区或产业集群。自20世纪80年代以来，我国为了促进工业经济发展和对外开放，设立了各具特色的园区，在国民经济中的重要作用日益显著。

中国园区的发展经历了以下四个阶段。

1. 要素驱动阶段

具备基础要素的比较优势是园区在建设初期能够吸引企业入驻，实现园区快速发展的根本条件。园区通过提供低成本的劳动力、土地、能源以及优惠的政策，快速吸引资本与企业入驻，实现快速发展。

处于要素驱动阶段下的园区大部分具备以外资带动、以劳务出口、以数量扩张为主的发展态势，以地引资、以地养区的特点十分明显。缺点在于，仅靠各种政策优惠、低成本要素来吸引企业入驻，土地集约水平很难保证，企业应有的创新主体地位不能确立，由此易造成产业之间缺乏合理的分工，产业结构雷同，企业重视竞争规模而忽视竞争水平，重视即期效应而忽视远期效应等问题。因此，随着园区经济发展水平的不断提升，要素驱动发展模式将很难继续维持。

2. 集群驱动阶段

集群驱动的发展阶段是指园区以行业龙头企业为核心，以产业关键环节为纽带，通过将具有竞争与合作关系，有交互关联性的企业、专业化供应商、服务供应商、金融机构、相关产业的厂商及其他相关机构等组成有机的整体，实现园区产业竞争力不断提升的发展模式。

在要素驱动阶段，大部分园区对于园区主导产业方向、企业进入门槛都缺乏明确界定，这常常导致园区内各种类型企业并存，产业竞争力低下。进入集群驱动阶段后，该阶段的发展模式要求园区产业发展必须围绕园区主导产业，通过对企业类别、投资门槛等进行筛选与甄别，实现园区产业的协同化发展。这一模式下的园区产业竞争力较强、主导产业突出，易于形成园区品牌。缺点在于，围绕主导产业构建的园区易受产业生命周期变化影响，将阻碍园区发展质量进一步提升。

3. 创新驱动阶段

当工业园区产业发展到相当规模后，创新驱动将成为园区发展的新动力。在创新驱动阶段，工业园区通过引进吸收国外先进技术，创新产学研合作模式，加强大学、科研机构、企业、中介服务等主体之间的技术合作，充分发挥市场机制的作用，引导科技力量向企业和市场流动，形成以企业为主体、高等院校和科研机构广泛参与，利益共享、风险共担的产学研一体化运行新机制，实现园区经济发展方式的转变。

对于大型跨国企业来说，其最关注的不是园区的土地成本、劳动力成本、产业配套等，而是园区的科技服务能力、人才资源等。因此，要进一步提升园区竞争力，就必须集聚一流的人才和科研资源。要加快产业集聚、转型升级，首先必须解决技术创新这个动力源问题。因此，创新驱动的发展模式是园区发展模式中的关键环节。在这一模式下，园区产业发展将实现由以项目为核心的发展模式向以人才为核心、以创新为核心的发展阶段转变。

4. 服务驱动阶段

在服务驱动的发展阶段，服务业的集聚发展对于开发区下一步的快速发展至关重要。如果将工业比作园区经济发展的一个“车轮”，那么现代服务业无疑是与之平行的另一个“车轮”。在打造经济发展先导区的过程中，园区的“双轮驱动”缺一不可。

（二）信息化对园区发展的支撑

在不同的发展阶段，信息化对园区的发展均起到了重要的支撑作用。

在要素驱动阶段，信息化是提升专业服务能力和基础设施现代化水平的重要手段和关键因素，可以提升园区的形象和品牌。例如，班加罗尔在发展之初，信息化基础设施和服务平台先行，提供了高速局域网、卫星通信、无线覆盖等条件，大大提升了对IT企业的吸引力。

在技术驱动阶段，信息化是搭建技术孵化平台、促进知识共享、加速产业升级的关键保障，可以优化园区的技术服务能力。例如，硅谷在发展中期，通过信息化手段汇聚大学、企业、实验室等研发力量，实现了大量的技术创新。

在创新驱动阶段，信息化是形成价值联盟、实现全面价值创新的重要手段，可以实现园区的可持续发展。例如，伦敦金融城有超过百年的发展史，通过信息化手段，颠覆了传统的金融交易模式，实现了全地域、全天候的产业创新，领航全球国际金融中心。

在服务驱动阶段，信息化是促进园区服务升级、打造园区现代服务产业、形成园区核心竞争力的主要抓手，可以实现园区向现代化新城区顺利转变。例如，苏州工业园区在园区开发建设之初就积极借鉴新加坡经验，加强信息化在公共服务领域的建设，加快现代服务业和新一代信息技术的双向融合，成功实现从“工业园区”向“智慧新城”的华丽转身。

（三）园区信息化存在的问题

信息化是全球经济和社会发展的大趋势，也是园区提升产业效能和率先实现现代化的关键环节。但是，在多年的园区发展中，信息化建设长期处于被忽视的地位，信息化水平与园区社会经济发展水平并不一致，与园区的发展要求与定位也不相适应，普遍都存在信息化配套设施及服务不够完善、信息资源整合利用工作严重滞后、两化融合推进工作缺乏有效抓手、园区综合管理缺乏智能化手段、新一代信息技术应用匮乏等问题，成为了园区进一步发展的瓶颈，需要在园区的未来发展过程中予以重点关注。

二、园区信息化发展趋势

（一）信息基础设施走向高速泛在

当前，信息网络基础设施处于更新换代的重大变革期，宽带化、三网融合进程不断加快，下一代互联网快速推进，互联网、物联网交融发展，信息基础设施走向以光网、无线宽带为主的新阶段。高速、宽带、融合、无线的新一代智能信息基础设施将成为现实，将满足随时、随地、任何物、任何人都可以上网以及所有人或物的联通。随着光网和无线宽带基础设施建设的逐渐完善，各项信息化应用开始向更多领域延伸，拓展到社交、娱乐以及商业活动中，从而可以实现提供绿色、安全、高效、智能、便捷、低成本的信息和网络服务。光网和无线宽带网络的普及推动了电子商务、网络出版、网络购物的飞速发展。尤其是电子商务，已经成为众多企业扩大宣传和拓展业务渠道的重要手段，网络购物也成为民众消费生活中不可或缺的部分。在这个网络体系构架下，无论使用者是在电脑前、厨房里，还是在便利店购物，或是在火车站候车，都能通过便利的方式连入网络。同时，无所不在的传感器网络也将成为智慧园区最基本的基础设施，实现所有园区部件的联网。信息基础设施将与园区水、电、气、公路等设施通过传感网络紧密联系、融为一体，共同构成基础设施，全面满足园区人、物、企业与设施的联通需要。

（二）政府信息化更加侧重服务

电子政务的普及促使政府行政由管制型向服务型转变，政府由注重履行政府职能向完善政府的服务功能转变，更强调为公众和社会提供更广泛、更快捷、更全面的无缝服务，使得传统政府由多层次、多部门、以“管”为目的向一个“智能的”、以“客户”为中心的高效、透明服务型政府转变。园区政府信息化以政务网络为依托，建成园区统一的网站编辑平台和发布平台，在继续加强园区门户网站建设的同时，完善多语种网站服务，注重服务效果的提升。通过网上政府，促进政府管理模式的创新，建立面向政务的管理和服务流程，减少管理环节和层次，促进政府组织扁平化，实现对整个业务链的一体化管理，从而极大地提高行政效率，降低行政成本。通过政府信息化实现无线招商门户，开办招商引资网络洽谈会，创新数字化招商引资途径。通过园区公用地理信息系统平台，承载基础地图数据，在各有关单位设远程工作站，建立基础数据与应用管理支撑平台，实现园区管理“一套图”。通过新一代信息技术在医疗、教育等公共服务领域广泛、深入的应用，形成无所不在的公共服务环境，逐步整合共享供水、供气、供电、供热、电信、有线电视、银行等部门的信息系统，形成园区便捷、高效的公用事业服务信息网络平台。政府信息化工作重点向服务转变，为园区企业提供更便捷的信息服务，为园区居民提供及时、虚拟化的生活服务，促进形成公平、和谐的园区社会氛围。

（三）整合信息资源成为必然趋势

随着园区信息化需求的不断提升，信息资源的整合建设成为必然趋势。园区的信息化节点很多，有的已具有相当的规模，如政府体系内的社会保障、人力资源、公安、一站式服务中心、进出口口岸等，另外还有企业、电信运营商开发运用的网络。但这些独立封闭的节点相互间能共享信息资源的不多。在这种构架下，不同业务信息系统可以与上级联通，但不利于一站式服务，造成了严重的信息资源重复建设、互联不畅和资源浪费。电子政务方面，园区政府各局办、直属单位按照业务属性和有关规范标准，分别做好网络接入和业务应用系统的部署，建成集政府信息发布与查询，在线办事咨询、交流、监督等功能于一体的“一站式”网站群系统。园区建设统一的信息资源共享交换平台，建立健全数据采集、数据交换、数据接收、数据安全、数据质量等数据业务规范和技术标准，逐步形成统一的数据接收、存储和发布机制，实现对四大基础数据库的实时交换与共享。同时梳理各部门的信息资源共享需求，形成信息资源共享目录，通过信息资源共享交换服务平台满足各部门的信息共享需求，实现常态化的数据共享交换模式。加强与市级信息资源的共享与交换，逐步实现跨层级、跨部门的信息资源共享利用，支撑业务协同。进而整合园区企事业单位的信息资源，建设园区数字中心，联合企业机关的计算资源，建设具有高性能计算、存储能力的，面向园区企业、组织开放共享的云服务数据中心，开展计算、存储、备份、咨询、托管、测试等多种业务，使有效整合的信息资源得到充分利用。

（四）企业信息化成为推动两化融合的重要手段

在智慧园区建设中，随着园区管理机构自身信息化建设的逐渐完善、园区工作重点从事务向服务逐渐转换，企业信息化成为政府关心的重点。智慧园区建设抓住“两化”融合的契机，不断推动园区产业转型升级，培育试点产业，加快改造提升传统产业经营生产方式，加快发展园区经济。信息化与工业化融合可以促进经济增长，推动经济发展方式的转变和产业升级。以信息化手段实现企业之间、企业与园区之间的便利沟通，实现园区经营模式和管理模式的同步发展，帮助园区建立起基于管理模式的新型业务系统，提高园区企业的创新能力，增强智慧园区的竞争力。园区管理机构将重点引导企业通过信息化途径，加强项目建设、技术改造、企业合作、企业管理，推进云计算服务和支撑平台的建设，为企业提供更好的服务；着力提高智慧园区的自主创新能力，加快完善科技成果转化体系，重点建设新兴产业研发孵化平台、多元化科技创新公共服务平台；扶持企业建设管理服务系统和网络销售系统，培育智慧园区电子商务平台，提高企业的影响力和知名度。

（五）智慧园区建设投资将愈加理性，特色将愈加鲜明

“十二五”期间我国将大力推动云计算和物联网技术在城市管理和市民生活两大领域的应用，两大信息技术将在城市市政、交通等城市运转体系以及食品安全追溯、药品监管、生产监管、环境监测等城市安全体系构建方面发挥重大作用。随着物联网、云计算等先进信息技术的成熟应用，园区管理机构在智慧园区建设过程中将更充分考虑自身的特色，同时充分借鉴国内外智慧城市、智慧园区建设的成功案例，总结各地的共性需求和个性特点，汲取先进经验，紧密结合园区定位，冷静把握建设重点和方向，在做好前期规划的基础上不断改善投资环境，优化投资结构，将有限的资金投入到具有最高产出的智慧园区领域建设上，扎实推进社会应用，不再单纯模仿其他智慧园区的建设，而致力于打造独具特色的自身品牌，以获得更好的竞争力。

第二节　智慧园区总体架构

当前园区的主要工作是如何在资源紧缺的背景下，创造更多的价值，实现园区经济转型、社会和谐。利用电子信息技术的深度应用与融合，提升园区政府的管理、服务、引导能力，提升企业的研发设计、生产制造、经营管理的效率，提升园区运行的智能、顺畅程度，提升园区居民生活的便利水平，是智慧园区建设的主要任务。

一、总体架构

赛迪设计基于长期对城市、园区信息化建设的咨询实践经验，基于对园区面临创新发展、管理转型、经济升级等新趋势的理解，结合国内典型园区信息化建设的最佳实践经验，首次提出智慧园区建设的五大体系。智慧园区总体架构如图14-1所示。

二、应用体系

智慧应用体系是智慧园区建设重要的部分，也是可以直接提升园区管理服务能力、生产生活环境的重要构成。智慧应用体系分析、整合园区运行核心系统的各项关键信息，从而对于

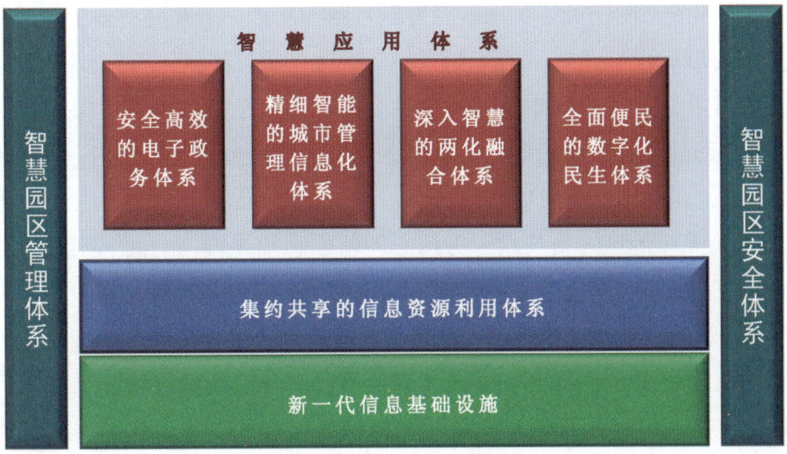
智慧应用体系
安全高效的电子政务体系
精细智能的城市管理信息化体系
深入智慧的两化融合体系
全面便民的数字化民生体系
集约共享的信息资源利用体系
新一代信息基础设施
智慧园区管理体系
智慧园区安全体系

图 14-1　智慧园区总体架构图

资料来源：赛迪设计，2013-07.

包括民生、环保、公共安全、城市服务、工商业活动在内的各种需求做出智能响应，使园区运行更加智慧、顺畅，从而为人类创造更美好的城市生活。智慧应用体系包括一个支撑平台和四个应用体系（见图14-2）。

智慧应用支撑平台是基于云计算技术，通过网络把多个成本相对较低的计算实体整合成一个具有强大计算、存储能力的完美系统，并借助SaaS、PaaS、IaaS等模式把这强大的计算、存储能力分配到终端用户手中。“云”中的资源在使用者看来是可以无限扩展的，并且可以随时获取，按需使用。

安全、高效的电子政务体系以网络为依托，以社会的需求为中心，以“政府就是服务”为出发点，以先进的信息技术为手段，将传统的政府管理、服务工作移植到网络化、数字化的环境中，帮助企业、公众、社会组织等快速、高效地解决各种事务，协调各种关系。电子政务体系包括网上协同办公、联合行政审批、行政监察、经济运行调节、市场监管、招商引资管理

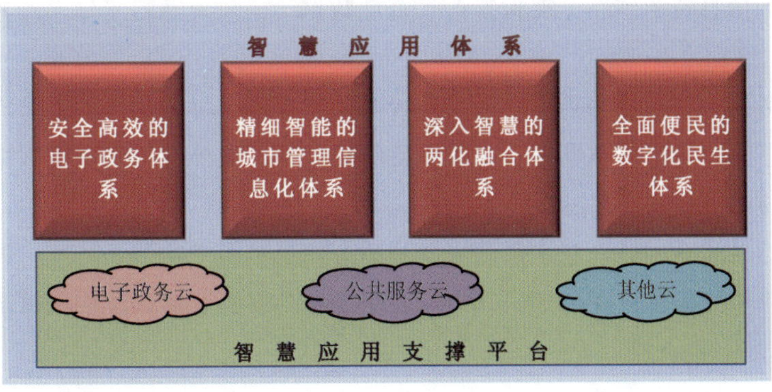
智慧应用体系
安全高效的电子政务体系
精细智能的城市管理信息化体系
深入智慧的两化融合体系
全面便民的数字化民生体系
电子政务云
公共服务云
其他云
智慧应用支撑平台

图14-2　应用体系

资料来源：赛迪设计，2013-07.

等多种政府管理、服务功能，可以实现政府管理与服务从“一个政府、多个部门”向“多个部门、一个政府”模式转变。

精细智能的城市管理信息化体系以构建更为高效、有序的城市管理模式为目标，依托物联网、云计算等应用理念及最新的电子信息技术成果，广泛布局立体感知、可靠传输、智能处理的感知网络，特别是探索在尽可能多的城市基础设施（如道路、交通信号灯、电灯杆等）上附载以RFID技术、无线传感网络技术等为核心的新型感知终端，全面、实时、准确地获取城市运行的相关信息，在园区安全、交通管理、环境保护、应急指挥、能源管理等方面实现城市运营管理从“平面管理”向“立体管理”的转变，提高城市运营管理的精细化、智能化水平。

深入智慧的两化融合体系是园区推动经济转型走新型工业化道路的重要抓手。两化融合体系包括提升传统产业智慧化水平、扶持壮大新型融合智慧产业、建立扶持有利的公共服务体系等。通过深入智慧的两化融合体系提升园区内企业对信息化技术手段和管理工具的应用意识，加强对各类嵌入式的信息产品以及计算机辅助设计/制造/工程/工艺等技术、自动控制技术、ERP等业务系统的应用，促进信息技术与生产技术、产品、业务、产业的全方位融合，提升园区产业创新能力与发展水平，促进产业结构优化升级，加快经济发展方式转变。

全面便民的数字化民生体系应当坚持以人为本、城乡一体、服务为先，重点加强教育、文化、卫生和社区等领域的信息化建设，形成新型的全方位的信息化公共服务应用体系，推动电子政务、公共服务事业、电子商务向社区、街道延伸，不断提高服务质量，丰富服务内容，努力实现公共服务的普遍、优质和高效，为园区群众构建亲民、便民的数字化生活环境。

三、信息资源体系

信息资源建设体系应在园区已有的政务信息化基础上，遵循国家电子政务总体框架和国家有关标准要求，在智慧园区建设的统筹规划下，依照“一体化”集约共享的建设思路，以服务为宗旨，以应用为关键，以信息资源开发利用为主线，通过安全、通畅的信息资源交换，实现园区各单位间资源共享，达到业务协同。

集约共享的信息资源体系主要包括信息资源数据、信息资源目录体系和共享交换平台三个层次（见图14-3）。

信息资源数据主要包括两种，一种是四大基础数据库，另一种是园区管理、服务所需要的各类主题数据库，如市政数据库、决策支持数据库等。此外，信息资源数据还包括视频监控、传感器、RFID等感知层上传的数据。

信息资源目录体系的建设应遵循国家电子政务信息资源交换体系标准，规划和完善园区内各类主题的应用框架，建立跨部门、跨行业交换和共享的业务资源指标体系，实现不同部门、不同行业间的资源共享。

共享交换平台是业务系统间无缝共享数据、连通信息孤岛的高速公路，为实现应用层各种应用系统的搭建和运行提供支撑服务，包括目录服务系统、交换服务系统、安全服务系统和导航服务、平台管理服务等。

集约共享的信息资源利用体系打破了信息孤岛，实现了数据共享从部门级到区域级的提升。通过加强数据的统一管理，可以保证数据的准确性和及时性；通过数据的共享交换，不仅实现了智慧园区运营的高效协同，而且实现了由数据转化为价值。

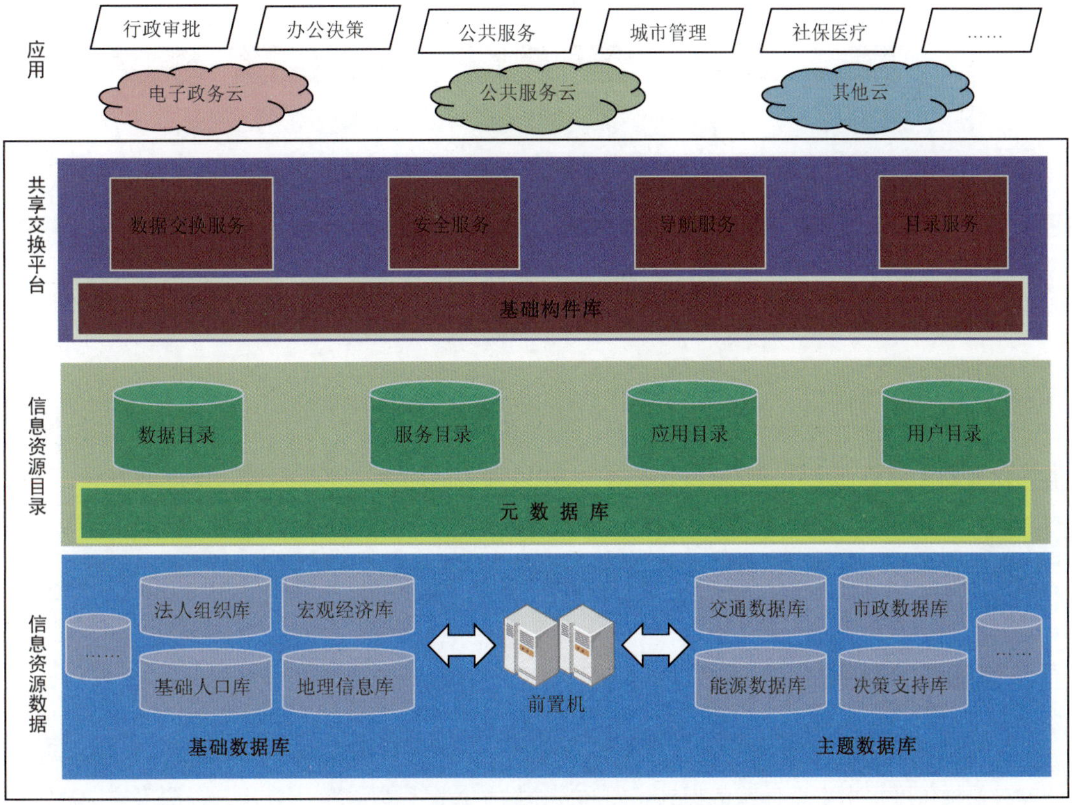
应用
行政审批
办公决策
公共服务
城市管理
社保医疗
……
电子政务云
公共服务云
其他云
共享交换平台
数据交换服务
安全服务
导航服务
目录服务
基础构件库
信息资源目录
数据目录
服务目录
应用目录
用户目录
元 数 据 库
信息资源数据
法人组织库
宏观经济库
基础人口库
地理信息库
……
前置机
交通数据库
市政数据库
能源数据库
决策支持库
……
基础数据库
主题数据库

图14-3 集约共享的信息资源利用体系

资料来源：赛迪设计，2013-07.

四、技术体系

通过构建新一代信息基础设施，为园区内的组织和个人提供安全、高速、便捷的网络环境，实现园区内的部件、人员随时随地接入网络，奠定了泛在感知的网络基础。新一代的信息基础设施主要包括两个层面：全面覆盖的感知层和泛在的传输网络层（见图14-4）。

全面覆盖的感知层由各种传感器以及传感器网关构成，不同区域、不同行业采用的感知方式也不尽相同。通过信号、ID和位置感知网络的全面建设，实现对园区主要的公共场所、野外水源、家庭住宅、生产场地和移动车辆等实现感知网络的全面覆盖，使得园区各元素的各类信息均可接入传输网络层。

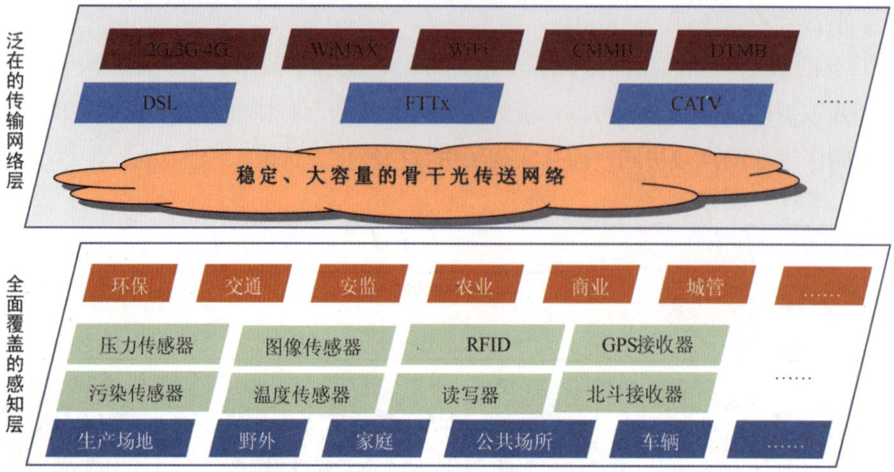
泛在的传输网络层
2G/3G/4G
WiMAX
WiFi
CMMB
DTMB
DSL
FTTx
CATV
……
稳定、大容量的骨干光传送网络
全面覆盖的感知层
环保
交通
安监
农业
商业
城管
……
压力传感器
图像传感器
RFID
GPS接收器
污染传感器
温度传感器
读写器
北斗接收器
……
生产场地
野外
家庭
公共场所
车辆
……

图14-4　新一代信息基础设施示意图

资料来源：赛迪设计，2013-07.

泛在的传输网络层建设以泛在接入、高速传输、安全融合为目的，高标准、高起点、集约化规划和建设面向未来的FTTx网络，大规模部署高速无线宽带覆盖，促进电信网、互联网、广电网的融合，构建大宽带、全业务融合的高速有线、无线全覆盖网络，实现多种方式随时随地接入。

五、信息安全体系

智慧园区安全体系需准确建立在业务流程整合、业务数据规范交互基础之上，从信息系统等级保护角度提出安全体系的设计思路和安全防护策略，以“整体合规、资源可控、数据可信、持续发展”的生存管理与安全运维模式，详细分析智慧园区安全体系建设的必要性，界定智慧园区网络区域边界范围、安全保障技术路线、安全防护策略等，以此为园区服务机构、管理机构及社会公众等提供安全有效、规范合规的信息服务。

智慧园区安全体系包括安全的信息感知、可靠的数据传送和安全的信息操控三个方面，具体涉及物理和环境安全、通信和操作安全、访问控制、系统开发和维护、信息安全事件管理、业务连续性管理六个层面，并且在每个层面上，都包含安全管理和安全策略的内容（见图14-5）。

六、IT管理体系

智慧园区管理体系是对智慧园区规划及建设中所涉及的组织机构、制度规范、IT资产（智慧园区建设涉及的硬件系统、软件系统、IT业务流程，以及建立在这些系统和流程之上的建设单位内部业务流程与知识资源的总和）、安全、运行维护资金等进行管理，有效地融合组织、制度、流程和技术，制定和完善相应的管理制度，实施规范和专业化管理，落实运行维护费用，使智慧园区管理体系成为智慧园区建设的重要组成部分，并通过持续改进管理工作，完善IT管理过程中各个流程管理来确保智慧园区健康运行，达到建设的预期目标。智慧园区管理体系如图14-6所示。

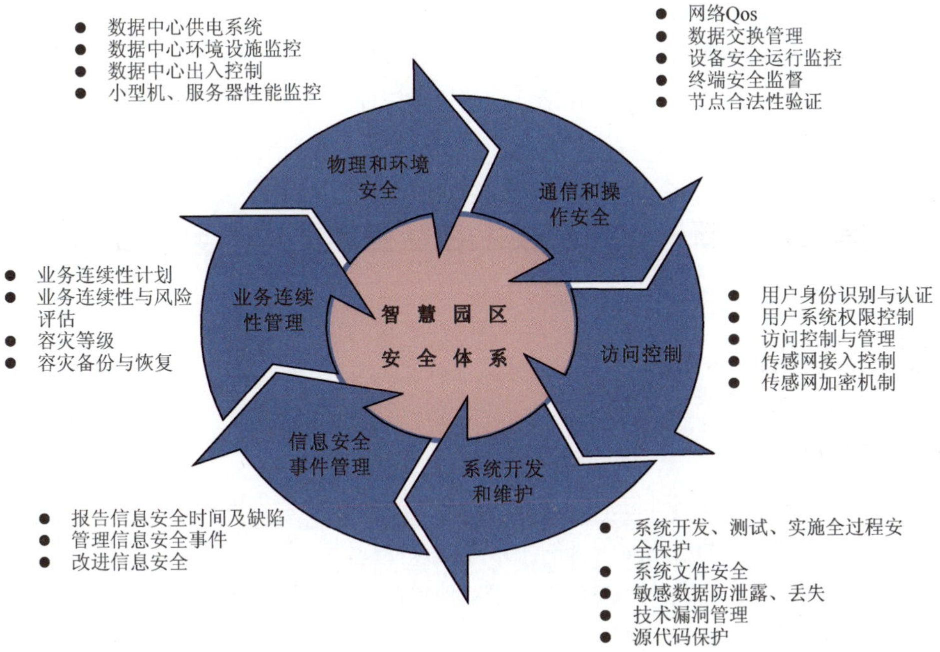

数据中心供电系统
数据中心环境设施监控
数据中心出入控制
小型机、服务器性能监控
网络Qos
数据交换管理
设备安全运行监控
终端安全监督
节点合法性验证
物理和环境安全
通信和操作安全
业务连续性管理
智慧园区安全体系
访问控制
信息安全事件管理
系统开发和维护
业务连续性计划
业务连续性与风险评估
容灾等级
容灾备份与恢复
用户身份识别与认证
用户系统权限控制
访问控制与管理
传感网接入控制
传感网加密机制
报告信息安全时间及缺陷
管理信息安全事件
改进信息安全
系统开发、测试、实施全过程安全保护
系统文件安全
敏感数据防泄露、丢失
技术漏洞管理
源代码保护

图14-5　智慧园区安全体系

资料来源：赛迪设计，2013-07.

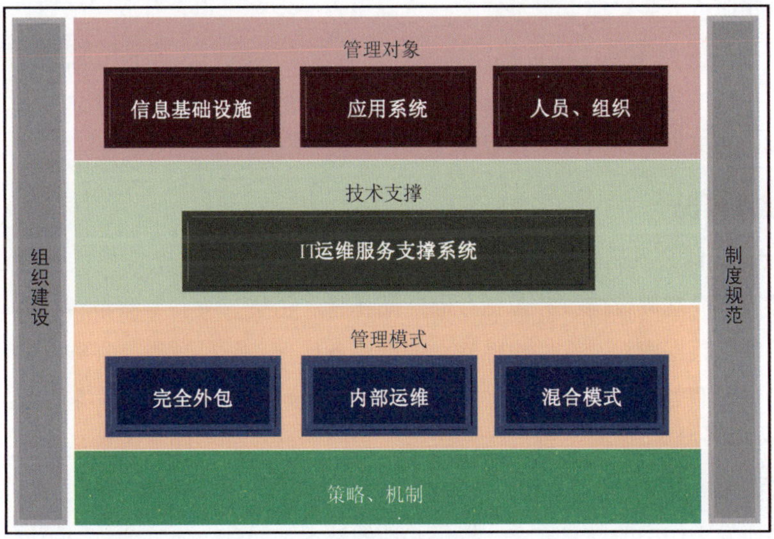

组织建设
管理对象
信息基础设施
应用系统
人员、组织
技术支撑
IT运维服务支撑系统
管理模式
完全外包
内部运维
混合模式
策略、机制
制度规范

图14-6　智慧园区管理体系

资料来源：赛迪设计，2013-07.

智慧园区组织建设要求确定和规范智慧园区管理体系的管理方式和与之相配套的人员岗位职责安排、机构设置，对智慧园区管理体系相关的全部活动进行统一决策与规划，形成集中、统一的智慧园区管理机制。

智慧园区制度规范建设分别从管理与操作方面建立智慧园区建设管理过程中各个参与要素（人、流程、工具）的行为准则与工作程序，从智慧园区管理体系总体运行、流程执行和岗位职责三个层次建立考核评价体系，确定智慧园区建设费用的组成与计算方式，规范智慧园区建设费用的来源保障，实现智慧园区建设管理的量化管理。

第三节　新一代信息技术在智慧园区中的典型应用

一、园区公共云服务平台

（一）建设背景

园区企业对公共服务的需求主体以中小企业为主。中小企业人力资源不足，IT预算有限，无法体会到昂贵的IT设备和应用所带来的生产力的快速提升。如今，云计算为中小企业提供了大企业级的技术与设备，价格则相对可以承受，使用起来也更加简单、便捷。一方面，由园区政府建立面向中小企业的公共云服务平台能够帮助中小企业解决信息化建设问题。首先，云计算能够为中小企业节省IT基础设施的巨大投资；其次，云计算能为中小企业提供多样的信息资源和应用软件服务。另一方面，中小企业公共服务云平台还可以为特定区域或特定行业内的中小企业提供技术服务共享，通过投资建设、资源整合等多种渠道，开放网络数据通信、数据中心、软件构件库、安全服务代理、软件评测、在线与离线培训、集成电路设计服务、软件出口、嵌入式软件技术服务、多媒体软件技术服务等服务或功能，支撑中小企业在产品研发工作中的普遍需求，并提供共性的技术和服务。

（二）建设概况

面向园区企业的公共云服务分为三个层次，分别可以为园区企业提供基础设施、公共平台和应用软件服务。基础设施服务包括存储空间托管、租赁、灾备等服务；公共平台服务是开放网络数据通信、数据中心、软件构件库、安全服务代理、软件评测、在线与离线培训、集成电路设计服务、软件出口、嵌入式软件技术服务、多媒体软件技术服务等服务或功能，依据“加速成长、优势互补、资源汇聚、持续发展、创新增值”的原则，有效地整合和配置园区企业聚集区的公共服务资源，提供软件研发及应用的完整支撑和公共服务解决方案。不但能够支撑企业在产品研发工作中的普遍需求，提供共性的技术和服务，而且会针对不同行业对于产品开发的特殊需求，提供面向特定行业领域的技术和服务。应用软件服务则一方面可以为园区企业提供电子邮件、联网社区、Web业务等公共应用，另一方面也可以提供财务管理、客户关系管理、电子商务等企业管理应用。

（三）典型功能

以支持企业实施技术创新为例，园区公共云服务平台的功能是在创新过程中，为开展检索、查询、实验、测试、试制、中试等活动提供设备、仪器、场地、咨询、认证和技术指导等专业性服务。应用新一代信息技术的技术服务平台可以更好地帮助企业利用社会服务规避技术风险、降低开发成本、缩短研发周期和提高创新效率，其典型应用体现在如下几个方面。

电子认证公共技术服务：以国家电子签名证书策略为核心，搭建证书策略体系实现框架和技术方法；在证书策略体系的基础上，实现经过认证的数字证书之间的互信和互认；建立电子签名证书资料备份库，为电子认证行业监管信息采集与数据服务、数字证书和可信数据电文统一验证及公共服务提供支撑。

智能移动终端技术服务：为园区企业提供包括资源共享、技术交流、行业服务等内容在内的服务平台，提高资源有效利用率。智能移动终端软件公共技术服务平台包括智能移动终端软件质量检测平台、智能移动终端软件公共服务支撑平台和智能移动终端软件资源库。智能移动终端软件资源库包括智能移动终端软件的案例库、缺陷库、标准规范库、政策法规库、开发资源库、质量信息库、软件版权库和技术人才库，相关资源库以智能移动终端软件公共服务支撑平台为窗口对外提供服务。

（四）新一代信息技术在其中的应用

园区公共云服务平台充分体现了云计算技术的应用，大量整合了云中的软件和硬件资源，并将这些资源封装成不同类型的服务提供给相关企业。从用户体验角度划分，园区公共云服务平台总体架构分为三层：基础设施层IaaS、平台层PaaS和应用层SaaS，三层相互独立，提供的服务不同，面对的用户也不尽相同。基础设施层将虚拟抽象技术运用到服务器和存储等设备，可以对基础设施进行逻辑管理。采用虚拟管理、负载均衡和集群技术创建出多台虚拟服务器，并可以在虚拟服务器之间实现全面的隔离。平台层汇聚了各类平台化的API接口，以服务的形式向企业用户提供；为应用提供开发环境、编程接口、编程模型和代码库等基础运营环境。应用层是一种新型的软件布局模型，可以为园区企事业单位提供通用共享的公共服务等应用软件。由于应用软件需要满足不同企业的各种需求，应用层采用分布式的SOA架构，能支持跨多个服务器的分布部署和运行。

二、三维数字招商系统

（一）建设背景

三维数字招商系统面向园区招商，以三维地理信息系统为支撑，提供三维辅助招商功能以及园区三维虚拟展示，为招商引资项目提供了极好的园区说明展示，可以充分展现园区的特色优势，使得园区建设初期阶段的考察评估变得更为直接、便捷，大大提高了招商运作的效率。同时，既可以将园区数字沙盘面向世界各地进行招商，又可为未来规划方案建设提供辅助评审工具。

（二）典型功能

三维数字招商系统地图信息庞大，具有关键字定位、三维地图显示信息等功能，用户可以通过指定查找地图区域查找相关地址信息。同时，三维数字招商系统采用地理信息系统技术，对城市的招商区域进行三维实景建模与展示，可以为投资商提供城市纵览介绍、行政区划投资热点、重点项目、招商楼宇等方面的基本信息，并提供快速定位、查询，实现对招商资源的完整信息化管理，辅助宣传城市招商环境，为招商引资提供有效、便捷的解决方案，有利于提高投资项目的成功率，节约招商成本。

（三）新一代信息技术在其中的应用

主要应用领域包括园区三维GIS和数字招商系统，其中的核心关键技术就是虚拟现实技术。虚拟现实（Virtual Reality）近年来一直是信息产业界研发和应用的热点，也是最近兴起的一种综合信息技术，它综合了数字图像处理、计算机图形学、多媒体技术和传感技术等多个相关学科的内容。它具有三维的立体视觉环境、友好的人机交互界面，因此它极大限度地改变了人机之间生硬、枯燥和被动的交互现状，让计算机软、硬件生成的模拟环境将人们带入流连忘返的虚拟世界和逼真体验之中。

从图14-7中可以看出，园区三维招商系统采用B/S模式的三层体系，分别是用户层、业务层以及数据层。在三维地图操作二次开发应用中，用户可利用三维地理信息平台地形浏览软件提供的二次开发接口和控件。平台需要的数据包含两种，一种是三维基础地理数据，另一种是园区专题数据。三维基础地理数据包括各种分辨率的遥感影像、数字高程模型、线状矢量数据、地名数据、建筑模型数据等。同区专题数据主要分为空间数据和属性数据，包括矢量数据、文本数据、图片、视频、声音等各种数据。根据数据整合要求，将空间数据和属性数据进行有效集成，实现图形和属性的高效互查。

以虚拟现实等新一代信息技术为核心的三维数字招商系统，将成为今后我国新型园区建设与招商的有力工具，将为园区信息化建设发挥重要的支撑作用。

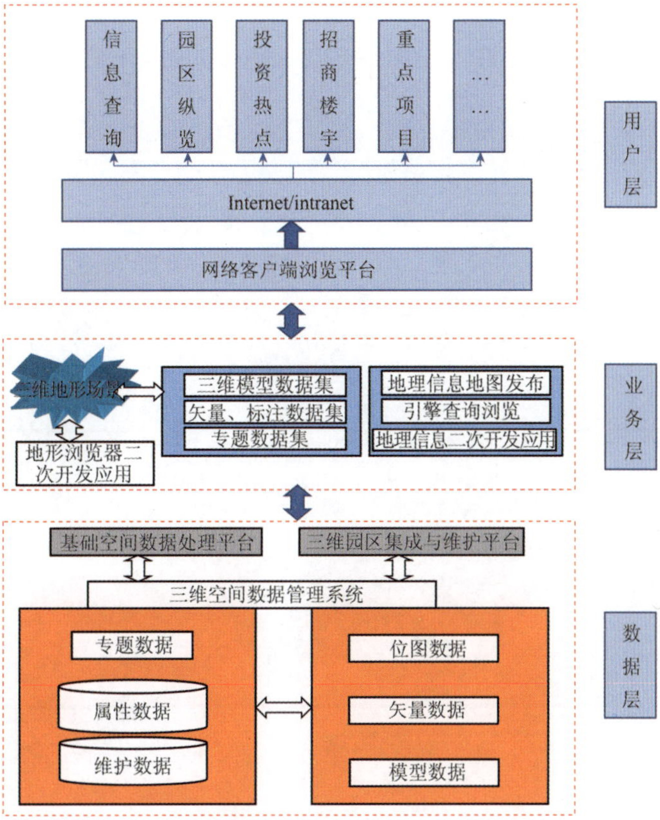
信息查询
园区纵览
投资热点
招商楼宇
重点项目
……
Internet/intranet
网络客户端浏览平台
用户层
三维地形场景
三维模型数据集
矢量、标注数据集
专题数据集
地理信息地图发布
引擎查询浏览
地理信息二次开发应用
地形浏览器二次开发应用
业务层
基础空间数据处理平台
三维园区集成与维护平台
三维空间数据管理系统
专题数据
属性数据
维护数据
位图数据
矢量数据
模型数据
数据层

图14-7　三维数字招商系统分层架构

资料来源：赛迪设计，2013-07.

案·例·篇

第十五章 CHAPTER 15

企业案例

第一节 国家电网公司：智能用电小区

一、案例概况

（一）实施背景

2009年，国家电网公司提出了“中国特色”坚强智能电网的内涵和发展目标，即以特高压电网为骨干网架，各级电网协调发展的坚强智能电网为基础，利用先进的通信、信息和控制技术，构建以信息化、自动化、数字化、互动化为特征的国际领先、自主创新、中国特色的坚强智能电网。智能电网涉及的是“6+1”环节，即发电、输电、变电、配电、用电和调度6个环节，加上一个基础的通信信息平台。其中，与用户之间最为相关的“用电”是一个非常重要的环节，它涵盖的内容包括智能家居、智能楼宇、电动汽车有序充电等各个方面。依托于电力光纤到户形成的公共信息服务基础平台，不管是普通居民用户还是耗电大户——工业用户及商业用户，都可以通过能效管理体系轻松掌握自身用电信息，结合自身情况合理管理能耗，对用电情况实现精细化管理。智能化家电将根据电网运行状况和合理的电价政策，自动选择运行方式，提高能源使用效率。

国家电网陆续在全国33个城市陆续启动了电力光纤到户、智能用电小区等35个示范和试点工程、总计3.59万户的建设工作。通过电力光纤到户等信息通信技术发展智能小区、智能园区等一系列探索，一扇通向未来“智能用电”新生活的大门正在为人们开启。在上海浦东峨山路越富豪庭小区里，有一个上海世博会智能电网示范区，通过智能用电应用系统的建设，目前已经有100多户居民享受到了智能电网带来的便捷。北京莲香园小区成为全国首个面向普通居民开展商业运营的智能用电小区。这个小区的居民通过选择1000元/年～3300元/年不等的五类智能用电服务套餐，即可享受为期一年的智能用电服务。

（二）主要内容

（1）居住区智能用电应用系统是智能用电小区监控与管理需要的软件系统的总称。基于光纤复合电缆的光纤通信技术，智能用电小区通过用电信息采集、双向互动服务、小区配电自动化、电动汽车有序充电、分布式电源运行控制、智能家居等技术综合应用，实现小区的智能化用电服务，实现电网与用户电力流、信息流、业务流的双向互动。居住区智能用电应用系统架构如图15-1所示。

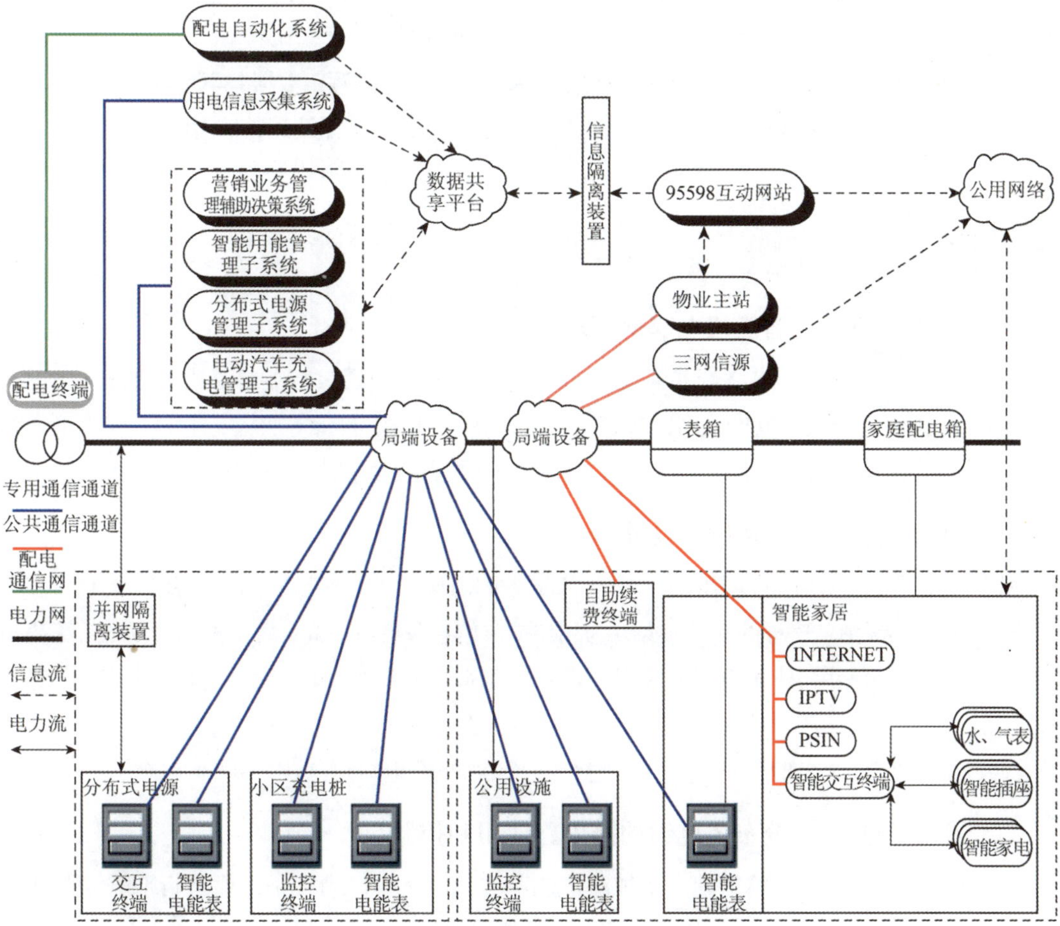

配电自动化系统
用电信息采集系统
营销业务管理辅助决策系统
智能用能管理子系统
分布式电源管理子系统
电动汽车充电管理子系统
数据共享平台
信息隔离装置
95598互动网站
公用网络
物业主站
三网信源
配电终端
局端设备
局端设备
表箱
家庭配电箱
专用通信通道
公共通信通道
配电通信网
电力网
信息流
电力流
并网隔离装置
自助续费终端
智能家居
INTERNET
IPTV
PSIN
智能交互终端
水、气表
智能插座
智能家电
分布式电源
交互终端
智能电能表
小区充电桩
监控终端
智能电能表
公用设施
监控终端
智能电能表
智能电能表

图15-1　居住区智能用电应用系统架构图

资料来源：赛迪设计，2013-07.

（2）用电信息采集系统是对用户、小区的用电信息进行全采集、处理和监控的系统，为其他系统提供基础的用电信息支撑。

（3）电动汽车充电管理子系统完成小区充电计量、计费、监控和管理功能，包括有序用电管理、计量管理、运行监控、充电记录，并与营销业务管理系统实现信息交互，完成用户档案管理。

（4）分布式电源管理子系统完成小区分布式电源计量、监控和管理功能，包括分布式电源并网实时监控、计量、保护，并与营销业务管理系统实现信息交互，完成用户档案管理。

（5）配电自动化系统完成小区配电系统的智能开关设备、公共用电设施监测控制、故障自动检测与故障隔离、电能质量控制等，实现小区低压回路多电源供电，提高供电的可靠性和故障处理的及时性，满足高质量的用电服务。

（6）营销业务管理辅助决策系统通过数据共享平台为用户提供综合信息服务。

（7）数据共享平台提供智能用电小区所需的互动信息，实现与用电信息采集、双向互动服务、居住区配电自动化、电动汽车充电管理、分布式电源管理、智能家居、智能用能管理等子系统的信息交换，并实现与营销业务管理及辅助决策系统的信息集成。

（8）95598互动网站是展示公司智能用电成果的窗口，通过营销数据共享平台，实现双向信息互动及业务互动，包括用电信息服务、网上营业服务、小区配电系统运行监测信息服务等。

二、创新特点

（一）创新点一：智能用电双向互动

在小区内安装智能用电终端并建设95598网站，用户可以通过智能终端或登录此网站进行查询用电量、用电余额、电价、用电政策信息、缴费、建议、投诉等服务；电力公司则可通过这两个途径，向用户发布公告、停电、恢复供电通知，并提供相应的查询、缴费服务。

（二）创新点二：三网融合功能

智能用能管理子系统通过智能家居交互终端及规划建设的95598互动平台、短信、电话等多种途径给用户提供灵活、多样的互动服务，为用户提供信息采集与查询、智能控制、用电策略决策等服务，是实现智能用电增值服务的有效手段。智能家居子系统采集电表、气表、水表等信息，采集家电用电信息、远程控制家电起停；可通过网银缴费或双向互动服务终端等进行电费缴纳，并可通过规划建设的95598互动网站进行信息交互；光纤复合电缆到户，支持三网融合。

（三）创新点三：分布式电源的接入、使用和控制

在电力公司统一供电的基础上增加清洁能源的供电，小区内视条件而进行部署太阳能、地热、风力等分布式电源，并配以控制装置及储能装置。

（四）创新点四：需求策略响应

电力公司在采集小区用电信息后，对信息进行整理分析，掌握小区用电高峰和低谷，合理分配电能，同时对用户进行用电指导，使用户能合理避开用电高峰，极大地提高了电网的使用效率。

三、借鉴价值

开展智能用电小区建设试点工作，是为了研究智能电网先进技术如何应用于居住区，探索我国智能用电小区建设模式，展现智能电网成果，达到宣传智能电网先进理念、提高电网智能化水平、提升用电服务能力、试点新的业务模式、促进智能用电小区有序发展的目的。智能用电小区具有用电信息采集、双向互动服务、分布式电源管理、电动汽车有序充电、智能家居等功能，未来可为普通居民用户提供个性化、多样化、便捷化、互动化的服务。

第二节　中国医药集团总公司：医药云平台

一、案例概况

（一）实施背景

中国医药集团总公司（以下简称国药集团）成立于1998年11月26日，是由中央管理的以医药科研、生产和服务贸易为主业的我国最大的医药企业集团。随着新国药的组建，国药集团整体实力达到了新的高度，发展更加迅猛。为了适应国药集团整体战略，实现国药集团“十二五”发展目标，成为国际知名医药企业，进入世界500强，国药集团信息化工作也必须向国际一流企业对标，才能更好地支撑集团业务和管理的需要，因此，信息化建设必须向更高的水平迈进。

国药集团在信息化方面一直是走在比较前面的，从老国药到新国药，经历了产业链的协同、业务的整合，需要信息化的更好的支持，云计算的到来，为国药集团的信息化带来了新的机会。国药集团通过建设统一的云数据中心，进一步落实了集团对于统一部署、统一协调的思想，为集团信息化应用系统的统一部署提供了前提，实现了集团的信息化工作统一管控。

（二）主要内容

1. 构建符合国药集团战略要求的“集团一体化管控运营平台”

作为不断发展壮大的医药产业集团，国药集团总部与各子公司的工作往来与业务协作频度加大，在此期间信息沟通的便捷性与信息提供的及时性，在很大程度上影响着企业间的协调运行的效率，因此通过构建“集团一体化管控运营平台”，满足集团“四大平台、十大核心业务”的业务战略要求，集团总部能够实现纵向信息上传、下达，横向有效支撑十大核心业务。

2. 打造国际先进的国药集团云服务中心

通过整合目前集团72个机房，构建国药集团云服务中心，能更好地支撑“十二五”期间国药集团“四大平台、十大核心业务”的业务战略要求。国药集团云计算应用——基础设施云平台框架如图15-2所示。

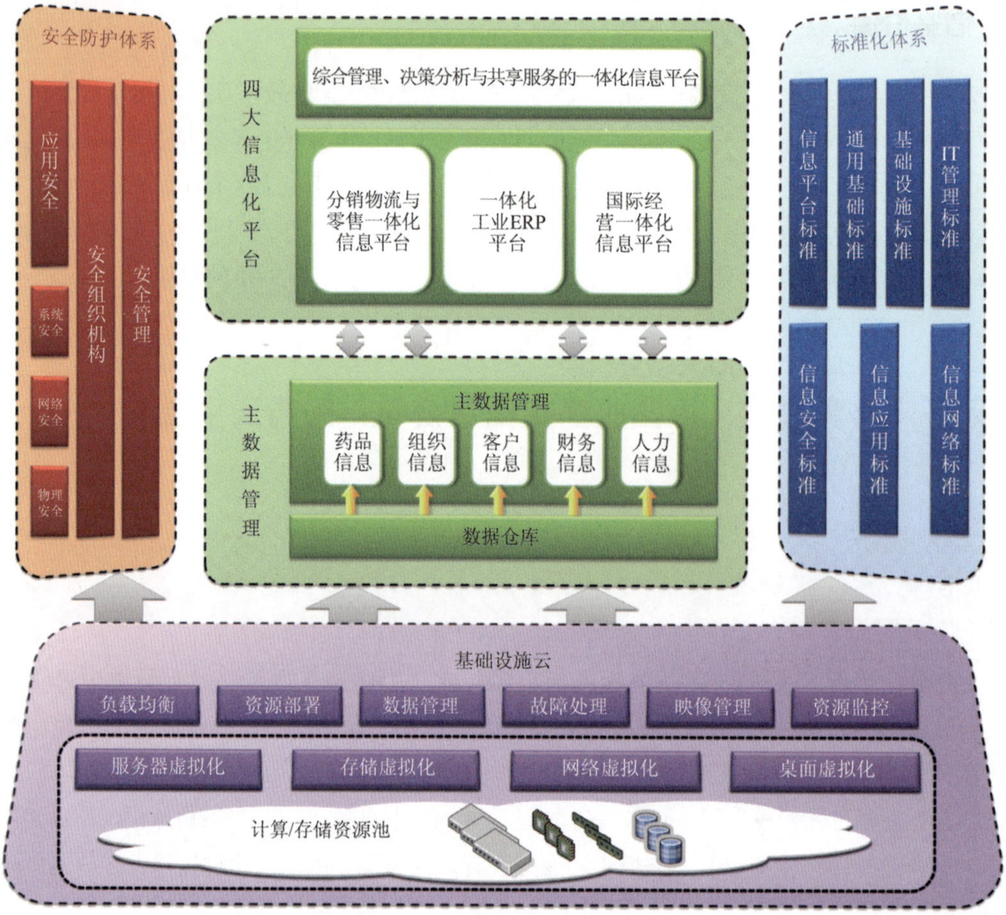
安全防护体系
应用安全
系统安全
网络安全
物理安全
安全组织机构
安全管理
四大信息化平台
综合管理、决策分析与共享服务的一体化信息平台
分销物流与零售一体化信息平台
一体化工业ERP平台
国际经营一体化信息平台
主数据管理
主数据管理
药品信息
组织信息
客户信息
财务信息
人力信息
数据仓库
标准化体系
信息平台标准
通用基础标准
基础设施标准
IT管理标准
信息安全标准
信息应用标准
信息网络标准
基础设施云
负载均衡
资源部署
数据管理
故障处理
映像管理
资源监控
服务器虚拟化
存储虚拟化
网络虚拟化
桌面虚拟化
计算/存储资源池

图15-2 国药集团云计算应用——基础设施云平台框架

资料来源：赛迪设计，2013-07.

二、创新特点

（一）创新点一：统一平台

提供统一的数据存储服务。利用分布式存储技术，国药集团基础设施云将集中存储四大平台和十大核心业务系统运行中产生的所有数据，为决策支持系统提供及时、准确、可靠的原始数据，并在授权的情况下，为二级公司提供数据的共享和交换服务。

根据数据完整性、可靠性和可管理性的要求，结合国药集团统一的数据中心建设，利用统一的数据标准规范，对结构化数据、非结构化的二进制数据以及关系型的数据进行有效管理，实现集团内的十大核心业务相互独立的信息系统数据资源的整合和高度共享，解决“信息孤岛”的问题。

搭建一体化的共享服务门户可以展现国药信息库已经整合、加工后的各类结构化信息和非结构化信息，为集团的综合管理、决策分析提供及时、准确、可靠的信息服务，提升一体化的共享服务门户的应用价值，提升国药集团内部的信息服务功能和医药行业信息增值服务功能，实现由“信息之窗”向“服务之窗”的转变，成为“十二五”期间国药集团信息化建设的亮点。

（二）创新点二：统一运维

统一资源部署服务。通过虚拟化技术，实现国药集团数据中心硬件环境的虚拟化，根据集团业务的开展提供快速动态部署服务，并进行快速的故障恢复和硬件维护。

统一资源监控服务。根据国药集团数据中心资源的抽象模型，建立资源监控模型，对CPU、内存、磁盘使用率，读写以及网络的实时输入、输出和路由状态进行监控，以保障基础设施云的高效运行。

统一IT运维服务。一套模块化、标准化的物理基础设施从适应性、高效节能、经济性、降噪和环境保护等方面能够全面提高机房环境质量；由于数据中心的统一，通过人员梳理能够集中目前队伍中最强的数据中心管理与技术力量进行数据中心运维，使数据中心的安全和健康运维得到保障。

（三）创新点三：统一安全体系

统一安全基础设施。如果通过对每个子公司进行信息系统安全体系改造来降低安全风险，必将耗费巨大的人力、物力，而新一代数据中心可以提供统一构建安全体系，为各接入子公司提供安全的基础设施平台。

统一安全管理服务。国药集团的基础设施云将使用防火墙和划分隔离区来防止恶意程序入侵，并采用安全审查机制，保证对数据的操作都是经过授权并且是可追踪的，确保集团信息资源的可靠性和安全性。

三、借鉴价值

国药集团通过统一的云数据中心建设，实现“贸、科、工”一体化发展，形成具有国药集团特色的“医药流通、医药科研、医药工业、医药服务、医药工程”的国药价值网络。通过统一的云平台，实现各主营业务板块的协同发展与信息化“贸、科、工”一体化建设的有效融合，使得各大板块信息化建设在集团统一的信息化架构下，业务间能够实现横向数据交互，使得集团信息系统能实现集团总部与子企业之间信息传递的有效性、及时性、准确性与全面性。国药集团在云计算的实践中形成了自己的思路和方法，其成功的经验很值得学习，尤其是对于集团企业来说很有借鉴意义。

第三节　中国石油集团海洋工程有限公司：海上综合生产监控系统

一、案例概况

（一）实施背景

中国石油集团海洋工程有限公司（以下简称中石油海洋工程公司）是根据中国石油天然气集团公司加快海洋油气资源勘探开发步伐、持续推进专业化重组的战略部署，主要从事海洋石油钻采工艺和海洋工程的研究、设计，海洋油气勘探开发工程综合一体化服务，海洋钻井，井下作业，试油试采工程，海洋石油工程建造、安装、使用和维护，海洋石油作业船舶服务，基地保障业务，相关装备的设计、制造、维护及维修等业务。中石油海洋工程公司是中国石油天然气集团公司下属唯一的一家海洋作业队伍，是未来中石油集团实施海洋石油战略的核心单位。

相对于陆地油田而言，海上油田作业信息化建设在通信传输保障、远程生产监控等方面提出了更个性化的需要。为实现对海上生产现场的综合管控，中石油海洋工程公司通过利用多种通信手段以及感知技术开展了海上综合生产监控系统的建设，向“海上数字油田”目标迈进了一步。

（二）主要内容

综合生产监控系统将中石油集团公司A7系统、钻井作业实施数据、生产监控视频、可视化专家会商、决策辅助支持等诸多系统有机结合在一起，实现生产作业可视化、数据传输实时化、电话讨论会议化、软件系统集成一体化。

（1）搭建海上无线传输通道。在公司总部、中信国安主站、曹妃甸和塘沽岸边基塔与中油海6、7号平台之间，均组建了以运营商的SDH数字电路为基础的微波、VSAT卫星和海事卫星等传输系统，互为备份，用于传输视频、语音及数据。

（2）建设海上视频监控系统。通过建设和整合工业电视监控系统、IP语音系统、动力环境监控系统，实现了平台钻台面、井口、主甲板和泥浆回流槽等12路平台作用现场视频图像回传，视频监控图像实时传输、数据回传、IP语音通信、动力环境和综合网管等功能。

基于该系统，公司总部、钻井事业部领导及工作人员可以在办公室直观看到平台作业的情况，实时了解平台的生产动向。中石油海洋工程公司海上综合生产监控系统总体架构示意如图15-3所示。

二、创新特点

（一）创新点一：多类通信手段互为备份，保障数据的回传

通信传输平台是整个系统的重要基础，采用了微波、VSAT和海事卫星等复合传输手段，

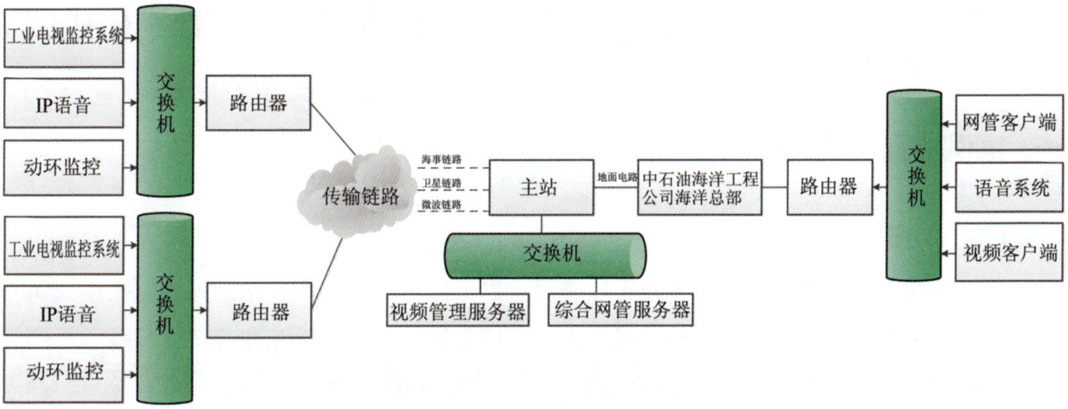
工业电视监控系统
IP语音
动环监控
交换机
路由器
工业电视监控系统
IP语音
动环监控
交换机
路由器
传输链路
海事链路
卫星链路
微波链路
主站
地面电路
中石油海洋工程公司海洋总部
路由器
交换机
网管客户端
语音系统
视频客户端
交换机
视频管理服务器
综合网管服务器

图15-3　中石油海洋工程公司海上综合生产监控系统总体架构示意图

资料来源：赛迪设计，2013-07.

通过结合各种通信手段的优点，来满足平台作业移动频繁、活动区域大、图像和数据回传稳定性、连续性的要求，在应急情况下或平台处于拖航状态时，也能确保生产图像和数据的回传。

（二）创新点二：基于多种感知设备实现对作业现场的实时监测

通过在海上作业平台的关键生产部位部署摄像头和设备采集器来采集作业平台生产现场的数据，同时通过安装温湿传感器、水浸传感器、烟雾传感器来对海上平台特殊环境下的通信机房的动力环境进行实时监测。

（三）创新点三：注重建设效益，奠定了推广基础

该系统在投资建设上既考虑系统运行效果，同时还兼顾了项目长期的经济效益。在设备选型上，整体采用了中高端设备，并在满足总体建设目标的情况下，尽量保护平台既有的设备。通过一年的测试和试运行，不断总结经验，与钻井事业部及实施平台密切配合，合理安排设备安装程序计划，避免多次上平台，提高工作效率，降低项目运行成本，为项目的后期推广奠定了坚实的基础。

三、借鉴价值

海上综合生产监控系统是数字海洋工程的一个典型应用场景，通过综合采用多种无线传输技术、感知技术构建软、硬件集成一体化的系统，实现了海上作业平台与外部的图像、语音、信息资料的回传，大幅提高了公司的生产管理效率，满足了公司总部对海上作业平台生产现场的实时监控要求。在实施过程中，中石油海洋工程公司根据自身平台作业特点和信息化建设总体要求，总体规划、分步实施，在试点运行和总结经验的基础上，不断改善系统运行效果，优化运行成本，取得了良好的运行效果。

第四节 中国国电平庄煤业（集团）有限责任公司：数字化矿山

一、案例概况

（一）实施背景

中国国电平庄煤业（集团）有限责任公司（以下简称平庄煤业）是中国国电集团公司控股的特大型煤炭企业，前身为1959年成立的平庄矿务局，总部位于东北经济区与环渤海经济圈结合部的内蒙古赤峰市境内，企业员工2.3万人，资产总额177亿元，2011年生产原煤3776万吨，全国煤炭产能排名第21位。平庄煤业坚持以煤为主、多元发展，全面推进“五型一流”综合性煤炭企业集团建设，把拓展煤炭生产规模、做强做大煤炭产业作为平庄煤业生存发展的基础，积极构建“蒙东、蒙西、新疆”三大煤炭生产基地和“煤、电、化、运”四大产业板块。“十二五”期间煤炭产量将达到5000万吨，产值超过百亿元，稳步向亿吨煤炭企业和全国煤炭企业20强迈进。

近年来，平庄煤业非常重视数字矿山建设工作，紧紧围绕国家煤炭生产、安全及节能减排等政策中对煤矿生产、安全和科技发展提出的要求，结合企业发展战略和主营业务需求，进行平庄煤业数字矿山总体规划，并通过大力推行数字矿山标准化矿井建设，不断加快新技术应用和产业升级改造步伐，通过集成世界先进科技，建设安全、绿色、智能数字化矿山，实现平庄煤业的矿山整体运营效益、效率一流，引领了数字矿山的发展。

（二）主要内容

平庄煤业数字化矿山建设旨在通过应用云计算、物联网等新一代信息技术，引入国内外先进的技术装备，建设安全、绿色、智能的标准化数字化矿山，大力提升平庄煤业整体运营效益、效率，推动平庄煤业的产业聚合升级，为建设本质安全型、内涵增效型、队伍精干型、管理创新型、和谐发展型、全国第一流的“五型一流”智慧型煤炭企业的战略目标奠定坚实基础。平庄煤业全集团推广标准化矿井建设，逐步实现了煤矿井下生产系统自动化并做到了远程集中控制，井下主要设备达到了“有人巡视、无人值守”，减员增效成效显著。同时，通过数字矿山的建设，推广应用先进的信息技术和技术装备，使员工井下作业环境明显改善，劳动强度明显降低，安全保障大为加强，从而改变了人们对煤矿传统的看法，企业形象得到极大提升。

（1）推进计算机技术、网络技术、信息技术、控制技术、智能技术和煤矿生产工艺紧密融合，实现企业的经营、生产决策、安全生产管理和设备控制等信息的有机集成。

（2）深化信息系统应用，实现经营管理科学化，生产计划、生产安全调度、生产过程控制最优化。

（3）建设综合一体化监测监控平台、业务管控一体化平台，保证煤矿生产安全，提高产量和质量，提高企业经济效益和竞争能力。平庄煤业数字化矿山架构如图15-4所示。

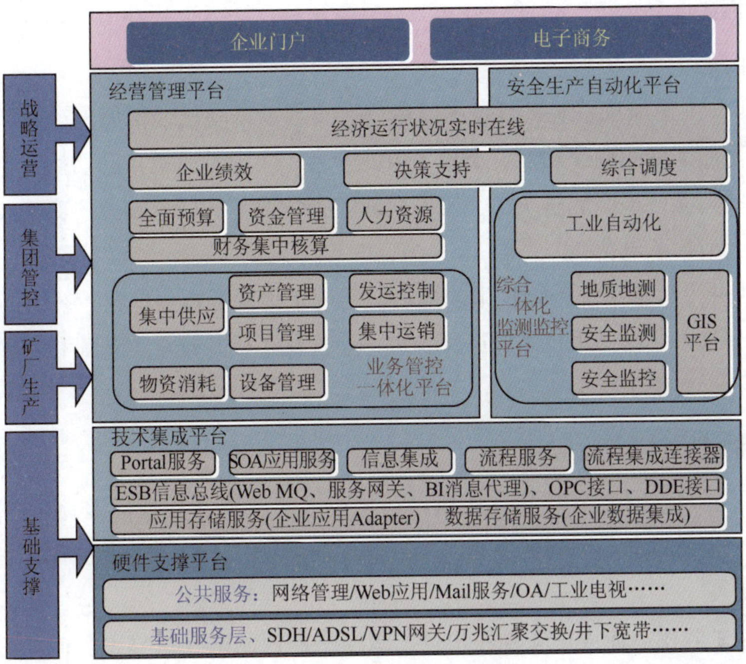
企业门户
电子商务
战略运营
集团管控
矿厂生产
基础支撑
经营管理平台
安全生产自动化平台
经济运行状况实时在线
企业绩效
决策支持
综合调度
全面预算
资金管理
人力资源
财务集中核算
工业自动化
集中供应
资产管理
项目管理
发运控制
集中运销
物资消耗
设备管理
业务管控一体化平台
综合一体化监测监控平台
地质地测
安全监测
安全监控
GIS平台
技术集成平台
Portal服务
SOA应用服务
信息集成
流程服务
流程集成连接器
ESB信息总线(Web MQ、服务网关、BI消息代理)、OPC接口、DDE接口
应用存储服务(企业应用Adapter)　数据存储服务(企业数据集成)
硬件支撑平台
公共服务：网络管理/Web应用/Mail服务/OA/工业电视……
基础服务层、SDH/ADSL/VPN网关/万兆汇聚交换/井下宽带……

图15-4　平庄煤业数字化矿山架构

资料来源：赛迪设计，2013-07.

二、创新特点

（一）构建高度集中和信息共享的综合一体化监测监控平台、业务管控一体化平台

（1）井上、井下各生产环节的生产设备工况信息、环境监测信息、人员信息和视频信息在一个统一的信息平台上运行，全面反映矿井实时生产运行状态，实现各专业统一调度、集中指挥，促进了矿井安全生产管理，同时，提高了管理决策的及时性、科学性和高效性。

（2）矿井所有生产系统关键部位和重要工作区域均实现了工业视频监控，视频采集系统将现场图像通过工业以太网传输到地面集中控制中心，对生产系统运行工作状况及人员活动情况进行实时监控，为生产系统无人值守提供了技术手段，提高了自动化系统的可靠性，保障了人员安全和设备正常运行。

（3）集成生产、调度、机电等生产执行层各子系统的过程管理数据，覆盖矿山安全管理、生产组织和经营管理等业务管控环节，做到各子系统间的数据共享、子系统联动、现场与管理数据联动，实现了集团、矿级、区队到班组的多层级资源优化配置。

（二）利用新一代信息技术促进节能降耗

（1）矿井提升机系统进行技术改造后，实现了高度自动化，装煤、卸煤，提升机的启动、加速、减速、到位停车等所有环节均实现了自动控制。同时实现变频调速节能控制，采用

多重安全保护技术，杜绝了超速、过载、过卷等事故，安全运行状况得到彻底改变，效率明显提高，创效明显。

（2）矿井主通风机系统进行技术改造后，实现了自动化远程集中控制、有人巡视、无人值守，同时增加了变频调速功能，实现了节能降耗。实现了风机自动切换、自动反风、风机与瓦斯自动联动功能，很好地解决了突发事故或灾害情况下的应急响应。变频技术在通风机控制的应用，大大节约了电费。

（3）矿井主排水系统进行技术改造后，实现了地面远程集中监控，泵房现场有人巡视、无人值守。多水平自动排水技术的应用，进一步优化了矿井排水工艺流程，最大限度地实现了“躲峰填谷”，实现了安全、高效、节能。

（三）物联网技术的应用

（1）通过物联网感知监测技术和自动化技术的应用，实现标准化矿井井上、井下物与物、物与人、所有物品与网络的连接，实现对现场环境、人员、生产设备状态的识别、管理和控制。

（2）在矿井作业面人员考勤及定位、运输车辆智能调度与监控、企业排污智能化远程监测监控方面引入物联网技术，提高了平庄煤业在安全、物流、环保方面智能化的管控能力。

三、借鉴价值

平庄煤业的数字化矿山建设，为其他煤矿企业的数字化矿山建设做出了很好的基础尝试，并具有很深的启示意义。当前，“数字化”已成为行业发展建设的主流和企业发展的标志，国内各大煤企都在实施和建设数字化矿井。在这种大趋势下，其他煤矿企业应高定位、高起点、高投入，充分吸取、借鉴行业先进技术和成功的建矿经验，以建设国内一流，国际领先的数字化现代化矿井为目标，从根本上提高煤矿的生产能力，改善作业环境、提高抗灾能力，增强企业的综合竞争力。

第五节　去哪儿网：移动在线旅游产品应用

一、案例概况

（一）实施背景

全球最大的中文旅行网站——去哪儿网上线于2005年5月。去哪儿网通过网站及移动客户端的全平台覆盖，随时随地为旅行者提供国内外机票、酒店、度假、旅游团购及旅行信息的深度搜索，帮助旅行者找到性价比最高的产品和最优质的信息，聪明地安排旅行。

在移动互联网的应用推进方面，去哪儿网是在线旅游行业无线业务布局的先行者，自2009年起即开始组建无线部门，从2010年开始，去哪儿网开始加大无线业务的投入力度，铺设了一条“PC+移动”相结合的机票、酒店查询预订渠道，满足不同用户的需求。截至2012年10月，去哪儿网已经形成六大APP的完整格局，从旅行资讯、目的地攻略、机票酒店查询预订、旅行应用、旅途记录分享等各个细分领域切入，全面覆盖用户旅行前、旅行中、旅行后的各类需求。六款APP目前已经覆盖iOS、Android、Symbian、Windows Phone、平板电脑等智能设备，在移动互联网旅游市场已形成了领先地位。去哪儿网移动客户端是中国旅行类最受欢迎的移动应用，其拥有超过2000万激活用户量，并在苹果中国App Store公布的“2011 年最佳产品”（App Store Rewind 2011）中荣膺中国原创旅行类应用之冠。

（二）主要内容

去哪儿网在线旅游产品主要包括以下内容。

1. 去哪儿旅行

针对机票、酒店等在线旅游核心产品构建一站式在线旅行解决方案，机票产品方面拥有手机支付、航班动态、价格趋势和机场宝典等特色功能，酒店方面提供身边酒店、夜销酒店、酒店导航、手机下单等移动互联网特色服务，同时在旅行类应用当中第一家支持iOS 6 Passbook功能，并提供了基于地理位置的景点查询，真正覆盖了旅游从查询、下单、实地旅行到分享的全过程。

2. 去哪儿酒店

主要针对在线酒店预订服务，目前已经可以提供超过3万家酒店的在线预订，结合移动终端拥有身边酒店查找、路线查询和周边查询等特色功能，同时拥有夜销酒店特色服务模式，包括北京、上海、广州、深圳、西安、成都、重庆、青岛、杭州等城市，预订便捷、价格优惠，每天18:00 后可以抢订当天的超值酒店尾房。

3. 去哪儿精品酒店

针对酒店产品当中的细分市场——精品酒店，建设精品酒店收录展示的平台，全方位挖掘酒店各方面特质，对酒店硬件设施及细节进行细致的展示和分类，满足特定需求的用户群体。

4. 去哪儿兜行

定位于移动旅游生活类应用推荐平台，综合导游、攻略、当地交通、美食、购物、地图、出行、酒店、工具等功能，目前已经拥有5000款旅游相关应用，覆盖国内外近2.5 万个热门旅游目的地和景点，可以搜索旅行应用，下载推荐套餐，获取旅行专题、攻略与随机推荐应用。

5. 去哪儿旅图

去哪儿旅图主要满足旅行中的拍照、记录、分享与互动需求，提供多种图片滤镜处理工具，实现以特有的照片墙、时光轴方式展现照片，并可实现地图标记旅行轨迹。

6. 去哪儿攻略

去哪儿攻略主要针对旅行前后的资讯和攻略搜集发布，提供用户原创攻略，城市的旅游地图，旅游点评信息等内容，覆盖景点、酒店、美食、购物、娱乐等各个方面，为用户的旅行提供参考。去哪儿移动电子商务应用框架如图15-5所示。

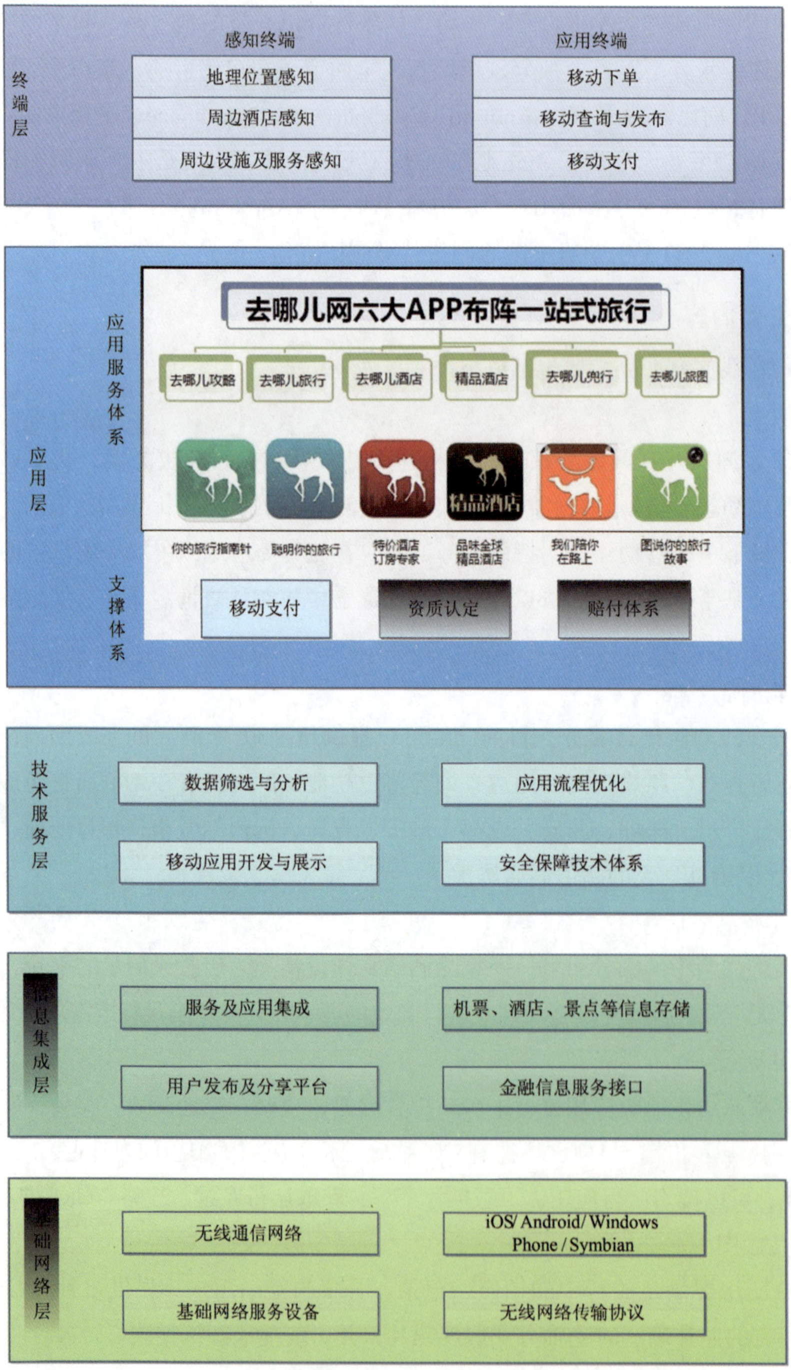
终端层
感知终端
地理位置感知
周边酒店感知
周边设施及服务感知
应用终端
移动下单
移动查询与发布
移动支付
应用层
应用服务体系
去哪儿网六大APP布阵一站式旅行
去哪儿攻略
去哪儿旅行
去哪儿酒店
精品酒店
去哪儿兜行
去哪儿旅图
精品酒店
你的旅行指南针
聪明你的旅行
特价酒店 订房专家
品味全球 精品酒店
我们陪你 在路上
图说你的旅行 故事
支撑体系
移动支付
资质认定
赔付体系
技术服务层
数据筛选与分析
应用流程优化
移动应用开发与展示
安全保障技术体系
信息集成层
服务及应用集成
机票、酒店、景点等信息存储
用户发布及分享平台
金融信息服务接口
基础网络层
无线通信网络
iOS/ Android/ Windows Phone / Symbian
基础网络服务设备
无线网络传输协议

图15-5 去哪儿移动电子商务应用框架

资料来源：去哪儿网，赛迪设计整理，2013-07.

二、创新特点

（1）传统平台应用的无缝移植，去哪儿网的移动电子商务应用体系延续去哪儿网传统的产品线和特点，移动端的机票查询预订也支持搜索比价、特价机票、机票价格趋势查询等功能，各类应用的信息也保持了不同平台的一致性，使得用户在移动端可以享受同样的信息和功能服务。

（2）关注细分领域、满足用户多元化需求，通过针对移动旅游的一站式服务总体应用和细分领域的分应用开发，以面向对象和功能实现的专业化确保产品的服务质量和用户体验。未来在线旅游价格战将全面铺开，不同产品间价格差异会进一步减小，无线产品竞争将集中在产品质量和用户体验上，去哪儿网的移动应用服务群已经在这一方面为行业树立了典范。

（3）在业内率先推出移动支付解决方案，支持59家银行的移动支付功能并与支付宝达成深度合作。移动电子商务未来发展壮大的关键在于资金流的引入，由于政策、安全、用户体验和网络环境等方面的原因，移动支付市场一直没有在细分行业当中取得很大的突破。去哪儿网通过对于移动支付前端企业的资质认证、支付流程的安全技术保障和支付后端的赔付体系，有效地解除了用户在移动支付当中的后顾之忧，通过与用户现有金融和第三方支付账户的融通减少资金转移成本，提升用户体验。目前，去哪儿网已经实现两大主流手机平台——iOS与Android手机支付购票功能，这也是国内旅行类手机应用首次出现全面的在线旅游移动支付解决方案。

三、借鉴价值

在线旅游作为电子商务的新兴发展领域，伴随着人们生活水平的提升以及信息化手段应用的普及，正在为越来越多的用户群体所接受。而旅游行业信息量大、线上线下结合紧密、信息交互需求高的特点也使得其对于移动互联网技术有较高的要求。去哪儿网的移动在线旅游应用产品体系从覆盖旅游全程出发，针对旅游的各个环节，建立了全面、准确、动态的信息体系，注重用户自身和各类旅游产品的地理信息地位，完善旅游前、中、后各个环节的信息获取、发布和分享需求，同时通过技术与服务相结合的安全认证体系打通移动支付通道，让移动终端完成旅游的设想成为现实，也代表了旅游行业乃至整个垂直行业电子商务应用的未来发展方向。

第十六章 CHAPTER 16

区域案例

第一节 扬州：信息共享平台创建医疗服务管理新模式

一、案例概况

（一）实施背景

扬州市医疗卫生信息共享平台建设是扬州市医疗卫生体制改革的重要组成部分和关键推动手段，是深化医疗卫生体制改革、大力发展卫生事业的迫切需要，也是扬州建设智慧城市、提升公共服务信息化水平的重要基础内容。医疗卫生信息共享平台将为扬州市建立以社区卫生服务为基础的新型城市医疗卫生服务体系的信息化提供有力支撑，将为市民建立统一的居民电子健康档案，整合医疗卫生资源，完善各类医疗卫生服务应用，为百姓提供安全、有效、方便、价廉的医疗卫生服务。

（二）主要内容

扬州市医疗卫生信息共享平台的建设内容主要包括一个平台、两大门户、三项支撑和四类应用。一个平台，指基于电子健康档案，包括卫生资源数据和卫生业务数据，以数据共享为核心的信息平台。两大门户，指面向广大市民提供公共卫生服务的外网门户和面向卫生服务人员和决策者的支撑业务工作的内网门户。三项支撑，指信息基础设施支撑体系、信息安全支撑体系和标准规范支撑体系。四类应用，指满足社区卫生机构日常业务开展的社区业务支撑应用、面向市民提供服务的居民健康服务应用、面向医疗卫生机构的卫生协同服务应用、面向卫生行政部门及管理者的卫生综合管理应用。扬州医疗卫生信息平台的应用按照功能和用户归类可以分为公共卫生管理、居民健康服务应用、卫生协同服务应用、卫生综合管理应用四类应用，含14大应用系统。医疗卫生信息共享平台系统架构如图16-1所示。

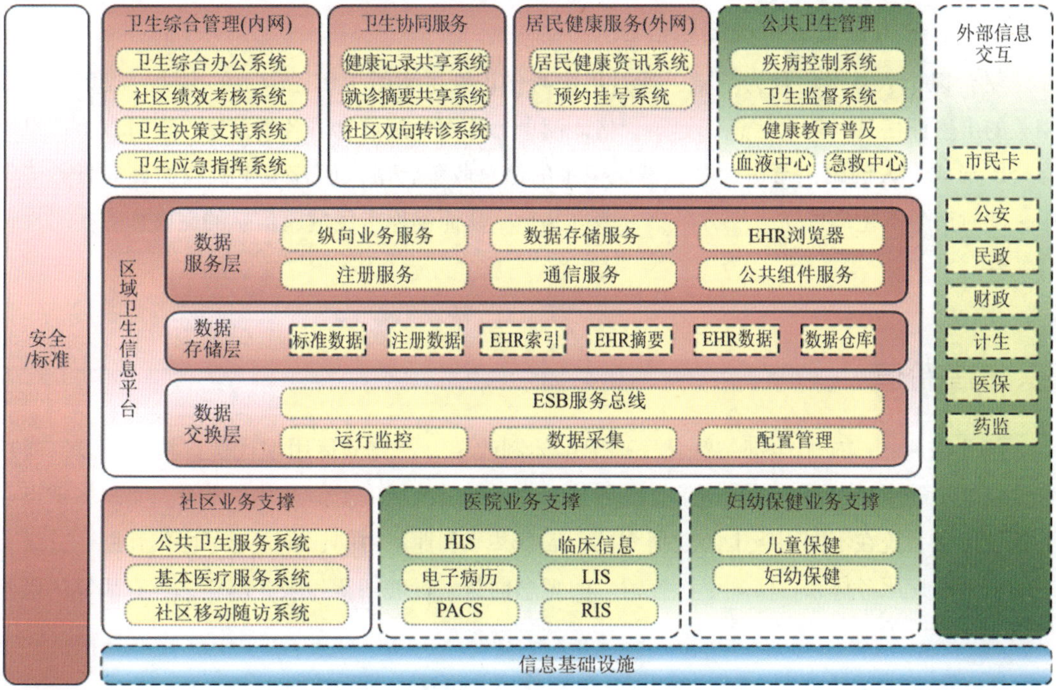
安全/标准
卫生综合管理(内网)
卫生综合办公系统
社区绩效考核系统
卫生决策支持系统
卫生应急指挥系统
卫生协同服务
健康记录共享系统
就诊摘要共享系统
社区双向转诊系统
居民健康服务(外网)
居民健康资讯系统
预约挂号系统
公共卫生管理
疾病控制系统
卫生监督系统
健康教育普及
血液中心
急救中心
外部信息交互
市民卡
公安
民政
财政
计生
医保
药监
区域卫生信息平台
数据服务层
纵向业务服务
数据存储服务
EHR浏览器
注册服务
通信服务
公共组件服务
数据存储层
标准数据
注册数据
EHR索引
EHR摘要
EHR数据
数据仓库
数据交换层
ESB服务总线
运行监控
数据采集
配置管理
社区业务支撑
公共卫生服务系统
基本医疗服务系统
社区移动随访系统
医院业务支撑
HIS
临床信息
电子病历
LIS
PACS
RIS
妇幼保健业务支撑
儿童保健
妇幼保健
信息基础设施

图16-1　医疗卫生信息共享平台系统架构

资料来源：赛迪设计，2013-07.

二、创新特点

（一）面向服务的共享服务模式

扬州区域卫生信息平台从医疗卫生行业整体角度出发，基于SOA架构思想，搭建起了一个灵活的、可扩展的服务平台，可实现对不同用户业务需求变化的及时响应和灵活扩展。此外，该平台还通过对各业务系统的资源进行整合，提高了业务构件的可复用性，优化了业务流程，促进了业务协同。在这种共享服务模式下，扬州市各医疗卫生机构及相关部门实现了医疗卫生信息的交换共享和业务应用系统的互联互通，对于加强区域卫生协同监管，提高区域卫生资源效率，促进区域医疗卫生服务能力均衡发展具有重要的作用。

（二）多业务领域医疗卫生信息共享和业务协同

扬州市医疗卫生信息平台面向居民、患者、医护人员、管理者等不同对象提供服务支持，涉及卫生局、医院、社区卫生服务中心、民政、公安、财政、计生、医保、药监等多个业务单位，涵盖的重点业务领域包括基本医疗和社区公共卫生业务、区域卫生协同服务、居民健康服务、公共卫生监管业务、与卫生相关部门的数据采集上报业务六大部分，可实现各业务系统在不同层级、不同领域、不同部门间的数据交换、信息共享和业务协同。

（三）全方位记录市民健康信息

平台以个人基本信息为基础，通过市民身份识别主索引（市民卡）的方式，收集与个人相关的出生证信息、就诊信息、健康合格证信息、计划免疫信息等各类信息，通过以上信息的综合，形成个人健康记录史。个人健康记录的信息收集将融入医疗卫生机构的日常服务工作中，随时产生、主动推送，一方采集、多方共享，从而确保市民健康信息的完整性、实时性和有效性。

三、借鉴价值

扬州市积极响应卫生部“深化医药卫生体制改革”，充分运用现代信息技术手段，通过建设以电子健康档案和电子病历信息服务共享为基础的区域卫生信息共享平台，实现各重点业务领域信息系统在不同层级上的数据交换、信息共享和业务协同，建立起了协作互助、分级有序的新型医疗服务体系，实现了医疗卫生的观念创新、管理创新和服务创新，具有很好的借鉴价值。

第二节　贵阳：城市综合管理突破政府IT资源整合难题

一、案例概况

（一）实施背景

贵阳市于2009年年初立项建设贵阳市数字化城市综合管理系统一期工程，贵阳市委、市政府高度重视该项目建设，将其纳入2009年为民办理的十件实事之一，成立了以政府领导为组长的建设领导小组。项目的建设内容包括3类6个重大工程项目，项目投资9200万元。2009年12月31日实现系统试运行，大幅提升了政府综合应急指挥能力，其创新和效能机制在国内属首创。

（二）主要内容

项目的建设内容包括3类6个重大工程项目，即1个统一的基础通信网络平台、1个城市应急指挥资源共享平台、4个应用系统（贵阳市道路交通管理智能监控指挥系统、贵阳市公安局110综合指挥系统、贵阳市数字化城市管理信息系统、贵阳市公安综合信息系统。已完成的公安“三台合一”系统的试运行，实现了交警、公安110、城管和城市应急等协同联动，从而有效提升了政府的综合应急指挥能力。贵阳市监控指挥大厅如图16-2所示。

TRANBBS.com
中国交通技术网

图16-2　贵阳市监控指挥大厅

资料来源：赛迪设计，2013-07.

二、创新特点

（一）统一规划，打破部门界限，实现跨部门资源整合

汇聚和整合多个管理和执法部门进入统一的数字化平台。将过去分散的，以单位、部门为主体的城市管理方式整合为综合性的、现代化的、数字化的综合管理系统，实现了公安“三台合一”、交警、公安110、城管和城市应急等协同联动，大幅提升了政府的综合应急指挥能力，其创新和效能机制在国内属首创。

（二）成功实现现代技术、现代城市管理理论、城市实际三者的结合

通过把传统的经验化管理转变为科学化管理，运动式管理转变为制度式管理，结果型管理转变为过程型管理，极大地提高了城市综合服务管理效能。

（三）重视可视化技术应用

1000多平方米的现代化综合指挥大厅和100多平方米的综合DLP显示大屏，采用了国内的最新产品、最新技术，实现了各部门信息资源共享调度，可视化程度高，其规模和先进性在西部地区处于领先位置。

（四）资源共享利用保证了高标准的建设质量

现代化的指挥调度室实现了平战结合、联动协同、应急调度的一体化。560余平方米的中央机房体现了设计的超前性、工艺的先进性、配置的合理性、冗余的可扩展性，其规模和技术含量在贵州省内处于领先位置。

三、借鉴价值

当前，我国政府信息化仍广泛存在信息孤岛、IT不能共享的问题，尤其是公安、交通、城管部门信息化建设开始较早，已经积累了大量的IT基础设施、应用系统与信息资源，在这种背景下，贵阳市通过统一规划，高层协调，打破部门界限，实现跨部门资源整合，成功实现现代技术、现代城市管理理论、结合城市实际三者的结合，建成了高水平的数字化城市综合管理系统，值得各地城市信息化主管部门与建设者学习借鉴。

第三节　张家港：市民融合服务推动城市管理变革

一、案例概况

（一）实施背景

为进一步方便市民生活、减少重复投资、促进智能卡产业发展、优化电子商务环境，张家港市政府决定实施“张家港市民卡”工程。“张家港市民卡”工程是张家港市跨部门信息共享、业务协同的典型案例；是覆盖张家港市、面向市民的便民服务的重要体系；同时也是张家港市政府投入与市场化运营相结合的成功表现。

（二）主要内容

“张家港市民卡”工程总体框架图如图16-3所示。

市民卡系统包含服务渠道、综合业务接入平台、核心应用系统、核心数据库、市民卡应用子系统。

服务渠道：整合客服中心、服务网站、自助终端、服务大厅柜台与各种车载、药店和商场POS终端等众多服务渠道，为市民提供一体化服务。

综合业务接入平台：为外部应用系统的接入以及系统本身对外提供的服务提供统一的公共服务平台。

核心应用系统：实现各种业务和管理功能的独立运行模块，主要包括卡管理、账务与清结算处理、业务对象、市民信息管理及增值服务平台等应用系统。

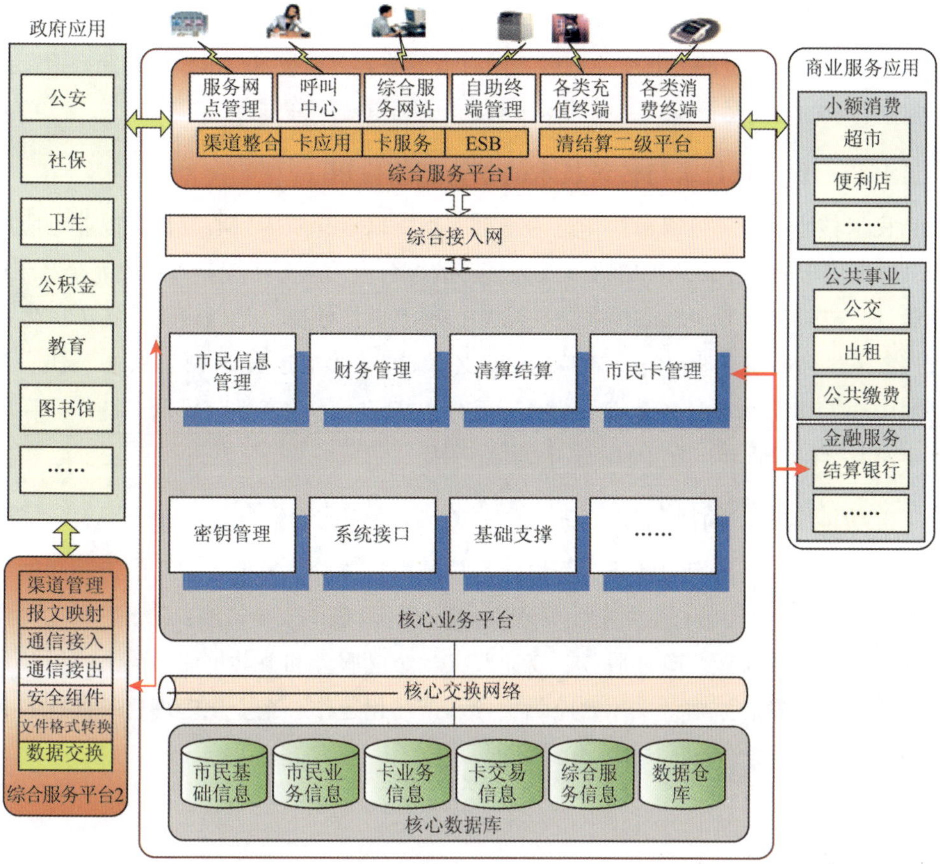
政府应用
公安
社保
卫生
公积金
教育
图书馆
……
渠道管理
报文映射
通信接入
通信接出
安全组件
文件格式转换
数据交换
综合服务平台2
服务网点管理
呼叫中心
综合服务网站
自助终端管理
各类充值终端
各类消费终端
渠道整合
卡应用
卡服务
ESB
清结算二级平台
综合服务平台1
综合接入网
市民信息管理
财务管理
清算结算
市民卡管理
密钥管理
系统接口
基础支撑
……
核心业务平台
核心交换网络
市民基础信息
市民业务信息
卡业务信息
卡交易信息
综合服务信息
数据仓库
核心数据库
商业服务应用
小额消费
超市
便利店
……
公共事业
公交
出租
公共缴费
金融服务
结算银行
……

图16-3　“张家港市民卡”工程总体框架图

资料来源：神州数码，赛迪设计整理，2013-07.

核心数据库：核心数据库统一存储市民个人身份数据、各种业务数据、交易数据等，将唯一标识每个张家港市民身份，供所有相关部门单位共享、识别，同时提供面向市民的各种数据抽取分析结果。通过交换平台，数据中心汇集各个相关部门和单位的个人身份数据并进行比对后形成个人唯一身份识别数据。

市民卡的应用：以市民卡作为面向市民服务的载体，在政府、公共事业、商业和金融等领域，结合各领域自身的业务系统，形成统一的市民卡服务应用体系。

二、创新特点

（一）模式的前瞻性

张家港市民卡主要集成了四部分的核心功能：市民身份信息系统、城市公共服务功能（社会保障、教育服务、医疗保障、公共交通）、小额金融支付（清结算系统）、商业服务

（健身卡、借书卡、商业店铺）。在这些功能和应用整合过程中，需要与数十个政府部门合作，建立起数据提取整合的公共交换平台，同时也要兼容多项技术标准，梳理跨政府部门的新流程，建立有效的商业运行模式，在国内相同领域处于前瞻性的地位。

（二）新一代信息技术与传统技术的整合创新应用

“市民卡核心系统”是以市民信息为基础支撑，以卡介质为核心载体，以业务应用为服务手段，以市民卡的全生命周期管理模式为核心的综合应用服务系统。该系统完全基于SOA架构理念设计，支持云计算中SaaS模式，在功能扩展上更加便捷，是国内首款集市民生命周期信息管理、卡生命周期管理、商业结算、政府支付结算、多渠道服务（网站、POS机、自助终端、呼叫中心、移动终端）、卡应用扩展管理等功能于一体的产品，可以支持产品在城市通卡、企业通卡、校园通卡、园区通卡各个领域应用。

（三）功能强大，简捷易用

在功能设计上，系统突出体现为简捷、易用的用户体验，方便、快捷的定制功能，随需而变的业务规则配置，专业强大的物流管理功能，牢不可破的安全机制：除此之外，“市民卡核心系统”整合框架还涵盖政务服务、商业服务、金融服务和公共事业服务，遵循“一卡多用、多卡合一”的发展原则，采用政府化主导、市场化运作、企业化管理、一体化服务的方式，实现了“充分整合、资源共享、集约发展”。

三、借鉴价值

作为“智慧城市”的重要组成部分，市民卡通过融合个人身份证、交通卡、社保卡、银行卡等功能，集个人社会事务和城市公共服务于一体，不仅让市民生活更便捷，也有效避免了“信息孤岛”和重复建设问题。而这些功能的集成背后，是各种系统和传统技术的整合，利用新一代信息技术的创新应用，整合原有的功能，使各行各业的服务机构更高效，人民工作、生活更便捷。

第四节　青岛：社区信息化众e通点亮智慧生活

一、案例概况

（一）实施背景

2010年3月，青岛市市南区科技局在市南区湛山街道办正式启动社区信息化政民通项目试点工作；2010年11月，“政民通”项目通过正式验收，进入试验推广阶段；2011年，“政民通”项目被青岛市经信委确定为青岛市社区信息化重点项目；2011年10月，“政民通”项目在市南区开始全面推广；2012年6月，该项目正式更名为“众e通”，并进一步明确了市场化运营机制。

众e通项目在市南区拥有注册用户4.7万户，发放相关设备1万多户，据不完全统计，通过“众e通”系统，已经受理家庭刷卡缴纳水、电、煤气、通信费4000多笔，个人政务查询16万多人次。

（二）主要内容

众e通项目以社区信息化为基本目标，是综合采用云计算、物联网、三网融合等新一代信息技术而建设的一体化信息系统，能够为社区民众提供智慧社区、智慧经济、智慧家庭三大服务体系。众e通智慧社区服务体系总体框架如图16-4所示。

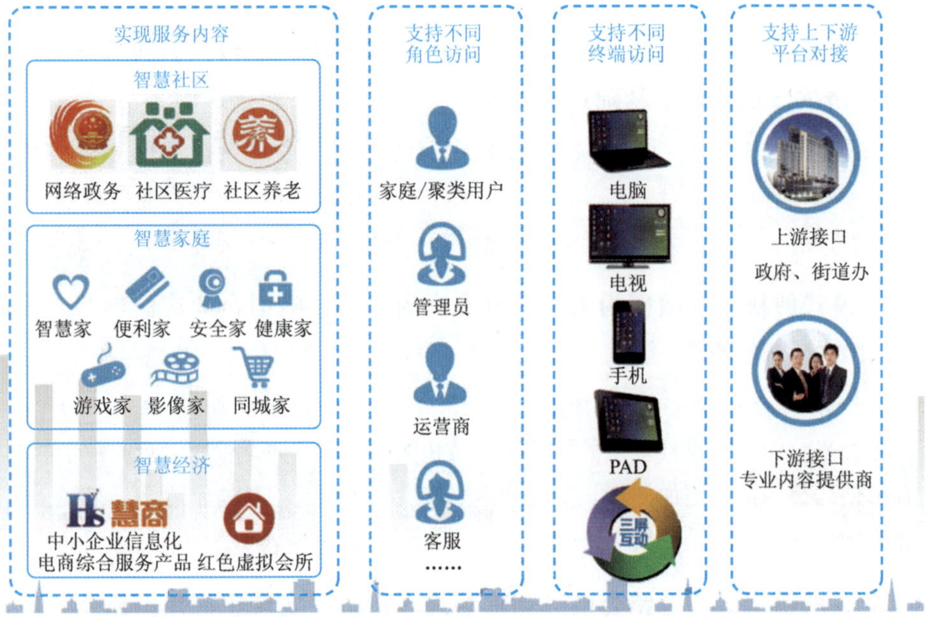
实现服务内容
智慧社区
网络政务
社区医疗
社区养老
智慧家庭
智慧家
便利家
安全家
健康家
游戏家
影像家
同城家
智慧经济
慧商
中小企业信息化
电商综合服务产品
红色虚拟会所
支持不同角色访问
家庭/聚类用户
管理员
运营商
客服
……
支持不同终端访问
电脑
电视
手机
PAD
三屏互动
支持上下游平台对接
上游接口
政府、街道办
下游接口
专业内容提供商

图16-4　众e通智慧社区服务体系总体框架

资料来源：赛迪设计，2013-07.

1. 智慧社区

智慧社区包括基础网络、E生活管家、社区服务和综合支撑四部分。通过智慧社区服务体系的建立，把家庭、楼宇、服务机构和政府有机地联合在一起，能够实现网络政务、社区医疗、社区养老、物流配送、应急呼叫、支付结算等功能，构建广义概念上的“智慧社区”。

2. 智慧家庭

众e通项目向家庭和居民提供便利家、智慧家、安全家、健康家、影像家服务等七个方面的数字家庭服务。

便利家服务能使用户足不出户即可实现公共事业费缴纳、信用卡还款等各项支付款业务；智慧家服务使居民在家中通过智能遥控器、PAD对家电进行集中管控；安全家服务使居民在办公室工作或出门在外时，可通过电脑随时随地监控家里的一切，遇到突发事件及时做出处理；健康家服务使用户在家中可以使用诊疗设备，将测量的血压、体温、脉搏等体征参数传递给护理医生；同城购服务使用户能够足不出户，只要操作电脑就能买到所需的东西等。

3. 智慧经济

通过智慧经济，坚持开放、平等、合作的原则，立足于青岛本地，面向全国，吸引专业的企业参与，建立众e通产业联盟，为众e通平台提供社区需要的产品和服务。目前已有核心企业9家，加盟企业200余家为众e通平台提供产品和服务。

二、创新特点

（一）技术创新：采用新一代信息化技术，搭建统一平台，为智慧社区、智慧家庭、智慧经济的建设提供了基础技术支撑

青岛市重点打造的“众e通”项目，采用了云计算技术、物联网技术和三网融合技术，打造了一个统一的信息化大平台。基于该平台，吸引上百万居民和几十家企业参与进来，统一标准，统一部署，统一应用，为智慧社区、智慧家庭、智慧经济的实现提供了技术保障。

（二）模式创新：以政府为主导，以家庭为中心，吸引企业广泛参与，形成了产供销一体化产业生态链

该体系在政府的统一监管下，在社区消费的推动下，吸引青岛市乃至全国的企业参与，源源不断地为平台输送居民日常生活所需的产品和服务。一方面，可以给企业带来利润；另一方面，能够使居民的生活更加便利，形成了一个产供销产业链，从这个意义上来说，这个模式创新值得全国各地学习。

（三）应用创新：通过整合网络和移动终端设备，实现了应用网络化、应用实时化、应用平民化，使该系统走进千家万户，具有很强的生命力

该系统通过新建和整合联通、移动、电信、广电已有网络，建设光纤网络和高速无线网络，实现对“政府—街道办—社区—商户（服务机构）—家庭”的无缝网络覆盖，使政府、居民、企业连成一片，打通供销通道，使整个系统能够顺畅运作，具有很强的生命力。

三、借鉴价值

（一）建立了均衡发展的项目招商模式

将承担产品提供和服务建设的企业用户与平台消费的家庭用户都吸引到平台上来，实现企业和家庭的同步均衡发展。对企业用户，由于提供了免费的惠商服务，吸引企业在“数字生

活管家”平台安家，提供专业化产品和服务；对家庭用户，免费发放便利服务，吸引家庭用户使用“数字生活管家”平台。

（二）形成了全方位的渠道推广模式

综合利用街道社区服务中心、运营商网点、银行网点，广区域、多地点设立数字体验厅、展示柜及服务坐席，长期为用户提供功能体验、设备赠送、业务申请受理等服务。同时，还吸引大量的企业加盟共建，完善运营标准化体系，为向青岛市乃至全国进行复制推广奠定了基础。

第五节　北京：中关村科技园区“智慧海淀园”

一、案例概况

（一）实施背景

中关村科技园区海淀园是在全国第一个国家级高新技术产业开发区——北京市新技术产业开发试验区基础上发展起来的。它拥有以中关村为核心的75平方公里的中心区和300余平方公里的发展区，海淀园下辖中关村西区、中关村软件园、上地信息产业基地、永丰高新技术产业基地、清华科技园、北大科技园、中关村生命科学园，整个海淀园是中关村科技园区的重要组成部分。海淀园各项经济指标一直保持着30%以上的年平均增长速度，经济总量在全国53个高新区中保持领先地位，以联想、方正、同方为代表的近7000家高新技术企业群体在首都经济发展中起到了重要作用。

自2001年起，海淀区相继实施“一个平台、两个基础、三个体系”的“数字海淀”计划，2011年起，全区开始着手打造具有区域特色的“四智一高”，即智慧政务、智慧园区、智慧城区、智慧家园和信息产业高地。与此同时，中关村科技园区海淀园在朝着建设世界一流科技园区的进程中也推出了以电子政务为核心的“数字园区”工程，它突破了传统的“一站式”办公的概念，建立起以“一网式”、“一表制”为特征的新型政府管理环境。2002年年初，中关村科技园区海淀园数字园区管理服务中心成立，为“数字园区”发展提供了明确的载体和平台，为中关村科技园区海淀园朝着“一年一个样、三年大变样、五年上台阶、十年创一流”的宏伟目标迈进插上了腾飞的翅膀。近年来，随着“智慧海淀”计划的落实与实施，海淀园智慧园区的建设也取得了相当的成就。

（二）主要内容

搭建智慧园区信息化平台。建设网上虚拟园区和智能化协同办公、专项资金项目全生命周期管理等重点应用，提供园区重点项目跟踪、智能规划辅助、产业分布地图等服务，并以此为依托，提升园区管理效率和品牌宣传效果。建设政企互动平台，建立政府与企业之间的新型互动通道，实时掌握并分析企业需求，按需向企业推送个性化服务，变企业寻求服务为政府推送服务。建设中关村人才特区服务平台，创新企业人才服务模式。

建设园区企业信息化云服务平台。整合园区软件和信息服务资源，为企业提供研发、设计、生产、销售、流通、售后等各环节的信息化服务，帮助企业降低成本、提高效率，实现智能化管理和运营。

建设企业融资信息服务平台。拓展融资渠道，基于企业信息化云服务平台与企业信用信息服务平台，通过广泛的云应用服务，实现多方面的企业信息整合，实时获取企业信用信息，加强与金融机构、担保机构、投资机构的对接，解决信息不对称的问题，从而有效拓宽园区企业的融资渠道，为企业提供融资支持。

建设园区智能化公共管理平台。在基础设施、办公楼宇、人才资源等方面实现共享，降低园区运营成本，提高管理效率和服务水平。在园区管理、交通、环保、水资源、电力等方面进行智能化集成，大幅降低能耗，创建绿色环保的智慧园区。中关村科技园区智慧海淀园实现技术路线如图16-5所示。

安全保障体系
物理安全
云计算环境安全
区域边境安全
通信网络安全
物联网信息安全
服务终端安全
安全管理中心
信息服务终端
数字电视
服务热线
数字信息服务亭
社区服务信息屏
路侧诱导显示屏
移动终端
信息服务门户网站
数字电视
服务热线
数字信息服务亭
智慧园区建设内容
智慧园区信息化
企业信息化云服务
企业融资信息服务
智慧公共管理
应用智能支撑平台
物联网应用支撑平台
共性云服务平台
政务信息资源共享交换平台
移动服务管理平台
城市空间实体可视化管理平台
单点登录用户认证平台
信息资源体系
基础信息库
综合信息库
主题信息库
业务信息库
云基础设施
云计算存储中心
共享基础设施
基础网络
电子政务网络
物联网
光纤、无线宽带网
感知设备
射频识别器
传感器
卫星定位终端
视频采集设备
运维管理体系
物理安全
云计算环境安全
实施管理
质量管理
培训计划
风险控制
运行维护
图16-5 中关村科技园区智慧海淀园实现技术路线图

资料来源：中关村科技园区海淀园管理委员会，2011-10.

二、创新特点

（一）创新点一：统筹智能支撑平台建设

海淀园在进行“智慧园区”建设的过程中，统筹建设感知和视频终端、基础网络、云计算平台及应用智能支撑平台等。利用射频识别器、传感器、卫星定位终端和视频采集设备等，实现城市部件和事件信息的实时感知、采集和接入。通过光纤和无线宽带网，以及在其之上构建的电子政务网络和政务物联专用网络等，为感知信息和业务信息等信息资源提供传输支撑。依靠云存储和云计算，实现对全区信息资源的存储和智能处理，为智慧应用提供支撑。最终通过移动终端、路侧诱导信息屏、社区服务信息屏以及信息服务门户网站等，实现方便快捷、多样化的信息服务。

（二）创新点二：整合全区信息资源

中关村科技园区海淀园是以北京市新技术产业开发试验区为基础发展起来的，全区北部是研发服务和高新技术产业的聚集地，中部以研发、技术服务和高端要素为主，西北部则以高端休闲旅游产业为主导，南部则为高端商务服务和文化创意产业区为先导，总体看来全区产业资源、信息资源极其丰富。因此，中关村科技园区海淀园智慧园区的建设通过整合全区信息资源计划的实施，逐步实现人口库、法人库和房屋库等基础资源，行政审批和行业管理等业务资源，以及文化设施和社会公益性资源等信息资源的整合，从而为园区智慧化建设提供有力的信息保障。

（三）创新点三：实现信息共享和业务协同

中关村科技园区海淀园在进行“智慧园区”建设过程中以信息共享、互联互通为重点，大力推进电子商务、电子政务网络建设，整合提升园区公关服务和管理能力。不断促成园区信息共享和业务协同，满足政府、企业和公众之间的信息交互需求，为企业与企业、企业与公众搭建信息共享与交流的平台。

三、借鉴价值

中关村科技园区海淀园不断完善园区光纤和无线宽带网络、感知终端、云计算平台等信息基础设施；建立政府与企业之间的互动平台，按需向企业推送个性化服务；完善专项资金项目管理平台、企业信用信息服务平台等，实现更广泛的企业信息整合；推进建设园区智能化公共管理平台，带动各专业园区降低运营成本，提高管理效率和服务水平，逐步创建出一个信息化基础设施完善、企业与政府高效互动、产业服务主动推送、专业园区管理智能、绿色环保的智慧园区。中关村科技园区海淀园在实践中形成了“统筹、集中、协同”的“智慧海淀园”建设思路，其成功的经验对其他园区建设具有很强的借鉴意义。

第六节　宁波：四方物流平台助推智慧物流发展

一、案例概况

（一）实施背景

宁波市立足于全国物流节点城市和长三角区域物流中心建设，紧抓城市信息化向网络化、智能化、智慧化方向发展的机遇，充分利用现代信息网络技术，于2009年年初，由政府主导、市场化运作，推进建成第四方物流平台，整合现有口岸通关系统及企业物流系统资源，构筑联结政府与政府、政府与企业、企业与企业的智慧物流综合服务平台。目前，宁波全市物流企业超过5000家，物流业年增加值突破600亿元，第四方物流市场会员数达到1万家，会员范围包括货主、物流企业、园区、专业市场等各类实体，会员企业通过第四方物流市场形成的交易量达28亿元。

（二）主要内容

宁波市的四方物流平台主要包括门户服务、电子政务服务平台、电子商务服务平台，支持政府的审计、监管、监控以及统计、决策应用，支持企业的物流相关的物流调度、运管信用以及结算等核心功能。该平台实现了物流政务服务和物流商务服务的一体化，涵盖了海运、陆运、空运等多种运输方式，支持运输、仓储、分拣、配送等物流供应链全过程，推动了物流运作模式的创新和物流资源的优化配置，促进了现代物流的快速发展。智慧物流综合服务平台总体架构如图16-6所示。

二、创新特点

（一）“政、产、学、研、用”协同推进

在智慧物流综合服务平台的建设过程中，宁波市政府主要领导亲自挂帅，牵头协调发改委、交通、财政、信产、海关、国检、海事、边防、口岸办、公安、高校、物流规划研究院、物流企业等众多部门和机构，对平台的建设发展集体研究、通力合作、共同推进。在推进过程中，各部门和单位根据各自的优势，不断提出平台发展的对策和措施，其间经过多次研究和论证，条件相对成熟后，由宁波国际物流发展股份有限公司负责开发、运营，目前平台运营情况良好，处于国内领先水平。这一体系以市场为牵引，“政、产、学、研、用”相互合作，形成了共促智慧物流发展的新机制。

（二）物流管理服务功能有效集成

在网上交易平台的基础上，集成物流协同操作和物流管理服务功能，包括物流资源的优

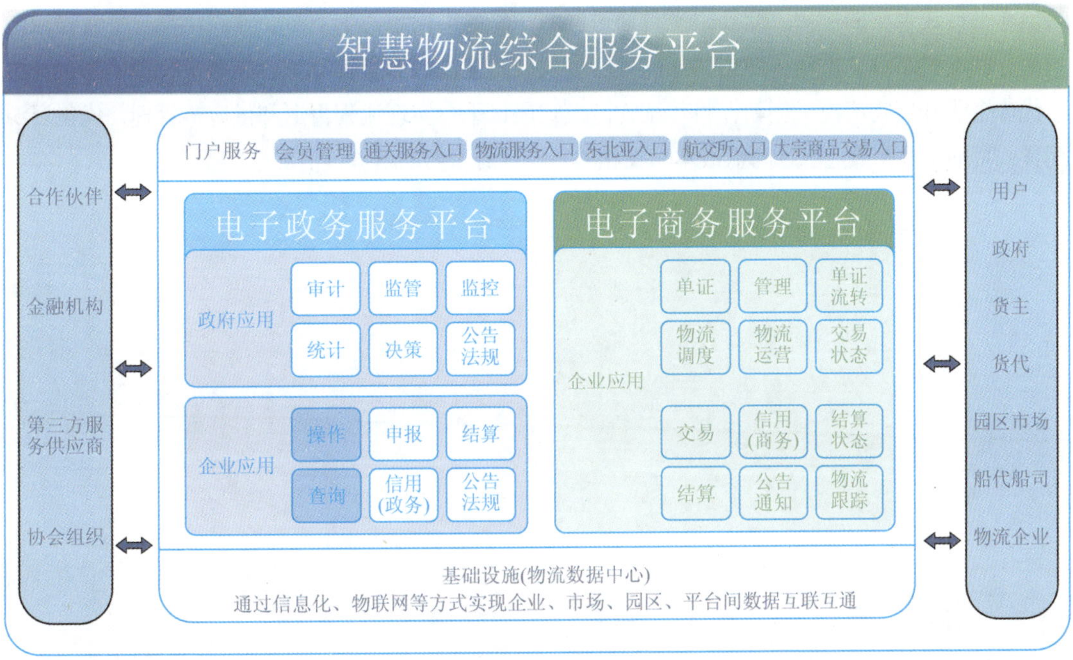
智慧物流综合服务平台
门户服务
会员管理
通关服务入口
物流服务入口
东北亚入口
航交所入口
大宗商品交易入口
合作伙伴
金融机构
第三方服务供应商
协会组织
电子政务服务平台
政府应用
审计
监管
监控
统计
决策
公告法规
企业应用
操作
申报
结算
查询
信用(政务)
公告法规
电子商务服务平台
企业应用
单证
管理
单证流转
物流调度
物流运营
交易状态
交易
信用(商务)
结算状态
结算
公告通知
物流跟踪
用户
政府
货主
货代
园区市场
船代船司
物流企业
基础设施(物流数据中心)
通过信息化、物联网等方式实现企业、市场、园区、平台间数据互联互通

图16-6 智慧物流综合服务平台总体架构

资料来源：赛迪设计，2013-07.

化配置、货主企业与物流企业的协同操作、物流跟踪管理、费用结算、行业解决方案服务、物流金融等方面。通过在物流过程中引入操作和管理功能，使得四方物流平台不仅是个交易平台，同时也是一个操作平台、管理平台和融资平台，从而实现物流、信息流、商流、资金流的真正融合并产生效益，推动四方物流市场成为一个物流全程服务平台，对货主、物流企业产生了极大的集聚效应。

（三）信息技术与物流业的融合发展

平台建设了强大的数据交换中心，打通了政府和企业联网数据的交换通道；应用RFID、GPS、AIS等物联网技术，形成智能集装箱、车辆、船舶供应链全程跟踪管理；结合EDI技术、信息化技术、物联网技术应用，实现区域物流跟踪可视化，创新物流运作模式，打造“双重运输”、“小箱拼车”等一批物流运营模式；借助平台整合社会物流资源，带动与扶持物流企业为商贸制造企业提供全面整合的物流服务外包，并拓展供应链金融服务，推动“双业联动”发展。

三、借鉴价值

宁波市政府在平台建设期间制定了一系列的建设资金扶持政策和配套推广扶持政策，物流行业管理部门和信息化管理部门联合推动，协力推进，充分发挥了政府各部门在推动宁波市物流公共信息平台建设中的作用。此外，平台通过网络积聚各类信息，上下游企业广泛参与平台物流电子商务和支付结算，推动了四方物流的可持续发展。宁波市智慧物流综合服务平台利用平台资源与优势企业开展物流模式创新，将传统物流模式通过平台实现流程再造和供应链管理，优化资源配置，帮助企业拓展业务、降低成本，在相关行业具有重要的借鉴价值和推广意义。

附录　赛迪顾问产业数据库

一、数据库简介

产业数据库建设是赛迪顾问咨询和服务的重要基石。自赛迪顾问成立之初，就把数据库建设作为公司核心竞争力的重要内容之一。在近二十年的市场研究和管理咨询服务过程中，赛迪顾问在数据库建设方面积累了丰富的成果，构建了一系列的数据库，涉及电子信息产业、计算机与外设、软件与IT服务、光电与光通信、三网融合、半导体、互联网、材料、装备、重点行业信息化应用等众多领域，在支撑各级政府、开发园区产业发展，为产业管理、企业管理提供决策依据等方面做出了重要贡献。截至2013年6月，赛迪顾问已经建成了包括30万余条数据的行业信息数据库和近700万条数据的信息产业数据库。

顺应时代发展的要求和研究转型的需要，赛迪顾问在国家发展战略性新兴产业的指引下，不断拓展产业研究领域，丰富和充实数据研究内容。在系统整理和科学分析的基础上，赛迪顾问对原有数据库进行了全面升级，构建了全新的战略性新兴产业数据库，为国家和各界战略性新兴产业规划与咨询提供全面的服务。战略性新兴产业数据库主要涵盖产业、企业和政策三大子系列，首期构建了集成电路、软件、云计算、物联网、移动互联网、智能终端、环保、生物医药、新能源、文化创意十大产业数据库，二期构建了新材料、高端装备制造、光电、通信、北斗卫星导航、三网融合、地理信息、卫星应用、锂离子电池、低碳城市十大产业数据库，同时，赛迪顾问也高度注意数据的开放性和动态性，及时根据国内外战略性新兴产业发展的形势变化进行更新和完善。

战略性新兴产业人才数据库是赛迪顾问产业数据库的重要组成部分，主要从产业人才的总体规模、数量与质量、需求、供给、发展政策等角度，全面收集、整理战略性新兴产业及重点区域人才数据、发展信息和人才政策。目前，战略性新兴产业人才数据库主要涵盖了软件、云计算、物联网、移动互联网、文化创意和高端装备制造六个重点领域的产业人才相关数据，并建立了以环渤海地区、长三角地区、珠三角地区、西南地区及其他地区为研究对象的重点区域战略性新兴产业人才发展规划和人才发展政策数据库。

秉承“问题就是机会、专业就是实力、精准就是品牌”的核心价值观，赛迪顾问致力于产业数据库的专业化建设，既通过发改委、工信部、科技部、商务部、文化部、海关、统计局等国家委办局，主要省市、行业协会获取和整理公开数据，又根据自己的研究构建了一整套产业数据收集、整理和分析应用的方法论，并建设了面向重点城市、国家级重点园区和百强企业、渠道、典型用户的数据渠道。

由赛迪顾问提供运营服务的“赛迪顾问在线”，作为国内首家面向“中国战略性新兴产业咨询与信息服务平台”，倾力打造集专著、研究、数据库、年度报告、专题于一体的立体化、结构化研究五大产品体系。通过对节能环保、新一代信息技术（物联网、云计算、三网融合、移动互联网）、生物、高端装备制造、新能源、新材料、新能源汽车等七大战略性新兴产业及文化创意领域深入系统的研究，以十大数据库为基础，力求建立极具参考性、前瞻性的中国战略性新兴产业咨询与信息服务平台，以期为各级政府部门和企事业单位的战略性新兴产业规划与咨询提供全面、专业的服务。同时提供深入翔实的战略性新兴产业、工业和信息化、电子信息产业、电子产品进出口、IT系统、软件与信息服务、通信与网络、半导体与基础电子、消费电子、手机市场数据等在线数据库群服务；凭借在行业研究、信息技术、数据渠道及政府资源等方面的综合竞争优势，还提供信息化规划咨询、信息系统设计咨询、投资策略、融资服务、兼并重组及城市投融资咨询，IT管理体系咨询，企业管理咨询、城市经济发展战略咨询等定制服务。

今后，赛迪顾问将继续紧跟产业战略转型的形势，用数据记录时代，不断深化战略性新兴产业数据库的建设，为国家和各城市战略性新兴产业发展保驾护航。

二、数据来源

赛迪顾问充分运用自身在政府、企业、渠道、行业、区域以及专业媒体等方面的优势资源，获取有关中国战略性新兴产业的相关信息和数据，同时结合赛迪顾问对中国高科技产业近二十年追踪研究的信息数据积累以及动态的二手资料，最终通过综合统计、分析获得相关产业的研究报告。本系列丛书中涉及数据范围不含中国香港、澳门和台湾地区。以下显示了赛迪顾问主要的信息数据渠道。

（一）政府统计信息渠道

作为工业和信息化部直属决策支撑研究机构，赛迪顾问从工业和信息化部、国家发展与改革委员会、科技部、商务部、文化部、新闻出版总署、环境保护部、海关总署、国家统计局等主管部门获取有关产业、政策与市场方面的信息和统计数据，并通过为逾40个地方省市政府提供大量的产业、园区规划与发展服务，掌握了大量的一手产业、企业数据与重要资料。

（二）行业协会统计渠道

中国战略性新兴产业的相关行业协会包括中国信息产业商会、中国计算机行业协会、中国软件行业协会、中国计算机用户协会、中国半导体行业协会等组织与赛迪顾问有多年协作关系，赛迪顾问定期从行业协会获取大量产业与市场方面的动态数据和信息。近年来，赛迪顾问进一步加强了与中国材料研究学会、中国机械工业联合会、中国电子专用设备工业协会、中国半导体照明/LED产业与应用联盟、中国光伏产业联盟、中国光学光电子行业协会、中国全球定位系统技术应用协会、中国通信协会、中国通信学会、中国电池工业协会等组织的工作联系与沟通。

（三）用户需求信息渠道

赛迪顾问拥有中国信息化推进联盟（CIPA）的丰富资源。该联盟旨在加强产业部门与应用部门之间联系，促进供需双方沟通交流。该联盟由中央各部、委、局、总公司、金融系统以及各省市主管和规划部门负责人组成。赛迪顾问定期从中国信息化推进联盟获取行业与区域等应用需求方面的信息和数据。

（四）区域市场信息渠道

赛迪顾问区域调查研究覆盖了华北、华东、华南、华中、东北、西北、西南7个区域市场，60个以上的重点城市。赛迪顾问在上海、广州、深圳、西安、武汉、成都、贵州、南京、杭州、哈尔滨等中心城市设立了20多家分支机构。其专业分析员与调查人员定期与各地企业、经销商以及用户保持着直接紧密的联系，并从中获取第一手数据与资料。

（五）企业与经销商调研渠道

近二十年的研究咨询服务，使赛迪顾问与高技术企业及经销商建立了广泛密切的业务联系。基于这种联系，赛迪顾问定期通过直接面访、电话采访、问卷调查等方式从企业与经销商处获取有关市场数据和信息。

（六）赛迪顾问二手调研

从第三方获得数据及资料，了解整个中国产业与市场状况与发展趋势，追踪相关重点企业在产品技术、市场与竞争策略、销售与服务等方面的信息和资料。二手调查数据和资料来源为：新闻报道、国内外行业机构、企业年报、互联网以及其他相关资料。

作者简介

一、中国电子信息产业发展研究院

中国电子信息产业发展研究院（赛迪集团，CCID）是直属于国家工业和信息化部的一类科研事业单位。自成立二十余年以来，秉承“信息服务社会”的宗旨，坚持面向政府、面向企业、面向社会，致力提供决策咨询、管理顾问、媒体传播、评测认证、工程监理、创业投资和信息技术等专业服务，在此基础上，形成了咨询业、评测业、媒体业、信息技术服务业和投资业五业并举发展的业务格局。

研究院总部设在北京，并在上海、广州、深圳等地设有分支机构，业务网络覆盖全国500多个大中型城市。研究院现有员工2000余人，其中专业技术人员1200余人，博士100余人、硕士600余人。

二、赛迪顾问集团

（一）赛迪顾问

赛迪顾问股份有限公司（简称“赛迪顾问”）是中国首家在香港创业板上市，并在业内率先通过国际、国家质量管理与体系（ISO9001）标准认证的现代咨询企业（股票代码：HK08235），直属于中华人民共和国工业和信息化部中国电子信息产业发展研究院。过多年的发展，目前公司总部设在北京，旗下拥有赛迪设计、赛迪经智、赛迪经略、赛迪方略和赛迪监理五家控股子公司，并在上海、广州、深圳、西安、武汉、南京、成都、贵州等地设有分支机构，拥有300余名专业咨询人员，业务网络覆盖全国200多个大中型城市。

赛迪顾问凭借自身在行业资源、信息技术与数据渠道等竞争优势，能够为客户提供公共政策制定、产业竞争力提升、发展战略与规划、营销策略与研究、人力资源管理、IT规划与治理、投融资和并购等现代咨询服务，服务对象既包括政府各级主管部门与各类开发区，又涵盖新一代信息技术、节能环保、生物、高端装备制造、新材料和新能源等战略性新兴产业的行业用户，致力成为中国本土的城市经济第一智库、企业管理第一顾问、信息化咨询第一品牌。

总部热线电话：0086-10-88558866/8899

电子邮箱：service@ccidconsulting.com

（二）赛迪设计

北京赛迪信息工程设计有限公司（以下简称“赛迪设计”）是赛迪顾问股份有限公司（中国首家上市咨询企业，股票代码：HK08235）的控股子公司，专业从事信息工程规划与设计服务。赛迪设计以客户需求为导向，致力于提供信息工程规划咨询、可行性研究、工程设计、产品选型、实施到运维等全程和全方位、宽领域的综合服务。服务产品涵盖业务战略与管理咨询、业务流程优化、信息化总体规划、定制化需求分析、信息系统工程设计、信息系统实施、信息化绩效评估、信息系统运维与外包、IT项目管理、IT服务管理和IT治理等。

总部热线电话：0086-10- 88559900/9926

电子邮箱：service@ccidcentury.com

（三）赛迪经智

北京赛迪经智投资顾问有限公司（简称“赛迪经智”）是赛迪顾问股份有限公司（股票代码：HK08235）旗下致力于兼并重组的投资顾问公司，专业从事兼并重组战略、方案与实施、融资、整合，以及上市顾问、私募股权融资、投资决策与城市投融资等业务，深谙战略性新兴产业整合之道，服务对象覆盖IT、电子、电信、互联网、节能环保、高端装备、能源、新能源汽车、金融等行业与企业用户。

总部热线电话：0086-10- 88558288 / 9979

电子邮箱：service@ccidjingzhi.com

（四）赛迪经略

北京赛迪经略企业管理顾问有限公司（简称“赛迪经略”）是赛迪顾问股份有限公司（股票代码:HK08235）全资子公司。近年来公司依托在政府资源、产业研究、行业积累、企业经营、管理理论及专业咨询方法等方面形成的全方位竞争优势，为电信、能源、制造、信息、物流、食品、医药、军工、公共事业、科技园区等广大客户，提供了从企业战略、企业文化、集团管控、公司治理、人力资源、组织变革，到营销策略、品牌提升、商业创新、上市辅导、资本运作及管理培训等一系列专业服务。

总部热线电话：0086-10- 88558666 / 9015

电子邮箱：service@ccidjinglue.com

（五）赛迪方略

北京赛迪方略城市经济顾问有限公司（简称“赛迪方略”）是赛迪顾问股份有限公司

（股票代码：HK08235）的控股子公司，专业从事城市经济发展的战略咨询业务，为政府客户提供城市经济发展规划、城市转型发展研究、城乡统筹发展规划、城市品牌推广、城市文化建设、区域一体化发展战略、园区产业规划、园区空间布局规划、园区品牌提升、园区招商引资规划、园区公共服务平台研究与规划、工业经济研究、工业发展与转型升级规划、新型工业化发展规划等咨询服务。

总部热线电话：0086-10- 88558255/8516

电子邮箱：service@ccidfanglue.com

参考文献

[1]苗圩等．制造业转型升级知识．2012.4
[2]苗圩等．信息化与工业化深度整合案例．2012.4